ROMA
A História de um Império

Greg Woolf

ROMA
A História de um Império

Tradução
MÁRIO MOLINA

Editora
Cultrix
SÃO PAULO

Título do original: *Rome — An Empire's Story.*

Copyright © 2012 Greg Woolf.

Copyright da edição brasileira © 2017 Editora Pensamento-Cultrix Ltda.

1ª edição 2017.

4ª reimpressão 2024.

Todos os direitos reservados. Nenhuma parte desta obra pode ser reproduzida ou usada de qualquer forma ou por qualquer meio, eletrônico ou mecânico, inclusive fotocópias, gravações ou sistema de armazenamento em banco de dados, sem permissão por escrito, exceto nos casos de trechos curtos citados em resenhas críticas ou artigos de revistas.

A Editora Cultrix não se responsabiliza por eventuais mudanças ocorridas nos endereços convencionais ou eletrônicos citados neste livro.

Editor: Adilson Silva Ramachandra
Editora de texto: Denise de Carvalho Rocha
Gerente editorial: Roseli de S. Ferraz
Preparação de originais: Alessandra Miranda de Sá
Produção editorial: Indiara Faria Kayo
Editoração eletrônica: Fama Editora
Revisão: Bárbara Parente

Dados Internacionais de Catalogação na Publicação (CIP)
(Câmara Brasileira do Livro, SP, Brasil)

Woolf, Greg
    Roma : a história de um Império / Greg Woolf ; tradução Mário Molina. — São Paulo : Editora Cultrix, 2017.

    Título original: Rome : an empire story
    Bibliografia
    ISBN: 978-85-316-1393-7

    1. História antiga 2. República Romana — História 3. Roma - História 4. Roma — História — Império, 30 A.C. -476 D.C. 5. Roma — Política e governo I. Molina, Mário. II. Título.

17-02030   CDD-937

Índices para catálogo sistemático:
1. Roma : História 937

Direitos de tradução para o Brasil adquiridos com exclusividade pela EDITORA PENSAMENTO-CULTRIX LTDA., que se reserva a propriedade literária desta tradução.
Rua Dr. Mário Vicente, 368 — 04270-000 — São Paulo, SP
Fone: (11) 2066-9000
http://www.editoracultrix.com.br
E-mail: atendimento@editoracultrix.com.br
Foi feito o depósito legal.

Para meus alunos

Sumário

Lista de figuras		9
Lista de mapas		11
Notas sobre leitura adicional		13
Prefácio		15
I.	A história completa	21
II.	Impérios da mente	36
III.	Governantes da Itália	57
IV.	Ecologia imperial	78
V.	Hegemonia mediterrânea	97
VI.	Escravidão e império	120
VII.	Crise	137
VIII.	Sob o comando dos céus?	156
IX.	Os generais	175
X.	O divertimento e a vida cultural do império	195
XI.	Imperadores	215
XII.	O império mobiliza recursos	241
XIII.	Guerra	261
XIV.	Identidades imperiais	282
XV.	Recuperação e colapso	299
XVI.	Um império cristão	324
XVII.	As coisas desmoronam	345
XVIII.	Passado e futuro romanos	363

Notas... 379
Bibliografia.. 403
Glossário de termos técnicos............................... 427
Agradecimentos fotográficos................................ 431
Índice... 433

Lista de figuras

1. Estátua de Augusto de Prima Porta exibida na nova ala Braccio Nuovo do Museo Chiaramonti, Museus Vaticanos, Roma, Itália 38
2. Moeda de dez centavos com Mercúrio, retratando o *fasces* romano 49
3. Busto de Pirro, rei de Épiro, cópia romana de um original grego da Vila dos Papiros, em Herculano (antiga *Herculaneum*), região da Campânia, Itália. 71
4. Monumento, em Delfos, que comemorava a vitória de Emílio Paulo em Pidna 104
5. Sarcófago de Cipião Barbato, Museu Pio-Clementino, Vaticano....... 115
6. Coleira de escravo (original do Museo Nazionale Romano, Terme di Diocleziano, em Roma) 130
7. Mitrídates VI, Eupátor, rei do Ponto retratado como Hércules........ 144
8. Estatueta em bronze de Cibele em um carro puxado por leões, segunda metade do século II d.C. 169
9. Busto de Sila na Gliptoteca de Munique 177
10. Busto de Júlio César 181
11. Teatro de Pompeu 196
12. Um dos afrescos das paredes no *cubiculum* (quarto) da vila de P. Fânio Sinistore, em Boscoreale 205
13. Imperatriz Messalina e seu filho Britânico, 45 d.C., escultura romana em mármore, Louvre 224
14. Cerimônia romana do *Adventus* representada em uma moeda 234
15. Lei fiscal de Éfeso (agora no Museu de Éfeso)............... 253

16. Detalhe da Coluna de Trajano que mostra o triunfo do imperador após a primeira campanha contra os dácios 262

17. Muralha de Adriano 270

18. Termas Estabianas em Pompeia 288

19. Estátua em pórfiro dos Quatro Tetrarcas na Basílica de São Marcos, Praça de São Marcos, Veneza, Itália 313

20. Imagem do *Notitia Dignitatum*, do final da Antiguidade 320

21. A basílica, antiga sala do trono do imperador Constantino, hoje uma igreja protestante, Trier 336

22. Cabeça de uma estátua gigantesca do imperador Constantino no Palazzo dei Conservatori do Museu Capitolino, Roma 339

23. Mosaico de San Vitale, Ravena, que retrata o imperador Justiniano. 349

24. Anfiteatro em Arles 366

Lista de mapas

1. Povos da Itália por volta de 300 a.C. 55
2. Mediterrâneo e suas regiões continentais, mostrando as principais cadeias de montanhas e rios.. 76
3. Império Republicano por volta de 100 a.C.. 173
4. Império Romano em sua extensão máxima no século II d.C............. 212
5. Crise do século III 273
6. Império no ano 500 d.C.. 297
7. Reconquista de Justiniano (565 d.C.).. 343

Notas sobre leitura adicional

O Império Romano tem sido objeto de pesquisa séria há cerca de um século e meio, e o imperialismo nunca saiu da ordem do dia. Seria impossível fornecer um guia completo do material de estudo em que este livro está baseado, portanto, não tentei fazê-lo. Cada capítulo, contudo, é acompanhado de algumas sugestões de leitura adicional. Recomendei apenas trabalhos disponíveis em inglês e procurei selecionar as obras mais estimulantes, já que novas pesquisas continuam sendo feitas num ritmo espantoso. Acrescentei ainda notas a cada capítulo, algumas identificando a fonte de citações específicas ou trechos importantes de escritores da Antiguidade, outras remetendo à fonte de determinadas ideias ou a livros ou artigos que foram particularmente úteis enquanto escrevia o capítulo. Nesse caso, também me concentrei nos trabalhos mais recentes, mas incluí certos títulos realmente cruciais escritos em outras línguas. Afinal, o estudo da Antiguidade é um empreendimento internacional, e o Império Romano ultrapassa qualquer âmbito particular.

A Bibliografia ao final do livro reúne todas as obras citadas, mas não pode reivindicar para si o papel de guia abrangente sobre o tema. Felizmente, no século XXI, temos nos beneficiado com uma série de obras de referência confiáveis sobre todos os aspectos da história romana. A melhor obra de referência em um volume para todos os aspectos da Antiguidade é o *Oxford Classical Dictionary* (4ª ed., 2011). A revisada *Cambridge Ancient History* dedica sete volumes a Roma (1989-2005). O primeiro volume da *New Cambridge Mediaeval History* (2005) é também relevante para o final desta história, assim como a *Cambridge History of the Byzantine Empire* (2008), a *Cambridge Economic History of the Greco-Roman World* (2007) e o primeiro volume da *Cambridge*

History of World Slavery (2011). *Late Antiquity: A Guide to the Post-Classical World* (1999), de Harvard, combina ensaios temáticos com um dicionário. O melhor dicionário em vários volumes é *New Pauly*, de Brill (2007). Todas essas obras estão disponíveis *on-line*, assim como em cópias impressas. O *Barrington Atlas of the Greekand Roman World* (2000) é o melhor guia para a topografia da Antiguidade.

Prefácio

Todas as histórias de Roma são histórias de um império. O surgimento de seu poderio, a paz prolongada e o declínio, ainda mais prolongado, juntam-se para formar o pano de fundo de toda essa história contada sobre os romanos. Meu interesse, no entanto, é o império em si. Como ele se desenvolveu? O que lhe possibilitou resistir às derrotas e se fortalecer com as vitórias? Por que Roma foi bem-sucedida quando suas rivais falharam? Como o império sobreviveu a crises, enfrentou desafios e substituiu caóticas campanhas de conquista por estabilidade? Como o império conseguiu coordenar os grandes fluxos de riqueza e de populações dos quais dependia? Como se tornou capaz de enfrentar novas necessidades e novas ameaças? Por que fraquejou, recuperou o equilíbrio e depois se retraiu devido a uma série de golpes militares, até se tornar, de novo, uma cidade-Estado? Que circunstâncias e tecnologias tornaram possíveis a criação e a manutenção de um império justamente nesse tempo e lugar? Que instituições, hábitos e crenças qualificaram Roma para tal papel? E o que o evento do império causou a crenças, hábitos e instituições com os quais o mundo fora conquistado? Que papel teve o acaso em seus êxitos e fracassos?

O longo arco, que se estende de um punhado de aldeias às margens do rio Tibre a uma cidade medieval no estreito de Bósforo que sonhava com sua antiga glória, abrange um milênio e meio. Contar essa história num único volume talvez seja uma iniciativa insana, mas também tem algo de estimulante. Talvez, entre os muitos períodos do passado sobre os quais podemos pensar, e que deram forma a nosso mundo, a história romana não seja assim tão importante para nós. Mas, quando aluno, experimentei o fascínio de estudar algo tão vasto — uma entidade que se manteve por tanto tempo e se estendeu por tanto espaço. O que poderia respaldar um empreendimento humano concebido numa escala tão vasta? Como algo humano poderia durar tanto tempo? As experiências de nosso mundo alteram-se em uma velocidade extraordinária. Gerações mais velhas, confiantes na permanência dos próprios impérios e na marcha ininterrupta do progresso, ficaram assombradas com o declínio e a queda de Roma. Para nós, entretanto, é a longevidade de Roma que instiga a imaginação. Minha fascinação não diminuiu desde meus dias de estudante. Mesmo agora, o mundo romano ainda parece às vezes uma vasta caixa de areia onde posso brincar, ou então um enorme laboratório histórico em que todo tipo de processos e entidades de longa duração podem ser estudados. A esse respeito, a história humana é como a astronomia. Novos experimentos não podem ser projetados nem executados. Mas uma vastidão de fenômenos distantes e antigos podem ser observados através dos mais diminutos conjuntos de dados residuais, e forças e eventos cataclísmicos que formaram o universo observável podem ser reconstruídos. Assim como astrônomos, os historiadores da Antiguidade procuram padrões e tentam explicá-los. Este livro é uma tentativa de explicar os que eu observei.

O Império Romano é um convite à metáfora. Os clássicos costumavam usar uma analogia biológica: cada império ou Estado tem sua juventude, maturidade e velhice. Um historiador moderno usou a metáfora do morcego-vampiro, vendo o império como um meio pelo qual os romanos sugavam a vida de camponeses e escravos, de cujo trabalho o império dependia. O Império Romano não me parece exatamente uma entidade orgânica, a menos que seja uma epidemia a se espalhar por toda uma população hospedeira, drenando, até esgotar inteiramente, as energias do infectado. Analogias tiradas da ciência natural parecem captar melhor o significado do império. O Império Romano era como uma onda gigantesca que arrastava uma quantidade cada vez maior de água antes de sua energia se dissipar. Ou uma avalanche, que começava modesta, mas tornava-se mais vigorosa com o acúmulo de neve e rocha com as quais se movia, desacelerando depois aos pés da encosta. Essas metáforas captam a ideia de um grande padrão que começa pequeno, atrai mais matéria e mais energia, e depois se dissipa. Esse padrão — império — move-se pelo tempo e, durante certo período, exclui outros padrões, até que se dissipa ou é reformulado por outros grandes movimentos. O império cresce, nem sempre de modo suave, domina durante algum tempo e depois declina. Um ex-vice-reitor da Universidade de St. Andrews sugeriu que eu pensasse nesse assunto em termos de ressonância: o estabelecimento gradual de um padrão de vibração em meio a uma vasta massa de pessoas e coisas que, enfim, perde coerência e se fragmenta em padrões menores. Esse exemplo parece de fato captar com precisão o surgimento de uma ordem imperial e sua subsequente dissipação. A essência do império é o estabelecimento de um grande padrão em detrimento de outros menores. Tal padrão é, em geral, menos equitativo e mais hierárquico do que o que havia antes. Novos níveis de complexidade significam alguns ricos se tornando mais ricos, alguns pobres sendo submetidos à disciplina mais severa, embora a mobilidade social que o império desperta indique que há, em cada nível, os que vencem e os que perdem. Em termos concretos, o padrão do império envolve movimentos regulares de pessoas e coisas, grandes fluxos de impostos e bens comerciais. Essas rotinas de movimento são expressas por traçados de estradas e portos, o fóssil ao redor do qual a matéria plástica do império humano um dia se fixou. Procurei dar atenção à matéria concreta. Mas uma das alegrias da história romana é que podemos também ouvir as vozes de muitos dos que foram enredados nela. Tentei também captar e relatar as percepções que eles têm do império.

Ao escrever este livro, tentei ter sempre em mente a ideia de que o império é um movimento através do tempo histórico, não um conjunto imóvel de instituições. No final da minha história, em Bizâncio, tudo havia mudado. Os romanos falavam grego em vez de latim, a capital estava agora no que já fora uma província conquistada, e bárbaros governavam a velha cidade de Roma. Havia um novo deus, novos costumes, um novo senso de passado e futuro. Um mundo de cidades tornara-se (de novo) o mundo governado por uma única cidade. Istambul deriva, em última análise, da expressão grega medieval *eis ten Polin*: "na cidade". Contudo, era ainda Roma.

Da mesma forma, algumas instituições foram, durante extensos períodos, absolutamente cruciais para a longa história do império, e, sob aspectos relevantes, o mundo dentro do qual o poder romano propagou-se e depois se retraiu era um mundo estável. Tentei captar essa combinação de evolução constante com estabilidade estrutural de longa duração, alternando capítulos que fazem a história avançar com capítulos que me permitiram me deter por um momento — como se estivesse alheio ao tempo —, concentrando minha atenção em algo de significado duradouro. Leitores atentos vão reparar, como eu reparei, que essa distinção não existe em termos absolutos. Mas, com grande frequência, os historiadores têm de fazer concessões a seu material. Outra concessão a meu material são as listas de datas importantes que precedem cada capítulo: a jornada dos romanos foi não só complexa como longa, e, como vamos no banco do carona, o curioso mapa rodoviário de vez em quando é útil.

As metáforas são uma espécie de inspiração. A comparação, também. Este livro não é um exercício sistemático de história comparada, que confronta Roma com outros impérios antigos (ou mesmo modernos). A comparação é um método interessante, mas é incrivelmente difícil aplicá-la, tendo em vista as lacunas em nosso conhecimento sobre impérios antigos, além da inconveniência de essas lacunas, comumente, não serem as mesmas de um império para outro. Mas minha argumentação tem respaldo na reflexão sobre outros impérios, às vezes em uma tentativa de identificar uma tendência geral ou, com mais frequência, como meio de reconhecer o que é incomum, ou mesmo único, no caso romano. Uma lista extensa de leitura ajuda, mas tenho plena consciência do quanto aprendi participando de conferências e encontros nos quais especialistas em outras disciplinas compartilharam generosamente seu conhecimento. Dentre diversas dessas ocasiões, gostaria de destacar uma conferência organizada por Susan Alcock, Terry D'Altroy, Kathy Morrison e Carla Sinopoli em Las Mijas, em 1997, generosamente patrocinada pela Fundação Wenner-Gren, que me deu a ideia deste projeto, além de uma série de seminários dedicados ao estudo comparativo dos impérios, organizados com vigor extraordinário por Peter Fibiger Bang, com patrocínio da Fundação Europeia da Ciência, sob a Cost* Action A36: "Impérios Tributários Comparados".

Minha interpretação também se apoia, é evidente, na pesquisa de inúmeros outros historiadores de Roma. É impossível agradecer a todos cujos traba-

---

* Cost é uma estrutura intergovernamental para a cooperação europeia em ciência e tecnologia, que permite a coordenação de pesquisas nacionalmente patrocinadas. (N. do T.)

lhos serviram de inspiração ou foram guias essenciais, ou ambas as coisas. Este livro não é a história completa de Roma, mas uma investigação relacionada ao tema império. Ainda assim, o império é tão crucial para a história romana que recorri a um grande acervo de obras publicadas para escrever este livro. Procurei indicar nas notas e nas sugestões de Leitura Adicional pelo menos algumas, com as quais tenho um débito particular, e procurei, sobretudo, indicar trabalhos dos últimos anos, já que temos agora sínteses muito boas de antigas teorizações e a pesquisa vem avançando muito depressa nessa área. A maior parte deste livro foi escrita em St. Andrews, durante uma licença generosamente patrocinada pelo Leverhulme Trust. Mas partes dele foram rascunhadas na Universidade Federal de Campinas (Unicamp), no Estado de São Paulo, onde fui professor visitante no início de 2011 a convite de Pedro Paulo Funari. A primeira versão ficou completa mais para o final desse mesmo ano, no Max Weber Kolleg da Universidade de Erfurt, onde Jörg Rüpke foi (mais uma vez) meu anfitrião.

Muitos outros contribuíram para tornar possível a escrita deste livro. Gostaria de agradecer especialmente à minha agente Georgina Capel, pelo encorajamento e por várias outras coisas; a Stefan Vranka e Matthew Cotton, da Oxford University Press, pela paciência, por seus conselhos e seu entusiasmo; a Stefan mais uma vez e Nate Rosenstein, pelos comentários detalhados sobre uma primeira versão que me pouparam de muitos erros e tornaram o livro muito mais claro; a Emma Barber, Emmanuelle Peri e Jackie Pritchard, em Oxford, pela ajuda nas várias etapas de produção; à minha família, pela tolerância e convocações à realidade. Esta, claro, não é minha primeira tentativa de explicar os padrões implícitos na história imperial de Roma. Não tenho nada contra a leitura seguida de reflexão, mas todo professor sabe que o verdadeiro teste de compreensão é se conseguimos ou não explicar uma ideia a outra pessoa. Historiadores profissionais geralmente tentam esclarecer uns aos outros. Mas já sabemos muita coisa e, como ouvintes e críticos, somos com frequência tolerantes demais. Devo qualquer aptidão que eu tenha adquirido em termos de explicação a sucessivas gerações de estudantes em Cambridge e Leicester, Oxford e St. Andrews. Por essa razão, este livro é dedicado a eles, com imensa gratidão.

DATAS IMPORTANTES DO CAPÍTULO I

753 a.C. Data tradicional da fundação de Roma.

509 a.C. Data tradicional da expulsão dos reis e da fundação da *República Romana*.

264 a.C. Pirro invade a Itália, mas não consegue quebrar a hegemonia romana.

216 a.C. Batalha de Canas. Pior derrota de Roma nas mãos de Aníbal.

146 a.C. Cartago e Corinto saqueadas por exércitos romanos.

88 a.C. Sila marcha sobre Roma e se faz ditador.

44 a.C. Júlio César assassinado nos Idos de Março.

31 a.C. Batalha de Áccio encerra as guerras civis do último período da república. Início convencional do Primeiro Império ou *Principado*.

14 d.C. Morte de Augusto e ascensão de Tibério.

117 d.C. Morte de Trajano assinala maior extensão do Império Romano.

212 d.C. Caracala estende a cidadania à maioria dos habitantes do império.

235-284 d.C. "Anarquia", um prolongado período de crise militar.

284-305 d.C. Reinado de Diocleciano. Início convencional do *Império Romano Tardio*.

306-337 d.C. Reinado de Constantino.

313 d.C. Édito de Tolerância de Constantino.

361-363 d.C. Juliano não consegue restaurar o culto dos deuses ancestrais.

378 d.C. Batalha de Adrianópolis. Exército do império do Oriente derrotado pelos godos.

476 d.C. Último imperador ocidental deposto pelos ostrogodos.

527-565 d.C. Justiniano tenta reconquistar o Ocidente.

636 d.C. Exércitos árabes derrotam forças romanas em Yarmuk.

711 d.C. Árabes cruzam o estreito de Gibraltar, invadindo a Espanha visigótica.

HISTÓRIA COMPLETA

> Relatos tradicionais sobre o que aconteceu antes da fundação da cidade ou enquanto ela estava em fundação são mais adequadas a ficções poéticas que a registros históricos confiáveis.
>
> (Lívio, *Desde a Fundação da Cidade*, Prefácio)

A história de Roma é longa. Este capítulo a narra por inteiro — em um ritmo vertiginoso —, destacando apenas os pontos altos da história de um milênio e meio de ascensão e queda. Foi concebido como um guia de trajeto para o livro ou um conjunto de imagens de satélite, captadas a longos intervalos uma da outra, fornecido apenas para orientação. Se você já conhece o esboço do passado romano, sinta-se à vontade para pular esta parte. Caso contrário, aproveite o passeio!

Os reis e a república livre

Os romanos desse período histórico acreditavam que sua cidade tinha sido fundada por Rômulo em uma data que corresponde ao nosso 753 a.C. Rômulo foi o primeiro de sete reis. Os primeiros reis eram reverenciados como pais fundadores; os últimos, injuriados como tiranos. Por fim, o último dos reis, Tarquínio, o Soberbo, foi expulso de Roma e fundou-se uma república. A data convencionada para tal fato é 509 a.C. Tendo vindo após Eneias e Rômulo, era como uma espécie de terceira fundação de Roma. O herói dessa época foi um certo Bruto. Quando Júlio César nomeou a si próprio ditador perpétuo, quase quinhentos anos mais tarde, foi na estátua desse primeiro Bruto que se fizeram inscrições convocando os distantes descendentes a pegar em armas e assassinar o tirano.

Todos os relatos sobreviventes sobre o Período Régio têm esse caráter mítico. Nenhum foi escrito menos de três séculos após a suposta fundação da república. No final do século VI, Roma estava bem aquém do radar dos gregos, que demorariam ainda mais um século para começar a escrever até mesmo a própria história. Contudo, é bastante provável que os romanos tenham tido uma monarquia. Muitas outras cidades mediterrâneas tiveram monarcas no Período Arcaico, entre elas várias da Etrúria, logo ao norte de Roma. Muitas das instituições posteriores de Roma tornam-se mais bem explicadas se consideradas relíquias de um Estado monárquico: havia uma casa sagrada no fórum chamada *Regia*, base do sacerdote mais antigo, o *pontifex maximus*. O funcionário que promovia eleições se houvesse alguma divergência entre os magistrados era o *interrex*. Mas poucos dos detalhes que nos foram passados são confiáveis. Cada um dos reis era lembrado como fundador de uma parte específica do Estado romano. Rômulo criou a cidade e a povoou, primeiro declarando-a lugar de asilo para criminosos, depois organizando o rapto em massa de mulheres sabinas para servirem de esposas para seus seguidores. Em uma delas, o segundo rei inventou a religião romana. Sérvio Túlio organizou o exército, as tribos, o censo e assim por diante. Relatos sobre os últimos soberanos recordam principalmente histórias contadas sobre tiranos de um lado a outro do antigo Mediterrâneo: eram governantes arrogantes, predadores sexuais, cruéis, e filhos fracos de pais fortes. Acusações desse tipo pareciam comuns nas repúblicas aristocráticas do Mediterrâneo arcaico e representam o surgimento de uma nova ética de conduta civil. Os romanos também recordavam seus últimos reis como sendo estrangeiros, especificamente etruscos. Histórias sobre os reis contribuíam para explicar o que era crucial e único em Roma, pelo menos na mente de quem as contava e de quem as ouvia. Nosso único controle real sobre esses mitos é arqueológico.

O Período Republicano durou quase cinco séculos, do início do século VI até o último século antes de Cristo. Foi mais tarde lembrado como uma época de liberdade e compaixão. Quem desfrutou dessa liberdade foram os ricos, em particular as famílias aristocráticas, que, juntas, monopolizavam as funções políticas e a liderança religiosa. A nostalgia de seus herdeiros dá um colorido especial a toda a história desse período. Algumas famílias — sobretudo os Cornélio Cipião, e depois, mais tarde, os Cecílio Metelo — tornaram-se tão bem-sucedidas que efetivamente dominaram o Estado, mais ou menos como os Médici dominaram a Florença da Renascença. Mas a fonte de sua riqueza era muito diferente. Os que lideraram a conquista do mundo mediterrâneo por Roma trouxeram tesouros para embelezar a cidade, dinheiro para comprar ou ocupar terras e escravos para cultivá-las. Roma, como a maioria das cidades da Antiguidade, dependia de soldados que eram também cidadãos. A princípio, a maioria deles eram camponeses que se juntariam a campanhas organizadas durante períodos de relativa tranquilidade no ano agrícola. Muitos tiravam proveito da conquista, e os que viviam suficientemente perto da cidade tinham certa influência nas assembleias políticas que elegiam os líderes de Roma e tomavam as decisões mais importantes, como ir à guerra ou não. Mas Roma nunca chegou nem perto do tipo de democracia criado na Atenas clássica, em que ricos eram compelidos a ocultar suas riquezas e a gastar parte delas em obras públicas. Em Roma, o poder mantinha-se nas mãos de poucos. As magistraturas duravam apenas um ano, mas ex-magistrados tinham assento vitalício em um conselho: o Senado, que de fato era quem detinha o comando do governo, da legislação, do culto estatal e da política externa. Como a aristocracia republicana conseguiu manter um papel tão dominante é uma das grandes questões da história romana. Teria sido resultado da instituição do clientelismo, que permeava a sociedade romana? Ou da autoridade religiosa que eles adquiriram em virtude de suas funções sacerdotais? Outras cidades enfrentavam revoluções quando aristocratas descontentes instigavam o povo contra seus rivais. Os nobres romanos eram tão competitivos quanto qualquer outra aristocracia, mas de alguma maneira abstiveram-se de conflitos internos até o fim definitivo da república. Quando esse fator de contenção entrou em colapso, o mundo deles se desintegrou.

A república foi também a época em que Roma deixou de ser mera cidade-Estado italiana, transformando-se no poder dominante do antigo mundo mediterrâneo. Os reis devem ter feito de Roma uma nação poderosa. A grandeza das muralhas, o provável tamanho da população, mas principalmente os primeiros sucessos militares — tudo isso sugere que Roma já era uma das cidades politicamente poderosas da Itália central por volta do ano 500 a.C. A história dos primeiros séculos é nebulosa, mas, lá pelo início do século III a.C., a influência de Roma já se estendia por toda a península Italiana. Colônias pontilhavam pontos estratégicos nos Apeninos e na Costa Tirrena, enquanto novas estradas tinham aberto as comunicações com o Adriático. Durante os séculos IV e III, Roma lutava em todas as frentes: gauleses no norte, gregos ao sul, vários povos itálicos nas montanhas de Abruzos e nas áridas planícies do Mezzogiorno. Na década de 270, os romanos atraíram a atenção do rei Pirro, de Épiro, que cruzou o Adriático com um grande exército. Roma foi derrotada por ele em diversas batalhas, mas sobreviveu à guerra. No final do século III, os romanos haviam vencido duas longas guerras contra a Cartago fenícia (púnica). A primeira (264-241 a.C.) foi em grande parte uma guerra naval em que Roma tomou a Sicília, tornando-se senhora das cidades gregas e púnicas da ilha, assim como dos povos sicilianos nativos do interior. A Segunda Guerra Púnica (218-201) foi travada na Espanha e na África, bem como na própria Itália. Aníbal cruzou os Alpes em 217 a.C. e no ano seguinte infligiu uma terrível derrota a Roma em Canas. Mas não se deu por satisfeito com sua vantagem e demorou-se na Itália meridional até 203, quando teve de retornar à África para enfrentar o exército de Cipião. A derrota de Aníbal em Zama, no ano seguinte, marcou o fim do poder cartaginês. Durante o século II a.C., exércitos romanos marcharam para mais longe ainda. Enfrentaram e derrotaram os grandes reinos macedônicos do leste, herdeiros de Alexandre, o Grande. Cartago e a antiga cidade grega de Corinto foram arrasadas em 146 a.C. Exércitos romanos derrotaram tribos gaulesas no norte e no sul dos Alpes, combateram na Meseta Espanhola e resistiram às invasões germânicas. A cidade não parou de crescer, sendo equipada com aquedutos, basílicas e outros monumentos financiados pelos despojos de guerra. Os ricos se tornaram ainda mais ricos, e os exércitos citadinos passavam cada vez mais tempo longe de casa.

Romanos de períodos posteriores imaginavam que, no seu auge, a república fora um sistema harmonioso em que a ambição dos poderosos era administrada pela sabedoria do Senado com o apoio de um povo respeitoso. A ruína da república foi atribuída (de diferentes maneiras) à ostentação e arrogância trazidas pelo império. Para o antigo historiador imperial Veleio Patérculo...

... o primeiro Cipião pavimentou o caminho para a dominação romana; o segundo abriu a porta para a ostentação.[1]

Demais historiadores preferiram outros marcos divisórios, mas o padrão de ascensão virtuosa seguida por queda torpe foi um lugar-comum. A verdade, porém, é mais complexa. Conflitos sociais de um tipo ou de outro ocorreram durante toda a história romana. Mas a violência urbana e as guerras civis que tiveram início no final do século II a.C. estavam em um novo patamar. O último século da república livre foi ao mesmo tempo o período de maior expansão territorial; o período em que as culturas literária e intelectual romanas atingiram sua forma clássica; e o período de cem anos de uma sangrenta guerra civil. Conflitos entre romanos e seus aliados italianos associaram-se a lutas sociais entre os pobres (ou aqueles que afirmavam representá-los) e a parcela dos ricos. Rivalidades tradicionais entre aristocratas foram instiladas pelo efeito do imperialismo. Políticos recrutaram as primeiras multidões e depois exércitos para defender seus interesses.

Foi criado um destrutivo circuito retroalimentador entre a competição doméstica e o agressivo estado de guerra no exterior. Os generais pensavam em termos de curto prazo, sempre de olho nas oportunidades que teriam ao retornar. Assumiam riscos espetaculares, atacavam vizinhos de Roma sem a permissão do Senado ou do povo, cediam territórios conquistados para serem explorados por aliados políticos e não se preocupavam muito com a segurança de Roma no longo prazo. Permitia-se que aliados estrangeiros de lealdade duvidosa construíssem enormes bases de poder nas fronteiras. Os romanos eram odiados nas províncias. O momento crítico veio quando Mitrídates, rei do Ponto — um ex-aliado romano cujo poder fora consolidado por Roma e cujas ações cada vez mais agressivas tinham sido ignoradas por um Senado preocupado com assuntos referentes à Itália —, invadiu a Ásia Menor ocidental, controlada pelos romanos. Sob ordem de Mitrídates, dez mil italianos foram massacrados nas cidades gregas da província. Logo Roma perdia o controle de todos os territórios a leste do Adriático — o que se configurou apenas como outra oportunidade para os generais romanos. O comando do exército foi a princípio dado a Sila, sendo-lhe depois retirado, mas Sila se recusou a abrir mão e fez os soldados marcharem sobre Roma. O sangue verteu no fórum, mas Sila não se deteve; após organizar Roma segundo sua vontade, marchou para leste, onde saqueou Atenas, antes de retornar para defender sua posição em Roma. Declarando-se um ditador, ele então "proscreveu" uma lista de inimigos políticos. Qualquer um cujo nome estivesse nessa lista podia ser morto sem punição, sendo suas propriedades confiscadas. Sila foi um modelo para todos os generais que o sucederam, entre eles seu lugar-tenente Pompeu, seu inimigo César e os que vieram depois deste, incluindo o futuro imperador Augusto. Todos eles possuíram grandes exércitos para travar guerras no exterior e acabaram usando-os para combater entre si nas províncias, enquanto gastavam dinheiro em Roma no sustento de sua facção política e em monumentos grandiosos. Os conflitos foram interrompidos na Batalha de Áccio em 31 a.C., com a derrota de Marco Antônio e Cleópatra por Otaviano, herdeiro de César, mais tarde rebatizado como Augusto, em uma tentativa consciente de fazer da guerra civil (e com ela a liberdade aristocrática e o poder do povo) parte do passado.

O Primeiro Império

O longo reinado do primeiro imperador, Augusto — que morreu em 14 d.C. —, é o ponto crucial da história romana. Antes de Augusto havia a república; depois dele, só imperadores. Os trezentos anos que se seguiram são conhecidos como Primeiro Império ou (conforme o outro título de Augusto — Primeiro Cidadão, *princeps*) Principado.

Muito no modo como Augusto governava Roma era na verdade uma continuidade dos temas principais da história republicana, e era exatamente assim que ele queria que o assunto fosse considerado. Logo que sua posição em Roma se mostrou estabelecida, com os exércitos da guerra civil em grande parte desmobilizados, ele se empenhou em campanhas de conquista e na construção de obras de caráter cívico em uma escala que ultrapassou as realizações de Pompeu e César. Quando de sua ascensão, Roma dominava o Mediterrâneo através de uma rede de províncias e alianças. Mas a guerra civil e a rivalidade aristocrática tinham deflagrado muitos conflitos além dessa região, guerras que continuavam sem solução. Augusto estendeu o domínio romano direto por metade da Europa, até os rios Reno e Danúbio, fixando uma fronteira, e estabeleceu a paz com o Império Persa. Quando da morte de Júlio César, havia muitos projetos de construção iniciados, mas ainda não concluídos. Augusto finalizou-os e acrescentou os seus, transformando o Campo de Marte em uma espécie de parque temático monumental e reservando o Monte Palatino — origem do termo "palácio" que conhecemos hoje — para um complexo de residências imperiais e templos.

Com menos ostentação, Augusto conseguiu deixar o Estado romano à prova da guerra civil. O embaraço caótico de expedientes governamentais e fiscais impostos por um general conquistador atrás do outro foi articulado em um sistema mais regular de administração provincial. Roma tinha agora um tesouro militar especial para pagar um novo exército permanente. Os membros das aristocracias romana e italiana receberam papéis na nova ordem como governadores e comandantes militares. Mas o dinheiro, bem como a lealdade dos soldados, foi mantido com firmeza nas mãos de Augusto. Ele, e não o povo — e certamente não o Senado —, decidia agora quais aristocratas ocupariam determinada magistratura ou certo sacerdócio. Na verdade, todas as decisões importantes eram agora tomadas na corte imperial. O Senado e o povo de Roma, quanto mais perdiam poder, mais louros recebiam. Bustos e estátuas de Augusto eram, no entanto, visíveis por toda parte, retratando-o como um general, sacerdote e um deus. Ele e seus sucessores, junto aos deuses ancestrais e domésticos, foram cultuados em cada cidade e em cada província, e também pelos soldados nos acampamentos.

A marca emblemática do sucesso de Augusto foi ter sido capaz de repassar a maioria de seus poderes a uma série de sucessores. Roma viveu cem anos sem guerra civil depois de Áccio. Nem todos os sucessores imediatos de Augusto, porém, foram talentosos: um (Calígula) foi assassinado e outro (Nero) cometeu suicídio porque imaginou ter perdido o controle do império. Mas o sistema sobreviveu, com poucas modificações. O conflito deflagrado entre os generais, após o desastre do reinado de Nero, só aconteceu porque ninguém da família de Augusto sobreviveu para se estabelecer como novo imperador. A guerra durou menos de dois anos (69-70 d.C.), e o vitorioso, Vespasiano, articulou uma restauração bastante augustana. O império estremeceu, mas escapou ileso. Sem nenhuma instituição formal de uma nova constituição ou título, o imperador romano tornara-se efetivamente o comandante supremo do Estado romano. Indivíduos fracos e incompetentes já não podiam mais desacreditar o sistema, e não houve indícios de que alguém quisesse viver sem a existência dos imperadores. Quando Calígula foi morto em 41 d.C., o Senado de fato discutiu brevemente um retorno à república, mas passou mais tempo pensando em um possível sucessor. Enquanto debatiam, a guarda pretoriana encontrou o tio de Calígula, Cláudio, escondido atrás de uma cortina do palácio e o fez imperador. Desse ponto em diante, a questão se resumiu apenas a: quem deve ser imperador?

E um imperador sucedeu o outro. A dinastia flaviana governou pela maior parte do final do primeiro século d.C. Guerras de conquista acrescentaram a Britânia e partes do sudoeste da Alemanha ao império, reinos clientes foram absorvidos, as fronteiras, fortificadas. Uma série de fóruns imperiais estendeu-se do velho Capitólio republicano ao Vale do Coliseu. A cidade adquiriu gradualmente os ornamentos de uma capital imperial. O assassinato, em 96 d.C., do último flaviano, Domiciano, abalou muito menos o sistema que a morte de Nero. Durante o século II, uma série de imperadores que reinaram durante longo tempo administraram um império relativamente estável. Trajano (98-117) conduziu guerras de conquista ao norte do Danúbio e no que é hoje o Iraque. Seu sucessor, Adriano (117-138), viajou intensamente por todo o império. Os imperadores tornaram-se mais abertamente monárquicos e dinásticos, em particular fora de Roma, onde não precisavam se preocupar com a sensibilidade do Senado. Emergiu uma corte itinerante, em que favoritos e concubinas competiam por influência, intelectuais e poetas eram acolhidos, e os prefeitos da Guarda Pretoriana agiam como grandes vizires. Comunidades provinciais enviavam um embaixador atrás do outro para acompanhar o imperador onde quer que ele pudesse estar. Poderiam ter encontrado Adriano às margens do Nilo ou supervisionando a construção da grande muralha que cruzava o norte da Britânia; ajudando a projetar seu grande e novo templo de Vênus diante do Coliseu; fazendo um discurso para soldados em marcha pela África; relaxando em seu vasto palácio em Tívoli ou na amada Atenas. O império era governado de onde o imperador estivesse.

O Primeiro Império romano era um mundo em paz. A guerra existia em menor escala, e os imperadores raramente tinham dificuldade em restringi-la às fronteiras. A economia e a população cresciam. O número de romanos aumentava à medida que era concedida cidadania a aristocratas das províncias, ex-soldados e escravos libertos: por um édito do imperador Caracala (198-217) do início do século III, foram outorgados direitos civis a quase todos no império. De repente, a lei romana incluía a todos. O jurista Ulpiano, tendo escrito a respeito do assunto logo depois da concessão desses que foram os mais espetaculares benefícios imperiais, insistiu que tais determinações se fariam valer em qualquer idioma, celta ou siríaco, assim como em grego e latim. O estilo romano de vida foi amplamente adotado; novas tecnologias de arquitetura e manufatura disseminaram-se nas províncias. Os ricos, em particular, decoravam suas mansões espetaculares com mármore importado e patrocinavam a construção de prédios grandiosos em suas cidades nativas. Culturas compartilhadas que envolviam o banhar-se, o educar-se, o alimentar-se emergiram nas cidades do império. Mesmo os mais pobres assistiam a combates de gladiadores, caçadas de animais, festivais atléticos e outras cerimônias, com frequência concentrados na sede imperial. O início do século III d.C. marcou o apogeu da urbanização antiga. Sem dúvida havia partes do império onde nove entre dez pessoas ainda viviam no campo. Mas na Itália central e na Anatólia ocidental, no norte da África, na Síria e no Egito talvez 30 por cento da população vivesse em cidades ou grandes povoados. A maioria dos monumentos do Império Romano que tanto nos impressiona hoje quando viajamos por suas antigas províncias foi construída nesse período. A conquista da Dácia por Trajano foi a última expansão permanente do império. Guerras continuaram a ser travadas durante o século II, mas em geral sob os termos dos imperadores. Estes, assim como as elites locais, parecem ter sido relativamente prósperos, embora não esteja claro até que ponto isso se dava por conta do crescimento genuíno ou da concentração da propriedade em um número de mãos cada vez menor.

As condições mudaram aproximadamente na virada do século II para o século III d.C. A construção urbana declinou desde antes do ano 200 no Ocidente, e de 250 nos outros lugares. Não foram construídos novos teatros ou anfiteatros a partir de então, e o número de placas com inscrições e de inaugurações de templos parece ter ficado menor. Pelo menos algumas cidades começaram a diminuir de tamanho, de novo, especialmente no Ocidente. Enquanto isso, as guerras na fronteira setentrional parecem ter exigido mais tempo e recursos dos imperadores — o que talvez tenha começado já no reinado de Marco Aurélio, quando as guerras contra os marcomanos do médio Danúbio grassaram quase de modo contínuo entre 166 e 180. Outro ciclo de guerra civil seguiu-se ao assassinato de Cômodo, filho de Marco, em 192. A luta entre generais das províncias foi uma fiel repetição da que se seguira ao suicídio de Nero, e a dinastia dos Severo que então emergiu governou Roma de 193 a 235 de maneira razoavelmente tradicional. Mas o restabelecimento do Império Persa sob a dinastia sassânida no início do século III pôs o exército (e o tesouro) sob nova pressão. No meio século seguinte, o império ficou sujeito à guerra mais intensa no Danúbio e no Reno; sofreu incursões que penetraram bastante em seu território, resultando no saque de cidades como Atenas e Tarragona, que praticamente há trezentos anos não viam um soldado; repeliu grandes ofensivas persas; e teve de lidar com secessões que, durante algum tempo, dividiram-no em três territórios distintos. A maioria dos imperadores não durava mais que poucos anos, alguns apenas alguns meses, e poucos morriam na própria cama. Eles saíam cada vez mais do ambiente militar, e os laços com Roma e com o Senado foram se tornando ainda mais atenuados. A recuperação militar começou na década de 260, mas o império não foi um todo unificado senão no final do século. O longo reinado de Diocleciano, declarado imperador em 284 e tendo abdicado em 305, sinalizou a sobrevivência do império.

O Império Romano Tardio

No início do século IV, o mundo romano era um lugar muito diferente. Em certas regiões, as cidades haviam se reduzido a diminutos perímetros murados, construídos apressadamente com base em ruínas de monumentos. Alguns dos territórios mais recentemente conquistados tinham sido abandonados. Havia ainda um Senado em Roma, mas seus membros já não tinham grande influência no governo ou no comando militar. O império possuía uma nova religião, o cristianismo, e uma nova capital em Constantinopla com seu próprio Senado, suas Sete Colinas e seu palácio imperial. O império tinha também uma nova moeda, com a qual eram pagos impostos muito mais elevados do que já tinham sido, necessários para custear exércitos maiores e uma burocracia crescente. Havia agora um colegiado de até quatro imperadores simultâneos, os mais velhos denominados augustos, os mais novos, césares. Cada um tinha sua própria corte e cada um deles devia concentrar-se em uma região diferente do império, mas em particular nas fronteiras do norte e do leste. Dali em diante, os imperadores deveriam manter os bárbaros sob vigilância constante e tinham de administrar uma relação difícil com o império rival da Pérsia.

A história da Pérsia nesse período se compara em muitos aspectos à de Roma. Sapor II, o rei dos reis persa (309-379), criou um império altamente centralizado em que a burocracia substituiu os baronatos semifeudais — que, com frequência, mal haviam tomado conhecimento da autoridade dos reis partos. O Império Persa tinha também uma religião de Estado: o zoroastrismo. Durante todo o final da Antiguidade, a fronteira praticamente não mudou. Ambos os impérios precisavam lidar com minorias religiosas e sacerdotes poderosos. As guerras eram recorrentes, e o controle de algumas cidades mudava regularmente de mãos dentro de uma grande zona fronteiriça, que se estendia da Armênia, ao norte, correndo pela Síria e alcançando o mundo árabe. Mas havia também períodos de relativa tranquilidade, quando negociantes, missionários, espiões e enviados diplomáticos moviam-se de um lado para o outro entre os dois impérios irmãos. Essa situação durou até o século VII, quando as conquistas árabes destruíram o Império Sassânida e estiveram muito perto de fazer o mesmo com o Romano.

Escrever a história do Império Tardio sempre se mostrou difícil. A princípio, o problema eram os pontos de vista rivais de pagãos e cristãos, depois que Constantino I (306 a 337) substituiu a perseguição pela tolerância, logo começando a apadrinhar em escala considerável a Igreja. Todos os seus sucessores foram cristãos, com exceção de um, Juliano, que em seu breve reinado (361-363) tentou reverter a reforma de Constantino. No final do século, a tolerância geral fora substituída por ataques a templos de politeístas, e os imperadores dedicavam uma parcela cada vez maior de sua energia ao combate à heresia. Um número suficiente de politeístas influentes sobreviveu para atribuir à nova religião a culpa pelos desastres do século V. Nossas fontes históricas encontram-se amargamente divididas. Há também o problema da percepção tardia. Como pudemos ignorar o fato de que a perda das províncias dacianas de Trajano fosse apenas a primeira de muitas perdas de território que a Britânia e a Gália setentrional viram escapar do controle romano em meados do século V, além da substituição do último imperador ocidental por uma série de reis bárbaros antes do ano 500?

Não obstante, o século IV foi em certo sentido uma era otimista, uma época que assistiu a uma recuperação parcial da vida intelectual, muitas construções (ainda que, então, de igrejas e palácios, em vez dos tradicionais monumentos da cidade clássica) e alguma prosperidade real no leste. Quando um grande grupo de ostrogodos obteve permissão para cruzar o Danúbio em 376, os romanos ainda podiam, razoavelmente, recordar como aliados outros povos instalados dentro do império. Mas a derrota do exército oriental pelos godos em 378 na Batalha de Adrianópolis pôs em movimento uma série de migrações e manobras diplomáticas que levaram, em menos de um século, à perda total do Ocidente. Desde o início do século V, novos grupos penetraram o império, em busca da própria parcela de território, querendo se estabelecer como "hóspedes" de Roma e às vezes, talvez, buscando segurança contra os próprios inimigos, como os ferozes hunos. A própria Roma foi saqueada duas vezes, primeiro pelos godos em 410 e depois pelos vândalos em 455. O último imperador no Ocidente foi deposto em 476, embora talvez isso não tenha parecido, na época, um divisor de águas. Em 500 d.C., os vândalos governavam um reino sediado em Cartago, os visigodos e suevos controlavam a Espanha e a Gália, os burgúndios e francos, o restante do que é agora a França, e um rei ostrogodo encontrava-se no trono da antiga capital imperial de Milão. Os imperadores orientais — em bancarrota, sem exército e preocupados com a Pérsia — tiveram de se mostrar submissos. O mesmo se deu com as elites romanas em relação a dificuldades, digamos assim, atrás das linhas inimigas. Durante algumas gerações, bispos e intelectuais romanos serviram aos novos reis do Ocidente, ajudando a criar sociedades em que romanos e bárbaros compartilhavam funções e riquezas. Evidências arqueológicas mostram com bastante clareza que o comércio pelo Mediterrâneo não sofreu uma interrupção severa, e, em certas áreas, a vida urbana e mesmo a literatura latina prosperaram. Os governantes desses reinos eram cristãos (ainda que basicamente heréticos arianos aos olhos dos bispos romanos orientais). A maioria tentava preservar elementos da civilização romana, chegando a reconstruir monumentos romanos e unindo-se pelo casamento a famílias aristocráticas romanas. A maioria confiava em burocratas romanos para administrar os complexos sistemas fiscais que havia herdado, preservando seus bandos armados como um exército para defender suas aquisições. Os reis viviam em palácios romanos nas cidades principais dos reinos, emitiam moeda com inscrições latinas, elaboravam códigos de lei e alguns chegavam a assistir jogos de gladiadores.

Então, no início do século VI, o império oriental revidou. Durante o reinado de Justiniano (527-565), seus generais arrancaram a África dos vândalos e envolveram a Itália de cima a baixo em uma guerra longa e predatória, que culminou no fim do reino ostrogodo. A Espanha visigótica foi invadida. Em Constantinopla, empreenderam-se grandiosos projetos de construção, uma vasta codificação do código civil romano foi realizada, além de reformas administrativas levadas a termo (as queixas de um antigo burocrata, João, o Lídio, mostram como a "nova" burocracia criada por Diocleciano e Constantino era agora encarada por seus membros como um conjunto de antigas e veneráveis instituições!). Durante toda uma geração, o Império Romano mediterrâneo pareceu renascer. Então, tornou a desmoronar. Os lombardos invadiram a Itália, os francos expandiram seus domínios e, exceto por uma cabeça de ponte ao redor de Ravena, o território romano ficou confinado ao norte da África e à Sicília. Enquanto isso, os imperadores estavam mais uma vez presos a uma guerra com a Pérsia. O imperador persa Cosroes II lançou-se de novo pela fronteira síria e, desta vez, tomou Jerusalém. Forças persas atacaram pelo norte, rumo à Anatólia, e pelo sudoeste, rumo ao Egito, onde Alexandria caiu em 619. Os imperadores pouco puderam fazer para ajudar, porque a invasão coincidiu com uma invasão dos ávaros pelo noroeste. Constantinopla, submetida a cerco de ambos os lados, podia perfeitamente ter sucumbido em 626. Um novo imperador, Heráclio, conseguiu ajustar contas com os ávaros, derrotar os persas e levar a guerra a suas capitais no sul da Mesopotâmia. Humilhado pela derrota, Cosroes foi assassinado em 628. Heráclio triunfou em Jerusalém e Constantinopla.

E, depois, o mundo mudou. Entre os muitos povos arrastados para os longos conflitos romano-persas estavam as tribos da península Arábica. Tinham absorvido, no processo, considerável experiência e conhecimento militar de ambos os lados, mas foi o movimento religioso iniciado pelo profeta Maomé que as estimulou para uma ação coordenada. Na batalha do Yarmuk, em 636, as forças romanas sofreram uma derrota devastadora. Em 642, Egito, Síria e Palestina estavam sob domínio árabe e jamais seriam recuperados. O império havia se reduzido a um terço de seu tamanho, um estado balcânico com território na Anatólia ocidental e algumas distantes províncias ocidentais — a maioria das quais se perderia quando os exércitos árabes se movessem para oeste, atravessando a África do Norte e chegando à Espanha, e quando dominassem o mar. Separada do grão do Egito, a população urbana de Constantinopla despencou. Os persas tiveram ainda menos sorte. Também sofreram uma derrota devastadora em 636, em Cadésia. Sua capital, Ctesifonte, foi ocupada no ano seguinte. Os últimos remanescentes do exército foram destruídos em 642 na Batalha de Nihavand, e seu último imperador pereceu, em plena fuga, em 651.

Determinar o fim do Império Romano não é fácil. Certamente os imperadores que defenderam Constantinopla quando os árabes a cercaram em 717 consideravam-se romanos. O mesmo se deu com seus sucessores, até Constantinopla enfim sucumbir, não aos árabes, mas aos turcos, no século XV. Não temos de concordar com eles, mas qualquer outra data que escolhermos será arbitrária. Boa parte das civilizações romana e persa de fato sobreviveram à conquista árabe. As cidades da Síria floresceram sob o califado, e o sistema tributário de Cosroes II sobreviveu no Irã, assim como aconteceu com os sistemas romanos nos reinos bárbaros do Ocidente. Carlos Magno, o franco, sonhava em se tornar imperador romano, e, no ano 800, o sonho se tornou realidade em uma cerimônia conduzida em Roma pelo papa Leão III. Terá Bizâncio algum direito especial quanto a se considerar mais herdeiro de Roma que a cristandade ocidental ou o islã medieval? Não tenho tanta certeza, e, portanto, para mim, a história do Império Romano acaba aqui.

Leitura adicional

Existem muitas narrativas excelentes da história romana. Minha breve lista de favoritas vem a seguir.

Duas muito boas são *The Birth of Classical Europe*, de Simon Price e Peter Thonemann (Londres, 2010), e *The Inheritance of Rome*, de Chris Wickham (Londres, 2009), respectivamente primeiro e segundo volumes da Penguin History of Europe. Dois guias excelentes de história social e econômica para ao menos parte do período são *The Roman Empire: Economy, Society, Culture*, de Peter Garnsey e Richard Saller (Londres, 1987), e *The Evolution of the Late Antique World*, de Peter Garnsey e Caroline Humfress (Cambridge, 2001). *The Roman Republic*, de Michael Crawford (Londres, ed. rev., 1992), é um modelo de como a história romana pode e deve ser escrita: de modo argumentativo e baseada em todo tipo de evidência disponível pela arqueologia, em moedas, na escrita de documentos da época e na literatura mais tardia.

II

IMPÉRIOS DA MENTE

> Então Rômulo, vestindo orgulhosamente a pele castanha da loba que o criou, assegurará o futuro da raça, erguerá muralhas marciais e, a partir do próprio nome, os chamará ROMANOS. Não fixei fronteiras a seus domínios, nem termo a seu governo: dei-lhes um IMPÉRIO SEM FIM. Mesmo a severa Juno, que agora enche de medo a terra, o mar e o céu, acabará fazendo melhor juízo deles e a meu lado mostrará sua benevolência para com os romanos, senhores do mundo, o povo da toga. É a minha vontade.
>
> (Virgílio, *Eneida* I. 275-83)

O império passou a fascinar a imaginação romana. E a nossa também. Todo estudo sobre a antiga Roma, seja de sua poesia amorosa ou festivais, da arte monumental ou da rotina das famílias, invoca o império como um dos — às vezes como o único — contextos cruciais. Mas o que eles entendiam e o que nós entendemos por "império" nem sempre é a mesma coisa. Este capítulo investiga alguns dos diferentes sentidos de "império", que se entrelaçam no cerne das histórias sobre Roma.

Um povo imperial

Às vezes parece que o império já estava impresso no DNA romano. Os romanos do Período Clássico, sem a menor dúvida, acreditavam em algo desse tipo.

Quando poetas ou historiadores épicos imaginavam os tempos mais remotos da história da cidade, descreviam-nos como voltados a uma trajetória de grandeza. O advento do império foi o tema central da *Eneida*, célebre poema épico composto por Virgílio na corte de Augusto.[1] A epígrafe deste capítulo é tirada da profecia feita por Júpiter sobre a futura grandeza de Roma, que se encontra no início da epopeia. Mesmo que ela se destinasse a servir às necessidades políticas imediatas do poeta e de seu protetor, acabou tendo uma permanência muito mais influente. A *Eneida* seria o ponto de partida da educação na Itália e nas províncias ocidentais nos séculos vindouros. Ocupou na cultura romana um lugar muito parecido com o da Declaração de Independência e da Constituição na América ou o de Shakespeare na Grã-Bretanha. Constantemente citados e imediatamente reconhecíveis, os versos da *Eneida* são tão ubíquos no império quanto as inscrições. A maioria deles vem do primeiro livro do épico — indício de que os alunos talvez não chegassem muito longe. Mas os filhos de proeminentes provincianos tinham de ler os famosos versos de Júpiter enquanto se esforçavam para aprender latim, absorvendo também no processo o que era ser um romano.

A *Eneida* não conta a história da ascensão de Augusto ao poder, nem da conquista romana da Itália e do Mediterrâneo. Na realidade, a história é ambientada em uma época heroica, período que sucedeu de imediato dois grandes épicos gregos de Homero: a *Ilíada* e a *Odisseia*. Conta-se como o príncipe Eneias liderou um grupo de refugiados das ruínas chamejantes de Troia, após ela ter sido saqueada pelos gregos. Os primeiros seis livros seguem o caminho percorrido por eles, cada vez mais para o Ocidente, impelidos primeiro pelo medo, depois levados pelo destino a um novo mundo estranho e surpreendentemente moderno. Monstros, nativos hostis e deuses enfurecidos tentam frustrar a jornada. Além disso, há tentações ao longo do percurso. Nenhum ancoradouro é mais sedutor que Cartago, cidade que os troianos encontram em construção, sendo governada por Dido, a bela rainha fenícia e mais uma refugiada do Mediterrâneo oriental. Naturalmente, Dido e Eneias apaixonam-se e, também naturalmente, o amor dos dois está condenado: trata-se, afinal, de uma epopeia, não de um romance, embora Eneias demore um pouco para perceber isso. Pois os deuses têm um plano, e o plano é Roma. Eneias conduz

Figura 1. Estátua de Augusto de Prima Porta exibida na nova ala Braccio Nuovo do Museo Chiaramonti, Museus Vaticanos, Roma, Itália.

seus homens, o pai, o filho e os sagrados objetos de culto de Troia para a costa do Lácio, na Itália central. É ali que a guerra, a profecia e um casamento lhes permitirão enfim instalar-se na vila de Alba Longa. De lá, o distante descendente de Eneias — Rômulo — decidirá fundar a cidade.

Eneias era filho de uma deusa, Vênus, cultuada em Roma como Vênus Genetrix, ou Vênus Nossa Ancestral. Júlio César construiu-lhe um templo no centro do novo fórum, custeado com os despojos da Guerra da Gália. Depois de seu assassinato, seu herdeiro, o futuro imperador Augusto, completou o projeto. O templo foi concluído não muito antes da composição de *Eneida*. Essas obras monumentais assinalam estágios no processo pelo qual uma única versão autorizada da história romana foi criada a partir de uma miríade de tradições contraditórias. Uma das razões para isso foi a transição de uma forma de governo republicana para uma monarquia. Muitas tradições estavam ligadas a determinadas famílias, mas depois da mudança uma só família dominava a cidade. Júlio César, e portanto também Augusto, afirmavam ser descendentes diretos de Eneias e Vênus. Outra razão foi que os historiadores romanos mal haviam começado a construir uma cronologia confiável do próprio passado. Estudiosos da última geração da república livre, entre eles Varro, Nepos e Ático, amigos de Cícero, tinham trabalhado arduamente para correlacionar eventos da tradição romana com as datações estabelecidas por historiadores gregos. Suas conclusões — embora com frequência baseadas no que nos parecem argumentos bastante frágeis — nunca foram seriamente contestadas na Antiguidade. Era mais importante que Roma tivesse uma história típica e consentida, do que a história correta. Augusto também estava preocupado em ajustar o passado. O historiador Lívio registra friamente como o próprio Augusto se dedicou à pesquisa da história antiga para estabelecer que nenhum oficial subalterno pudesse ser recompensado com a honra excepcional do *spolia opima*, concedida apenas a um general que matasse o oponente em um combate individual.[2] De forma menos controversa, grandes placas comemorativas de bronze foram instaladas em memória ao *Fastos* — sequência exata de cônsules do início da república até aquela época. Os cônsules eram os pares de magistrados anuais segundo os quais cada ano era tradicionalmente denominado. César e Augusto promoveram uma pesquisa sobre o calendário e a divulgaram.[3]

Situado pelo épico de Homero no final do período heroico, Eneias viveu sem dúvida muito antes para fundar ele próprio a cidade. Estudiosos gregos tinham calculado que Troia havia sucumbido em 1183 a.C., enquanto a data da fundação de Roma era calculada em 753 a.C. Isso deixava realmente uma lacuna. Mas o épico de Virgílio concedeu a Eneias inúmeras visões do futuro — o presente de Virgílio, claro — como um período imperial em que, sob a autoridade de Augusto, os romanos governariam o mundo de acordo com os decretos de Júpiter. Mais impressionante era uma descida ao Mundo dos Mortos, onde o pai falecido de Eneias mostrava-lhe os grandes romanos da história, à espera para nascer, e dava-lhe pistas do destino deles. Eneias também fez uma viagem ao Tibre, para visitar o futuro local da cidade de Roma, na época ainda um paraíso campestre colonizado por outros refugiados do leste, desta vez gregos da Arcádia, que lhe contaram a história de como Hércules passara exatamente por aquele lugar e ali derrotara o terrível monstro Caco. Virgílio entrelaçou as muitas lendas da antiga Roma, construindo com elas uma narrativa que só poderia culminar em Augusto.

A fundação em si da cidade de Roma foi deixada para um dos descendentes de Eneias, Rômulo, que, assim como o irmão Remo, era filho de uma princesa da linhagem de Eneias e também do deus Marte, dando convenientemente aos romanos um segundo ancestral divino. Quando Augusto construiu um fórum e templo próprios, dedicou o segundo a Marte e nele colocou imagens de Vênus, Marte e Júlio César (agora também um deus) no frontão.[4] Lívio, que escreveu não muito depois de Virgílio, iniciou sua história *Desde a Fundação da Cidade* com a declaração de que, se alguma nação tinha direito de reivindicar uma descendência de Marte, deus da guerra, essa nação era Roma.[5] Os romanos encontravam nos mitos da Roma primitiva mais do que apenas uma justificativa para sua grandeza. O relato de como Rômulo matou o irmão porque ele se atrevera a escalar o muro que Rômulo acabara de construir para a nova cidade era interpretado como um sinal de que a guerra civil também estava inscrita na psique romana. A Roma de Augusto encontrava-se, afinal, em recuperação de quase um século de guerras civis. Quando Virgílio descreve os africanos levantando-se contra Dido após ela ter escolhido um príncipe estrangeiro, ou os italianos atacando os troianos quando Eneias ganhou a mão da princesa local, ou ainda quando Lívio nos conta como Rômulo supriu seus seguidores de companhia feminina raptando esposas e filhas dos vizinhos sabinos, podemos perceber como os romanos procuravam justificar suas tradições nitidamente arraigadas de violência.[6] Essa investigação mais sombria corre em paralelo aos repetidos relatos de como fora difícil fundar o Estado romano e cumprir o destino divino da cidade. As atrocidades do final da república — com seus distúrbios, linchamentos e cruéis assassinatos políticos — devem ter impossibilitado a narrativa de uma história convincente sobre Roma que desse conta apenas de sucessivos atos de heroísmo e piedade.

Tornando-se imperial

Mitos sobre o longínquo passado acumulavam-se no decorrer do tempo. Eram, evidentemente, reescritos à medida que o Império Romano crescia. Se compararmos relatos como esses aos mitos de fundação de outras cidades do antigo Mediterrâneo, logo fica claro que muitas das tradições de Roma não eram tão incomuns. Um número espantoso de cidades afirmava descender de refugiados troianos ou gregos.[7] Presume-se que isso acontecia porque as epopeias de Homero tinham um prestígio muito grande e também porque se sabia muito pouco sobre o início do primeiro milênio antes de Cristo. Outros afirmavam ser descendentes de heróis nômades, especialmente de Hércules, mas também de Ulisses, Perseu, Antenor e outros. A maioria das colônias gregas reivindicava sanção divina para a posse da terra e a expropriação dos antigos habitantes. Essa sanção poderia adquirir a forma de sinais, oráculos ou acontecimentos milagrosos. Muitas prestavam culto aos fundadores, como os romanos, que cultuavam Rômulo sob o nome de Quirino. Iniciativas violentas, batalhas com povos nativos e casamentos entre recém-chegados e mulheres locais eram também elementos típicos.[8] Mesmo a criança rejeitada que se torna fundador tem muitos paralelos. Presumivelmente, eram esses os elementos centrais das primeiras versões sobre a origem de Roma. Só em um estágio mais tardio as profecias devem ter passado a incluir o domínio do mundo, e as lendas, começado a explorar o lado mais sombrio da natureza romana.

Infelizmente, sabemos muito pouco sobre como os romanos se viam antes de se tornarem um poder imperial. A primeira literatura latina foi criada no final do século III a.C.[9] Nessa época, Roma era sem a menor dúvida a maior potência na bacia mediterrânea ocidental e já dominava há gerações a península Italiana. Os primeiros historiadores romanos, com Fábio Píctor escrevendo em grego, e Catão, o Velho, em latim, já estavam empenhados em explicar como Roma havia levado a melhor sobre Cartago. Fábio Píctor tinha participado das guerras contra os gauleses do norte da Itália, no final do século III, e fizera parte de uma delegação de antigos senadores que visitaram o oráculo em Delfos, na Grécia, procurando conselho após a grande vitória de Aníbal em Canas, em 216 a.C. Catão (234-149 a.C.) assistiu à derrota de Aníbal e também participou das primeiras guerras contra os grandes reinos do Mediterrâneo oriental. Seu livro, *Origens*, resultou de um exame minucioso dos conhecimentos gregos mesclado à busca de informações sobre a pré-história dos povos da Itália. A maior parte do que reuniu devem ter sido lendas de fundação semelhantes à de Roma. Os primeiros historiadores gregos do Período Clássico sabiam alguma coisa sobre Roma, mas pouco do que tinham a dizer sobreviveu. Roma parece ter brotado na história já plenamente formada como poder imperial, espetacularmente agressiva, com instituições bem desenvolvidas para sobreviver a derrotas ocasionais e converter vitórias militares em duradoura dominação política.[10]

Os romanos desse período já tinham noção de sua história como uma ascensão à grandeza. Um contemporâneo de Catão, Quinto Ênio (239-169 a.C.), escreveu um poema épico que era na verdade a história de Roma desde os primórdios até os dias de então. Chamava-se *Annales* e foi a base da educação no final da república, assim como aconteceu com a *Eneida* durante o império. Cícero adorava o poema, mas só fragmentos dele chegaram até nós. Mesmo assim, temos uma boa noção da "trama" de Ênio. Os primeiros três livros contam a história de Roma a partir da queda de Troia, incluindo a fundação da cidade e o governo de seus sete reis, até a criação da república. Depois se seguem doze livros que relatam as guerras de Roma contra outras comunidades italianas, contra o rei macedônio Pirro e Cartago (culminando na conquista de cidades gregas na Itália e na Sicília), e depois as primeiras guerras na Espanha e as travadas nos Bálcãs, no início do século II a.C., contra os grandes reinos do leste. Ênio acrescentou então mais três livros que descrevem as vitórias de seu protetor, o general Marco Fúlvio Nobilior, que ele acompanhara em uma campanha nos Bálcãs setentrionais em 189-188 a.C. Quando os dois retornaram, Nobilior construiu um grande templo no Campo de Marte dedicado a Hércules e às Musas. Um protótipo do *Fastos* de Augusto foi também exibido nele. Desde o começo, portanto, guerra e poesia andaram de mãos dadas. E a história romana *era* a história do imperialismo romano. O poderio romano estendeu-se, guerra após guerra, até toda a sequência parecer ter sido sancionada pelos deuses de Roma.[11] A benevolência deles nunca pôde ser comprovada, mas, por meio de repetidos atos de devoção, o povo romano conservou o mandato divino. Um triunfo atrás do outro proclamava o apoio dos deuses.[12]

E, enquanto essas epopeias e histórias (e também peças teatrais, embora poucas tenham sobrevivido) eram compostas, a cidade foi se enchendo de templos dedicados a vitórias, muitos prometidos em batalha e financiados pelos espólios doados por diferentes generais, generais esses cuja própria casa era decorada com esses troféus.

Isso então nos dá um senso romano de império. O domínio de um povo, o povo da toga, sobre aqueles que haviam derrotado na guerra; o domínio sancionado pelos deuses de Roma como sinal de seu favorecimento a um povo que era excepcionalmente devoto. Só no último século da república foi que os romanos desenvolveram meios de descrever a grande entidade política que haviam criado.[13] O termo "império" deriva do latim *imperium*. Seu significado fundamental era "comando" e, até o final da república, esse continuou sendo seu sentido primário. Ainda nos dias de Júlio César, a palavra *imperator* (origem do nosso "imperador") indicava apenas um general, alguém investido de comando. Soldados em um campo de batalha podiam entoar o título após uma vitória como meio de homenagear seu comandante. *Imperium* era um poder temporário e pessoal, concedido com rituais solenes pelo tempo que durasse uma campanha. Voltar a pisar na cidade, o que o general tinha de fazer se quisesse comemorar um triunfo, significava renunciar a esse poder. Augusto foi o primeiro a não renunciar a ele. Um sentido que *imperium* só adquiriu mais tarde nesse processo foi o de "território total controlado por Roma". O relato feito por Augusto sobre a própria vida, gravado em colunas diante de sua tumba e disseminado em manuscritos por todo o império, proclamava a hegemonia mundial e deixava claro que os Estados aliados e os inimigos derrotados estavam todos sujeitos ao comando de Roma.

Império arquetípico

A ideia moderna de império tem sua própria narrativa. Roma, no entanto, ocupa um lugar muito importante na história dessa ideia. Os romanos criaram um conjunto de ideias e símbolos que exerceram fascínio sobre várias gerações subsequentes. Outros impérios haviam chegado ao mundo mediterrâneo antes de Roma, os últimos sendo o dos persas e o de Alexandre. Mas o repertório deles de cerimoniais, títulos literários e imagens não sobreviveu muito tempo, em parte porque os romanos se recusaram a reconhecê-los em pé de igualdade e inventaram a própria linguagem de dominação do mundo, em parte porque o vocabulário latino do império foi o adotado pelas nações que vieram depois. A história da ideia de império no Ocidente é, na sua maior parte, a história de sucessivas imitações de Roma. Cada vez que Roma era copiada, direta ou indiretamente, a ideia de império era modificada. Contudo, títulos latinos e águias imperiais conservaram-se muito bem até o século XX. A noção de "império" avançou pela história europeia e, enfim, mundial como uma bola de neve rolando morro abaixo.[14]

O Império Romano teve muitos imitadores e pretensos sucessores. Os governantes do Ocidente medieval viveram entre as ruínas de monumentos romanos. Moedas romanas podiam ainda ser encontradas nos campos. Muralhas romanas cercavam as minúsculas cidades da Europa, e as melhores estradas continuaram sendo, durante séculos, as que os romanos tinham construído — estradas que ainda cruzavam rios em pontes de pedra e que os primeiros monarcas medievais não seriam capazes de construir. O latim continuava sendo a principal língua da literatura, e os textos clássicos eram lidos com frequência e tratados com exagerada reverência. Não havia como ter conhecimento sobre Roma sem ter conhecimento sobre seu império. Quando reis francos começaram a estender seu poder sobre outros povos, Roma era o único modelo possível. No final do século XII, o rei francês tinha como alcunha Filipe Augusto, e seus principais rivais eram o imperador alemão e os reis angevinos da Inglaterra, que possuíam reis de menor expressão entre seus vassalos. Imperador significou, durante grande parte da Idade Média, a suprema posição secular de liderança. Reis comuns eram classificados abaixo dele, e papas, no mesmo nível.

Além do mais, havia ainda imperadores romanos vivos para serem admirados e com os quais outros pudessem rivalizar. Governavam em Constantinopla, nas margens do Bósforo, cidade que conhecemos hoje como Istambul e que antes se chamara Bizâncio. Esses imperadores, justificadamente, viam-se como romanos, herdeiros ao menos de Justiniano e Constantino, bem como de seus predecessores pagãos. A língua do império podia agora ser o grego, e seus domínios podiam ter se reduzido às terras ao redor do mar Egeu, mas o palácio, o hipódromo e as bibliotecas de Bizâncio, assim como o cerimonial e os títulos literários da corte, proclamavam um autêntico estilo imperial romano. Ao norte e a oeste de Bizâncio, os povos mais variados eram atraídos para sua esfera cultural. Aventureiros *vikings* viajaram pelos rios europeus até Novgorod, continuando depois para a cidade que chamavam Miklagard, a Grande Cidade. Um deles gravou algumas runas, visíveis até hoje, na sacada da grande igreja imperial de Hagia Sophia, construída pelo imperador Justiniano do século VI. O domo forneceu o modelo para mesquitas islâmicas, elas mesmas não raro construídas no local de templos ou igrejas romanas e com frequência empregando colunas romanas em sua construção. Após a Quarta Cruzada (1202-1204), houve durante algum tempo imperadores francos em Bizâncio, unindo brevemente tradições ocidentais e orientais. Mesmo quando os restaurados imperadores gregos perderam enfim a cidade para os turcos no século XV, não houve ruptura total. Vários príncipes aproveitaram a oportunidade para declarar seus Estados uma "Terceira Roma": Moscou é o caso mais famoso. Aliás, durante algum tempo, existira um sultanato de Rum governando antigas possessões bizantinas na Ásia Menor, e os otomanos, justamente como seus predecessores cristãos, montaram grandes cerimônias no hipódromo e fizeram culto em Hagia Sophia, agora uma mesquita. Os modelos políticos romanos, no entanto, tinham sido menos influentes em demais partes do mundo islâmico. Havia outros aspectos da civilização romana que, em determinados períodos, causaram fascínio. As cidades da Síria bizantina tiveram um breve período de prosperidade após a conquista árabe. Durante o século IX, os califas abássidas empregaram alguns de seus súditos cristãos para explorar a literatura grega e traduzir o que fosse valioso. Muitos textos na área de medicina e algumas obras de filosofia sobreviveram apenas em tradução árabe.[15]

O império teve, então, ressonância duradoura como um conjunto de símbolos. De nosso distante ponto de observação, podemos ver o bastão sendo passado de uma geração a outra. A dinâmica predominante parece ter sido a competição. Carlos Magno empregou a linguagem do império para consolidar a franca hegemonia: ele e o papado também a julgaram uma ferramenta útil para manter o imperador bizantino acuado. Quatro séculos mais tarde, o autor de *A Canção de Rolando* imaginou Carlos Magno como um grande pioneiro das Cruzadas que, sob o comando de Deus, defenderia a cristandade contra o *paien* (pagão). Alguns dos imperadores alemães medievais aceitaram esse desafio. Mas em geral empregaram o título de imperador para expressar a sensação de estarem no topo de uma hierarquia mundana, como suseranos de príncipes-eleitores, reis de menor expressão e cidades livres do Báltico ao Mediterrâneo. Durante os três séculos em que a família Habsburgo forneceu Sagrados Imperadores Romanos, o estilo imperial foi mais elaborado na Espanha, Áustria e Alemanha. O poder duradouro investido nesses símbolos é demonstrado pela decisão de Napoleão de abolir o Sagrado Império Romano e proclamar o primeiro Império Francês em 1804. A Áustria respondeu declarando no mesmo ano o Império Austríaco. A França do século XIX experimentou uma alternância de repúblicas e impérios. O segundo Império Francês pereceu após a Guerra Franco-Prussiana de 1870; o Império Alemão nasceu no ano seguinte. A rainha Vitória britânica assumiu o título de imperatriz da Índia em 1876. O século XIX assistiu a breves períodos imperiais no Novo Mundo, estabelecidos no Brasil, Haiti e México. O Império Austro-Húngaro durou até 1918. Os czares russos perderam seu império um ano antes: o título *czar* (derivado naturalmente de *césar*) pode ser encontrado em línguas eslavas desde os governantes da Bulgária do século X, que estão entre os mais formidáveis oponentes de Bizâncio. Monarcas britânicos mantiveram o título imperial até 1948. O último imperador nessa tradição foi Bokassa, que governou o Império Centro-Africano entre 1976 e 1979.

É talvez uma observação óbvia, mas essas manifestações políticas não tinham quase nada em comum. Nem correspondem muito bem, em nenhum período, aos poderes imperiais que podemos elencar com base em outros critérios. Os britânicos, segundo a maioria das avaliações, administravam um império (ou talvez dois) muito antes de Vitória ser persuadida a adotar o título. A Espanha foi sem dúvida o primeiro império moderno, não importa se o Habsburgo governante era ou não imperador. Por outro lado, essas reivindicações não podem ser inteiramente descartadas como fantasias megalomaníacas. O que estamos observando é o poder duradouro de fascínio dos modelos romanos de império, especialmente em momentos de intensa competição pela primazia. Quando monarquias entravam em disputa por prestígio, recorriam a águias, títulos latinos, coroas de louros e arquitetura clássica. A conveniência desses símbolos é que estes eram instantaneamente identificáveis. Mesmo Bokassa, ao se apoderar do poder na República Centro-Africana, demonstrou como tinha aprendido bem a linguagem simbólica do colonialismo europeu.

O renascimento da linguagem do império na época moderna parece particularmente surpreendente. A rivalidade entre monarquias europeias foi, sem a menor dúvida, um fator que contribuiu para isso. Talvez simplesmente não houvesse vocabulários alternativos para expressar os diferenciais globais de poder em criação. Mas houve também múltiplos fatores locais. O império de Napoleão não envolvia apenas domínio no exterior; também dizia respeito às dificuldades enfrentadas pelo projeto republicano dentro da França pós-revolucionária. A adoção do título de imperatriz da Índia por parte de Vitória não se deu exatamente para instilar a rivalidade com seu genro alemão, o cáiser Guilherme; pode também ter refletido um reconhecimento crescente da identidade nacional da Índia. O último mogol (deposto pelos britânicos em 1858) tinha tomado o título urdu *Badishah-e-Hind*, que é frequentemente traduzido como "imperador da Índia". O uso, por parte dos monarcas russos, do termo eslavo czar ou tzar também evocava a tutela do cristianismo ortodoxo.

Por trás de tudo isso, podemos perceber o surgimento de um grupo de nações-Estados que encaravam umas às outras como se formassem uma liga própria, como se estivessem se tornando grandes potências. Hoje, nas primeiras décadas do século XXI, só três membros do G8 e apenas um dos cinco membros permanentes do Conselho de Segurança da Organização das Nações Unidas (ONU) são ainda monarquias de alguma espécie. Mas, durante grande parte do século XIX, todas as principais nações tinham chefes de Estado hereditários. O século XIX marcou também o ponto alto do interesse europeu pelos clássicos e, em particular, por Roma. Talvez não seja de espantar que, seguindo um ou outro rumo, tantos desses monarcas tenham se tornado imperadores, pelo menos durante um breve período. A linguagem e os ornamentos do império forneciam um meio de expressar a sensação de que eram mais que apenas reis e rainhas, e que as nações-Estados sobre as quais reinavam não eram nações comuns.

O império não perdeu seu charme até meados do século XX. Então, uma a uma, as monarquias foram abolidas ou se tornaram periféricas. Estados comunistas consideraram Roma um modelo menos atraente do que tinham julgado seus predecessores. O fascismo foi o último movimento político importante a fazer uso de modelos romanos. A imitação que Mussolini fez de Roma foi das mais explícitas: além de usar o precedente romano para reivindicar a hegemonia mediterrânea, seu partido foi batizado com base no *fasces* — feixe de varas em volta do machado, este um símbolo conduzido à frente do magistrado romano. O fascismo alemão também fez grande uso do imaginário romano clássico, em especial na arquitetura do Terceiro Reich.[16]Após a Segunda Guerra Mundial, o imperador japonês foi obrigado a renunciar à sua divindade, impérios europeus sucumbiram, e o imperialismo passou a adquirir um sentido cada vez mais pejorativo. A monarquia britânica, por sua vez, pôs discretamente o título de lado após o fim do Raj britânico. Seja como for, o imaginário clássico foi cada vez menos eficiente à medida que as novas classes profissionais e de governantes tinham cada vez menos conhecimento acerca de Roma. "Imperialista" tornou-se um termo de insulto dirigido contra poderes coloniais, por povos recém-independentes, e o rótulo foi usado como termo de condenação por todo lado durante a Guerra Fria. Discussões sobre se hoje os Estados Unidos são ou não um império raramente são simpáticas à política externa norte-americana.

A múltipla sobrevivência do Império Romano é uma das razões para a duradoura importância de Roma. Mas pode também obscurecer nossa visão da própria Roma. Vale a pena examinar alguns dos contrastes menos óbvios entre Roma e seus imitadores do século XIX. Para começar, o Império Romano não admitia nada que se igualasse a ele nem reconhecia algum predecessor. Não havia noção de comunidade de nações, nenhum clube de elite de superpotências; os romanos eram um povo singular, acima do restante e contra o restante. Nem todos os súditos e vizinhos viam as coisas dessa maneira. Mas o império, para Roma, era algo novo e único. Roma não estava restaurando algo

Figura 2. Moeda de dez centavos com Mercúrio, retratando o *fasces* romano.

já existente, e o império mundial que ela criou pareceu, durante algum tempo, não ter precedentes.

O império como categoria

A última noção de império que quero apresentar os romanos teriam achado difícil de aceitar. Trata-se da ideia de que o império é um tipo particular de entidade política que surgiu em várias ocasiões e em vários locais na história mundial. Essa noção transformaria o termo "império" numa categoria sócio-histórica atemporal — exatamente o oposto de um fenômeno com uma história própria.

Naturalmente, todos estamos familiarizados com a ideia de que "império" denota um tipo específico de coisa. Ao lado do Império Romano, poderíamos colocar o Império Britânico, os impérios Asteca e Inca no Novo Mundo, Persa e Assírio na Antiguidade, Espanhol no início do período moderno e assim por diante. Para fins mais comuns, associamos império à conquista de outros povos ou Estados, a grandiosas cidades que fazem papel de capitais, a exuberantes cerimoniais de uma corte, a domínio sobre uma grande faixa de território, e a um lugar muito importante nas narrativas históricas. Impérios ascendem e sucumbem, dominam seus vizinhos, reúnem tesouros exóticos dos confins da Terra e afirmam estar no centro dela. Império evoca sonhos de domínio universal: um Reich que dura mil anos, uma bandeira sobre a qual o Sol nunca se põe, um governante que é o rei dos reis.

Podemos perceber como não é tão fácil assim desenvolver definições mais rigorosas. Dificilmente podemos confiar na descrição a que os governantes dão preferência, que em geral depende de rivalidades locais e considerações sobre se o termo os faria ganhar ou perder apoio. Além disso, o que faremos ao examinar locais não pertencentes a essas tradições cuja origem se baseia em Roma? A maioria dos historiadores concordaria que os incas e os chineses criaram impérios comparáveis aos da Europa e do Oriente Médio, mas como podemos definir quais termos em quíchua ou mandarim têm o mesmo alcance semântico que "império" ou "imperadores"? O próprio povo antigo nem sempre concordava sobre o que era ou não um império. Os imperadores romanos geralmente tratavam a Pérsia como um Estado menor, mas vez por outra os persas dirigiam-se a eles como "imperadores irmãos".[17] Os sociólogos históricos acham particularmente difícil distinguir pequenos impérios de grandes Estados, já que a maioria dos Estados é construída a partir da dominação e só os Estados mais diminutos não possuem periferias internas. Os ingleses algum dia exerceram um domínio *imperial* sobre o País de Gales, a Irlanda ou a Escócia? Que governos ingleses dominassem essas regiões é um fato, mas a linguagem escolhida para descrevê-los nunca foi imperial. Os escoceses foram por fim apresentados como parceiros no Império Britânico. Mas não teria sido isso mera ideologia, uma estratégia para mascarar a hegemonia inglesa e afirmar que os habitantes da Escócia eram, em certo sentido, privilegiados em relação aos habitantes de outros territórios conquistados? Impérios são certamente Estados, e neles há, com certeza, governantes e governados. Mas há também aqueles indivíduos que participam de conquistas e governos, tanto do próprio povo quanto de outros. Uma escala poderia ser um bom critério. Mas fixar um limite é impossível. Os impérios da Idade do Bronze na Mesopotâmia e o Império Ateniense clássico eram minúsculos se comparados aos de Roma, Pérsia e norte da Índia. Contudo, pareceria estranho negar-lhes o título de "império" ou, de outro modo, denominar de imperiais praticamente todos os reinos da Europa medieval moderna.

O que fazem a maioria dos historiadores interessados em análise comparada é dividir o termo "império" em subcategorias e tentar comparar apenas igual com igual.[18] Faz sentido, por exemplo, tratar em separado impérios europeus do final do século XIX e início do XX, em que nações-Estados desfrutaram breve controle de regiões distantes com economias muito mais fracas devido, em grande parte, à sua superioridade tecnológica. Contudo, com relação a impérios pré-industriais (ou, se preferirmos, pré-modernos ou pré-capitalistas), algumas comparações parecem arriscadas. Podemos de fato comparar o império marítimo da jovem Portugal moderna com os impérios cronologicamente contemporâneos do Vale do México, cujos governantes não usavam a escrita, o ferro ou animais de carga, e cujos horizontes políticos eram tão mais estreitos? Talvez essas questões de definição não tenham grande importância: é difícil distinguir impérios pequenos de grandes Estados, precisamente porque eles são, sob muitos aspectos, bastante semelhantes. A menos que seja importante estabelecer uma distinção de categorias sem ambiguidades (por exemplo, no caso de tentarmos mostrar a veracidade de um fato com relação ao império, veracidade essa não pertinente com relação a nada mais), a imprecisão do termo não é um problema. Lenin precisava de definições claras em sua tese sobre o imperialismo ser um estágio histórico particular, mas meu propósito aqui não é esse.[19]

Os impérios com os quais, com maior frequência, vou comparar Roma são os que mais intimamente assemelham-se a ela em escala e tecnologia. Isso significa grandes Estados como a Pérsia aquemênida e sassânida, o Império Máuria do norte da Índia e a China pós-dinastia Qin. Todos eram Estados com produtivas economias agrícolas, dependentes, em geral, da tecnologia da Idade do Ferro, e não tinham fonte de energia além das forças humana e animal, da lenha e, talvez, dos moinhos de água. Alguns empregavam alguma forma de escrita ou sistema similar de preservação de dados, além de sistemas padronizados de moeda, pesos e medidas. Todos esses Estados eram tão vastos, que uma mensagem levava semanas para ir de um lado a outro pelos meios de comunicação mais rápidos da época, e um exército levava meses para cruzar seus territórios. Todos possuíam elaboradas hierarquias sociais, principalmente nas cortes, e faziam uso frequente de cerimoniais e rituais. Estados desse tipo são às vezes chamados de impérios tributários ou aristocráticos. Impérios desse tipo eram comumente criados quando um ou mais povos dominantes conquistavam — em geral com certa rapidez — uma série de povos vassalos antes independentes. A Pérsia aquemênida foi formada pela fusão forçada dos reinos da Média, de Babilônia, Lídia e Egito, tudo entre 550 e 520 a.C. Roma tornou-se imperial primeiro engolindo outros Estados italianos, depois derrotando Cartago e, por fim, os importantes reinos do Mediterrâneo oriental. Qin tornou-se imperial conquistando seis ou sete outros reinos no final do Período dos Estados Combatentes. Há muitos outros exemplos desse padrão por todo o globo. Mas a conquista era apenas o primeiro estágio, e muitos impérios desmoronaram no momento em que a expansão se deteve: o destino do império de Alexandre, o Grande, é um exemplo. Estados conquistadores precisavam se transformar em estruturas estáveis de dominação. Seus governantes passaram a se apoiar não apenas no uso e na ameaça de violência, mas também no suporte tácito dos vários tipos de elites locais. Com essa ajuda, eram extraídos impostos, dízimos, taxas, ou uma combinação deles. Os governantes locais ficavam com uma parcela, e a maior parte desse excedente era aplicada à tarefa de manter a ordem e defender o império. A sobra financiava o extravagante estilo de vida dos governantes do império. Tais governantes também investiam vigorosamente em cerimoniais e monumentos. A maioria reivindicava ter recebido o mandato dos céus, tanto para tranquilizar a si mesma quanto para intimidar os súditos. Roma, sob todos esses aspectos, foi um império pré--industrial bastante característico.

O que temos a ganhar pensando em Roma dessa maneira? Um dos benefícios é que, às vezes, a comparação explica algum traço da sociedade que hoje nos parece estranho. O culto aos imperadores romanos como se fossem deuses parece menos estranho se considerarmos até que ponto práticas desse tipo eram difundidas em impérios da Antiguidade.[20] A comparação também pode, às vezes, ajudar-nos a avaliar como era incomum um ou outro traço da versão romana do primitivo império. A cidadania, por exemplo, uma herança das culturas da cidade-Estado do Mediterrâneo arcaico e clássico, é um bom exemplo de um aspecto em que o Império Romano fugia do habitual. Xás da Pérsia e os filhos chineses do céu tinham súditos, não cidadãos camaradas.

Talvez uma última vantagem seja que esse tipo de exercício faz lembrar a diferença entre comparações apropriadas e inapropriadas. Muitos historiadores se veem hoje fazendo comparações entre imperialismo moderno e os do passado romano. As razões são bastante óbvias. Nossa época rejeitou a linguagem do império, porém, possivelmente, nem sempre renunciando a boa parte de seu poder. Roma entra em discussão não porque seja uma analogia muito próxima, mas porque é familiar, e também pelo fato de os impérios modernos terem feito tanto uso de símbolos romanos. Impérios modernos são distintos de Roma: a principal diferença não diz respeito à moralidade (racismo *versus* escravidão, que tal?), mas sim à tecnologia. Lenin tinha razão ao insistir nas origens infalivelmente modernas do imperialismo dos séculos XIX e XX. A história comparada nos dá um senso de perspectiva: Roma não foi única, mas também não foi muito parecida com o Raj britânico ou as superpotências do século XXI. Roma escreveu sua própria aventura.

Leitura adicional

As criações romanas de mitos sobre seu passado e seu despertar gradual para um destino imperial são o tema de *Culture and National Identity in Republican Rome*, de Erich Gruen (Londres, 1992), e *Romulus' Asylum*, de Emma Dench (Oxford, 2005). *Troy between Greece and Rome*, de Andrew Erskine (Oxford, 2001), é um maravilhoso estudo da descoberta de Roma sobre suas origens troianas. Um relato fértil da criação romana de mitos é *Myths of Rome*, de Peter Wiseman (Exeter, 2004).

O estudo de percepções tardias da Grécia e de Roma é uma das áreas de crescimento mais rápido dos estudos clássicos. Para a sobrevivência de Roma, e para Roma como modelo de império, ver *Roman Presences*, de Catharine Edwards (Cambridge, 1999), e *Ancient Rome and Modern America*, de Margaret Malamud (Oxford, 2009). Um valioso conjunto de ensaios é *Images of Rome: Perceptions of Ancient Rome in Europe and the United States in the Modern Age*, de Richard Hingley (Portsmouth, RI, 2001).

A melhor introdução à história comparada do mundo pré-moderno é *Preindustrial Societies*, de Patricia Crone (Oxford, 1989). Um dos estudos mais influentes dos primeiros impérios foi *The Politics of Aristocratic Empires*, de Jon Kautsky (Chapel Hill, NC, 1982). *Empires: Perspectives from Archaeology and History*, de Susan Alcock, Terence D'Altroy, Kathy Morrison e Carla Sinopoli (Cambridge, 2001), reproduz fielmente a vibrante conferência que deu origem ao livro. Para um ensaio recente sobre história comparada sistemática, ver *Rome and China*, de Walter Scheidel (Oxford, 2009).

Mapa 1. Povos da Itália por volta de 300 a.C.

DATAS IMPORTANTES DO CAPÍTULO III

753-510 a.C. O Período Régio da história romana, conforme calculado por Varro (embora uma média de reinado de mais de trinta anos para cada um dos sete reis de Roma seja implausível).

509 a.C. Primeiro tratado de Roma com Cartago (outros foram firmados em 348 e 306), supostamente sucedendo com rapidez a fundação da república.

496 a.C. Data tradicional da batalha do Lago Regilo, em que Roma derrotou a Liga Latina.

494 a.C. Data tradicional para a primeira secessão da *plebe*, início de uma longa luta por emancipação política convencionalmente denominada Conflito das Ordens.

396 a.C. Data tradicional da destruição de Veios por Roma.

390 a.C. Data tradicional da pilhagem gaulesa de Roma.

343-290 a.C. Roma frequentemente em guerra com samnitas da Itália central (mais tarde lembradas como as Três Guerras Samnitas).

340-338 a.C. Guerra com os latinos termina na dispersão da Liga Latina.

336-323 a.C. Reinado de Alexandre III (o Grande) da Macedônia, conquistador da Grécia e do Império Persa.

287 a.C. A *Lex Hortensia* [Lei Hortênsia] torna as decisões dos plebeus aplicáveis à comunidade como um todo. Fim convencional do Conflito das Ordens.

280-275 a.C. Pirro, de Épiro, faz campanhas na Itália contra Roma, na Sicília contra Cartago, e depois retorna pelo Adriático.

Note bem: a maioria das datas antes da invasão de Pirro é proveniente de conjecturas feitas por antiquários no último século a.C. As primeiras histórias sérias do Ocidente foram as escritas por Timeu, da cidade siciliana de Tauromênio (*Tauromenium*), e por Fábio Píctor (de Roma), respectivamente no início e no fim do século III a.C. As obras de ambos se perderam, mas escritores mais tardios fizeram algum uso delas em obras escritas no século II a.C. e depois.

GOVERNANTES DA ITÁLIA

O que vês na tua frente, estrangeiro, hoje a poderosa Roma, eram morrotes com pastos antes da época do Eneias troiano. O gado solto de Evandro descansava onde agora se ergue o templo palatino ao Apolo Naval. Esses templos dourados brotaram para deuses de terracota, que se contentam em viver em casas simples construídas sem nenhum pendor artístico.

(Propércio, *Elegias* 4.I.I-6)

Quase nenhum escritor grego menciona Roma antes de 300 a.C., e nenhum historiador nativo antes de 200 a.C. Na época em que as histórias foram escritas, Roma já era o poder dominante na Itália. Durante o século III a.C., os romanos rechaçaram a invasão do sul da Itália por Pirro, de Épiro; travaram uma guerra naval contra Cartago, que durou 23 anos, e dela saíram vitoriosos; consolidaram seu poder sobre as cidades gregas da Campânia e do sul da Itália, bem como sobre os povos do espinhaço montanhoso da península; e deram início à conquista dos habitantes gauleses das regiões ao norte dos Apeninos e ao sul dos Alpes. As últimas duas décadas do século viram Roma sobreviver à invasão da Itália perpetrada por Aníbal e levar a guerra até Cartago. A vitória em Zama, em 202, enterrou para sempre as ambições regionais cartaginesas, mesmo que a cidade tenha sobrevivido outro meio século antes de ser destruída. Roma, no início do século II a.C., desfrutava uma posição dominante no centro geopolítico do mar Interior. Estava munida de instituições, ideologias e experiência voltadas para a conquista. Desse ponto em diante, o controle de todo o mundo mediterrâneo foi apenas questão de tempo.

Saber como os romanos alcançaram essa posição é mais intrigante. As narrativas antigas são escritas de modo transparente, com o conhecimento do destino imperial de Roma (e não raro para explicá-lo). Mitos de favorecimento divino e virtude na morte, e narrativas sobre as façanhas heroicas dos ancestrais deste ou daquele clã aristocrático, dificilmente podem servir de base para nossa história. Mesmo os historiadores romanos que eram razoavelmente céticos com relação a esses relatos tendiam a usar as histórias mais conhecidas das cidades gregas como padrão para sua reconstrução. Suas narrativas apresentam uma Roma às vezes inacreditavelmente primitiva, como o idílio pastoral que Propércio concentra sob os templos dourados da Roma augustana ou os contos fantásticos de intrigas palacianas dignos das cortes homéricas. Por todas essas razões, um relato confiável da Roma primitiva tem de começar pela arqueologia.

A cidade às margens do Tibre

Talvez nenhum sítio arqueológico tenha sido objeto de tão intenso escrutínio quanto a cidade de Roma.[1] O local foi ocupado continuamente desde a Idade do Bronze. Restos em camadas de cidades medievais, da Renascença e mais tardias tornam difícil reconstruir a capital imperial de Augusto em detalhes. Essa megalópole, com seus grandes monumentos e uma população em torno de um milhão de habitantes, foi ela própria resultado de séculos de reedificação. A construção atingiu uma fase particularmente frenética durante o final da república. Já era bastante relatado nos dias de Plínio, o Velho (Primeiro Período Flaviano), que em 78 a.C...

... nenhuma casa em Roma era mais bela que a de Marco Lépido [o cônsul], mas, segundo Hércules, em menos de 35 anos, a mesma casa não se classificou entre as cem principais mansões.[2]

No final da república, muitas casas e templos aristocráticos estavam em reconstrução, a cada geração em escalas cada vez mais suntuosas, financiados pelos produtos de conquista no estrangeiro. Recuperar material sobre as origens de Roma levando tudo isso em conta é muito difícil, e a interpretação desse material continua sendo extremamente controvertida.[3]

No início do último milênio antes de Cristo, comunidades de agricultores da Idade do Ferro já tinham assentado aldeias nos cumes dos baixos platôs de tufo calcário que se aproximavam do rio Tibre, no ponto onde ele contornava suavemente a pequena planície que se tornaria o Campo de Marte. Cada aldeia tinha um ou mais cemitérios. O mais conhecido está em Osteria dell'Osa, tendo sido usado do século IX ao VII.[4] A organização dos sepultamentos e a distribuição de construções tumulares sugere que foi compartilhado por uma série de clãs e também utilizado tanto por famílias de *status* elevado quanto por seus dependentes mais humildes. É provável que as distintas identidades dessas aldeias e de suas famílias dominantes também expliquem a localização posterior de uma série de templos importantes em cada uma das colinas de Roma. Como, e desde quando, essas comunidades começaram a trabalhar juntas como entidade política única é um ponto obscuro: há um número realmente excessivo de lacunas no registro.

A história da urbanização da Itália central está entrelaçada à da penetração fenícia e grega no Mediterrâneo ocidental. Fenícios e gregos surgem pela primeira vez, respectivamente, nos séculos IX e VIII, impelidos por um crescimento econômico doméstico e explorando ligeiras, mas significativas, vantagens tecnológicas em navegação e operações militares.[5] As sociedades nativas da Idade do Ferro estavam por toda parte, travando relações de um tipo ou de outro com os recém-chegados. Exploração do terreno e o comércio, como não é de estranhar, vieram na frente; seguiram-se, em algumas áreas, fundações coloniais. Por fim, os fenícios se estabeleceriam na África do Norte, no oeste da Sicília e no sul da Espanha; os gregos, no leste da Sicília, no sul da Itália e, por fim, na França mediterrânea. Bases como Marselha, perto da foz do Ródano, e Spina, na extremidade norte do Adriático, abriram rotas de comércio para a Europa central. Fenícios e gregos passaram a explorar também o litoral do Atlântico, tentando conseguir estanho nas Ilhas Britânicas e artigos exóticos, por exemplo, o marfim da África ocidental. Mas, a princípio, é bem provável que as coisas fossem muito mais confusas. Há vestígios antigos tanto de presença fenícia quanto grega na costa da Etrúria. Foram os metais o que primeiro atraiu visitantes à Itália central.[6] Durante o século VIII, os etruscos ao norte de Roma e os campânios ao sul começaram a enriquecer graças ao comércio com os recém-chegados. Os etruscos já tinham começado a desenvolver complexas sociedades urbanas e Estados antes que os orientais se fizessem presentes; estavam bem posicionados para repelir pretensos colonizadores e trocavam com excitação cascalho metálico por artigos de luxo do leste.[7] O entusiasmo deles era tão nítido que esse período da cultura etrusca é frequentemente chamado Período Orientalizante, e, durante certo tempo, muitos estudiosos acreditaram que, no caso deles, os mitos de origem oriental eram de fato verdadeiros. Mais para o sul, campânios e outros foram menos capazes de resistir à colonização grega: uma fileira de novas cidades gregas foram fundadas no sul da Itália, sendo Cumas a que ficava mais ao norte.

Roma estava localizada entre as duas áreas, na região conhecida pelos antigos como Velho Lácio. Durante os séculos IX e VIII, a cultura material dessa região divergia da das regiões vizinhas. Ela desenvolveu um estilo próprio, mas que chamava atenção por sua relativa pobreza. Havia menos sepultamentos repletos de riquezas do que na Etrúria, os túmulos dos guerreiros continham muito menos artigos importados do leste, e sua população, embora evidentemente estivesse em crescimento, encontrava-se dispersa em reduzidos povoados que não podiam ser comparados nem aos centros etruscos do sul, como Veios, Tarquínia e Caere, nem às cidades gregas de Cumas e Nápoles. Na extremidade norte do Lácio havia o aglomerado de aldeias ao longo do Tibre.

Quando esse aglomerado de aldeias passou a formar a comunidade dos romanos? Escavações recentes descobriram uma série de choupanas, sepultamentos e uma espécie de muro defensivo datando do século VIII, mas é muito difícil ter certeza do que essas instigantes ruínas de fato representam. Roma já estava a caminho da urbanização? Ou continuava sendo um punhado disperso de aldeias? Durante o final do século VII, o vale pantanoso ao norte do Palatino foi drenado, criando o que se tornaria o fórum. Em algum momento do século VI, foram construídas muralhas maciças em certos pontos. Ambos os projetos devem ter exigido certa mão de obra e organização. Os primeiros dos grandes templos de Roma, no Capitólio e ao seu redor, datam também do século VI. Todos esses empreendimentos devem ter exigido muita força de trabalho, denotando certo tipo de organização coletiva. Também a partir do século VI sobreviveram os primeiros vestígios de grandes casas aristocráticas, localizadas na extremidade sul do fórum. Desse ponto em diante, parece razoável pensar em Roma como uma cidade com bairros definidos e algumas instituições centralizadas. Mas a divisão do espaço era bastante rudimentar. O fórum primitivo talvez atendesse a toda uma gama de funções comerciais, políticas e religiosas, e o Monte Capitolino teria sido, durante séculos, tanto um santuário religioso quanto um abrigo ou cidadela. Mas, pelo menos para cumprir certos objetivos, os habitantes de Roma parecem ter se agrupado como um só povo.

Esse surgimento de cidades através da união de aglomerados de aldeias foi um processo comum em todo o mundo mediterrâneo arcaico. Atenas seguiu uma sequência similar, originando-se de pequenos povoados, cada qual com seu cemitério próprio, na área ao redor da acrópole. O primeiro espaço público de Atenas, a ágora, também ainda servia no século VI a todo tipo de funções; o uso mais diferenciado do espaço só ocorreu mais tarde. A história da primitiva Corinto não é muito diferente. A Etrúria meridional também seguiu esse caminho para a urbanização. Veios, apenas dezesseis quilômetros ao norte de Roma, desenvolveu-se num platô da macia rocha vulcânica conhecida como tufa calcária. Um punhado de aldeias, cemitérios e santuários no topo de colinas gradualmente aglutinaram-se para formar o que, pelos padrões antigos, era uma enorme cidade. Fortificações segmentadas tapavam as brechas nas defesas naturais até que, no início do século IV, foi construída uma muralha com o perímetro de seis quilômetros. O perímetro da muralha "serviana" de Roma, construída quase no mesmo período, tinha onze quilômetros (cerca de sete milhas) de comprimento e circundava mais de quatrocentos hectares. Pelos padrões da época, tratava-se de uma enorme área ocupada, elucidando que Roma já se destacava entre seus vizinhos italianos e em particular entre os latinos, que, em sua maior parte, viviam em povoados muito menores.

Roma assemelhava-se mais a cidades etruscas como Veios que a Atenas ou Corinto. Semelhanças de cultura e tecnologia — e também de geologia e clima — haviam criado um estilo regional de urbanização na Itália central. Talvez também devêssemos considerar o fato de, no final da Idade do Bronze, ter havido lugares e Estados no sul da Grécia com fortes laços com o Egito e o Oriente Próximo, enquanto a Idade do Bronze italiana foi organizada numa escala muito menor e mais local, lembrando mais, sem dúvida, o norte da Europa. Mas a Itália central tinha suas vantagens. À época, como agora, era uma região fértil graças à combinação do regime de chuvas atlântico com o solo vulcânico. Os locais do platô preferidos por agricultores das Idades do Bronze e do Ferro eram também produto de vulcanismo, contrafortes de tufa calcária macia, formada pelo fluxo de lava. Locais no topo das colinas não eram preferidos apenas para defesa: eram ainda mais saudáveis, dada a forte presença da malária nos pântanos da planície costeira. Também em termos arquitetônicos havia um estilo regional. Enquanto as cidades gregas arcaicas construíam templos e esculpiam esculturas com os espetaculares mármores encontrados ao redor do mar Egeu, suas correspondentes ocidentais erigiam templos com tufa calcária e tijolo, cobrindo-os e decorando-os com lajotas de terracota pintadas em cores vivas e com estampas de faces, imagens e desenhos abstratos. Mesmo as estátuas dos deuses eram de cerâmica, e não de pedra. Eram esses os antigos deuses de terracota em suas casas simples que Propércio comparava aos esplendores de mármore de sua própria época.

O que é mais difícil de explicar são os fatores que fizeram Roma emergir da pobreza geral da cultura do Lácio para rivalizar com as grandes cidades da Etrúria. Provavelmente a localização desempenhou um papel importante. O Tibre não é um dos grandes rios do Mediterrâneo, mas em tempos antigos proporcionava tanto uma fronteira entre povos quanto uma rota de comunicação ao descer de Roma rumo à costa ou conduzindo ao interior. Ao norte do rio havia os etruscos; ao sul, os latinos. O Tibre dava acesso às colinas Sabinas ao leste, assim como à Úmbria ao norte. No período imperial, o Vale do Tibre fornecia madeira e pedra de construção para Roma, os afluentes do rio supriam grande parte do sistema de aquedutos e seus leitos de argila eram explorados para a produção de tijolos.[8] Roma estava localizada na interseção de zonas ecológicas, sempre uma posição vantajosa. Roma estava também a cerca de 24 quilômetros do mar. Um posto avançado foi estabelecido em Óstia, na foz do Tibre, desde o século IV. Muito antes disso havia ali salinas costeiras, e a Estrada do Sal (a *Via Salaria*) atravessava Roma e corria pelos Apeninos até o Adriático. Roma não se achava em uma área com grandes recursos em metal, como a Colina Metalífera, que atraíra gregos para Elba. Tampouco era o campo tão produtivo de grãos ou tão adequado para vinhas como o da Campânia. Mas talvez, quando os elos da rede de trocas estenderam-se pela Itália, o porto fluvial da cidade às margens do Tibre tenha parecido um bom ponto de entrada.

Uma segunda vantagem talvez tenha sido a localização de Roma nos limiares do mundo etrusco. A Roma do século VI era, em certo sentido, uma coisa híbrida, e coisas híbridas têm o próprio vigor. Fisicamente, a cidade assemelhava-se às grandes cidades do sul da Etrúria — Tarquínia, Cerveteri, Orvieto e Vulci, assim como Veios. A influência etrusca está por toda parte sob a forma da cerâmica etrusca, muito negra, chamada *bucchero*. Mas os romanos compartilhavam um idioma e alguns santuários com os latinos, que consideravam parentes. Em termos arqueológicos, o equilíbrio parece ter se alterado no decorrer do tempo. As choupanas e os sepultamentos do século IX de Roma são muito semelhantes aos conhecidos em outras partes do Lácio. Roma não participou do crescimento experimentado pela Etrúria e por alguns outros pontos da Itália no século VIII, quando os gregos chegaram em busca de metais. Contudo, em algum momento do século VII e início do VI, Roma passou a se destacar e a ser comparável aos vizinhos etruscos ao norte.

As cidades etruscas haviam emergido como um aglomerado do que os arqueólogos chamam às vezes de "sociedades pares" — um grupo de Estados que durante algum tempo parecem se desenvolver em paralelo, em ritmo acelerado, visto que competem entre si e aprendem mutuamente com os experimentos bem-sucedidos e seus equívocos.[9] A mesma ideia tem sido usada no mundo grego para explicar a rápida difusão de inovações tão variadas quanto códigos de leis, construção de templos e tirania. As cidades etruscas tinham esse tipo de história comum desde suas primeiras nucleações no século IX, até o gosto compartilhado por arte oriental no século VIII. Sistemas de sociedades pares têm, contudo, outros efeitos, entre eles certo acúmulo de endogamia institucional e tendência a limitar o sucesso de seus membros mais fortes. O mundo grego do século IV oferece um bom exemplo, com sucessivas cidades-Estados líderes reduzidas às devidas proporções por alianças efetuadas entre as outras. No final, a unificação da Grécia veio apenas sob a forma de conquista por um Estado que havia se desenvolvido nas margens geográficas do sistema: o reino da Macedônia de Alexandre. O crescimento marginal é outro fenômeno comum. A antiga competição entre Egito, Assíria, Babilônia e diversos Estados sírios e anatólios encerrou-se na Idade do Ferro, não quando um se colocou à frente dos demais, mas quando todos foram conquistados por alguém de fora: os persas. Do mesmo modo, o primeiro Império Chinês foi criado por uma das entidades políticas marginais do Período dos Estados Combatentes: o Qin. Roma tornaria a desfrutar os benefícios do desenvolvimento marginal durante o início do século II a.C., quando se apoderou de reinos liderados pelos macedônios a leste, que haviam se envolvido durante um par de séculos em uma competição dispendiosa e inconclusiva visando influência sobre o Egeu, o sul da Turquia e o sul da Síria. Talvez também, no início de sua história, a ascensão de Roma se devesse em parte ao fato de ela *não* ser crucial para a marcha dos acontecimentos na Etrúria.

História e mito

A tradição tinha uma visão diferente sobre a hibridez latino-etrusca da Roma primitiva. Os últimos reis de Roma eram lembrados como etruscos: os tarquínios — inevitável ou duvidosamente — da cidade de Tarquínia. Foram eles, assim diz a lenda, que drenaram o fórum com trabalho forçado. A cronologia tradicional encontra-se suficientemente próxima dos vestígios arqueológicos de crescimento urbano no final do século VI para convencer alguns de que a narrativa preserva elementos verdadeiros.[10] Os tarquínios, diz a história, tinham começado a construir o grande templo de Júpiter no Capitólio, encarregando o mestre ceramista Vulca, que teria vindo de Veios, da criação de uma espetacular estátua de culto em terracota. Mas eles não sobreviveram para ver a obra terminada: a abertura do templo de Júpiter capitolino coincidiu com o nascimento da república. O mito sobre as origens conta como os aristocratas romanos nativos tinham expulsado os tiranos etruscos e estabelecido uma constituição em que as assembleias populares eram soberanas. Essas assembleias teriam eleito magistrados — primeiro pretores e depois cônsules — que governariam em pares, e só por um ano a cada vez, assessorados por um conselho de ex-magistrados: o Senado. As decisões mais importantes — declarações de guerra e aprovação de novas leis — continuariam sendo prerrogativa de toda a comunidade. A narrativa convencional de libertação da tirania ganhou, assim, uma dimensão étnica, sendo associada à criação de um sistema político original. Roma tornou-se mais romana ao expulsar seus governantes etruscos.

A abertura do templo de Júpiter foi um ponto de referência crucial para reflexões posteriores sobre o passado romano — na medida em que o templo em si permitia concentrar o foco no ano ritual — e para a vida coletiva da cidade. Pelo menos, um escriba de fins do século IV datava os acontecimentos a partir da fundação do templo. O *Fastos* de Augusto começou no mesmo ano, com o primeiro par de cônsules. Assim, a expulsão dos tarquínios marcou (para alguns) o começo da história romana.[11] Mas não é fácil construir agora a narrativa dos eventos desde esse ponto até o final do século III a.C. Tampouco era fácil na época. Píctor, Catão, Políbio e seus contemporâneos olhavam em retrospectiva na virada do século III para o II, mas a visão era limitada. Não havia praticamente nenhum documento escrito. Sem dúvida existia um conjunto de tradições: algumas glorificavam determinadas famílias e indivíduos, outras talvez apresentassem pontos de vista mais ou menos populares, outras, talvez, estivessem na forma de peças teatrais ou canções, e outras, ainda, se associariam a determinados lugares, cultos ou templos. Passar a peneira em versões contraditórias, que concorriam entre si, e ordená-las no tempo era uma tarefa formidável, para a qual as únicas ferramentas seriam a suposição, a analogia com a história grega e a reconstrução imaginativa. Quando historiadores do final da república e início do principado dispuseram-se a completar a tarefa, enfrentaram dificuldades ainda mais admiráveis. Políbio tinha se dedicado a escrever um relato da conquista do Mediterrâneo por Roma entre 220 e 168: essa história começou cerca de vinte anos antes de seu nascimento, e ele havia testemunhado as últimas fases do ponto de vista privilegiado de um refém respeitado, que viajava na comitiva de Cipião Emiliano. Políbio fez seu relato ser precedido por um sumário mais breve dos acontecimentos, desde 264 a.C., início da Primeira Guerra Púnica e término das *Histórias* do Ocidente, de Timeu. Quando, sob Augusto, Dionísio de Halicarnasso decidiu escrever *Das Antiguidades Romanas*, que terminava mais ou menos onde Políbio começava, e quando Tito Lívio, por volta da mesma época, deu início à sua história total de Roma *Desde a Fundação da Cidade*, tiveram de enfrentar um empreendimento completamente diferente: a racionalização de um conjunto de memórias organizadas em torno de poderosos mitos sociais.

Um conjunto de histórias narra a ascensão de Roma como superpotência militar. Os etruscos fizeram repetidas tentativas de retomar Roma, mas todas se frustraram. Durante mais de um século, Roma e Veios se encararam através do Tibre — três guerras distintas e duas grandes tréguas eram recordadas —, antes de os romanos saquearem a cidade. Tradicionalmente, o saque foi datado de 396 a.C. Enquanto isso, Roma travava guerras contra e em aliança com os latinos, os hernícios e oponentes mais distantes, volscos e équos. O mundo no qual esses conflitos se deram era minúsculo — mal alcançando cinquenta quilômetros de uma ponta à outra —, mas os acontecimentos foram recordados em uma escala épica. Ainda mais envolvido em atmosfera de mito foi o saque gaulês de Roma, convencionalmente datado de 390 a.C.[12] As tradições sobre esse acontecimento variaram bastante. Os gauleses saquearam toda a cidade ou só parte dela? Conservaram o resgate ou ele foi recuperado? Que heróis romanos foram os principais responsáveis pela sobrevivência e reconquista? Ou foi de fato um exército etrusco de Cerveteri que tirou os invasores de lá? Essa última versão, como é natural, ocorre em relatos gregos, mas não romanos! Outro conjunto de tradições dizia respeito, ainda, à série de guerras que Roma travou contra os povos dos Apeninos centrais.[13] Os samnitas eram apresentados como montanheses bárbaros. A tradição romana recordava três guerras travadas entre meados do século IV e início do III. Sem dúvida, essas campanhas foram na realidade menos coerentes do que pareceram em retrospecto, e os samnitas, em definitivo, não eram tão selvagens como foram retratados. De fato, templos monumentais em Abruzos, como o de Pietrabbondante, fizeram maior uso da arquitetura grega que os de Roma no mesmo período.

Muito do que era lembrado provavelmente é verdadeiro, em especial no que diz respeito aos últimos estágios das Guerras Samnitas, que terminaram pouco antes da invasão de Pirro. Como parece evidente, só muito mais tarde foram-lhes atribuídas datas, e muitas apoiavam-se em um "sincronismo" com acontecimentos da história grega. Roma, ao que parece, expulsou seus tiranos mais ou menos na mesma data em que Atenas afastou os seus; a convivência repleta de ressentimento com Veios durante um século (século V) parece sintomaticamente semelhante à longa e contemporânea rivalidade entre Atenas e Esparta; mesmo a invasão gaulesa coloca os romanos ao lado dos gregos como vítimas de homens do norte, saqueadores de templos, ou poderia encontrar paralelo na pilhagem persa de Atenas. Quanta manipulação foi necessária para dar a Roma um passado *adequado*? Até que ponto os acontecimentos foram ajustados ou condensados para pôr em destaque as correspondências? O que foi omitido, porque era inútil para a narrativa que estava sendo criada, ou mesmo a contradizia?

Um segundo problema é que muitos relatos parecem ter nítidos objetivos morais. Diversas vezes, determinados romanos puseram a sobrevivência da cidade acima dos próprios interesses. Horácio rechaçou o exército invasor de Lar Porsenna em uma série de distintos combates enquanto a ponte sobre o Tibre era derrubada atrás dele. Camilo, exilado por Roma, recusou-se a liderar um exército inimigo contra sua ingrata terra natal. O poeta épico Ênio resume a ideologia no verso...

... O Estado romano depende de seus antigos costumes e heróis.[14]

Ou então consideremos como repetidas lutas pelo poder entre patrícios aristocráticos e as massas excluídas (a *plebe*) — conflitos sociais de um tipo bastante comum no Mediterrâneo arcaico — são inúmeras vezes resolvidas por compromisso e inovações constitucionais. Relatos de sacrifício pessoal e declarações de solidariedade social são ideais reconfortadores para uma época em que o conflito civil dilacerava o Estado. Mas dificilmente são história confiável, o mesmo acontecendo com estereótipos como a descrição feita por Lívio de mulheres romanas como vítimas de tirania ou servindo de inspiração para pais e maridos, ou ambas as coisas. Todas as guerras, naturalmente, eram apenas guerras, e os deuses estavam sempre ao lado de Roma.

Recursos e meios

Há indícios de que, de fato, desde o início da república, Roma já era um Estado poderoso. Políbio descreveu três tratados assinados entre Roma e Cartago no período anterior à Guerra Pírrica.[15] O mais antigo, escrito em latim arcaico, era datado do primeiro ano da república livre. Os termos suficientemente anacrônicos para os dias de Políbio, que fez certo esforço para tentar explicá-los, parecem revelar que era verdadeiramente antigo. No tratado, os romanos prometem respeitar territórios cartagineses na Sicília, Sardenha e África, bem como não navegar deliberadamente além do "Promontório Claro" (provavelmente o Cabo Farina, logo ao norte de Cartago). Os cartagineses, por seu lado, prometiam não intervir no Lácio, nem nas cidades controladas por Roma, tampouco naquelas que ela não controlava. Uma intervenção desse tipo era uma perspectiva realista. Três tabuletas de ouro da cidade portuária etrusca de Pirgi, datando aproximadamente da mesma época, registram dedicatórias tanto em etrusco quanto em púnico à deusa dos cartagineses chamada Astarte e ao governante etrusco de Caere, Uni. Outras cláusulas do tratado dizem respeito ao comércio. Talvez o mais importante de tudo: Roma entrava em negociações tanto em seu nome quanto em nome de suas aliadas. O tratado, em outras palavras, evocava um mundo um tanto esquecido da política de hegemonia e de esferas de influência — um mundo em que comunidades maiores dominavam suas vizinhas menores sem absorvê-las em impérios formais, tudo isso em fins do século VI a.C. Poderíamos comparar o tipo de liderança exercida por Cartago sobre outras cidades púnicas, algumas nomeadas no segundo dos três tratados, com a liderança espartana do Peloponeso no século V e o controle ateniense das ilhas e costas do Egeu apenas um pouco mais tarde. Marselha no sul da Gália, Siracusa na Sicília e Tarento no sul da Itália adquiriram todas essa espécie de influência regional. A história dos séculos V e IV pode ser terrivelmente obscura, mas no momento em que Pirro cruzou o Adriático, em

280, a convite dos tarentinos, Roma havia se juntado a esse pequeno grupo de cidades líderes. A grande dúvida é como Roma conseguiu chegar a esse ponto, dada a pequena escala de suas guerras dentro do Lácio e distritos adjacentes no século V.

A vantagem comparativa de Roma sobre suas rivais deve ter sido institucional. Nenhuma outra explicação é realmente plausível. A geopolítica pode ter desempenhado certo papel, mas a localização de Roma não era tão boa nem tão singular. Os recursos econômicos da área rural imediatamente adjacente a Roma não impressionavam muito, principalmente quando comparados aos da Etrúria ou Campânia. Os romanos não possuíam vantagem tecnológica sobre os oponentes, nem mesmo na área de combate militar. O máximo que se pode dizer é que, em certo período, os exércitos de cidadãos romanos tinham se tornado mais experientes que os de alguns de seus oponentes. Também não é realmente plausível argumentar que os romanos fossem mais militaristas que seus oponentes. Homenagens a guerreiros na arte funerária, por toda a Itália central, assim como os tratados, deixam claro que não era de modo algum inabitual as sociedades serem belicistas. Guerras breves entre povos vizinhos provavelmente deram o tom: uma competição por butins, prisioneiros e prestígio. Pode ser que muitas das primeiras guerras lembradas pela tradição romana consistissem de ataques e contra-ataques dessa espécie.[16]

A diferença veio quando os romanos começaram a impor aos adversários derrotados obrigações permanentes. Durante o século IV, é possível que os romanos tenham começado a institucionalizar a posição de primazia de sua cidade no Lácio para criar uma federação de Estados com Roma no centro. O círculo mais interno compreendia os latinos, cidadãos das comunidades com as quais os romanos partilhavam certos direitos recíprocos, como casamento misto e comércio. Além deles, havia outros aliados: os *socii*. Os aliados de Roma eram comunidades, não indivíduos, e, para começar, a maioria delas estava ligada a Roma por tratados permanentes e desiguais. A imposição dessa espécie de tratado seguia-se quase sempre a uma vitória militar. As cidades gregas encerraram guerras mediante tratados, revertendo-os depois a uma esplêndida autonomia. Roma, segundo se dizia, havia concordado com várias tréguas por tempo limitado com Veios, e seus tratados com Cartago sugerem igualdade entre as partes. Mas os tratados que criavam aliados eram instrumentos de permanente subordinação. Os Estados aliados conservavam cidadania distinta e autonomia interna teórica — já que os romanos intervinham quando queriam —, mas tinham de fornecer tropas quando Roma exigia e possuíam independência bem limitada quando se tratava de relações com outros Estados. No início do século II a.C., os romanos encaravam esses aliados menores como também sujeitos a outros tipos de autoridade. Um dos mais antigos decretos sobreviventes do Senado é uma tabuleta de bronze que recordava restrições emitidas em 186 a.C. sobre o culto do deus Baco. O decreto se aplicava de um extremo a outro da Itália. Estados derrotados, com frequência, também perdiam terras para Roma. Colônias foram criadas em locais estratégicos fundamentais, como a minúscula Alba Fucens no alto de Abruzos, para manter sob vigilância as tribos vizinhas. Outros colonos tão só receberam terra conquistada para lavrar em troca do pagamento de uma renda ao Estado. O controle romano da Itália tomou a forma de uma rede crescente de alianças bilaterais; de uma distribuição cada vez mais ampla de terras públicas e colonos; bem como de um senso intensificado das prerrogativas do poder.

Quando um exército romano marchava contra samnitas ou tarentinos, epirotas ou gauleses, o general comandava um exército composto de cidadãos e aliados.[17] Quando os cônsules recrutavam seus exércitos de cidadãos, cada comunidade aliada recebia ordens para providenciar a própria cota de tropas. Os destacamentos aliados eram comandados por seus próprios líderes e lutavam em brigadas ao lado das forças romanas. Os líderes eram tirados de classes proprietárias do mesmo tipo das que governavam Roma: os romanos tendiam a apoiar essas classes em comunidades aliadas, alinhando-se com os aristocratas gregos contra os democratas e com os nobres etruscos contra seus servos.[18]As classes dominantes das cidades italianas tinham muito em comum, e uma comunidade de interesses deve ter também consolidado o poder romano. A breve vida do império de Atenas tinha se baseado em parte na promoção da democracia entre os aliados menos importantes e no fortalecimento da ideologia da cidadania; a hegemonia romana, ao contrário, sempre deu ênfase à solidariedade de classe entre as elites. As sementes de um império aristocrático tinham sido plantadas. Roma não exigia impostos regulares nem nenhum

Figura 3. Busto de Pirro, rei do Épiro, cópia romana de um original grego da Vila dos Papiros, em Herculano (antiga *Herculaneum*), região da Campânia, Itália.

tributo em espécie de seus aliados: eles em geral recebiam uma parte do butim de campanhas vitoriosas e, em certas fundações coloniais, alguns latinos chegavam a receber concessões de terra. Talvez o domínio romano não parecesse inteiramente opressivo aos membros das classes proprietárias, lembrando antes um movimento que beneficiava aqueles atraídos por ele.

Pirro e sua história

O rei Pirro havia governado o diminuto reino balcânico dos molossianos desde 306 a.C. A Macedônia tinha se expandido às margens do mundo grego para apresentar Alexandre, que morreu em 323 a.C. como senhor do Império Persa e amo da maior parte do mundo grego. O reino de Pirro ficava nos limiares da Macedônia, e ele passou a maior parte da vida tentando imitar seu grande vizinho e predecessor. Épiro corresponde aproximadamente ao que é agora o noroeste da Grécia. Estende-se para oeste, na direção do Adriático e, além dele, rumo à parte do sul da Itália conhecida como Magna Grécia (Grécia Maior), devido à riqueza lá acumulada pelas cidades gregas fundadas no Período Arcaico. Os gregos do sul da Itália e da Sicília tiveram uma história complexa durante os períodos Arcaico e Clássico, travando guerras entre si, e contra e ao lado de etruscos e cartagineses. Durante o século V, algumas das cidades gregas imediatamente ao sul de Roma foram tomadas e dominadas por povos do interior italiano. Os lucanianos assumiram o controle da Posidônia por volta de 390, governando-a por pouco mais de um século, antes que Roma passasse a controlá-la em 273 e a transformasse na colônia latina de Pesto. Majestosos templos gregos arcaicos, túmulos lucanianos e uma cidade romana modelo encontram-se hoje lado a lado.

Mas, na extremidade sul da península e na Sicília, cidades gregas maiores foram mais bem-sucedidas. Se Roma e Cartago eram potências hegemônicas, as gregas Siracusa e Tarento também não deixavam de sê-lo. Foi Tarento que chamou Pirro. O que não representava nenhuma novidade para elas. Tinha uma aliança com um dos predecessores de Pirro e havia tentado conseguir ajuda de Esparta e de outras em anos recentes. A novidade era o inimigo, Roma, que em 284 tinha fundado uma colônia no Adriático, em Sena Gálica. Para Roma, tratava-se de uma extensão de suas guerras nos Apeninos: o nome da colônia mostra que estavam de olho nas tribos gaulesas da região de Marche e do Vale do Pó. Mas os tarentinos estavam certos de que os romanos tinham ambições mais grandiosas. Dois anos mais tarde, intervieram nos assuntos de Reggio, na ponta da Itália, e de Turios, vizinha de Tarento, o que levou ao conflito direto. Ninguém poderia nutrir então qualquer dúvida de que Roma estivesse estendendo sua hegemonia em todas as direções. Tarento era a próxima.

A expedição de Pirro no sul da Itália não chegou exatamente a mudar o mundo. Ele chegou em 281 e infligiu algumas derrotas aos romanos: pode ter vencido as batalhas, mas o custo foi tão alto que nos deu a expressão "vitória de Pirro". Ele foi então chamado à Sicília para enfrentar Cartago em nome das cidades gregas que havia lá, o que fez com ainda menor sucesso. No retorno à Itália, foi derrotado por uma frota púnica, travando depois outra batalha, menos conclusiva, com um exército romano. Esses reveses o impeliram a voltar para Épiro em 275. Pirro não era Alexandre. Três anos mais tarde, estava morto, abatido em uma tentativa desastrosa de arrebatar da Macedônia o controle da cidade grega de Argos. Os romanos tomaram Tarento no mesmo ano. A importância da Guerra Pírrica, no entanto, foi que ela situou Roma no mapa grego. Desse ponto em diante, Roma tem história própria. Um dos gregos que escreveram a narrativa da guerra de Roma com Pirro foi seu contemporâneo, Timeu, nativo de Taormina, na Sicília, que passou cinquenta anos no exílio em Atenas escrevendo a primeira história integrada do Mediterrâneo ocidental. A obra se perdeu, mas deixou vestígios na história e na geografia compostas por gregos e romanos nos séculos seguintes. A história romana foi apenas uma parte menor da produção de Timeu. Contudo, tão pouca coisa a mais tinha sido escrita que ela serviu como fonte vital até mesmo para o primeiro romano a escrever sobre história, Fábio Píctor, e, tanto direta quanto indiretamente, também para Políbio, o historiador grego que lhe deu continuidade durante um exílio em Roma. Graças a Timeu e seus continuadores, é possível, pelo menos do século III em diante, escrever história política detalhada com cronologia segura. Graças a Pirro, a dimensão da hegemonia romana no Mediterrâneo estava clara agora. As cidades gregas começaram a mandar embaixadas a Roma desde o início do século II. Entre elas estavam apelo por ajuda militar, com cidades gregas e povos balcânicos pedindo aos romanos para cruzar o Adriático em direção oposta à de Pirro.

Leitura adicional

A compreensão arqueológica do aparecimento das cidades e dos Estados no início do último milênio antes de Cristo vem progredindo com rapidez, graças não apenas a novas evidências, mas também a avanços no modo como a interpretamos. O quadro atual dos estudos é apresentado em uma série de ensaios organizados por Robin Osborne e Barry Cunliffe, intitulados *Mediterranean Urbanization 800-600 a.C.* Sobre a vizinhança imediata de Roma ver *Early Rome and Latium*, de Christopher Smith (Oxford, 1996). Uma excelente introdução arqueológica aos etruscos é fornecida por Graeme Barker e Tom Rasmussen, *The Etruscans* (Oxford, 1998). *Ancient Italy*, de Guy Bradley, Elena Isayev e Corinna Riva (Exeter, 2007), dá uma boa noção do mundo italiano mais amplo no qual Roma expandiu-se.

The Beginnings of Rome, de Tim Cornell (Londres, 1995), é agora a introdução padrão à primitiva história de Roma. *Studies in the Romanization of Italy*, de Mario Torelli (Edmonton, 1995), dá uma excelente noção de como as evidências arqueológica e histórica puderam ser combinadas com eficiência no estudo desse período.

Os primeiros estágios do imperialismo romano são o tema de *War and Imperialism in Republican Rome 327-70 a.C.*, de William Harris (Oxford, 1979), e de vários capítulos de *War and Society in the Roman World*, de John Rich e Graham Shipley (Londres, 1993). *The Rise of Rome to 264 a.C.*, de Jacques Heurgon (Londres, 1973), consta repleto de interessantes percepções. *Roman Conquest of Italy*, de Jean-Michel David (Oxford, 1996), conta toda a história até o final da república.

Mapa 2. O Mediterrâneo e suas regiões continentais, mostrando as principais cadeias de montanhas e rios.

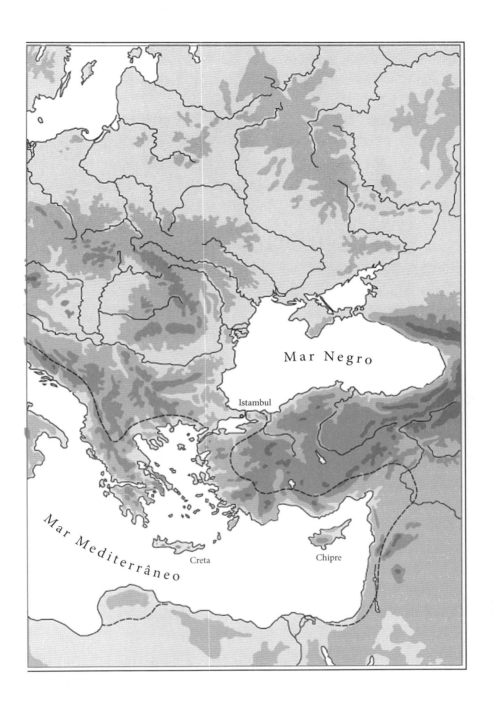

IV

ECOLOGIA IMPERIAL

> Em seguida vem a terra, essa parte singular da natureza que, pelas muitas dádivas que nos traz, homenageamos com o nome de Mãe. Ela é nosso reino, assim como o céu pertence aos deuses. Ela nos acolhe quando nascemos, nos alimenta enquanto crescemos e, quando somos adultos, nos sustenta sempre.
>
> (Plínio, *História Natural* 2.154)

De sua fundação às conquistas árabes, a história de Roma desenrolou-se no período de um milênio e meio. A princípio, a expansão foi tão lenta que poucos fora da Itália poderiam ter reparado nela. No reinado de Augusto, o império era limitado pelo Atlântico a oeste e pelo Saara ao sul, sua fronteira norte dividia ao meio a Europa temperada, e a extremidade leste adentrava profundamente a Ásia ocidental. Assim, as fronteiras praticamente conservaram-se até o início da desintegração, no final do século IV, primeiro lentamente, mas por fim sucumbindo no mundo egeu da Bizâncio do século VII. Essa história de ascensão e queda de cinquenta gerações é uma epopeia em se tratando de termos humanos.

Do âmbito geológico, porém, um milênio e meio é um piscar de olhos. O Império Romano foi uma bolha que brotou na superfície do lago e depois estourou. Durante esse tempo, o ambiente físico do mundo romano — os relevos e o clima em particular — quase não se alterou. Novas culturas e métodos agrícolas difundiram-se, mas com pouco impacto nas paisagens sobre as quais Roma dominou. Se Rômulo, quando morreu, tivesse se transportado sete séculos à frente (em vez de ter sido levado ao céu), poderia muito bem ter se espantado com o que seus herdeiros haviam realizado, porém o modo como o fizeram não o teria deixado perplexo. Hoje seria difícil imaginar algo assim, pois vivemos dois séculos de mudança tecnológica em aceleração, mudança essa que está tendo grande impacto sobre toda a biosfera e que se move agora em um ritmo difícil de ser psicologicamente absorvido em nosso breve tempo de vida. Este capítulo investiga a estabilidade, no longo prazo, do mundo antigo e as lentas mudanças seculares em meio às quais a totalidade da história imperial de Roma se desenrolou.

Meio ambiente na Antiguidade clássica

Vamos começar com o mais evidente. A linha costeira do Mediterrâneo 3 mil anos atrás era praticamente a mesma de hoje. Ligeiras alterações podem ser identificadas na proximidade da foz dos maiores rios: o porto de Éfeso hoje em dia está a alguns quilômetros da costa, e metade de Óstia, o porto de Roma, foi levado pelo mar. Ao longo de Pozzuoli, na baía de Nápoles, uma série de suntuosas casas de campo encontram-se alguns metros debaixo d'água. O mesmo acontece com o grande porto de Alexandria. Mas são mudanças secundárias em locais extremamente suscetíveis. O nível do mar de fato começou a se elevar gradualmente no final da Antiguidade, mas as únicas regiões onde isso teve um impacto marcante foram terrenos baixos, como as Fenlands, no leste da Inglaterra, e em áreas ao redor da foz do Reno, na Holanda, onde aldeias antigas foram construídas sobre pequenos montes, *terpen*, para se protegerem de enchentes. Não causa surpresa que os antigos não tivessem noção de tempo geológico ou de mudança ambiental progressiva. Praticamente não existiu uma ciência antiga de sismologia, e as explicações sugeridas para os terremotos eram equivalentes subterrâneos das desenvolvidas para a meteorologia.[1] Alguns escritores estavam tão comprometidos com essa ideia de estado estacionário do mundo, que acreditavam que o mármore enfim tornaria a brotar no local de onde fora extraído.[2] O mundo daquela época era eterno; os deuses haviam perambulado nas mesmas florestas e montanhas que eles conheciam.

O Mediterrâneo está, de fato, encolhendo à medida que a placa tectônica africana move-se para o norte. Mas está acontecendo bem devagar. O movimento tectônico gera o vulcanismo na Sicília, nas Ilhas Lipari, na Campânia; e terremotos na Itália central, na Grécia central e meridional, e na Turquia ocidental. Há vulcões extintos em outras partes do mundo romano — ao redor de Roma, por exemplo, na França central e no sul da Escócia —, e os antigos não tinham lembrança de alguma de suas erupções. Vulcões e terremotos ocorriam na Antiguidade mais ou menos onde ocorrem com maior frequência hoje. O Etna, no qual o filósofo Empédocles supostamente atirou-se; o Vesúvio, que enterrou Pompeia e Herculano; e o Santorini, que fez o mesmo com a cidade da Idade do Bronze chamada Akrotiri, continuam ativos em dias atuais, sendo de fato os vulcões mais espetaculares do mundo mediterrâneo. Grandes terremotos de recente lembrança atingiram o Istmo de Corinto, onde Posêidon, o deus dos terremotos, tinha seu templo maior; na Turquia egeia, há as cidades que, em 17 d.C., receberam do imperador Tibério remissão dos tributos por cinco anos, para ajudá-las na reconstrução após um tremor devastador; e, na Itália central, uma série de tremores, em meados do século I d.C., talvez tenham inspirado Sêneca a escrever nossa primeira discussão sobre terremotos, que sobreviveu no sexto livro de suas *Questões Naturais*.

A mudança climática move-se a um ritmo mais rápido. Mas também em termos climáticos o antigo Mediterrâneo era muito semelhante ao que conhecemos hoje.[3] Vivemos no mesmo período interglacial que os romanos, o Holoceno, que começou por volta de 12 mil anos atrás, com o recuo das geleiras europeias e a expansão para o norte do Deserto do Saara. À medida que a região esquentou, houve, como resultado, migrações de espécies vegetais e animais. Tais migrações são vagarosas: em termos botânicos, o Mediterrâneo pode ser considerado ainda em recuperação pós-glacial, e nem todas as suas espécies nativas de plantas estão bem adaptadas ao clima atual. Por volta de 6 mil anos atrás, a bacia do Mediterrâneo tornou-se consideravelmente mais quente, estabelecendo o padrão atual de invernos amenos e chuvosos, e verões quentes e secos. "Amenos" significa ausência de longas ondas de frio, que matam diversas espécies de árvores e plantas. "Secos" significa que o Mediterrâneo como um todo foi, e continua sendo, um ambiente árido. Nunca houve precipitação suficiente para sustentar densas florestas ou as pastagens de que as manadas de ruminantes, como gado bovino, cavalos e bisões, dependem. Algumas partes do Mediterrâneo estão expostas a secas suficientemente severas para fazer que muitas culturas, entre elas a do trigo, fracassem com a frequência de um ano em cada quatro. Secas dessa espécie não são previsíveis e têm efeitos em cadeia sobre espécies que dependem de colheitas suscetíveis. Os humanos que cultivam o solo estão entre essas espécies. A civilização clássica foi construída à sombra da escassez e do risco.[4]

O Império Romano originou-se na bacia do Mediterrâneo. Mas, desde o fim do último século antes de Cristo, expandira-se para zonas ecológicas adjacentes. O clima se alterava mais dramaticamente quando iam para o norte ou para o sul. O gradiente ecológico tinha consequências econômicas, já que muitos componentes centrais da cultura polida adotada em todo o império pelos membros das elites locais continuavam sendo de caráter mediterrâneo. O vinho era a bebida alcoólica preferida, mesmo onde era mais fácil produzir cerveja: no início do século I d.C., alguns produtores mediterrâneos enriqueceram produzindo vinho para exportação, até que fossem desenvolvidas variedades de videira capazes de sobreviver na Renânia e mesmo no sul da Grã-Bretanha. Oliveiras não podiam (e ainda não podem) ser cultivadas em regiões sujeitas a congelamento. O azeite de oliva, contudo, era essencial não apenas para se cozinhar, mas também como combustível para lampiões e utilização no banho romano, no qual era esfregado na pele e depois raspado junto com a sujeira. O azeite de oliva era, em decorrência, exportado para o norte em grandes quantidades.[5] A metade sul do Mediterrâneo é notavelmente mais quente. Desde o final do século II a.C., grandes quantidades de grãos estavam sendo exportadas do que é agora a Tunísia dos tempos modernos, da Sicília e do Egito, para cidades da porção norte do Mediterrâneo.[6] No início do século I d.C., a produção de azeite de oliva também havia aumentado no sul da Espanha e em diversas partes do norte da África.[7] Ao norte da bacia do Mediterrâneo, a Europa temperada tinha invernos mais severos e chuvas muito mais abundantes. Isso a transformava em uma área bem melhor para a criação de grandes animais domesticáveis. As províncias europeias de Roma passariam a fornecer grande parte de sua cavalaria. Os vários vestígios de ossos de animais em locais habitados no Período Romano também mostram que a carne de vaca era muito mais consumida ao norte dos Alpes, com ovelhas e cabras sendo mais evidentes nos grupos de regiões mais áridas do sul e do leste do império.[8] Estudos de material da fauna (ossos), de sementes e de outros fatos biológicos, bem como de ânforas, também mostram como os membros mais poderosos e privilegiados da sociedade romana — em sua maior parte aristocratas locais e soldados — eram capazes de consumir mais ou menos o que gostavam onde quer que estivessem. A principal limitação à troca em meio a esses agudos contrastes ecológicos (ecótonos) era o custo do transporte. Mesmo a jornada para o norte da Itália tornava o azeite de oliva tão caro, segundo Santo Agostinho, que havia nascido e sido criado no norte da África, que se tornava excessivamente dispendioso manter as luzes acesas durante a noite toda. O tráfego para além da bacia mediterrânea era bloqueado em vários pontos por cadeias de montanhas. Algumas cidades, localizadas na extremidade sul de vales de rios ou passos de montanhas que se estendiam de norte a sul, enriqueceram com o comércio: Aquileia e Aosta, na Itália, e Arles e Narbonne, no sul da França, ainda impressionam os visitantes com seus monumentos do Período Romano.

O clima da Europa no Holoceno não tem sido completamente estável. Um período relativamente quente na Idade Média foi sucedido pela Pequena Idade do Gelo, que se estendeu de 1300 a 1800 e atingiu seu ponto mais frio em fins do século XVII. A temperatura média esteve talvez um grau ou mais abaixo em relação à de hoje, o que bastou para fazer o Tâmisa congelar com regularidade. As evidências sugerem também um Período de Aquecimento Romano, que talvez tenha deixado a temperatura média dois graus acima em relação à de hoje.[9] O pico proposto está por volta de 150 d.C., com temperaturas caindo até começarem a subir de novo no início do Período de Aquecimento Medieval, talvez por volta de 900 d.C. Evidências geofísicas de sedimentos oceânicos e núcleos de gelo, e registros de anéis de árvores, encontrando também apoio em indicações literárias e arqueobotânicas, evidenciam que, durante o Primeiro Império Romano, algumas espécies vegetais existiram mais para o norte ou em altitudes mais elevadas em relação aos dias atuais. A veracidade desse fenômeno continua sendo muito controvertida. Ao contrário do início do período moderno de resfriamento, qualquer mudança na Antiguidade era lenta demais para ter sido verificada por observadores antigos. Ainda assim, deve ter acontecido algo importante. Vem sendo assinalado que o Período de Aquecimento teria coincidido, em termos cronológicos, com a maior extensão do império para o norte e com o ápice de desenvolvimento urbano romano. Poderia um período de maior calor ter aumentado a produtividade agrícola do sul do Mediterrâneo, tornando mais fácil adaptar culturas ao norte da Europa justamente no momento certo? E poderia o resfriamento subsequente ter tido efeito sobre a agricultura romana (enfraquecendo o império)? Ou então ter causado algum impacto nos povos bárbaros que viviam ao norte do império (impelindo-os para o sul)? Investigar essas aparentes correlações é uma prioridade para nossa pesquisa futura.

Um mundo de agricultores

A maioria dos escritores antigos encarava o meio ambiente físico como algo já estabelecido. Mas estavam bem conscientes do poder transformador de uma determinada atividade humana: a do cultivo da terra.

A agricultura foi uma invenção do Holoceno, que ocorreu de modo independente em pelo menos meia dúzia de ocasiões pelo mundo afora. Cada invenção esteve baseada em diferentes combinações de colheitas — variedades cultivadas — que, juntas, podiam suprir as necessidades de carboidratos dos seres humanos e um pouco da necessidade de proteínas. As sociedades que experimentaram a revolução neolítica eram completamente diferentes daquelas que as tinham precedido. Os níveis populacionais se elevaram, assentamentos permanentes eram quase sempre necessários, e nessas aldeias e cidades que cresciam exigia-se uma nova disciplina social. À medida que as sociedades neolíticas atingiam uma nova ordem, o mesmo acontecia com as paisagens. Áreas apropriadas para a agricultura eram limpas, restringindo a caça a territórios periféricos. A ingestão de carne começou a declinar. Populações que viviam sob dietas baseadas em grande quantidade de carboidratos, agora em proximidade uma da outra maior do que nunca, eram menos saudáveis que seus antepassados. A domesticação de sucessivos animais melhorou o suprimento de proteína, mas trouxe mais doenças. Nosso salto na cadeia alimentar veio a um alto custo, mas, uma vez elevados os níveis populacionais, isso era, sem dúvida, irreversível.[10]

A mais antiga revolução agrícola do mundo mediterrâneo foi também a primeira do planeta. Começou por volta de 7000 a.C. no Oriente Próximo, no que é às vezes chamado de Crescente Fértil. Essa ampla faixa de território forma um arco que parte da Jordânia, atravessa a Síria, passando pelo agora Iraque, e acaba no Golfo Pérsico, contornando o deserto setentrional da península Arábica. Sucessivas inovações tiveram origem nessa região e nos planaltos de sua orla, especialmente na Anatólia. O movimento de coleta para o cultivo de espécies nativas foi seguido pela domesticação de animais, primeiro visando a alimentação e, mais tarde, peles, lã, leite e transporte por tração. A cultura arável avançou pela Europa a uma taxa de cerca de 25 quilômetros por geração, alcançando o Atlântico em 3000 a.C. Os primeiros agricultores usavam ferramentas de pederneira ou obsidiana, com cabos de madeira e osso, e não tinham animais de tração. Era difícil limpar florestas com machados de pedra, e arados de madeira (*ards*) eram mais eficientes em solos mais leves. As culturas principais eram variedades selvagens de trigo, espelta e *einkorn*, e, nas regiões mais áridas, cevada. Os grãos eram suplementados nas dietas por vagens e algumas folhagens. Caça e pesca constituíam uma parcela diminuta da nutrição da maioria das pessoas. A agricultura se espalhou com mais rapidez no mundo mediterrâneo do que na Europa temperada, por duas razões. Primeiro, a comunicação era mais fácil através de ilhas e povoados da costa do mar Interior do que através das florestas e montanhas da Europa. Segundo, a aridez do Crescente Fértil significava uma distância ecológica menor para o seco Mediterrâneo em comparação com regiões mais frias e úmidas. Esses dois fatores em conjunto explicam por que o crescimento da população, as cidades e os Estados surgiram na Europa mediterrânea antes de atingirem o interior continental. Mas o Mediterrâneo teve apenas um bom começo. Assim que as populações do norte passaram a dominar as técnicas de cultivo e a desenvolver meios de aproveitar o potencial muito maior dos solos mais profundos e abundantes, e do regime de chuvas mais confiável da Europa, o Mediterrâneo perderia essa vantagem. Hoje a Europa meridional é a parte mais pobre do continente, beneficiária de subsídios fornecidos pelas economias mais ricas do norte. Essa mudança se deu na Idade Média. A Antiguidade clássica é em grande medida a história do período em que o Mediterrâneo manteve-se à frente da Europa temperada em termos agrícolas.

A grande história do Holoceno mediterrâneo é a história de sucessivos movimentos de leste para oeste. Novas variedades de cultivo, animais domesticados, tecnologias e manifestações sociais — tudo teve sua origem em um ponto ou outro do leste do mundo mediterrâneo, principalmente ao redor do mar Negro, na Anatólia, no Egito e na Mesopotâmia. Escritores gregos e romanos trataram com normalidade o Mediterrâneo como centro do mundo. Quanto mais alguém se distanciava dele, mais estranhas eram as pessoas, as plantas e os animais que encontrava. Mas, na realidade, o *orbis terrarum* dos romanos era apenas uma das várias periferias da massa continental da Eurásia e da África.[11] O Velho Mundo, em termos ecológicos e civilizatórios, sempre teve uma história comum, dentro da qual as histórias mediterrânea e europeia sempre foram um desenvolvimento secundário.

As razões são elementares. Espécies vegetais e animais migram-se com mais facilidade dentro das mesmas latitudes, onde as temperaturas médias são, de modo geral, similares. Migrações de espécies — tanto a recolonização da Europa após o recuo das geleiras quanto a difusão da cultura e das espécies animais domesticadas dos primeiros agricultores — ocorreram mais facilmente entre ambientes semelhantes. A expansão do Saara acentuou esse efeito, criando uma barreira entre o Mediterrâneo e o restante da África. Do âmbito ecológico, o mundo mediterrâneo é um longo corredor que conduz da Ásia ocidental para o oeste. O clima torna-se significativamente mais úmido quanto mais a oeste, devido à proximidade do Atlântico. Dentro do Mediterrâneo, isso fica visível nas diferenças do regime de chuvas entre as costas mais úmidas da Itália, Grécia e Turquia, voltadas para oeste, e as costas mais áridas, voltadas para leste. Quanto mais para oeste uma espécie migrava ao longo do corredor, maior o contraste com a ecologia da qual havia se originado. É como se o corredor estivesse em um gradiente, inclinando-se para cima, tornando assim o progresso para oeste cada vez mais difícil.

Os animais domesticados apareceram pela primeira vez na Europa no terceiro milênio antes de Cristo, espalhando-se também para o oeste. As origens da domesticação, tal como acontecera antes, deram-se principalmente no Oriente Próximo, e, no início do último milênio antes de Cristo, os principais animais domesticados encontravam-se bastante difundidos. Bois e cavalos forneciam tração. Vacas, ovelhas, cabras e porcos forneciam carne. Vacas, ovelhas e cabras podiam ser ordenhadas. Ovelhas e cabras forneciam lã. Todos podiam fornecer osso e couro, assim como adubo em regimes agrícolas sofisticados. No fim do segundo milênio antes de Cristo, os humanos usavam por toda a Europa e Mediterrâneo uma ou outra variação desse complexo de culturas e animais domesticados. Gansos tinham sido domesticados no antigo Egito. Galinhas, descendendo de aves selvagens do Extremo Oriente, fazem-se presentes em algum momento em meados do último milênio (não há galinhas na *Ilíada*, mas as últimas palavras de Sócrates foram a respeito de ele dever um galo ao deus Asclépio). Camelos, domesticados muito mais cedo na península Arábica, também se deslocaram progressivamente para o oeste durante o último milênio antes de Cristo. Coelhos estavam confinados à península Ibérica até a virada do milênio. Pequenos animais podiam parecer insignificantes, mas eram valiosos, uma vez que logo ficavam criados e podiam ser alimentados a baixo custo. Em um mundo sem refrigeradores, pequenos animais também traziam menos problemas em relação à estocagem da carne.

As principais inovações tecnológicas na agricultura também precederam Roma. Extremamente importante foi a metalurgia, inventada no leste. O ouro era mais fácil de extrair, mas era quase inútil para forjar ferramentas. O trabalho com o cobre e depois com o bronze começou no Oriente Próximo em meados do quarto milênio antes de Cristo. O que realmente fez a diferença para a agricultura foi o aparecimento de abundantes utensílios de ferro, mais baratos de produzir e de uso mais resistente que outros metais. É quase certo que a fundição do ferro foi descoberta no noroeste da Anatólia, por volta do fim do segundo milênio antes de Cristo; de lá, espalhou-se por todo o Velho Mundo, alcançando o Yangtzé, o sul da Índia e a Escandinávia em meados do último milênio antes de Cristo. Ferramentas agrícolas de ferro eram particularmente importantes no norte da Europa, onde tornavam muito mais fácil a limpeza de florestas e o cultivo de solos pesados. O aumento na disponibilidade de ferramentas de ferro em meados do último milênio antes de Cristo correu paralelo às expansões agrícola e demográfica no interior europeu. A evidência é fornecida não apenas pelo grande tamanho dos fortes e outras instalações do final da Idade do Ferro, mas também pelos enormes exércitos que passaram a atacar de surpresa e a invadir o mundo mediterrâneo a partir do século IV a.C. Gregos e romanos ficaram apavorados com essas invasões, mas não tinham verdadeira noção da causa delas.

A Europa temperada que Júlio César e seus sucessores encontraram quando começaram a combater com seriedade no norte dos Alpes já estava dominada. Não havia mais populações de caçadores-coletores. Tampouco qualquer floresta primitiva. As florestas haviam se expandido no início do Holoceno, em consonância com o recuo das geleiras, mas a maior parte delas tinha sido derrubada pelos primeiros agricultores. Os bosques que as substituíram foram criados e cuidados por atividade humana. Os poetas romanos referiam-se ao norte da Europa como extremamente selvagem, um continente de densas florestas repletas de animais ferozes. Mas os generais romanos e os cobradores de impostos que seguiam os passos do Primeiro Império constatariam a fenomenal produtividade agrícola dos campos europeus em comparação com a aridez mediterrânea. Florestas e animais para caça por certo teriam sobrevivido, como acontece ainda hoje, mas só nos terrenos mais altos entre campos cultivados. Em volta do Mediterrâneo já havia a paisagem de garrigues dos dias atuais, um tipo característico de área de arbustos um tanto parecida com o chaparral, formada de vegetação tolerante ao calor do verão. Alternava-se com pequenas planícies limpas nas quais os cereais poderiam ser cultivados.

A agricultura pré-histórica não estava limitada à produção de grãos: bosques e pântanos eram também explorados; o sal, vital para a preservação da carne e do peixe, era minerado, extraído de salinas costeiras e comercializado; grandes rebanhos de gado eram criados, e a transumância de curto alcance já era praticada. A variedade de espécies animais e vegetais cultivada por sociedades pré-históricas pode parecer relativamente pequena, mas o impacto da lavoura sobre a fauna do início do Holoceno já era fenomenal. Os grandes predadores que tinham deixado os refúgios da era glacial e se espalhado pela Europa diminuíam agora em número, à medida que suas presas e hábitats eram removidos. Os leões desapareceram da Europa e, por fim, do oeste da Ásia, enquanto populações de lobos e ursos ficavam fragmentadas. Heróis gregos lutavam com animais selvagens que ameaçavam planícies onde se cultivavam grãos, monstros como o Leão de Nemeia e o Urso da Caledônia. Esses mitos revelam um mundo já antes imaginado em termos de severa oposição entre civilização e vida selvagem. E a vida selvagem batia em retirada. Durante a Idade do Ferro e os séculos romanos, um gado domesticado de importância secundária substituiu os auroques na Europa temperada, enquanto bisões e alces restringiram-se ao extremo norte. Cervos retiraram-se para as florestas remanescentes e bosques que ressurgiam. A caça tornou-se mais rara e menos emocionante. Quando o imperador Trajano quis caçar animais selvagens na Itália, teve de subir para os cumes de Abruzos. Os generais romanos que conquistaram o Oriente ficaram muito espantados ao descobrir que reis helenísticos, à imitação dos imperadores persas, tinham criado reservas para preservar animais dignos de uma caçada real. A palavra persa para essas reservas era *paradeisos*, relacionada ao nosso "paraíso". A selva havia se tornado um bem raro, um luxo que precisava ser conservado e cultivado. Podemos facilmente imaginar isso hoje, assim como podemos facilmente imaginar as ricas recompensas que sucederiam a posse romana da Europa temperada, um gigante que despertava.

Ecologia e império

A expansão imperial a partir do século XV teve com frequência terríveis consequências ambientais. Uma das razões é que os movimentos globalizantes não raro conectavam regiões que tinham se mantida por longos períodos sem contato. Extremamente dramática foi a Grande Troca de espécies vegetais e animais que se seguiu à descoberta europeia das Américas, levando a extinções e à catastrófica associação de quadros infecciosos, assim como à transformação de dietas do Velho Mundo, com a introdução de café e chocolate, batatas e açúcar de cana.[12] Além disso, houve alteração deliberada de ecossistemas coloniais em tempos mais modernos, como a cultura do algodão e as grandes propriedades cafeeiras nas Américas, a introdução da pecuária em partes da América do Norte e da América do Sul, a introdução da criação de ovelhas na Oceania e a transplantação do milho do Novo Mundo para a África. Culturas comerciais substituíram com frequência a agricultura de subsistência, e a necessidade de distantes mercados imperiais ganhou prioridade sobre os de populações nativas, que eram às vezes expropriadas ou então recrutadas para trabalhar dentro dos novos regimes agrícolas. É evidente que a escravidão deu margem à migração em grande escala de populações humanas. Existem ainda alguns precedentes pré-históricos. A expansão humana no final da era do Plistoceno, primeiro para a Austrália e depois para as Américas, parece ter levado à extinção da fauna nativa de grande porte: desde os vombates gigantes de duas toneladas e cangurus de três metros de altura aos leões-americanos e enormes preguiças. O povoamento das ilhas do Pacífico e da Nova Zelândia só se realizou porque os exploradores levaram porcos, galinhas, cães e inúmeras sementes de culturas agrícolas em suas canoas.

A expansão romana não teve esses efeitos dramáticos. O império expandiu-se dentro de uma região cujos habitantes costumavam usar as mesmas espécies domesticadas. Áreas além do Mediterrâneo, em geral, só foram incorporadas ao império como a última fase de longas histórias de contato. Em função disso, os romanos raramente se depararam com economias ou ecologias muito diferentes da sua. As mudanças ambientais que a expansão romana trouxe foram, no total, mais graduais e sutis que as introduzidas por impérios europeus.

Tudo isto assinala uma importante diferença entre a ecologia dos impérios modernos e antigos. A expansão romana foi facilitada pelo que os conquistadores compartilhavam com os novos súditos. O primeiro tributo arrecadado (na Sicília) foi uma simples dízima de grão, e, quando os exércitos fizeram campanha na Espanha, no século II, ou na Gália, no século I a.C., a expectativa era de que os aliados locais fornecessem alimentação. A cidade africana de Lépcis pagou uma grande indenização em azeite de oliva, e os frísios da foz do Reno foram taxados em peles. A taxação em espécie sempre foi uma parte importante dos sistemas fiscais romanos. Contudo, mesmo quando era exigida a moeda, os habitantes das províncias podiam consegui-la apenas intensificando a produção de culturas existentes, pois eram as culturas que os romanos já conheciam e desejavam. A monocultura e culturas comerciais nunca oneraram regimes preexistentes no Período Romano. Não temos conhecimento de experimentos desastrosos com novas culturas agrícolas. O império expandiu-se para regiões que já eram produtivas e, na maioria das áreas, não fez mais que estimular uma modesta intensificação.

A unificação política do Mediterrâneo tem sido inclusive encarada como tão somente a última fase — política — de uma história muito mais longa, que havia começado com a difusão da agricultura a partir do Oriente Próximo. Tem-se sugerido que os limites da expansão romana foram estabelecidos, pelo menos em certas regiões, pelos limites desse complexo agrícola do Velho Mundo. Mas sem dúvida não havia fronteira ecológica que separasse as esferas de influência romanas e persas; na verdade, essa fronteira atravessava áreas ao norte da Síria, que, sob todos os aspectos — culturais, religiosos, tecnológicos e ecológicos —, formavam uma unidade. E em certos pontos a fronteira setentrional de Roma alcançava áreas onde o retorno desse estilo de agricultura não pareceu ter sido impressionante na Idade do Ferro. Talvez a conquista romana tenha atingido um limite ecológico ao norte da Grã-Bretanha ou nos Países Baixos.[13] A maior parte da longa fronteira europeia, no entanto, corre através de fértil terra agrícola. O domínio romano só encontrou de fato verdadeiros limites ecológicos no Atlântico e no Saara. O império tinha sido bem-sucedido em obter controle da parte sul daquele corredor ocidental que saía do Oriente Próximo: as ameaças que chegavam a ele vinham do norte e do leste.

A expansão romana acompanhou a mudança agrícola, trazendo com ela pouco avanço tecnológico, poucas espécies ou doenças novas; em decorrência, a conquista romana não teve um impacto ecológico cataclísmico. Mas isso não significa que os romanos não estivessem inegavelmente interessados em promover uma intensificação. Um indício desse interesse é o cuidado que tiveram em aprender com os regimes agrícolas que incorporaram. O único livro que os romanos tiraram das bibliotecas de Cartago após o saque da cidade, em 146 a.C., foi o tratado agrícola de Mago, que foi depois traduzido para o latim. Generais que voltavam do leste trouxeram novas espécies de plantas, entre elas, cerejeiras. Na verdade, escritores romanos do início do império estavam perfeitamente cientes de como muitas nozes e variedades de frutas tinham sido recém-levadas do leste para a Itália. Mais de 40 por cento das plantas mencionadas no livro de Columela do século I d.C., *Sobre a Agricultura*, eram de origem grega. A *História Natural*, de seu quase contemporâneo Plínio, o Velho, descreve em detalhe as várias árvores e outras plantas encontradas em diferentes partes do império, bem como seu valor nutricional e, às vezes, benefícios medicinais. Textos médicos trazem enorme riqueza de informação sobre espécies cultiváveis. Plínio só estava interessado nas plantas e nos animais do Mediterrâneo ocidental e, no máximo, da Europa temperada, mas deixa óbvio em sua exposição que a direção principal das migrações continuava sendo de leste para oeste.

Além de levarem culturas orientais para a Itália, os produtores romanos tentaram também transplantar várias espécies mediterrâneas para o norte dos Alpes. Maçãs, peras, cerejas, ameixas e nozes foram introduzidas desde muito cedo no norte da Europa, assim como aipo, alho, aspargo, repolho e cenoura. Os castanheiros — que deviam ter, a princípio, provavelmente a madeira como uso principal, e não os frutos — surgiram um pouco mais tarde. O que essas árvores e vegetais tinham em comum — e o que também os distinguia dos cereais — é que requeriam cultivo em hortas ou pomares. A arboricultura envolvia uma série de novas técnicas especializadas, como o enxerto. O que também requeria aplicações muito maiores de energia e tempo, em troca de maior retornos calorífico e financeiro por hectare. O progresso dessas culturas — como a da vinha — rumo ao norte reflete a difusão do gosto mediterrâneo, bem como do conhecimento agrícola. Restos carbonizados dessas culturas aparecem em locais de povoamento, junto aos vestígios de outras que não puderam se aclimatar ao norte dos Alpes, entre elas, grão-de-bico, pistache, amêndoa, pinhão e melão. A expansão da arboricultura e da horticultura também estava intimamente relacionada à urbanização, pois, além de requerer trabalho intensivo, essa expansão se apoia em níveis de demanda mais facilmente encontrados onde as populações estão reunidas em maior densidade e são relativamente prósperas. Ela também proporcionou suplementos vitais para uma dieta rica em carboidratos, fornecendo açúcar, proteína e vitaminas. E eram as populações urbanas que tinham as maiores necessidades desses suplementos.[14] Não é por acaso que as maiores fontes de conhecimento sobre o assunto provenham do Egito romano e da região de Roma — as partes mais urbanizadas do mundo antigo.

De modo mais geral, a difusão da arboricultura nos permite observar os romanos como adeptos entusiastas de novas culturas agrícolas. O lucro e a ansiosa inclinação para maior variedade de gostos eram sem dúvida motivações essenciais. Mas havia também uma sólida lógica ecológica. A fraqueza principal dos primeiros regimes agrícolas em todas as partes do mundo foi o pequeno número de culturas de que cada um dependia. A dependência de uma única cultura é algo tremendamente arriscado, e a diversificação trouxe uma defesa fundamental contra o fracasso de uma colheita. Daí a importância que os legumes tiveram desde o início e o crescimento contínuo da variedade de grãos cultivados, trigos-duros comuns combinando espelta e *einkorn* ao lado do trigo-vermelho e da cevada, além de centeio, aveia e painço, cultivados em algumas regiões. Maior variedade de cereais possibilitava melhores combinações de cultivo, levando em conta determinado clima local. A cevada era menos popular como alimento, mas podia resistir à seca; o painço podia ser cultivado durante o verão; castanhas e nozes proporcionavam uma fonte proteica muito importante quando as colheitas fracassavam, ou forragem para porcos quando eram bem-sucedidas. A variedade de culturas aumentava com o passar do tempo.

Outros nichos ecológicos estavam sujeitos ao mesmo processo de intensificação: pântanos e montanhas, bosques e o pré-deserto. A tecnologia de construção romana permitiu algumas inovações nesses casos, mais marcadamente no período imperial. Injeções de capital são difíceis de documentar, mas deviam se encontrar por trás de alguns tipos de desenvolvimento agrícola, como a construção de enormes apriscos para ovelhas na planície de Crau, no sudeste da França, e o desenvolvimento de uma produção em escala industrial de molho de peixe. Introduziu-se um pequeno volume de irrigação agrícola — um ramal dos aquedutos que levava água de áreas montanhosas a cidades da planície.[15] Foram construídos terraços que cruzavam leitos sazonais de rios no pré-deserto da Líbia, para colher água das chuvas. A drenagem de pântanos se deu por todo o império, da Itália central às Fenlands inglesas. A engenharia hidráulica permitiu avanços na piscicultura. Estabelecimentos dedicados à conservação do peixe em sal e vinagre apareceram onde quer que a pesca fosse abundante, o que incluía ambos os lados do estreito de Gibraltar e o litoral que subia pela costa atlântica da Espanha e da Gália. O processamento, estocagem e transporte de produtos agrícolas foi, de modo geral, aprimorado. Grandes moinhos acionados a água, por animais e trabalho escravo suplementaram os pequenos moinhos manuais, tendo sido construídas prensas de azeitonas em grande escala.[16] Avanços na construção de celeiros e instalações portuárias surgiram de mãos dadas com a manufatura de contêineres de cerâmica e navios mais adaptados ao transporte de produtos volumosos. A infraestrutura viária aprimorou-se, sobretudo, talvez, por razões militares, mas outras pessoas também se beneficiaram. Intimamente ligado a esse fator foi o aumento na produção das manufaturas urbanas mais comuns, como a produção têxtil.[17]

Uma forma diferente de intensificação é evidente na pecuária. O volume da criação de ovelhas aumentou em várias partes do império, incluindo a Itália e o sudeste da Gália, onde rebanhos enormes com certeza atendiam a uma demanda externa à região. Fizeram esforços, extremamente bem-sucedidos, no sentido de aumentar o tamanho dos principais animais domesticados produtores de carne: o crescimento do gado de diversas raças é agora bem documentado graças aos restos da fauna encontrados na Itália. Ocorreu com tanta rapidez ao norte dos Alpes, que parece quase certo terem sido introduzidas novas raças. Esse processo reverteu uma longa tendência na Europa para animais cada vez menores, evidenciando com muita clareza o impacto de novas prioridades e técnicas.

O impacto cumulativo de todo esse aprimoramento foi significativo em termos econômicos. Avaliá-lo ajuda-nos a compreender como o Império Romano sustentou, em um meio ambiente tão pouco promissor quanto a bacia mediterrânea, uma razão de consumidores para produtores que passou, no início do século III, de um para dez a três para dez em algumas regiões. A vida citadina trouxe uma demanda por pão, em vez de mingau, e por uma dieta mais variada. O resultado arqueologicamente visível foi a proliferação de padarias e mercados — *macella* —, que vendiam carne fresca, vegetais e laticínios. O desenvolvimento nas comunicações e o empenho de autoridades urbanas e imperiais, bem como de proprietários de terra, tornaram tal dieta possível para uma minoria. Mas o impacto ambiental no longo prazo foi limitado. Quando as cidades (e, portanto, sua demanda agregada) encolheram e as autoridades não puderam mais conservar estradas, aquedutos e semelhantes, a economia rural retrocedeu para uma escala mais local. O surto romano de urbanização deixou poucos traços ambientais duradouros, exceto com relação à mineração, que gerou níveis de poluição por metais pesados somente alcançados de novo com o evento da Revolução Industrial. As repetidas tentativas de acusar a civilização romana por desmatamento e erosão do solo não são convincentes. A expansão romana levou à intensificação da produção, e não à transformação em grande escala do ambiente. A ecologia imperial foi muito diferente da da era moderna.

Leitura adicional

O mais influente relato da Antiguidade articulado em termos ambientais é *The Corrupting Sea: A Study of Mediterranean History*, de Peregrine Horden e Nicholas Purcell (Oxford, 2000), que já inspirou muitas respostas, algumas das quais reunidas em *Rethinking the Mediterranean*, de William Harris (Oxford, 2005). Igualmente inovador é *The Ecology of the Ancient Greek World*, de Robert Sallares (Londres, 1991). Particularidades envolvendo a estepe são discutidas em *Rome and the Nomads*, de Roger Batty (Oxford, 2007). Ensaios de Brent Shaw sobre o norte da África foram reunidos em *Environment and Society in Roman North Africa* (Aldershot, 1995). Nenhum relato ambientalmente orientado da Europa temperada romana foi até hoje produzido, mas há muita coisa pertinente em *Framing the Early Middle Ages*, de Chris Wickham (Oxford, 2005).

A percepção do quanto as condições podiam ser precárias em partes do antigo Mediterrâneo é assunto relativamente recente. Um conjunto pioneiro de respostas à questão de como os agricultores antigos resolviam seus problemas foi *Bad Year Economics*, de Paul Halstead e John O'Shea (Cambridge, 1989). Sobre os meios graças aos quais a civilização clássica se mantinha diante de toda a pressão, o trabalho fundamental é *Famine and Food Supply in the Greco-Roman World*, de Peter Garnsey (Cambridge, 1988).

O impacto da agricultura romana e especialmente da mineração sobre o meio ambiente é um tópico que está em debate. Um bom ponto de partida é a coleção organizada por Graham Shipley e John Salmon, *Human Landscapes in Classical Antiquity*

(Londres, 1996). Uma exposição vigorosa do custo ambiental da mineração antiga é apresentada no capítulo 7 de *Imperialism, Power and Identity*, de David Mattingly (Princeton, 2011). Duas introduções muito bem escritas ao ambiente pré-histórico são *Prehistoric Europe*, de Tim Champion *et al.* (Londres, 1984), e *Prehistoric Farming in Europe*, de Graeme Barker (Cambridge, 1985).

DATAS IMPORTANTES DO CAPÍTULO V

272 a.C.   Roma derrota Tarento, a maior cidade grega da Itália meridional, apenas três anos depois da partida de Pirro.

264-241 a.C.   Primeira Guerra Púnica, resultando na derrota de Cartago e na primeira província ultramarina de Roma: a Sicília.

225 a.C.   A Batalha de Telamon assinala a derrota dos gauleses do norte da Itália. Conquista e colonização da área retomada após a derrota de Aníbal.

218-201 a.C.   Segunda Guerra Púnica, durante a qual Aníbal invadiu a Itália e lá permaneceu até 203.

216 a.C.   Batalha de Canas, a mais séria derrota de Roma nas mãos de Aníbal.

213-211 a.C.   Cerco e captura de Siracusa por Marcelo.

202 a.C.   Batalha de Zama. Cipião derrota Aníbal nos arredores de Cartago.

197 a.C.   Rei Filipe V, da Macedônia, derrotado na Batalha de Cinoscéfalos. No ano seguinte, Flamínio declara a liberdade dos gregos.

193-188 a.C.   Guerra entre Roma e Antíoco III da Síria. Derrotado primeiro nas Termópilas, depois em Magnésia, Antíoco renunciou, no Tratado de Apameia, em 188, a todas as reivindicações selêucidas sobre a Ásia Menor.

189 a.C.   Mânlio Vulso faz campanha contra os gálatas na Anatólia central.

184 a.C.   Censura de Catão, o Velho.

168 a.C.   Rei Perseu, da Macedônia, derrotado na Batalha de Pidna. Reino macedônico sucumbe.

168 a.C.   O rei selêucida Antíoco IV é proibido de invadir o Egito por um enviado do Senado.

167-150 a.C.   Políbio, de Megalópole, é refém em Roma, onde se torna amigo de Cipião Africano e o acompanha em suas campanhas.

149-146 a.C.   Terceira Guerra Púnica, que culmina na destruição de Cartago por Roma.

146 a.C.   Destruição de Corinto por Roma.

133 a.C.   Captura da fortaleza celtibera de Numância, na Espanha.

133 a.C.   Átalo III, de Pérgamo, morre deixando seu reino para Roma.

HEGEMONIA MEDITERRÂNEA

> Que homem pode ser tão frívolo e indolente que não se pergunte como foi possível, e sob que tipo de regime político, que quase todo o mundo civilizado tenha ficado, em menos de 53 anos, sob o domínio exclusivo de Roma? Esses acontecimentos não têm precedentes.
>
> (Políbio, *Histórias* I.I.5)

As rivais de Roma

A expansão da influência romana dentro da Itália, relatada no Capítulo 3, havia sido um processo lento. Mas durante o século e meio que se seguiu à invasão de Pirro, a hegemonia romana avançou com rapidez, para abranger todo o mundo mediterrâneo. Isso não quer dizer que no século II a.C. Roma (já) governasse um Estado tributário bem ordenado, dividido em províncias territoriais sobre as quais fossem aplicados sistemas imperiais de leis e taxação, administrados por uma burocracia colonial. O domínio romano manteve-se, em termos modernos, tanto informal quanto indireto. A supremacia significava tão somente que Roma não possuía mais nenhum rival na região. E Políbio tinha razão ao dizer que os governantes de Roma (muitos dos quais ele conhecia bem), em meados do século II a.C., achavam que podiam dar ordens a quem bem entendessem. Este capítulo revela como se conseguiu essa proeza.

A unificação do Mediterrâneo por Roma foi o ponto culminante de processos de desenvolvimento político que caracterizaram o último milênio antes de Cristo.[1] No século III, a política mediterrânea era dominada por um pequeno número de grandes potências. Na extremidade ocidental do Mediterrâneo, isso significava Roma e — até 201 a.C. — Cartago. Cidades menos poderosas conservavam uma independência nominal no norte da África, na Itália e no sul da França. Em torno delas havia sociedades tribais de vários tipos e tamanhos. No século III, as maiores cidades tinham desafiado Roma e fracassado — caso de Siracusa e Tarento —, ou eram agora aliadas em subordinação, como Marselha e as principais cidades da Etrúria e da Campânia. A leste do Adriático, o mapa político era dominado por reinos formados quando o império de Alexandre se fragmentou, por ocasião de sua morte, em 323 a.C. Os Três Maiores eram a Macedônia antigônida, a Síria selêucida e o Egito ptolomaico. Em volta deles havia uma pletora de Estados menores. Entre eles, os reinos sucessores da Pérsia na Anatólia, os reinos gregos separatistas no Afeganistão e na Turquia ocidental, as ligas federais de comunidades do sul e noroeste da Grécia e algumas cidades-Estados independentes, incluindo Esparta, a potência naval de Rodes e uma Atenas muito reduzida. Era esse o mundo grego — às vezes chamado helenístico — para o qual Roma se expandiria. Nenhuma nação seria capaz de tomar e derrotar cidade a cidade, tribo a tribo, e os romanos não tentaram fazê-lo. A hegemonia requeria apenas a derrota de todos os possíveis rivais. Foi esse o processo que Políbio afirmou ter durado menos de 53 anos, isto é: irromper da Segunda Guerra Púnica até a derrota da Macedônia em 167 a.C.

Os acontecimentos se desenrolaram a um ritmo vertiginoso.[2] A retirada de Pirro, sua morte e a queda de Tarento em 272 removeram todas as rivais de Roma ao sul dos Apeninos. Cartago e Roma haviam se aliado contra Pirro, mas suas esferas de influência ficaram então tão próximas, que é um tanto surpreendente terem demorado até 264 para se chocarem. A causa, como era de esperar, foi o controle da ilha da Sicília, que se encontrava entre elas. A Primeira Guerra Púnica, travada principalmente em ações navais na região do mar Tirreno, terminou em 241 com Roma controlando a maior parte da Sicília como província e o restante através de uma aliança com Siracusa. Logo depois, os romanos assumiram controle primeiro da Sardenha e, a seguir, da

Córsega. A Segunda Guerra Púnica foi deflagrada em 218, quando as esferas de influência na Espanha colidiram. Um novo império púnico fora criado lá, abrangendo Nova Cartago (Cartagena) e as ricas minas de prata dos arredores. Considerações geopolíticas sugerem que a competição por influência na Ibéria era tão inevitável quanto fora no caso da Sicília: historiadores romanos preferem acreditar que as verdadeiras razões da guerra encontram-se no amargo ressentimento com relação a Roma promovido pela dinastia bárquida, de quem Aníbal era o membro mais famoso. O conflito iniciado na Espanha foi rapidamente levado para a Itália pela audaciosa marcha de Aníbal pelo sul da França e através dos Alpes. Vitórias iniciais em Trasimeno (217) e Canas (216) davam a impressão de ter colocado Roma à beira de um desastre, e Aníbal acabou ocupando boa parte do sul, isolando os aliados de Roma. Mas o longamente temido assalto a Roma jamais se materializou. Durante o impasse, Roma avançou para outros cenários da guerra, especialmente na Espanha e na Sicília. Após mais de uma década no sul da Itália, Aníbal foi enfim obrigado a retornar ao norte da África para enfrentar o exército romano diante dos muros da própria Cartago. A vitória de Cipião em Zama, em 202, encerrou a guerra.

Entre a Primeira e a Segunda Guerra Púnica, enquanto os bárquidas estavam ocupados na Espanha, os romanos continuaram a ampliar sua influência na Itália, em especial sobre os povos gauleses ao norte dos Apeninos.[3] Grandes vitórias foram obtidas sobre os exércitos gauleses em Telamônio, em 225, e Clastídio, em 222. Assim que Cartago foi derrotada, os generais romanos retomaram essa prioridade. Durante a década de 180, uma série de colônias foi fundada ao norte dos Apeninos, ancorada na Via Emília, que continua sendo ainda hoje a principal estrada de rodagem que corre pelo Vale do Pó.[4] Magistrados romanos fizeram campanhas quase o ano todo contra os gauleses ou os ligúrios, até o início da Terceira Guerra Macedônica em 168. Houve outras campanhas na Ligúria na década de 150. No final do século II, toda a região, até os contrafortes dos Alpes, era de fato uma província romana. A derrota de Aníbal permitiu que Roma aumentasse sua influência também na Itália: foram aplicadas punições exemplares a ex-aliados romanos que haviam desertado em prol da causa púnica, e boa parte de seu território foi confiscado.[5] Novas colônias romanas foram fundadas em territórios conquistados sob a força de armas no sul da Itália, algumas sendo impostas a cidades existentes e outras a zonas rurais. Siracusa escolhera o lado errado na guerra: sua derrota pôs toda a Sicília sob domínio dos pretores romanos. Também a Espanha estava agora disponível para conquista, graças às campanhas de Cipião, que tinham banido os cartagineses da península. Em 197, havia duas províncias: uma no sul, onde as sociedades locais eram mais urbanizadas e havia suprimentos abundantes de prata, e outra no nordeste, o território dos iberos. Até o fim da década de 170, havia em geral, a qualquer momento, quatro legiões na Espanha. Assim como as campanhas no norte da Itália, a maioria dessas guerras podia ser posta em modo de espera enquanto Roma estava ocupada em outro lugar, e de novo retomadas quando se encerravam as atividades em outras frentes. Grandes campanhas recomeçaram na Espanha na década de 150, culminando em grandes guerras contra os celtiberos do interior que só terminaram com a tomada, em 133, de sua grande cidadela em Numância. Houve, também nesse período, outros conflitos ao redor dos Alpes, e, em meados da década de 120, duas guerras breves, mas ferozes, no Vale do Ródano. Nem todas essas campanhas resultaram da iniciativa de Roma. Houve colonizadores e residentes a defender no norte da Itália, e Roma enfrentou ataque dos lusitanos na Espanha e dos arvernos na Gália. Nem mesmo Roma estava sempre empenhada em luta franca: havia décadas de intenso estado de guerra e outras em que a cada ano era menor o número de tropas no campo de batalha.[6] Mesmo assim, é impossível ignorar a impressão de que Roma vinha se voltando para uma expansão mais ou menos contínua, e que o Ocidente romano estava sempre disponível quando não houvesse campanhas mais lucrativas ou mais urgentes.

As maiores rivais de Roma no século II a.C. eram as ricas monarquias do Mediterrâneo oriental. Era a humilhação dos grandes reinos da Macedônia antigônida, da Síria selêucida e do Egito ptolomaico que Políbio tinha em mente quando escreveu a respeito do controle de Roma sobre todo o mundo civilizado. Desde a morte de Alexandre, o Grande, esses reinos tinham disputado o controle do mundo grego e de suas regiões costeiras balcânicas, asiáticas e africanas. A derrota de Cartago em 202 deixou Roma livre para se juntar — e dar fim — a essa competição.

Dois anos após a vitória de Cipião sobre Aníbal em Zama, os exércitos de Roma cruzaram o Adriático para enfrentar Filipe II, rei da Macedônia. As razões continuam sendo controvertidas. Uma das causas pode ter sido um tratado entre Filipe e Aníbal, quando o segundo era ainda uma ameaça para Roma. Outra, as tentativas iniciais de Filipe de expandir seus interesses no Adriático à custa de Roma, embora isso fosse, na verdade, uma parte secundária de suas ambições mais amplas nos Bálcãs e além. Vários Estados gregos estavam preocupados com Filipe, e o *status* de Roma como poder mundial estava então mais claro que nunca. Embaixadas chegavam a Roma, vindas de Átalo de Pérgamo, de Rodes e de Atenas, e embaixadores romanos eram enviados para outras partes da Grécia. Mas os romanos poderiam, sem dúvida, ter tranquilamente ignorado essas iniciativas e deixado a Macedônia à vontade se desejassem a paz. Evidentemente, não a queriam. Ou pelo menos uma maioria não a queria. A assembleia romana recusou-se a aprovar a guerra quando de uma primeira consulta, mas essa decisão foi logo revertida. Que argumentos foram usados para persuadir o povo a concordar? Foram aterrorizados com histórias sobre a agressividade de Filipe, lembrados de sua passada hostilidade como aliado de Aníbal, ou apenas encorajados com a esperança de novos butins? Durante a guerra contra Aníbal, Roma havia travado um breve embate com a Macedônia: em 211, os romanos tinham feito uma aliança com os etolianos do noroeste da Grécia, concordando que, em quaisquer ações conjuntas, os etolianos manteriam os territórios tomados, enquanto caberiam a Roma escravos e o butim. Na prática, a aliança não dera grande resultado, mas talvez a Macedônia ainda fosse encarada como um bom lugar para se saquear. E será que toda uma geração de guerras não teria na verdade acostumado Roma ao conflito, inspirando uma nova geração de líderes romanos a procurar embates nos quais pudessem se destacar, e uma nova geração de soldados que buscavam a sorte em guerras de conquista?

Fossem quais fossem as razões, o voto pela guerra foi ganho no ano 200. No ano seguinte, um exército romano invadiu a Macedônia, mais uma vez em aliança com os etolianos. O comando passou a Tito Quíntio Flamínio em 199. Luta severa nos Bálcãs e diplomacia inflexível deram-lhe vantagem sobre Filipe, transformando em aliada a Liga Aqueia, à qual pertenciam a maioria das cidades importantes da Grécia meridional. Filipe não se rendeu, e Flamínio continuou a luta, derrotando-o definitivamente em 197, na Batalha de Cinoscéfalos. Os aqueus, novos aliados de Roma, ficaram muito contentes. Mas os etolianos acharam que não tinham recebido todas as recompensas que mereciam. A Macedônia foi deixada intacta, porém obrigada a se manter longe do sul da Grécia. Foi-lhe imposta uma pesada indenização, como acontecera no caso de Cartago. Nos Jogos do Istmo, em 196, Flamínio declarou a liberdade dos gregos. A linguagem e o local da proclamação fizeram eco às proclamações de Alexandre em Corinto, em 337 a.C., e à grande diplomacia helenística que as sucedeu. Era evidente que os romanos tinham aprendido os costumes diplomáticos do Oriente grego. Suas ambições eram diferentes, mas não estavam dispostos a deixar qualquer outro poder substituir a Macedônia. O rei selêucida Antíoco III foi advertido, e Flamínio sustentou outra campanha contra Nábis, tirano de Esparta, antes que, em 194, os exércitos romanos retornassem a casa.

A diplomacia não conseguiu afastar Antíoco. Em 192, ele partiu para a Grécia, agora em aliança com os etolianos. A resposta romana foi imediata. Antíoco foi interceptado e derrotado nas Termópilas em 191, retirando-se para a Ásia, perseguido pelo cônsul Cipião (irmão de Africano, o conquistador de Cartago), que seria chamado de Asiático depois dessa campanha. Antíoco foi derrotado em Magnésia, requereu a paz e, pelo Tratado de Apameia, assinado em 188, renunciou a todas as reivindicações selêucidas de territórios na Ásia Menor. Assim como a Macedônia, o reino selêucida obteve permissão para sobreviver desde que pagasse uma indenização e, também como a Macedônia, teve limitada sua esfera de influência. Os Bálcãs ocidentais, a Grécia meridional e a Anatólia não estavam mais dominados por nenhuma das grandes potências.

Por pouco tempo, os exércitos romanos fizeram campanha nessas regiões. Em 189, Fúlvio Nobilior travou guerras em Ambrácia, na fronteira ocidental da Macedônia, e Mânlio Vulso combateu os gálatas da Anatólia central. Ambas as guerras foram incrivelmente lucrativas, e Roma ficou extasiada diante de tantos triunfos e monumentos espetaculares. Mas, quando o butim se foi, os romanos também partiram, deixando antigos aliados e inimigos derrotados acotovelando-se em busca de uma posição na nova ordem mundial. Daí em diante, toda a política no Mediterrâneo oriental teve Roma como referência. Uma embaixada atrás de outra procuraria apoio do Senado ou de seus emissários nas mínimas disputas. Aliados de Roma, como o reino de Pérgamo, os aqueus e (durante algum tempo) Rodes ganharam influência. Contudo, com frequência, os romanos pareciam desinteressados quanto ao que faziam. A atenção militar estava voltada para guerras no norte da Itália e na Espanha. Filipe morreu em 179 e foi sucedido por Perseu, que cautelosamente passou a construir alianças com outros reis. Suas ambições foram denunciadas ao Senado por Eumenes, de Pérgamo, em 172, e no ano seguinte os soldados romanos estavam de volta aos Bálcãs. Esta Terceira Guerra Macedônica demorou um pouco mais para ver uma conclusão, talvez porque o apoio dos aliados de Roma não tenha parecido muito entusiástico. Mas, em 168, Emílio Paulo derrotou Perseu em Pidna. O reino da Macedônia foi abolido, sendo seu território dividido entre quatro repúblicas. Os exércitos romanos saquearam cidade por cidade; correram rumores de que 150 mil pessoas haviam sido escravizadas em Épiro. O rei foi capturado e obrigado a marchar por Roma no cortejo triunfal do vencedor. Enquanto isso, os principais membros das facções antirromanas em cidades da Grécia foram conduzidos ao exílio na Itália. Políbio estava entre eles.

No mesmo ano, Antíoco IV tentou recuperar o êxito selêucida invadindo o Egito. Um enviado romano, Popílio Laenas, encontrou-o ao lado de seu exército na entrada de Alexandria e ordenou-lhe que voltasse para casa. Antíoco pediu um tempo para tomar sua decisão. Laenas escreveu uma curiosa frase na areia, fazendo um círculo em volta do rei, e a repetiu:

Antes de sair deste círculo, dê-me sua resposta para que eu a leve ao Senado.[7]

Antíoco não teve opção senão obedecer. Lívio fez essa breve história envolvendo Antíoco ser acompanhada de um relato sobre como o Senado tinha recebido embaixadas de selêucidas e ptolomaicos, bem como embaixadores dos reis de Pérgamo e da Numídia, trazendo congratulações pela derrota da Macedônia.

Figura 4. Monumento, em Delfos, que comemorava a vitória de Emílio Paulo em Pidna.

A hegemonia romana, contudo, não assegurou estabilidade política. Era evidente que observadores gregos estavam um tanto intrigados acerca dos objetivos romanos a leste do Adriático. As vitórias romanas em 197, 188 e 168 haviam alterado o equilíbrio de poder no leste. Contudo, após cada campanha, os exércitos romanos tinham voltado para casa. Entre as guerras, sua diplomacia parecia inconsistente. Mesmo Políbio, que estava numa posição excepcional para acompanhar as decisões da política romana, foi apanhado de surpresa, acreditando ter se atingido um divisor de águas com a liquidação da Macedônia. Contando desde sua deportação para Roma em 167 a.C., ele ficou quase vinte anos como uma espécie de prisioneiro de honra em Roma, passando, no processo, a conhecer alguns dos personagens principais da época, entre eles Catão, o Velho, e os irmãos Cipião. Não estava, contudo, pronto para a sequência dos acontecimentos.

Logo depois de Pidna, as relações entre Roma e seus aliados no Mediterrâneo oriental deterioraram-se com rapidez. Havia a sensação de que Rodes não tinha dado o apoio que poderia na guerra contra Perseu. Rodes foi punida em 167, quando os romanos declararam Delos um porto livre, numa tentativa bem-sucedida de prejudicar os interesses comerciais ródios. Em seguida, Pérgamo caiu temporariamente em desgraça, e seu poder na Ásia Menor tornou-se limitado. Durante as décadas de 150 e 140, Roma fez esporádicas intervenções diplomáticas em conflitos entre as cidades e os reinos da Anatólia, acompanhando com interesse disputas sucessórias na Síria e no Egito. Mas não houve outras expedições militares até 149, quando um pretendente ao trono da Macedônia conheceu um breve sucesso antes de ser derrotado por um exército romano apoiado por aliados pergameses. A atenção romana, no entanto, fora atraída. Por ora, Rodes e Pérgamo estavam de novo sendo vistas com bons olhos, mas a Liga Aqueia não. Para horror de Políbio, foi deflagrada a guerra entre Roma e os aqueus, e desta vez a vitória romana não resultou apenas em indenizações e perda de território. A antiga cidade de Corinto foi saqueada, e seus tesouros, pilhados por Múmio, foram distribuídos entre os soldados e comunidades aliadas como recompensa. A cidade de Corinto foi abolida. Uma atrocidade como essa não era vista no mundo grego desde que

Alexandre, o Grande, destruíra a cidade de Tebas como símbolo do que ele, se quisesse, poderia fazer.

O mundo de Políbio girava em torno da Grécia. Mas os romanos tinham uma perspectiva diferente. A guerra contra os aqueus fora uma espécie de mostra paralela. Durante a década de 150, um número maior de olhos romanos tinham se fixado na recuperação de Cartago. Ela não representava uma ameaça real a Roma, mesmo que sua oferta de quitar prematuramente a indenização de guerra revelasse uma recuperação econômica. As ações políticas e diplomáticas de Cartago estavam confinadas à África e pareciam destinadas principalmente a protegê-la das tribos numídias vizinhas. Mas sucessivas embaixadas romanas alimentaram inquietações domésticas ao retornar de Cartago. Catão, o Velho, estava entre os mais influentes defensores de um ataque a Cartago antes que ela pudesse ficar ainda mais forte. Por fim, o Senado lançou um ultimato exigindo que os cartagineses transferissem sua cidade para o interior, uma exigência impossível de ser atendida. O resultado foi a invasão romana em 149 e a tomada da cidade em 146. Políbio viajou com Cipião Africano na campanha que resultou na destruição definitiva de Cartago, vendo a cidade arder. Tal como Corinto, ela fora destruída, e no mesmo ano. O sincronismo fornece uma pista vital sobre a perspectiva romana.[8] Os gregos habitavam um mundo político centrado no mar Egeu, um universo de cidades antigas cercadas por novos reinos... e por Roma. Não estavam acostumados a ficar a uma posição periférica na política. Os romanos, no entanto, estavam tão interessados em Cartago quanto em Corinto.

Imperialismo em meio à república

A dinâmica expansionista de Roma parece suficientemente clara para nós, mas talvez não parecesse assim tão óbvia para os romanos. Teriam eles concebido a hegemonia mediterrânea como objetivo? Caso não, não teriam sido a única nação a só descobrir sua vocação imperial quando em retrospecto. Os romanos, afinal, não tinham um modelo de império para seguir. Escritores gregos da época imperial às vezes apontavam Alexandre como uma espécie de rival de Roma. Mas, durante os últimos séculos antes de Cristo, Alexandre foi visto principalmente como rei e general conquistador exemplar. Quando a hegemonia romana *foi* encarada como sistema, foi comparada às hegemonias de outras "cidades tiranas", sobretudo Atenas e Esparta.

A primeira tentativa de explicar a ascensão de Roma — isto é, a primeira que pudemos ler — foi de Políbio. A resposta de Políbio estava baseada na superioridade das instituições de Roma em relação às de suas rivais, embora também atribuísse papéis ao acaso e à geografia, bem como à virtude e à insensatez de diversos indivíduos. Talvez suas investigações tenham ajudado a classe dominante romana a formular as próprias ideias sobre hegemonia. Ou talvez refletissem em parte opiniões que eles já tinham. Fragmentos dos escritos de Catão, o Velho, parecem às vezes conter algumas dessas mesmas ideias, por exemplo, a noção de que as instituições romanas e a conduta pública tinham funcionado melhor no passado recente. Mas na época a sociedade romana era ainda um universo muito pequeno, e a sociedade intelectual era menor ainda. Talvez o sinal mais evidente de que a elite romana admitia que o mundo de então estava sujeito unicamente a seu poder tenha sido a decisão de destruir Cartago e Corinto. Guerras antigas comumente terminavam em tratados. A liquidação de duas cidades antigas é uma indicação de que os romanos haviam começado a tomar consciência de sua hegemonia como diferente de qualquer outra.

A expansão romana em meados da república foi impiedosa. Assim que acabava uma guerra, outra começava. A Roma republicana tinha às vezes inúmeras frentes abertas ao mesmo tempo, e raramente havia um intervalo de dois anos seguidos entre uma guerra e outra. A guerra afetava todos os níveis da sociedade. Era difícil ter uma carreira política bem-sucedida sem deter um ou mais postos militares de comando. Durante o período de qualquer campanha, entre 10 por cento e 25 por cento da população masculina servia no exército. Esses números podem ser comparados ao nível de participação em operações militares da população total de países europeus durante a Primeira Guerra Mundial. Nos piores dias da guerra contra Aníbal, entre 218 e 215 a.C., um em cada seis homens adultos morria no campo de batalha. Mas, quando uma campanha ia bem, o butim era generosamente, ainda que de forma desigual, distribuído entre os participantes. Durante a conquista da Itália, seriam alocados a alguns cidadãos parcelas de terra e postos em novas colônias no território ganho sob força de armas. Toda a população da cidade testemunhava os cortejos triunfais que sucediam cada campanha bem-sucedida. Prisioneiros e butim desfilavam pelas ruas em uma parada que podia durar dias. Jogos e banquetes eram oferecidos e, mais tarde, construíam-se templos para recompensar os deuses pela benevolência que tinham demonstrado com relação aos romanos durante o combate.[9] Ao relembrar a ascensão do poderio de Roma, é muito tentador procurar uma força única a impulsionar sua marcha marcial pela história. Muitos romanos passaram enfim a acreditar em um mandato divino, enquanto seus inimigos os viam como militaristas extraordinários. A realidade, porém, é mais complexa.

Explicações sobre a expansão romana tendem a enfatizar fatores internos ou externos. Fatores internos incluem a variedade de pressões políticas e econômicas que faziam os romanos aproveitarem as oportunidades de conflito que se apresentavam. Fatores externos incluem ameaças efetivas (tanto reais quanto imaginadas), mas também a configuração política do mundo no qual Roma se expandia. Naturalmente, fatores internos e externos interagiam, o ambiente externo moldando a evolução da sociedade romana, já que ela procurava meios de sobrepujar os seus rivais, e, por sua vez, a dinâmica interna da sociedade romana impactando o mundo mais amplo. Com o correr do tempo, Roma se comportava cada vez menos como outros Estados, por exemplo, tendo abandonado a linguagem diplomática convencional com a qual a princípio tinha se apresentado aos gregos. Quanto mais poderosa Roma se tornava, mais moldava o mundo com o qual tinha de lidar.

Comecemos com fatores internos. Já descrevi como Roma, provavelmente durante o século V a.C., prendeu-se à rotina de uma guerra anual. A atração do butim e de prestígio é evidente; ambos podiam ser apresentados como condizentes com os interesses da comunidade, assim como dos indivíduos envolvidos. Mas essa não é explicação suficiente para o imperialismo romano, pois muitos Estados antigos estavam atrelados a frequentes estados de guerra e muito poucos tornaram-se potências hegemônicas. Foi a estrutura de alianças construída desde o século IV que vinculou Roma à expansão. O processo tinha a própria dinâmica voltada para o exterior. Não se tratava apenas do fato de os romanos só poderem exercer sua liderança convocando os aliados a lutar a seu lado: quanto mais povos eram reduzidos à condição aliada, mais distantes passavam a se situar dos inimigos potenciais de Roma. Há muitos paralelos para tal processo, desde as expansões imperiais do antigo Oriente Próximo até as dos impérios Asteca e Inca no Novo Mundo.[10] Enquanto isso, as instituições, a ideologia e mesmo a religião romanas foram progressivamente adaptadas à crescente expansão.[11] Já descrevi como foram as instituições — não tecnologia, motivação ou recursos — que deram a Roma uma vantagem comparativa sobre seus inimigos mais antigos. Essas instituições, porém — a sequência de triunfos, as famílias aristocráticas cuidando dos templos de vitória dos antepassados, a frequente distribuição de espólios de guerra e principalmente de terras —, aumentavam as expectativas. Mais uma vez, há um íntimo paralelo com os sucessos do Qin na China de então, um dentre um grupo de reinos rivais no que é conhecido como Período dos Estados Combatentes que desenvolvera no século IV a.C. um vigoroso conjunto de sistemas administrativos e agrários, bem como ideologias que o acompanhavam e lhe permitiam mobilizar terra e população muito mais efetivamente que os rivais. A expansão do Qin também significou lançar mão dos recursos dos conquistados, envolvendo programas de colonização que culminaram, em 221 a.C., na criação do primeiro império unificado.[12] Ao contrário de Roma, porém, ele não enfrentou rivais externos de poder equivalente ao seu.

Roma emergiu da Itália em um mundo hostil. Deter a expansão após a derrota de Pirro teria sido possível — afinal, mais tarde Augusto seria capaz de deter o rolo compressor muito maior da expansão do final do século I —, mas só se a Itália fosse uma ilha remota. A presença muito próxima de Cartago e a política anárquica do Mediterrâneo oriental requeriam que a dinâmica expansionista se intensificasse, e não relaxasse. Na época em que Roma e seus aliados já não enfrentavam competição séria dentro da Itália, seus futuros rivais já os observavam com apreensão. As guerras com Cartago, Macedônia e Síria eram de natureza diferente de qualquer outra que Roma houvesse travado dentro da Itália. Eram de maior escala, às vezes travadas em múltiplas frentes, e, uma vez iniciadas, era difícil desobrigar-se delas antes que uma vitória decisiva fosse conquistada. As Guerras Púnicas ameaçavam Roma com muito mais que humilhação na eventualidade de uma derrota. Aníbal foi muito bem-sucedido em afastar de Roma alguns aliados. Indícios da seriedade com a qual o Senado tratou a vitória de Aníbal em Canas, em 216, incluíram a coleta de quase todas as joias de ouro das senhoras romanas e, ao que parece, ainda o enterro no fórum romano de um casal gaulês e de um casal grego vivos. Os reinos do Oriente eram também sérios oponentes. Quando Antíoco III invadiu a Grécia em 191, fazia um desafio explícito à hegemonia romana nos Bálcãs. Assim como Pirro, ele se via seguindo os passos de Alexandre, mas seus recursos eram bem maiores. Seu reino estendia-se até a fronteira do Paquistão moderno. Derrotara pessoalmente rebeliões nas províncias orientais e na Anatólia, reconquistara o sul da Síria e a Ásia Menor do Egito, e conquistara a Armênia e o Afeganistão. Roma, em outras palavras, defrontava-se com genuínas e grandes ameaças no final do século III e início do II a.C.

O resultado foi uma transformação da guerra romana e do modo como os romanos administravam sua hegemonia. Para começar, o número de legiões recrutadas a cada ano aumentou de modo significativo, só sendo reduzido na década de 160, após as derrotas de Cartago, Macedônia e Síria, a conclusão da conquista da Itália e importantes avanços na Espanha. No século IV, em geral, fora possível concentrar operações militares a uma breve campanha de verão, permitindo que os generais voltassem a ser magistrados civis e soldados a cuidar de suas terras nas demais épocas do ano. Essa alternância ficou sob pressão crescente quando algumas guerras adquiriram dimensão e duração maiores, enquanto os cenários de guerra pareciam se localizar cada vez mais longe de Roma. Roma se viu lutando contra Cartago em pleno mar no século III, e no século II as guerras na Espanha e nos Bálcãs exigiram generais capazes de liderar exércitos que poderiam demorar anos para retornar. Diante de todos os seus outros deveres, os magistrados nem sempre podiam comandar exércitos tão distantes. A elite romana, inovadora como sempre, desenvolveu novos meios de administrar a guerra. Antigos magistrados e, às vezes, apenas líderes experientes recebiam cada vez mais autoridade, que aumentava ano após ano. Teve também de ser concedida maior liberdade de ação a generais que operavam no exterior, devendo estes efetivamente decidir sobre guerra e paz, obedecendo apenas a parâmetros relativamente estabelecidos em suas ordens iniciais.[13]

Os exércitos que comandavam também sofriam mudança. O núcleo de um exército romano continuou sendo, até o reinado de Augusto, as tropas recrutadas entre civis, mas havia uma evolução constante em termos de equipamento, táticas e forças de apoio. Operações militares de cidades-Estados no Mediterrâneo clássico tinham sido conduzidas entre tropas de lanceiros fortemente armados, dispostas na formação chamada *falange* e auxiliadas por um pequeno número de tropas de artilharia e cavalaria ligeiramente armadas. Gregos, romanos, cartagineses, etruscos e campânios, todos puseram em prática diferentes versões desse tipo de exército nos séculos V e IV a.C. Os exércitos ficaram mais complexos quando as operações militares passaram a envolver populações que lutavam de outras formas, como gauleses, samnitas, trácios, iberos, numídios e outros. Os poderes imperiais emergentes não tiveram apenas de conseguir lidar de modo mais flexível com seus adversários: foram cada vez mais capazes de recorrer a populações conquistadas ou aliadas, senão a mercenários contratados, para suplementar a infantaria vigorosamente armada. Tanto cartagineses quanto romanos contaram com uma ampla gama de tipos de tropas no campo de batalha. Os exércitos gregos usados por Macedônia, Síria e Egito eram também auxiliados por cavalaria, infantaria ligeira e tropas de artilheiros, nesse caso dando suporte a uma falange que empregava lanças bem compridas. Entre os séculos IV e II a.C., o núcleo do exército romano foi transformado de falange de lanceiros em um corpo de tropas fortemente armadas, equipadas com dardos e espadas pesados. Foi desenvolvida toda uma variedade de unidades táticas menores, em particular o manípulo, com cerca de 120 homens, e a coorte, com cerca de quatrocentos. A flexibilidade proporcionada por esses sistemas e armas deu aos exércitos romanos certa vantagem, tanto sobre a falange de exércitos gregos (como aconteceu em Cinoscéfalos) quanto sobre adversários não tão bem equipados, como os gauleses.

Recompensas e custo do império

Enquanto isso, a economia da hegemonia tornava-se mais complexa. Fora o butim e o confisco inicial de terra, Roma só extraía regularmente cotas de efetivos militares dos inimigos italianos derrotados. Cartago e os reis, no entanto, podiam ser obrigados a pagar indenizações que se estendiam durante décadas, proporcionando ao Estado romano uma renda regular. Essa renda era gasta em grande parte para bancar construções grandiosas na capital.[14] Os trabalhos de construção eram encomendados pelos censores a cidadãos romanos, que desse modo compartilhavam as rendas do império. Políbio ficou impressionado com a escala dessa operação.

As pessoas estão subordinadas ao Senado e têm de acatar a vontade dos senadores tanto coletivamente quanto como indivíduos isolados, pois um número muito grande de contratos públicos é emitido pelos censores para a construção e o reparo de obras públicas por toda a Itália. Não seria fácil enumerar todos eles; e há também contratos para a administração de rios, portos, pomares, minas e terras: em suma, de todas as coisas que estão em poder do Estado romano. A população em geral está envolvida em todos esses assuntos, a tal ponto que quase se pode dizer que todos têm algum interesse nesses contratos e projetos. Pois há alguns que fazem ofertas diante dos censores no fórum para obter os contratos, outros entram em sociedade com eles, outros oferecem fiança para as somas envolvidas, enquanto outros, ainda, hipotecam seus bens ao Estado para consegui-los.[15]

Desde a década de 180, começamos a ouvir falar de grandes projetos de construção na área do fórum, de gastos com os portos de Roma, com estradas e colônias. Durante seu censorado, Catão, o Velho, encomendou a construção de uma vasta área coberta onde as pessoas pudessem se reunir, conhecida pomposamente como Basílica Pórcia, em homenagem à Stoa Real (a Stoa Basilike doada à Atenas pelo rei de Pérgamo). Foi financiada não com butim ou riqueza privada, mas com dinheiro público. A derrota final da Macedônia resultou em uma isenção permanente de impostos diretos para os cidadãos romanos. Da década de 160 em diante, pelo menos nesse sentido, todo o povo romano se beneficiava com o império. A destruição de Cartago foi seguida quase de imediato pela construção do magnífico aqueduto conhecido como Água Márcia. Menos bem-vindo foi o término efetivo do assentamento colonial, uma consequência prática da conquista da Itália ligada a uma recusa menos racional de instalar romanos além da península. O dispêndio em Roma e o fim da colonização ajudaram a aumentar o tamanho da capital e, portanto, a demanda de obras públicas. Roma estava agora presa a ciclos de crescimento urbano e expansão imperial.

Foram extraídas indenizações de sociedades ricas e complexas cuja economia tinha sido deixada intacta. Como o butim, essas rendas foram gastas principalmente na Itália. A necessidade dos exércitos nos novos territórios de além-mar teve de ser suprida por outros meios. As cidades da Sicília haviam pago um dízimo anual a Siracusa, e Roma se apropriou disso. Tribos espanholas abasteceram os ocupantes primeiro com grãos, depois com imposto em dinheiro. O poder romano sobre a Espanha também lhes proporcionou uma licença para explorar as minas de prata nos arredores de Nova Cartago (Cartagena), a antiga capital púnica.[16] Essa origem de um sistema tributário nas províncias não parece ter seguido um grande plano. Foi frequentemente deixado a cargo de conquistadores e generais romanos conceber sistemas que funcionassem localmente, e estes estariam com frequência baseados em precedentes pré-romanos. Fragmentos de sistemas fiscais de Hierão de Siracusa e dos reis de Pérgamo sobreviveram durante muito tempo nos sistemas tributários imperiais. Onde quer que os habitantes locais não se encarregassem eles próprios da devida arrecadação ou atividade econômica, os contratos eram de novo entregues a cidadãos romanos. As vantagens de governar um império por meio de contratos públicos são óbvias: o Estado não precisava criar uma administração colonial, os riscos que pudessem existir eram assumidos por pessoas físicas, e um amplo círculo de pessoas se beneficiava com os frutos da vitória. Políbio acrescentou que a dependência do Senado e dos censores mantinha subservientes aqueles que queriam contratos. Mas os pontos negativos da contratação pública são hoje muito bem conhecidos. Os contratadores assumiam uma visão de curto prazo e estavam preparados para explorar com ferocidade os súditos das províncias enquanto tivessem o contrato. O termo romano para contratador, *publicano*, é não raro equiparado a "pecador" nos evangelhos.

As lutas de Roma com outros poderes hegemônicos mediterrâneos também alteravam a política de guerra. Paralelamente à escala ampliada do conflito, surgem vozes de contenção. Divergências reais parecem ter emergido, tanto no Senado quanto na assembleia, sobre a conveniência de determinadas guerras. A guerra contra Filipe V da Macedônia foi praticamente vetada na assembleia. Catão, o Velho, teve de espicaçar durante anos o Senado para arruinar Cartago. A destruição de Cartago e de Corinto, sem a menor dúvida, horrorizou alguns romanos. Uma das razões pelas quais os aliados orientais de Roma achavam difícil prever a política romana em suas regiões durante o século II era o fato de ela ser efetivamente imprevisível. Havia uma nítida resistência a adquirir territórios a leste do Adriático, mesmo após Roma ter sido mais ou menos obrigada a criar uma província na Macedônia na década de 140. Quando, em 133, Átalo III de Pérgamo morreu, deixando seu reino para Roma, o legado só foi aceito depois que Tibério Graco submeteu-o à assembleia popular, prometendo que as rendas seriam usadas para financiar uma nova distribuição de terras dentro da Itália.

Nem todas as guerras do final do século III e início do II foram conflitos entre grandes potências. Os exércitos romanos lutaram na Espanha e no norte da Itália por boa parte do período, aventuraram-se pelo interior gaulês, foram arrastados para guerras secundárias — ou as provocaram — nos Bálcãs e na Ásia Menor. Em geral, essas guerras foram menos controvertidas, mas vez por outra senadores se queixavam de guerras travadas, sem nenhuma autorização formal, contra povos distantes; houve tentativas de negar os triunfos dos generais envolvidos em tais guerras. Os generais podiam muito bem responder que o Senado não compreendia a situação no terreno, e alguns chamavam atenção para os ganhos de suas vitórias. Um quadro competitivo de construções enriquecia a teia monumental de Roma; festivais triunfais, dramas teatrais históricos e epopeias, tudo envolvia as pessoas no projeto imperial. Ocasionalmente, eram despachadas comissões de senadores para regularizar assentamentos pós-campanha ou inspecionar colônias. Embaixadas visitavam Roma, provenientes de todo lado. É um sinal sinistro que, em 149 a.C., tenha sido instalado um tribunal de justiça para tratar de acusações de corrupção de representantes do Estado romano no exterior. A liderança de aliados prontos para a luta havia se transformado em uma forma diferente de domínio imperial.

Figura 5. Sarcófago de Cipião Barbato, Museu Pio-Clementino, Vaticano.

Império abrangente

Encarar a expansão romana em termos de vantagens comparativas de suas instituições faz sentido para nós, assim como fazia para o grego Políbio. Tal como ele, somos herdeiros de um estilo de análise política que remonta a Aristóteles. Mas vale a pena perguntar como os romanos entendiam essa história extraordinária. Um fértil exemplo é fornecido por uma família que fez mais do que a maioria para liderar Roma durante esses séculos.

Os Cornélio foram um dos maiores clãs que formaram a aristocracia republicana, ou melhor, seu círculo mais exclusivo. Os Cornélio Cipião compreendiam uma seção do clã. A família é bem conhecida a partir de escritos históricos e seria famosa mesmo que um túmulo talhado na rocha não tivesse sido encontrado junto à Via Ápia, na saída de Roma, e escavado no final do século XVIII. O túmulo contém nove sarcófagos — já teria havido muito mais —, cada um com um epitáfio. Sem dúvida preenchem partes da árvore genealógica sobre as quais narrativas de Políbio e Lívio nos passaram um conhecimento incompleto. A família tinha *status* patrício, que os romanos às vezes entendiam como sendo descendentes da aristocracia do Período Régio. No século III, as famílias patrícias já não monopolizavam os altos cargos na política ou os altos postos sacerdotais, mas estavam certamente representadas de maneira privilegiada neles.

Cipião Barbato, o mais velho daqueles cujos epitáfios foram encontrados na tumba, foi cônsul em 298 a.C. Seus dois filhos foram cônsules em 260 e 258, e um deles ocupou um raro segundo consulado em 254. A geração seguinte ocupou consulados em 222, 221 e 218, e seus filhos, em 205, 191, 190 e 176. O cônsul de 205 foi o vencedor de Zama, a batalha que deu fim à Segunda Guerra Púnica. Ele tomou o nome de Cipião Africano e ocupou um segundo consulado em 194. Graças à sua influência, o irmão foi cônsul em 190 e chefiou a guerra contra Antíoco, com a qual assumiu o título de Asiático. Esses sobrenomes continentais expressam com precisão a dimensão de sua reputação e ego.

Lívio conta a história de como, já com idade avançada, Africano foi acusado perante o povo de corrupção. No segundo dia do julgamento, teve de se apresentar aos tribunos. Africano aproximou-se deles, sentados na rostra, à extremidade do fórum romano, acompanhado por uma grande multidão de amigos e clientes. Fez-se silêncio, e Africano se dirigiu a eles:

No dia de hoje, caros tribunos do povo, e vocês, meus concidadãos, travei, com sorte e sucesso, uma batalha contra Aníbal e os cartagineses. Como parece então razoável que todas as causas e processos sejam suspensos por hoje, vou subir imediatamente daqui para o Capitólio para dar graças a Júpiter, o Maior e o Melhor, a Juno, a Minerva e aos outros deuses que presidem o Capitólio e a Cidadela. Vou agradecer-lhes por terem me dado no dia de hoje e em outras ocasiões a energia e a sabedoria para prestar grande serviço ao Estado. Cidadãos, aqueles que dentre vocês forem capazes, venham comigo e rezem aos deuses para que sempre possam ter líderes como eu. Pois desde a época em que eu tinha 17 anos até minha velhice, vocês sempre me prestaram homenagens adequadas a homens mais velhos que eu, e eu sempre antecipei as homenagens com meus feitos.[17]

A corte se levantou, continua a história, e seguiu-o em um giro pelos templos da cidade. Talvez isso seja uma ficção; como Africano parece ter vivido seus últimos anos em exílio voluntário em Literno, na baía de Nápoles, talvez não tenha conseguido se livrar das acusações. Mas essa breve história nos diz como ele seria recordado.

A geração seguinte dos Cipião não foi tão ilustre, embora um deles tenha sido cônsul, ainda que não antes de 138. Mas era impossível anular o peso do nome. Ao adotar o filho de outra grande família, os Emílio Paulo, um dos quais havia destruído o reino macedônico em 168, a família recrutava Públio Cornélio Cipião Emiliano: ele serviu como cônsul em 147 e, como um segundo Africano, comandou as forças que enfim destruíram Cartago de uma vez por todas. Como estadista e patrono das artes, foi idealizado por Cícero como guia do Estado durante os anos em que a guerra civil ainda não se tornara endêmica.

Tradições de família são criadas pela lembrança, e a memória é sempre seletiva. Os epitáfios no túmulo estavam particularmente sujeitos a esse processo, mas o fato é que a imagem que emerge é consistente.[18] Cada um dos Cipião foi louvado por qualidades pessoais — com frequência beleza, assim como virtude —, e pelo menos alguns de seus cargos foram indicados, mas o grande campo de realização foi a guerra. Barbato foi vitorioso em guerras contra etruscos e samnitas, e subjugou toda a Lucânia ao sul da península. Além do consulado que obteve, foi eleito censor e ocupou o mais prestigiado cargo sacerdotal de Roma: o posto de *pontifex maximus*. Seu filho, o cônsul de 259, também foi censor. Suas vitórias foram navais, tendo conquistado quase toda a Córsega dos cartagineses. No retorno, construiu um templo para as deusas da tempestade. Teve um irmão que triunfou em 253, após capturar a cidade de Panormo, na Sicília. E assim por diante. O cônsul de 222 chefiou a conquista de Milão e da tribo gaulesa dos insubres, de quem ela era capital. Seu filho foi escolhido em 204 como o mais nobre cidadão romano e, portanto, o mais adequado para recepcionar a deusa Grande Mãe, da Ásia Menor, quando sua estátua ritual fosse trazida para Roma. Ele teve também suas vitórias sobre os gauleses. Sucessivas vitórias continuariam sempre a se registrar, as homenagens expressas com as mesmas palavras, geração após geração. De nossa perspectiva, vemos as profundas mudanças estruturais que Roma sofreu ao passar de agressiva cidade-Estado italiana para senhora do Mediterrâneo. Mas, para os Cornélio Cipião — e sem dúvida também para os Fábio Máximo, os Semprônio Graco e todas as outras grandes famílias que rivalizavam com eles, casavam-se entre si e contavam a mesma história sobre Roma, apenas com entonações ligeiramente diferentes —, a história familiar fazia parte — fundamental — da narrativa de uma conquista que perdurou durante séculos.

Leitura adicional

War and Imperialism in Republican Rome, de William Harris (Oxford, 1979), alterou o modo como o imperialismo romano é discutido, deslocando a atenção das justificativas romanas da guerra para fatores políticos, sociais e ideológicos que impulsionaram a expansão. A conquista romana do Oriente grego é narrada em *Hellenistic World and the Coming of Rome*, de Erich Gruen (Berkeley, 1984). *Mediterranean Anarchy, Interstate War and the Rise of Rome*, de Arthur Eckstein (Berkeley, 2006), traz uma interpretação baseada em ciência política. *The Greek World after Alexander*, de Graham Shipley (Londres, 2000), é um maravilhoso guia para o mundo que Roma destruiu. John Richardson discute os menos glamorosos, mas extremamente significativos, experimentos iniciais de imperialismo no oeste, na *Hispaniae* (Cambridge, 1986), feitos por Roma.

Debates modernos sobre as consequências domésticas da expansão romana no exterior começam com *Italian Manpower*, de Peter Brunt (Oxford, 1971). Os primeiros capítulos de *Conquerors and Slaves*, de Keith Hopkins (Cambridge, 1978), apresentam uma lúcida argumentação que relaciona o imperialismo ao crescimento da escravidão e à expansão da cidade de Roma. Mas a demografia foi há pouco tempo submetida a um renovado escrutínio. Excelentes pontos de partida para esse debate são *Rome at War*, de Nathan Rosenstein (Chapel Hill, NC, 2004), e uma coleção de ensaios organizada por Luuk de Ligt e Simon Northwood sob o título *People, Land and Politics* (Leiden, 2008).

ESCRAVIDÃO E IMPÉRIO

Com o objetivo de reconciliar uma população dispersa e primitiva — tão pronta a pegar em armas — com uma existência pacífica e despreocupada, proporcionando voluptuosas amenidades, deu-lhes encorajamento privado e assistência pública para construir templos, mercados e mansões urbanas, elogiando os que o faziam com rapidez e criticando os vagarosos. Desse modo, uma competição por boa reputação tomou o lugar da compulsão. Proporcionou aos filhos dos chefes uma educação adequada e elogiou a aptidão natural dos britânicos em vez do trabalho árduo dos gauleses, de maneira que aqueles que tinham se recusado a aprender latim começaram a adquirir habilidades oratórias. Até mesmo nosso estilo nacional de vestimenta tornou-se popular; era frequente ver a toga. E pouco a pouco foram levados para aquelas coisas que encorajam o vício: colunatas, banhos e banquetes elegantes. Em sua inexperiência, tomaram tudo isso por civilização; na realidade, era parte de sua escravização.

(Tácito, *Agrícola* 2I)

Império patrimonial

Todo império traz a marca do tipo de sociedade que o cria. Impérios nômades como o dos mongóis dominaram por meio de tribos e clãs. O Império Britânico começou como uma companhia de comércio, foi conquistado e governado por membros da aristocracia e administrado por uma burocracia colonial à qual pertenciam profissionais da classe média.[1] Cada um desses grupos sociais deixava sua marca no império. A Roma republicana foi uma cidade-Estado governada por suas famílias mais importantes. Foi também uma sociedade que possuía escravos. Não é de espantar que o império que ela criou fosse aristocrático e que se apoiasse, para sua gestão, na família e na escravidão.

Família e escravidão podem hoje parecer uma combinação estranha. Mas em muitas sociedades pré-modernas as duas estavam intimamente articuladas.[2] Muitas funções econômicas e governamentais que no mundo moderno são organizadas por corporações, empresas e burocracias de vários tipos eram no passado geridas principalmente por indivíduos, que contavam com a ajuda de redes de famílias e amigos. Talvez a atividade econômica mais fundamental na Antiguidade fosse a agricultura, quer aquela de lavradores tribais que organizavam o trabalho por meio de ideologias ou parentesco, quer a de famílias camponesas. A escravidão aparece em ambos os tipos de sociedade como meio de completar a força de trabalho. Comumente, surgia ao lado da amizade e da clientela: escravos forneciam mão de obra o ano inteiro; os demais podiam ajudar no caso de determinada necessidade. Os senhores aristocráticos da Roma de meados da república tinham muito mais a organizar que as propriedades de sua família. Alguns possuíam várias fazendas; outros, prédios na cidade, navios mercantes, olarias e pequenas lojas. Nenhum tinha parentes em número suficiente para formar o quadro de pessoal ou administrar todos esses empreendimentos. O trabalho assalariado existia, mas raramente era usado, e, na maioria das vezes, era acertado caso a caso. A agressividade militar tornava possível o crescimento da escravidão, e a sociedade mais complexa que resultou da expansão gerava novas funções que os escravos podiam preencher. Os proprietários romanos — os escravos, naturalmente, eram propriedade deles — faziam uso da escravidão em toda e qualquer área. Eles trabalhavam em campos e minas, serviam à mesa e em aposentos particulares, eram professores, administradores financeiros e *confidentes*. Ficou célebre o modo como os romanos libertavam muitos de seus escravos e lhes concediam uma forma limitada de cidadania. O motivo não era sentimental: os escravos libertos eram em geral os mais qualificados e, como ex-escravos ou libertos, permaneciam intimamente ligados à casa do antigo amo. No final da república, uma grande parte da cidade consistia de grandes casas, cada uma podendo abrigar centenas de escravos, e, ao redor delas, uma penumbra de ex-escravos ainda intimamente ligados aos antigos amos. A maioria dos aristocratas romanos passava apenas uma pequena parte da vida no serviço público, como generais, governadores ou funcionários de alguma outra espécie; quando estavam em serviço, recebiam auxílio da família, dos amigos e de ex-escravos. O Estado possuía alguns escravos, mas — até os imperadores expandirem os próprios círculos familiar e escravo para formar o núcleo de um serviço público — o império era governado patrimonialmente, isto é, por amigos, parentes e escravos de seus principais membros.

A família também gerava uma poderosa imagem de autoridade, imagem essa transferida com facilidade para outras esferas. O foco ideológico era o *paterfamilias*, o chefe regular da casa. Esperava-se que os pais romanos exercessem cuidado benevolente e liderança moral, assim como autoridade. Formalmente, o *paterfamilias* romano possuía toda a propriedade de pessoas sob sua autoridade, um grupo que incluía filhos adultos, filhos dos filhos, escravos e ex-escravos. Ele também exercia uma espécie de tutela sobre as mulheres que lhe eram aparentadas, e mesmo filhas casadas continuavam sob sua autoridade. O *paterfamilias* era magistrado e sacerdote em sua própria casa, representando-a perante o Estado e os deuses. Presidia o culto familiar, podia convocar um conselho de amigos para ajudá-lo a decidir sobre questões familiares, e podia transformar isso em uma corte familiar para julgar membros da casa: até o surgimento de Augusto, mesmo o adultério era um assunto sob a jurisdição do chefe da casa. A um comando seu, escravos podiam ser submetidos a espancamentos ou serem libertos, e ex-escravos podiam, a princípio, tornar a ser escravizados. Pesquisa recente sobre a família romana mostrou que a realidade era um tanto mais complexa. Para começar, a ideia de a maioria dos homens adultos submeterem-se por completo à vontade de um idoso *paterfamilias* precisa ser rejeitada para todos os períodos da história romana. Em um mundo onde os homens só costumavam se casar pela primeira vez com vinte e tantos anos, e no qual a expectativa de vida encontrava-se em níveis pré-modernos, muitos romanos adultos não teriam parentes vivos. Os homens de idade que tivessem restado eram tratados com extremo respeito: a situação estava mais próxima das sociedades japonesa e chinesa tradicionais que da sociedade da Europa ocidental de hoje. Histórias de severidade ancestral faziam parte de uma tendência geral dos escritores romanos para evocar um passado moralmente estável ao confrontarem indivíduos do presente. No entanto, esse mito torna o *pater* uma excelente figura para servir de representante, em outros contextos, de uma autoridade benevolente. Os senadores eram formalmente tratados como *patres conscripti*. O título *pater patriae* (pai da pátria) foi dado a Cícero, a César e depois a Augusto, tornando-se a partir daí um componente padrão da titulatura imperial.

Além da família, estendiam-se teias de clientelismo — um complexo de relacionamentos que unia romanos poderosos a vários tipos de clientes nascidos livres. Clientelismo significa troca de favores e respeito entre pessoas de categoria ou posição diferente.[3] Por exemplo: o senador mais velho oferecendo apoio a um mais jovem, o proprietário de terras dando uma ajuda a um vizinho mais pobre, e o suporte fornecido por um patrono das artes a poetas — acabava diluindo-se nas dimensões sociais da dependência passível de imposição legal de ex-escravos, arrendatários e devedores. O poderoso podia oferecer aos subordinados sociais pensões, empréstimos de capital, cargos como administradores de negócios ou apenas uma refeição ocasional. Relações dessa espécie eram a princípio hereditárias, e algumas famílias de menor proeminência provavelmente permaneceram na órbita de famílias de maior expressão durante algumas gerações. O retorno podia ser financeiro ou se manifestar como apoio político — embora fosse deselegante mencioná-lo —, e clientes urbanos também forneciam uma comitiva em ocasiões formais. Para os amigos mais importantes — senadores mais jovens com grandes ambições, *equestres* e membros das aristocracias municipais —, o poderoso podia fazer contatos e talvez obter-lhes, graças à sua intermediação, magistraturas, cargos sacerdotais, promoções sociais e assim por diante. Amigos também sentiam-se na obrigação de auxiliar viúvas e filhos de seus contatos que ficassem órfãos. Oradores ofereciam representação gratuita nos tribunais para amigos de maior e menor proeminência, e os *literati* liam e ouviam trabalhos uns dos outros. O retorno por esses serviços era a gratidão e a reputação do homem que honrava suas obrigações sociais, seu *officia*.

O clientelismo oferecia diversos modelos e metáforas de domínio imperial. Comunidades provincianas que desejassem processar governadores por corrupção precisavam primeiro encontrar um senador que as representasse como *patronus*: alguns foram homenageados pelo serviço prestado a cidades gregas.[4] Vez por outra, generais romanos tornaram-se protetores de comunidades estrangeiras, primeiro na Itália e depois no além-mar.[5] Certos laços mantiveram-se por um tempo surpreendentemente longo. Quando Cícero era cônsul, em 63 a.C., um grupo de conspiradores tentou conseguir o apoio dos alobrogues gauleses: eles não foram convencidos e denunciaram o complô, mas o fizeram abordando Cícero por meio de um senador de menor importância chamado Fábio Sanga. Haviam sido derrotados por um ancestral de Fábio na década de 120. A linguagem do clientelismo podia ser aplicada a relações entre povos inteiros e o Estado romano como um todo. No final da república, vários povos e reis estrangeiros foram formalmente aclamados como "amigos e aliados" do povo romano.[6] Ninguém em Roma teria interpretado isso como uma relação entre iguais. Mesmo assim, o relacionamento trazia um sentido real de obrigações mútuas. Quando havia divisões internas em Roma, os estrangeiros podiam se deixar iludir por elas. Salústio abre seu relato da guerra contra o príncipe Jugurta, da Numídia, com Cipião Emiliano aconselhando o jovem aliado a procurar a amizade do povo romano como um todo, e não de um ou outro romano em particular.[7] As guerras civis dos anos 40 e 30 a.C. foram travadas principalmente fora da Itália, e envolveram tribos e reis de todo o império: Cleópatra, no Egito; Herodes, na Judeia; Juba, na Mauritânia, estavam entre os que tentavam adivinhar quem seriam os futuros vitoriosos na política romana. Esse problema só se resolveu com o fim do pluralismo político. O imperador tornou-se a fonte derradeira de todos os benefícios; patronos senatoriais passaram a atuar cada vez mais como intermediários, conectando seus clientes à generosidade imperial; e Augusto vangloriou-se em sua autobiografia de como tribos germânicas distantes tinham mandado emissários em busca de sua amizade e da amizade do povo romano.[8]

Escravidão e a economia romana

A escravidão e a família adquiriram cada vez mais funções quando o poder romano se expandiu durante os últimos séculos antes de Cristo. Em nenhum outro lugar isso é mais evidente do que na gestão de rendas públicas e privadas do império.

Talvez o mais original tenha sido o desenvolvimento de dispositivos legais para permitir que essas instituições fossem usadas com mais eficiência para gerir a atividade econômica.[9] Um bom exemplo é fornecido pelo *peculium*, um montante de bens que um indivíduo podia usar, apesar de o proprietário final ser o chefe da família. As famílias precisavam de que todos os seus membros adultos fossem capazes de atuar como efetivos agentes econômicos: um *peculium* permitia que um filho dirigisse uma fazenda ou comprasse e vendesse bens sem se reportar continuamente ao pai. Concedendo um *peculium* a certos escravos, eles podiam agir como agentes comerciais e administradores agrícolas, ou mesmo dirigir lojas e cortiços. Tornou-se comum certos escravos guardarem o dinheiro que ganhavam com a intenção de enfim comprar a liberdade de seu dono: a soma permitiria que o amo substituísse o escravo e conservasse os serviços de um liberto. Augusto concedeu um *peculium* aos soldados, uma medida prática, visto que alguns passariam décadas a grande distância dos pais. Desde o início do século II a.C., uma lei sobre procuração, a *lex institoria*, suplementava esses arranjos. Proprietários romanos podiam nomear agentes (*institores*) livres, libertos ou mesmo escravos que poderiam estabelecer contratos e contrair dívidas em seu nome. Iniciativas desse tipo eram vitais, já que alguns romanos que tivessem participação em negócios e propriedades de várias províncias poderiam se envolver em comércios de longa distância ou ter contratos para abastecer distantes exércitos romanos. Ainda outro exemplo, também do início do século II, foi o desenvolvimento de parcerias (*societates*), a princípio um dispositivo para permitir que herdeiros pudessem administrar uma herança em conjunto, mas então adaptado para permitir que diferentes parceiros reunissem seus ativos e compartilhassem lucros e perdas de empresas que tivessem em comum. Esse arranjo era especialmente útil quando aumentava a escala potencial das atividades econômicas: dizem que Catão, o Velho, entrou em uma parceria de cinquenta sócios para financiar uma expedição comercial.[10] Os maiores contratos públicos do final da república — a arrecadação de cinco anos de rendas públicas da província da Ásia é o exemplo mais famoso — exigiam expressivas garantias financeiras.

A parceria era crucial para empreendimentos desse tipo. Outros impérios enfrentaram problemas semelhantes, mas lidaram com eles de modo diferente. Em seus primórdios, a Europa moderna desenvolveu a companhia por ações como meio de compartilhar capital e risco. Roma, por seu lado, fortaleceu e empregou as instituições da família e da escravidão.

A esfera econômica na qual podemos acompanhar melhor a mudança é a agricultura. Não está claro desde quando alguns romanos começaram a adquirir múltiplas propriedades por toda a península: para os séculos IV e III há muito mais evidências de instalações coloniais e outros assentamentos. A evidência arqueológica de construção de residências campestres e de maior interesse no excedente de produção é escassa em muitas partes da Itália antes do final do século II a.C. Relatos literários de tranquilos retiros rurais começam ainda mais tarde. Mas, por volta de 160 a.C., Catão, o Velho, escreveu um tratado *Sobre a Agricultura*, que tomou emprestado de manuais gregos mais antigos a respeito da lavoura, adaptando-os às necessidades romanas. Nele constam, por exemplo, listas das cidades italianas nas quais os melhores itens de diversos equipamentos poderiam ser comprados. Em essência, apresenta um modelo integralmente romano de escravidão. As prescrições de Catão ajustam-se a uma propriedade rural de tamanho moderado, que praticasse uma agricultura mista baseada nas safras italianas mais comuns. Devia produzir um pouco de tudo para suprir as necessidades da força de trabalho servil, do administrador e do proprietário da fazenda, mas também seria concebida para a produção de um excedente para o mercado.

O mercado para a produção agrícola crescia no século II a.C. A impulsioná-lo, estava a urbanização. É provável que a cidade de Roma já tivesse mais de 100 mil habitantes. Ela se expandia com rapidez como resultado dos gastos públicos organizados pelos censores e talvez também porque o processo de colonização havia se detido no final da década de 170. Após a destruição de Corinto em 146 a.C., Roma havia se tornado o eixo comercial mais importante do Mediterrâneo ocidental. Quando a parcela da população que não vivia mais no campo aumentou, o mesmo se deu com a demanda de gêneros alimentícios. Importá-los de longe era caro e arriscado: Roma acabaria recorrendo a isso, quando a cidade se aproximasse de 1 milhão de habitantes no reinado de Augusto, mas durante algum tempo houve uma solução mais simples. O confisco de terras de aliados desleais após a guerra contra Aníbal havia aumentado o montante de propriedades públicas, e guerras de conquista no ultramar tinham enriquecido pelo menos algumas das classes proprietárias. Parte dessa riqueza elas usaram para adquirir fazendas, parte para investir nelas. Os escravos, no período da expansão ultramarina, proporcionavam uma força de trabalho barata. A agricultura intensiva em capital tornou-se um meio pelo qual lucros inesperados no curto prazo com espólios de guerra podiam ser transformados em empreendimentos comerciais que renderiam dinheiro no longo prazo. Foi a essa lógica que Catão respondeu. Havia, de fato, um interesse consistente e muito difundido em meios de aumentar o valor do solo arável. Varro elaborou um tratado mais longo sobre agricultura no início da década de 30 a.C. e, na época em que Columela e Plínio escreviam, no final do século I d.C., eles já podiam sem dúvida recorrer a um acervo de obras sobre agronomia. No cerne de todas elas, encontrava-se o trabalho escravo.[11]

Catão escreveu para proprietários de terras que plantavam vinhas, equipando as fazendas com moinhos e prensas, construindo instalações para armazenagem, comprando equipamento agrícola de ferro e, para usá-lo, escravos. A fazenda que tinha em vista era dirigida por um administrador com uma equipe permanente de duas dúzias de escravos, suplementada, quando necessário (como para a vindima), pelo trabalho eventual de camponeses livres ou citadinos.[12] Os escravos proporcionavam uma força de trabalho crucial que podia ser manejada de modo extremamente severo. Os doentes e velhos podiam ser facilmente descartados, nenhuma boca ociosa precisava ser tolerada, e a força de trabalho podia aumentar ou diminuir com bastante facilidade. Escravos não estavam sujeitos a recrutamentos militares. As recomendações de Catão tinham horrorizado muita gente pelo modo banal como era exposta sua crueldade. A produção de grãos e vinho eram os principais empreendimentos orientados para o mercado. Proprietários de terra também exploravam recursos não agrícolas nas propriedades, como barreiros e bosques. Os barreiros eram vitais para fabricar o recipiente de cerâmica chamado ânfora, no qual eram exportados vinho e azeite, e o tonel chamado *dólium*, usado para estocagem. A cidade de Roma estava ansiosa por tijolos e azulejos. Algumas propriedades podiam fornecer madeira de construção e lenha. Fazendas próximas a Roma desenvolviam hortas irrigadas com frutas e vegetais, produção de mel, criação de galinhas, e processavam vários outros tipos de carne.[13] Donos de propriedades também investiam em infraestrutura de transporte, construíam mercados para produtos frescos e alugavam pontos comerciais para seus clientes ao longo das divisas de seu terreno. Em todos os estágios desse crescimento econômico, as classes proprietárias tomaram a dianteira. Não emergiram novas classes comerciais, visto que o capital vinha das elites sociais que confiavam a administração desses empreendimentos a clientes, libertos e escravos.[14]

Os proprietários romanos precisavam de oficiais de justiça, mestres de obra, lojistas, supervisores de pequenas oficinas, representantes de confiança para fazer a cobrança de arrendatários urbanos e rurais, para tratar de negócios em portos distantes e administrar a complexa contabilidade de cada propriedade e da família como um todo. Os que lidavam com contratos, que tinham de fazer relatórios ou receber instruções escritas precisavam ser pessoas letradas. Os proprietários dependiam de indivíduos acostumados a lidar com números para administrar o que devem ter sido complexos fluxos de caixa, bem como para registrar e cobrar dívidas vencidas, ou ainda para conferir os ganhos sobre empréstimos. Usavam secretários escravos e ex-escravos, alguns viajando com eles para onde quer que fossem, prestando assistência nos negócios oficiais assim como em assuntos privados. Escravos e libertos proporcionavam tudo isso.[15]

Por que escravos? A sociedade romana não possuía o equivalente às classes urbanas instruídas, mas relativamente pobres, que abasteceram empreendedores vitorianos de assistentes assalariados para seus escritórios. O exército de cidadãos não produzia oficiais reformados com o tipo de experiência administrativa generalizada que hoje se articula a tantos setores dos negócios e do governo. Tampouco os homens nascidos em liberdade tinham acesso a qualquer coisa parecida com as instituições sociais e comerciais que hoje permitem àqueles com suficientes talento e energia ascenderem na carreira a posições de crescente responsabilidade. Os escravos, por outro lado, eram maleáveis. Alguns eram extremamente instruídos, e sem dúvida a maior parte da educação romana se deu dentro das famílias aristocráticas. Servindo durante longos períodos, esses escravos podiam ser treinados e disciplinados para satisfazer as necessidades de seus senhores. A maioria deles estavam completamente isolados das sociedades em que tinham sido criados, ou eram "cria da casa": nem em um caso nem no outro possuíam alguma esperança real de alcançar melhores condições de vida sem o apoio dos donos. Sem dúvida, os escravos eram inteiramente dependentes dos amos.[16] As sanções para desobediência ou desonestidade eram apavorantes. Era, a princípio, ilegal matar um escravo, pelo menos deliberadamente, mas quem submeteria o amo a um processo? Os escravos, no entanto, podiam ser confinados, espancados e até mesmo torturados cotidianamente, havendo ainda sanções menores. Catão recomendava que o acesso a mulheres escravas fosse usado como incentivo. Alguns escravos tinham permissão de constituir famílias, mas a parceira e os filhos podiam ser vendidos segundo a vontade do senhor. Os escravos podiam esperar por trabalhos mais leves e eventual liberdade, mas podiam também voltar a ser designados para um trabalho extenuante se o senhor preferisse. Haveria uma conexão entre o tratamento cada vez mais autocrático imposto pelos romanos aos inimigos e o modo como costumavam comandar os escravos? É difícil justificar essa hipótese, mas ao ler o que diz Catão sobre seus escravos é impossível esquecer que ele encerrou todos os discursos públicos que fez no final da vida com as palavras: *Delenda est Carthago*: "e Cartago tem de ser destruída".

A fazenda ideal de Catão teria parecido minúscula a gerações posteriores. Propriedades rurais especialmente construídas com alojamentos para escravos surgem no último século antes de Cristo, frequentemente equipadas com luxuosa área residencial. Uma grande mansão escavada em Settefinestre, na Toscana, fornece um modelo bastante nítido. Uma mansão urbana completa, incluindo um jardim particular, foi transplantada para o campo e inserida em uma fazenda produtiva. Quando estava presente, o senhor se fazia acompanhar de criados servis para cuidar de cada necessidade e desejo seu. Enquanto isso, uma categoria muito diferente de escravos trabalhava nas vinhas, nos campos, moinhos e olarias. A maioria dos escravos agrícolas não trabalhava com correntes — nada práticas na maior parte das circunstâncias —, mas muitos recebiam uma marca ou usavam coleiras. Ainda piores eram as condições

Figura 6. Coleira de escravo (original do Museo Nazionale Romano, Terme di Diocleziano, em Roma).

dos escravos que trabalhavam nas minas. E Apuleio, em seu romance *O Asno de Ouro*, fornece uma horripilante descrição de um moinho de grãos onde os escravos moíam o cereal fazendo girar, sob um calor insuportável, uma roda montada horizontalmente:

Oh, deuses no céu, que pobres criaturas subumanas estavam lá, os corpos contundidos, cheios de marcas esbranquiçadas, as costas com cicatrizes de espancamentos, antes cobertos que vestidos, em farrapos, alguns usando apenas uma tanga para preservar sua dignidade, todos praticamente nus. Alguns tinham sido marcados na testa, outros tiveram o cabelo raspado e outros ainda usavam grilhões. Tinham uma aparência medonha e de fato mal podiam enxergar, pois seus olhos estavam embaçados de sujeira e fumaça na escuridão de cheiro fétido daquele lugar.[17]

Enquanto isso, os exuberantes agregados servis dos muito ricos continuavam a crescer. Professores e barbeiros escravos ocupavam seu lugar ao lado de concubinas, além de todo tipo de chefes de cozinha, porteiros e camareiros, padeiros e amas de leite, leitores de poesia, jardineiros e treinadores físicos. Literalmente centenas de designações ocupacionais são conhecidas com base em túmulos elaborados que os amos com frequência lhes proporcionavam. Sociedades extraordinariamente complexas surgiram dentro de um mesmo agregado familiar, sociedades marcadas por hierarquias sutis e minuciosas diferenciações de função e título. Os escravos eram tão ubíquos que muitas vezes pareciam invisíveis. É fácil esquecer que um homem ou uma mulher livres, de qualquer categoria, quase nunca estavam sós e jamais precisavam se esforçar para fazer algo, pois havia sempre outro par de mãos para executar o que quer que fosse por eles.

Escravos, cidadãos e soldados

Escravos, para começo de conversa, eram artigos de luxo. Nos casos em que podemos dizer — o que é raro — quanto custava um escravo, o preço em termos atuais seria o equivalente ao de um carro novo. Só os ricos precisavam ou podiam se dar ao luxo de adquirir serviçais tão qualificados para adicionar a seus clientes, arrendatários e parentes dependentes. A fazenda de Catão, no entanto, empregava um número menor de escravos qualificados. Como Roma tornou-se uma sociedade baseada na escravidão em massa? E como tal mudança relacionou-se com o imperialismo romano?

Parte da história já foi contada. Durante o século II a.C., há muitos indícios de que a escravidão vinha se tornando cada vez mais importante na economia romana. A descrição de Catão é um primeiro elemento de prova. Os casos começaram a se acumular. No final do século II a.C., Nicomedes, rei da Bitínia, recusou-se a enviar tropas para lutar ao lado de Roma sob o pretexto de que muitos de seus súditos haviam sido capturados por negociantes de escravos. Mais perto de casa, na Sicília, houve duas grandes rebeliões de escravos no final do século II (135-132 e 104-100), enquanto a Guerra de Espártaco de 73 a.C. exigiu dois exércitos romanos para ser suprimida. Se o crescimento da escravidão agrícola pode ser equiparado ao desenvolvimento da produção vinícola para exportação, o ritmo da transformação no final do século II e início do I a.C., por sua vez, pode ser avaliado por uma ampla gama de critérios arqueológicos, que vão do número de ânforas encontradas em cada período ao número crescente de navios de carga naufragados que têm sido localizados por mergulhadores ao longo das costas do Mediterrâneo.[18]

O crescimento da escravidão romana foi tão rápido, que foi uma das pouquíssimas transformações sociais realmente percebidas por escritores antigos. O geógrafo Estrabão explicou como uma parte do sul da Ásia Menor, a Cilícia, tornou-se um importante centro de pirataria.[19] Tudo começou com uma rebelião local contra os reis da Síria. Os rebeldes, então, começaram a atacar a Síria em busca de escravos, porque descobriram que o mercado de escravos em Delos podia dar conta de um estoque de 10 mil escravos por dia. A razão disso, diz Estrabão, é que após a derrota de Cartago e Corinto em 146 a.C. os romanos tinham se tornado ricos e começado a se valer de grandes quantidades de escravos. Outros poderes na área — a cidade de Rodes, os reis de Chipre e do Egito — eram inimigos da Síria ou não interferiram por outras razões, e os romanos não estavam preocupados com o que se passava além dos Montes Taurus. Estrabão tinha razão — de certa maneira —, mas mesmo ele não tinha noção da completa combinação de fatores que haviam transformado o Mediterrâneo oriental em um parque de diversões para piratas e negociantes de escravos. A expansão romana foi a causa primária da maioria deles. Primeiro, foram as guerras de Roma contra os reis, que deixaram o Mediterrâneo oriental sem policiamento. Roma não começaria sequer a tentar suprimir a pirataria antes do final do século II a.C. Ela continuou sendo uma ameaça, até Pompeu bani-la do mar Interior de uma ponta à outra, na década de 1960, e Augusto criar as primeiras frotas romanas permanentes.[20] Segundo, os romanos tinham de fato começado a atrelar a economia ao trabalho escravo, mas não apenas devido à sua riqueza e não apenas depois de 146 a.C. Escravos baratos ficaram disponíveis pela primeira vez durante as guerras balcânicas de Roma, nas primeiras décadas do século II. Um acordo famoso feito entre romanos e seus então aliados etolianos prometia a estes quaisquer cidades e territórios tomados, desde que Roma pudesse levar o butim transportável e a população.[21] Desse ponto em diante, prisioneiros de guerra foram um componente fundamental do butim da maioria das grandes campanhas.

Nem todos os escravos agrícolas foram usados em propriedades rurais como as descritas por Catão. Relatos das Guerras Servis da Sicília também mencionam pastores escravos nos grandes ranchos do sul. Mas a grande necessidade era prover de trabalhadores as casas campestres de novo estilo, e as operações militares romanas não eram suficientemente regulares para assegurar um suprimento contínuo de cativos. Durante a década de 160, por exemplo, esteve em campanha um número muito menor de legiões que nos anos 190, quando Roma enfrentou tanto a Macedônia quanto a Síria, ou nos anos que levaram à queda de Corinto e Cartago. Foi então que Delos entrou na história. Quando não houve mais cativos disponíveis, Roma voltou-se para os negociantes de escravos, que se abasteciam com a pirataria e com incursões militares nas condições caóticas criadas pelos empreendimentos de Roma no Mediterrâneo oriental.[22] Outra vez, houve apropriações de cativos de guerra. Negociantes seguiam os exércitos, comprando cativos de soldados. Outros começaram a explorar novas populações no norte da Europa: há certo indício de que — assim como na África no início do período moderno — certas tribos começaram a atacar seus vizinhos em busca de escravos que pudessem trocar por bens importados — bens que, na Antiguidade, incluíam vinho do Mediterrâneo. Enquanto Roma tivesse apetite por escravos, o comércio continuaria existindo, de uma forma ou de outra.

Por que os proprietários de terra romanos estavam tão comprometidos com o trabalho escravo? A população da Itália não era pequena; na verdade, é bem provável que nunca tivesse sido tão grande quanto sob o domínio romano. Até o início do século II, a maior parte da força de trabalho agrícola era fornecida por camponeses, alguns donos da própria terra, outros arrendatários de terras do Estado ou fazendas de terceiros, outros ainda trabalhando por pagamento em dinheiro, enquanto muitas famílias, provavelmente, faziam um pouco de todas essas coisas. Acumulam-se argumentos, desde a Antiguidade, sobre até que ponto e com que velocidade camponeses livres foram substituídos por escravos, e a discussão continua até hoje.[23] Por certo ocorreram mudanças, que parecem ter se desenrolado de modo gradual. A existência de camponeses proprietários, meeiros e arrendatários está bem atestada no principado. As taxas de mortalidade de cidadãos em campanha nunca foram catastróficas. Diferenças regionais estão mais claras que nunca segundo dados arqueológicos. Contudo, a escravidão agrícola e a agricultura intensiva de fato se expandiram, e muitos soldados que lutaram nos exércitos do final da república eram sem-terra. De um modo ou de outro, o antigo elo entre soldado-cidadão e cidadão-lavrador tinha sido rompido, e a Itália romana tornara-se uma sociedade escravocrata.

Leitura adicional

Uma das grandes realizações das pesquisas de última geração tem sido a percepção da centralidade da família em todos os aspectos da sociedade romana. A coletânea *The Family in Ancient Rome*, de Beryl Rawson (Londres, 1986), é um excelente ponto de partida, e inclui textos da maioria dos principais estudiosos da área. *Familia Caesaris*, de Paul Weaver (Cambridge, 1972), revelou o uso que os imperadores faziam de escravos no governo do império. Rawson e Weaver organizaram juntos um volume que terá sequência intitulado *The Roman Family in Italy* (Oxford, 1997). *Patriarchy, Property and Death in the Roman Family*, de Richard Saller (Cambridge, 1994), recorre à demografia e à ciência social para mostrar o fosso entre mito e realidade quando se tratava do poder do *paterfamilias*.

Os melhores pontos de partida para se descobrir mais sobre a escravidão romana são o primeiro volume de *The Cambridge History of World Slavery* (Cambridge, 2011), organizado por Paul Cartledge e Keith Bradley, e *Slavery and Society at Rome*, de Bradley (Cambridge, 1994). Para a relação entre o desenvolvimento da sociedade escravocrata em Roma e o imperialismo romano, ver os livros de Hopkins e Rosenstein mencionados na "Leitura adicional" do Capítulo 5. O grande debate sobre o significado da escravidão na economia romana foi conduzido principalmente em italiano. O artigo "The Slave Mode of Production in Italy", de Dominic Rathbone, publicado no *Journal of Roman Studies*, em 1983, fornece uma simpática visão geral. *Thinking Tools*, de Ulrike Roth (Londres, 2007), traz um importante desafio à ortodoxia. *Business Managers in Ancient Rome*, de Jean-Jacques Aubert (Leiden, 1994), mostra de maneira brilhante como os romanos adaptaram instituições tradicionais para enfrentar as exigências de uma sociedade sempre mais complexa.

DATAS IMPORTANTES DO CAPÍTULO VII

146 a.C.   Cartago e Corinto saqueadas por exércitos romanos.

133-129 a.C.   Roma assume o controle do reino de Pérgamo, criando a província da Ásia e transformando os governantes da Bitínia, do Ponto e da Capadócia em reis de sua clientela.

133 a.C.   Tribunato de Tibério Graco marca o início da política *popularis* e em Roma.

125-122 a.C.   Exércitos romanos fazem campanha no Vale do Ródano.

123 a.C.   Tribunato de Caio Graco marca aumento da violência urbana em Roma.

120 a.C.   Mitrídates VI ascende ao trono do Ponto.

112-104 a.C.   Guerra no norte da África contra Jugurta, da Numídia.

110-101 a.C.   Guerras contra os címbrios e os teutões na Gália, Espanha e no norte da Itália. Mário ocupa seis consulados neste período, algo sem precedentes.

103-100 a.C.   Tribunatos de Saturnino. Violentas batalhas em Roma, enquanto a tensão aumentava entre o Senado e o povo, o Senado e os equestres, e Mário e o Senado.

102 a.C.   Campanha de Antônio contra os piratas.

91-87 a.C.   Guerra Social na Itália. Roma em guerra contra suas aliadas. Ela as derrota e depois amplia ao máximo a concessão da cidadania romana.

89 a.C.   Mitrídates invade a Ásia, ordena a morte de cerca de 100 mil romanos e residentes italianos, e avança para a Grécia, onde é bem recebido em Atenas. Todo o território romano a leste do Adriático encontra-se agora em mãos inimigas.

CRISE

Quando contemplou a cidade completamente destruída sendo consumida pelas chamas, diz-se que Cipião derramou lágrimas e lamentou francamente a sorte dos inimigos. Após refletir um pouco, ponderou que todas as cidades, povos e impérios se extinguem, assim como todos os homens têm seu destino. Troia passara por isso, embora tivesse sido uma cidade próspera, além dos impérios Assírio e Meda; Persa, o maior império de seu tempo; e Macedônico, que ainda recentemente fora tão famoso. De forma espontânea ou deliberada, citou os seguintes versos do Poeta:

Virá o dia em que a Sagrada Ilium perecerá
E Príamo e seu povo serão mortos.

E falei com ele — pois era seu mestre —, e perguntei aonde pretendia chegar. Sem nenhuma dissimulação, respondeu que estava pensando no próprio país, pelo qual temia quando refletia sobre o destino de todas as coisas mortais.

(Políbio, *Histórias* 39.5)

A destruição de Corinto e Cartago em 146 a.C., que seguiu de perto o desmantelamento do reino da Macedônia e a humilhação da Síria e do Egito, tornou os romanos senhores do mundo mediterrâneo. Políbio tinha razão a esse respeito. Contudo, em menos de cinquenta anos, eles perderam temporariamente o controle de todos os territórios orientais e quase também da Itália, em uma guerra contra os aliados italianos que os pegou completamente despreparados. Os romanos foram ainda compelidos a travar guerras importantes contra novos inimigos que emergiam do interior da África e da Espanha, da Gália e da Germânia, e a lidar com a crescente ameaça de pirataria. Pior ainda: a crise do império republicano coincidiu com o início da luta interna que levaria a múltiplos assassinatos políticos e guerras civis. Roma sobreviveu a esse século sangrento, claro. Mas suas instituições civis, não. As assembleias e o Senado perderam seu poder, os tribunais foram a princípio politizados, depois marginalizados, e o exército encontrou um lugar permanente no centro da política romana. Este capítulo propõe a questão de como Roma quase perdeu para sempre o poder imperial.

A última superpotência

O testemunho de Políbio sobre Cipião chorando ao ver Cartago arder em chamas é uma bela história, mas expressa uma percepção do destino histórico de Roma, e não uma genuína consciência de risco. Não há indícios de que generais romanos ou historiadores gregos tenham compreendido de fato a condição volátil a que o mundo mediterrâneo fora reduzido em meados do século II a.C. A negligência com os mares, permitindo que a pirataria florescesse, era apenas um sintoma de um problema muito mais amplo. Durante todo o período de meados da república, exércitos romanos haviam demonstrado sua capacidade de esmagar blocos de poder rivais. Mas quase nada fora posto no devido lugar. Roma era ainda muito mais um Estado conquistador — uma sociedade cujas ideologias, economias e instituições políticas estavam atreladas à expansão constante — que um império tributário com sistemas fiscal, governamental e de segurança estáveis. Estados conquistadores são suficientemente comuns na história mundial, mas a maioria tem tido vida breve e sido malsucedida em institucionalizar seu poder. Esse quase foi o destino de Roma.

Na época (167 a.C.) em que Políbio declarava Roma senhora do mundo habitado, seus territórios *diretamente* administrados consistiam em um punhado de colônias e terras públicas por toda a Itália; as ilhas da Sicília, Sardenha e Córsega; e uma faixa de território ao longo da costa mediterrânea da

Espanha. Em 146 a.C. houve uma modesta expansão na península Ibérica; fora isso, as únicas aquisições tinham sido uma província que substituiu o antigo reino da Macedônia nos Bálcãs centrais e outra fatia das áreas interioranas nos arredores de Cartago. A autoridade *informal* de Roma estendia-se além desses territórios, mas exatamente até onde ninguém sabia com certeza. Mesmo dentro de áreas que com certeza estavam sob hegemonia romana, como as comunidades aliadas na Itália, as cidades gregas do mundo egeu e os reinos menores da Ásia Menor ocidental e do norte da África, não estava exatamente claro que nível de controle os romanos queriam exercer. Talvez os próprios romanos não tivessem chegado a um acordo sobre essa questão.

Tal incerteza era um traço incomum nas relações internacionais do mundo antigo. Sistemas politicamente pluralistas, como o mundo das cidades-Estados gregas clássicas ou o mosaico de reinos macedônicos que as sucederam, tenderam a desenvolver normas comuns de compromisso. As primeiras décadas de Roma no Mediterrâneo oriental foram marcadas pela tentativa de se observar alguns dos protocolos diplomáticos desenvolvidos entre reinos greco-macedônicos.[1] Uma cidade-Estado nunca poderia tratar com reis inteiramente em pé de igualdade. Dizia-se que Catão, o Velho, tinha definido um rei como "uma criatura que comia carne": como havia dito isso em grego, a frase não dava margem a interpretações ambíguas. Ofertas de coroas a senadores romanos — e supostamente a oferta ocasional de casamento feita por um rei a uma aristocrata romana — significavam mais tensão que apoio. Mas os romanos aprenderam os *slogans* e os termos fundamentais da diplomacia grega, assim como as nuances especiais de termos como *autonomia* (o direito de aplicar as próprias leis); além disso, também aprenderam o grego.[2] No início do século II, alguns senadores tornaram-se bem familiarizados com o complexo mundo diplomático dos gregos, assim como alguns gregos fizeram-se peritos em hábitos romanos. Mas, progressivamente, Roma pareceu se desviar das normas ou talvez revertê-las às próprias regras. Para os gregos, um tratado que concluía uma guerra — como a Paz de Apameia, assinada com Antíoco III, da Síria, em 188 — reconhecia a independência das duas partes. A presunção romana de que ainda poderiam dar ordens a sucessores de uma dessas partes — como a Antíoco IV, pronto para conquistar o Egito — deve ter soado muito estranha.

Talvez os romanos estivessem apenas tratando reis como tratavam aliados italianos. Um mal-entendido cultural, no entanto, só justifica a história até esse ponto, haja vista o quanto alguns gregos e romanos se conheciam bem. Esse tipo de tratamento era humilhante para reis, e talvez fosse essa a questão. Mas o comportamento que provocava as maiores dificuldades provavelmente não era intencional. Tratava-se do fato de as intervenções de Roma no Oriente serem um tanto incoerentes e imprevisíveis. Uma série de aliados ia aumentando o próprio poder em estágios, sem nenhuma reação por parte de Roma, só para descobrir que alguma investida final provocara uma resposta selvagem. Rodes fora aliada contra Filipe V e Antíoco III, e ganhara território e influência após a derrota deles, mas caiu espetacularmente em desgraça em 167. A infame ascensão de Delos foi resultado de os romanos decidirem, de modo consciente, limitar a influência naval ródia, criando um porto livre em pleno Egeu. Já descrevi como mesmo Políbio, que conhecia melhor que muita gente o processo romano de tomada de decisões, ficou atônito com o tratamento imposto à Liga Aqueia.

Uma das causas da imprevisibilidade romana era a volatilidade da política doméstica. Uma característica de todos os sistemas imperiais é que disputas no centro de poder — a metrópole — têm ramificações desproporcionais na periferia imperial.[3] Cidades, reis e tribos por todo o Mediterrâneo eram agora periféricos com relação a Roma. É simplicidade em demasia dizer que o Senado Romano estava dividido em defensores da expansão e os que se opunham a ela. Parece mais ter sido um consenso de que a expansão do poder romano, do papel ou da majestade do povo romano, era uma boa coisa. Mas sobre questões específicas havia divergências. Algumas eram geradas por rivalidades pessoais. Os inimigos de Fúlvio Nobilior e Mânlio Vulso afirmavam que suas campanhas contra Ambraciotos e Gálatas — ambos combatidos na década de 180, no rastro das grandes guerras contra Macedônia e Síria — eram guerras oportunistas e desnecessárias, realizadas em busca de glória e ganhos pessoais. E é bem provável que tivessem razão. Outras divergências podem ter girado em torno de princípios mais fundamentais. Catão fez campanha durante anos para persuadir o Senado de que a cidade de Cartago, já duas vezes derrotada e submetida a condições que a mutilavam, devia ser destruída. Por fim venceu, mas a liquidação de uma antiga cidade chocou outras pessoas além de Cipião. Havia uma relutância particular em expandir áreas sob governo direto, devido talvez ao receio dos novos custos e das responsabilidades que poderiam se seguir à anexação. Muitos dos que relutavam eram sem dúvida senadores sobre os quais essas responsabilidades poderiam recair, enquanto entre os defensores da expansão estavam os que esperavam se beneficiar dos contratos públicos que novas províncias tendiam a gerar. A tensão começou a crescer entre a aristocracia senatorial e a ordem equestre, de onde muitos dos contratadores mais ricos, os *publicani*, provinham.

A pressão para a expansão nem sempre era gerada internamente. Por uma variedade de razões, em geral relacionadas a interesses de curto prazo, uma série de reis transformaram Roma ou o povo romano em seus herdeiros.[4] Quando Átalo III, de Pérgamo, morreu em 133, deixando suas terras e prerrogativas reais para Roma, muitos senadores não queriam aceitar essa herança. Mas o tribuno Tibério Graco, desesperado por uma renda adicional para financiar seu programa populista de reforma agrária, levou a questão à assembleia. Como resultado, Roma ganhou primeiro uma rebelião e depois uma província na Ásia Menor ocidental. Uma década mais tarde, coube a Roma responsabilidades permanentes no sul da França, após uma série de guerras para proteger a aliada Marselha e a rota terrestre para a Espanha. Não está claro se se estabeleceu uma província em 125 ou um pouco mais tarde. Temos mais facilidade em identificar províncias republicanas quando elas foram criadas pela absorção de um reino preexistente, como a de Siracusa ou Pérgamo; no Ocidente, é mais uma questão de observar quando a presença de promagistrados e exércitos passava de periódica a regular.

Mesmo quando colocavam territórios ultramarinos sob governo direto, os romanos agiam de modo muito seletivo. Os reis de Pérgamo tinham ganhado fama defendendo cidades gregas de ataques gálatas e tornaram-se poderosos quando Roma expulsou da Ásia Menor os reis selêucidas da Síria. O reino deles incluía uma série de antigas cidades gregas enriquecidas pela opulência de vales férteis de rios que, vindos do platô anatólio, corriam para oeste, desaguando no Egeu, e também algumas regiões montanhosas e fronteiriças, muito mais pobres — a linha defensiva deles contra agressores do interior anatólio.

Roma não tinha interesse nesses territórios limítrofes e prontamente entregou-os aos reis de menor importância aos quais estava aliada. A consequência em termos de segurança deveria ter sido previsível. Contudo, decisões similares estavam sendo tomadas no outro extremo do Mediterrâneo. Roma administrava diretamente o que tinha sido a rica área agrícola nas proximidades de Cartago. Mas o restante do império africano de Cartago, as áreas defensivas, foi cedido aos reis de menor importância de numídios e mouros. A política, em ambas dessas esferas, era de visão estreita. No final do século II, alguns dos mais ferozes inimigos de Roma seriam encontrados entre os pequenos monarcas que ela havia fortalecido na Ásia e na África. O paralelo com eventos mais recentes tem uma deprimente obviedade: Manuel Noriega, no Panamá; o talibã, no Afeganistão; e Saddam Hussein, no Iraque — todos começaram sua ascensão ao poder como aliados do Ocidente.

A trajetória de Jugurta, rei da Numídia, fornece um bom exemplo. Os numídios eram uma federação de povos que vivia ao sul e a oeste do território de Cartago. Quando da destruição de Cartago em 146 a.C., além de receberem território e butim, esperava-se que, como aliados romanos, esses povos também fornecessem tropas para as guerras romanas. Jugurta entra na história em 133 a.C., como líder de um destacamento numídio aliado, dando apoio ao sítio de oito meses, feito por Cipião Emiliano, da fortaleza celtibera de Numância, no norte da Espanha. O historiador romano Salústio faz o relato de como, imediatamente após a vitória, Cipião chamou Jugurta de lado, elogiando sua capacidade, mas aconselhando-o a cultivar a amizade do povo romano como um todo, e não de um ou outro em particular. Jugurta continuou a fazer o oposto. A falta de consenso político em Roma significava ser-lhe sempre possível encontrar quem o defendesse dentro do Senado e, assim como através de assassinato e intriga Jugurta ia conquistando uma posição cada vez mais poderosa em seu reino, ele também se protegia das queixas do Senado subornando figuras proeminentes. Salústio põe na boca de Jugurta a famosa descrição de Roma como "uma cidade à venda e pronta para a destruição assim que se encontrasse um comprador".[5]

Em 118, Jugurta tinha assassinado um herdeiro ao trono e estava em guerra com outro. Em 112, ignorou a partilha do reino mediada pelo Senado e duas embaixadas romanas, matou o irmão (massacrando um grupo de comerciantes italianos no cerco final de Cirta) e sobreviveu tanto a uma invasão romana quanto a uma convocação para se apresentar em Roma. Por fim, Roma não pôde mais ignorar a situação: uma guerra pouco enérgica foi travada por uma sucessão de generais senatoriais, até a chegada de Caio Mário. A captura de Jugurta em 107 e sua execução em 104 marcaram o fim de um desafio muito longo a Roma.

Outros observavam e aprendiam. Mitrídates V, do Ponto, era um dos reis secundários da Ásia Menor, cujo poder cresceu no vácuo de poder criado pela derrota da Síria selêucida por Roma. A Anatólia estivera dentro da esfera de influência dos monarcas selêucidas, mesmo que nem sempre com muita firmeza sob seu controle, até a derrota de Antíoco III por Roma, primeiro nas Termópilas, na Grécia, e depois em Magnésia, no que é agora a Turquia ocidental. O Tratado de Apameia, assinado em 188 a.C., excluía efetivamente a possibilidade de selêucidas terem qualquer novo envolvimento na Ásia Menor. Desenvolveram-se uma série de reinos de menor proeminência, alguns parecendo de estilo mais macedônico, outros mais persa, todos girando em torno de Roma. O Ponto, que se estendia ao longo da costa meridional do mar Negro, formou a própria identidade híbrida, combinando títulos gregos com nomes dinásticos iranianos. O rei do Ponto também mandou tropas para ajudar Roma contra Cartago. Quando Átalo III, de Pérgamo, o mais importante dos reis anatólios, deixou suas terras e prerrogativas reais para Roma em 133, tropas pônticas estavam entre os aliados que esperavam Roma reclamar sua herança, e o rei foi recompensado com parte do território que Roma não queria. Assim como Jugurta, Mitrídates V também se aproveitou da amizade romana para expandir seu poder à custa dos rivais, em particular os reis da Capadócia. Depois de sua morte em 120 a.C., o filho Mitrídates VI usou esse território como base para um império que incluiu grande parte da costa do mar Negro, além de mais território na Anatólia. Logo tornou-se também uma ameaça para os interesses de Roma, ignorando advertências diplomáticas e gradualmente acumulando poder. Mas os romanos não puderam entrar em confronto com ele, pois àquela altura a hegemonia de Roma estava sob outra ameaça, vinda de outras direções.

Figura 7. Mitrídates VI, Eupátor, rei do Ponto retratado como Hércules.

Limitações da hegemonia mediterrânea

A hegemonia romana criou problemas por todo o Mediterrâneo. Alguns historiadores têm imaginado uma grande conspiração que teria surgido entre Mitrídates, escravos rebeldes e piratas. Mas a causa fundamental era um imperialismo que gerava poucas estruturas de segurança em substituição àquelas que destruía, e que respondia de modo inconsistente aos desafios à sua autoridade. E essa não era a única fraqueza estrutural do império republicano. Mesmo que o Senado e o povo tivessem conseguido chegar a um acordo sobre como o poder deveria ser exercido, tivessem compelido generais em áreas de campanha a cumprir as ordens que recebiam e houvessem transmitido um claro conjunto de expectativas às cidades, aos reis e aos povos sob sua autoridade indireta, o domínio romano ainda teria de enfrentar outra fraqueza, desta vez geográfica.

As derrotas de Cartago, da Macedônia e da Síria haviam garantido a Roma um império mediterrâneo. Não se tratava apenas de ser mais fácil alcançar por mar do que por terra os territórios diretamente governados. Isso de fato era verdade; mesmo províncias que não eram realmente ilhas achavam-se com frequência separadas da Itália por um território que não estava sob controle direto. Um problema maior, no entanto, era que os romanos estavam mais interessados em controlar cenários como os da Itália. O imperialismo republicano, reunindo governo direto e hegemonia informal, era exercido sobre um apanhado de planícies e ilhas costeiras. O que não é de espantar. A maioria das nações imperiais começou expandindo-se dentro de uma única zona ecológica. Os impérios chineses não se expandiram para o sul tropical senão antes da Idade Média.[6] Impérios europeus lutaram no século XVIII principalmente por territórios temperados — as chamadas "neoeuropas"[7] —, antes de enfim tentarem controlar a África subsaariana e o leste da Ásia; os vários impérios asiáticos centrais — Persa, Macedônico e Islâmico — expandiram-se antes para o leste e oeste que para o norte. Um império raramente prefere se aventurar em termos ecológicos. Colônias demandam cenários familiares, nas quais culturas agrícolas familiares possam se desenvolver. Os romanos eram lentos para dominar montanhas ou florestas, tratando esses cenários e seus habitantes com desconfiança.[8]

Infelizmente para Roma, porém, o Mediterrâneo nunca foi um sistema fechado. O mar Intermédio está localizado na junção de três continentes, cujo interior sempre esteve intimamente ligado à orla costeira.[9] Ecótonos entre paisagens mediterrâneas e interiores continentais promoveram trocas de bens, tecnologias e povos desde o início do Holoceno.[10] Na África e na Ásia Menor, na Gália, na Espanha e nos Bálcãs, Roma tentava separar o interior montanhoso das partes que queria controlar. Essa estratégia estava condenada ao fracasso. Roma nunca teve a mínima chance de permanecer dentro de sua zona de conforto ecológico. Não foi a primeira cidade-Estado mediterrânea a subestimar os recursos econômicos e demográficos de áreas que encarava como bárbaras. A história grega está repleta de relatos sobre o terrível poder de grupos do interior, como os citas, os trácios e, mais tarde, os macedônios. O historiador árabe Ibn Khaldun viu um grande padrão na história do Oriente Médio com nômades localizados nas margens invadindo repetidamente civilizações estabelecidas no Crescente Fértil e sendo depois absorvidos por elas. Também a história chinesa tem sido escrita em termos de uma luta constante pelo controle de sua Fronteira Asiática Interna — a longa divisa entre as terras férteis ou moradores da cidade que cultivam arroz e povos da estepe.[11] Tanto Jugurta quanto Mitrídates desafiaram Roma com recursos extraídos do exterior do mundo mediterrâneo. No caso de Jugurta, os romanos só tinham de censurar a si próprios, pois foram eles a tentar restringi-lo ao Oeste Selvagem do território numídio. A partir das regiões montanhosas do Magreb, Jugurta criou um exército poderoso e construiu uma base em um terreno onde os romanos achavam difícil se movimentar. Mitrídates fez uso similar da Anatólia e das regiões pônticas, áreas que Roma não se interessara em dominar.

Os generais romanos foram progressivamente atraídos para outros interiores continentais. A ocupação do que é agora a Andaluzia e a Espanha mediterrânea colocou Roma em contato com as tribos muito maiores da Meseta, como os celtiberos, com quem duas gerações de romanos lutaram entre a década de 180 e a queda de Numância em 133 a.C. Não havia fronteiras abertas antes do Atlântico, e só no reinado de Augusto ele seria atingido. A posse do Vale do Pó envolveu os romanos em campanhas para o controle dos vales alpinos e da Ligúria. Em conjunto com alianças deixadas de lado desde a guerra com Aníbal, esse fato levou as tropas romanas para a foz do Ródano e o território da cidade grega de Marselha. Campanhas menores foram crescendo e se transformando, durante a década de 120, em conflitos com as confederações tribais muito maiores dos Allobroges, baseados na área central do Vale do Ródano, e os auvérnios do Maciço Central. Roma também exerceu uma espécie de hegemonia sobre as cidades gregas e as tribos ilírias do Adriático oriental. Mas atrás delas, e rumo ao norte da nova província da Macedônia, havia nações poderosas como a dos dácios, dos bastarnos e, a leste deles, dos trácios.

Roma tinha pouca experiência a que recorrer para lidar com ameaças desse tipo. As grandes confederações tribais da Europa temperada, que podiam reunir exércitos com efetivos calculados em centenas de milhares, estavam tecnologicamente no mesmo nível das tropas romanas e tinham locais impressionantemente fortificados, mesmo que não possuíssem infraestrutura de cidades e estradas.[12] Fontes gregas e romanas apresentaram os bárbaros do norte como selvagens imprevisíveis — e também temidos. Os romanos jamais esqueceram o saque gaulês de Roma em 390: não havia consenso sobre se toda a cidade ou somente parte dela havia sucumbido e sobre quem deveria levar o crédito pela sobrevivência de Roma, mas, até os dias de Júlio César, o tesouro esteve sempre preparado para enfrentar novas ameaças gaulesas e as constituições de cidades italianas tiveram durante muito tempo uma cláusula requerendo que se providenciassem tropas na eventualidade de um *tumultus Gallicus*. Os gregos, por outro lado, recordavam os acontecimentos de 279 a.C., quando o ataque-surpresa de um grupo vindo dos Bálcãs, identificado como *kelts*, ou gálatas, conseguira chegar até o santuário de Delfos antes de ser repelido, talvez pelo próprio deus Apolo. Não muito depois desses acontecimentos, três tribos gálatas tinham cruzado a Ásia Menor e estabelecido reinos tribais no platô, de onde grupos de ataque gálatas mantinham cidades costeiras como reféns. A reputação da dinastia atálida de Pérgamo fora fundada com base em seu êxito em conter a ameaça gálata. Após a derrota dos selêucidas, o general romano Mânlio Vulso marchou sobre o platô e derrotou mais uma vez os gálatas, tornando a enviar grandes quantidades de espólios de guerra a Roma. Mas os romanos, e igualmente os gregos, estavam bem cientes de que grandes populações do mesmo gênero de bárbaros ocupavam a Europa, do mar Negro ao Atlântico, e que novas migrações e invasões poderiam ocorrer no futuro.

Esse temor se reacendeu em 113, quando outra horda deparou com um exército romano em Nórica, nos Alpes orientais. Ao longo de doze anos, a horda atravessara a Suíça e o Vale do Ródano, cruzara a França central, descera para a Espanha, voltando depois para a Itália. Em seu caminho, tinha derrotado um segundo e um terceiro exércitos romanos em 110 e 105. Mário, que havia vencido Jugurta, foi quem enfim derrotou duas seções de migração: os teutões em 102, em Aix-en-Provence, e os címbrios, em 101, em Vercelhas, no norte da Itália. Os romanos de então não se sentiam mais os senhores do mundo. Reis orientais desafiavam francamente os pedidos de ajuda romanos, enquanto observavam o crescimento do poder de Mitrídates, alguém bem mais próximo deles. Mário, a despeito de suas origens externas ao círculo encantado dos nobres, e dos laços com políticos equestres e populistas, foi eleito para seis consulados sucessivos — algo sem precedentes —, para lidar com a situação emergencial.

Soluções e fracassos

Os romanos não eram tolos, e a derrocada de sua hegemonia no século II ficou clara para eles. A análise que fizeram, porém, foi um tanto diferente da nossa. Nós vemos uma infraestrutura inadequada; uma preferência insustentável por um espólio ocasional em vez de uma economia tributária; e um desejo nada realista de controlar paisagens familiares enquanto ignoravam o interior ao qual estavam unidas. Sabendo o que veio depois, achamos difícil entender por que Roma não agiu com mais rapidez para institucionalizar seu poder. Os romanos, contudo, viam nessa situação a falta das qualidades morais anunciadas no túmulo dos Cipião.[13] Tanto a ascensão de Jugurta quanto a ineficiência dos primeiros exércitos enviados para lidar com ele foram atribuídas, por Salústio, ao círculo mais fechado da aristocracia: os nobres. A suscetibilidade deles ao suborno e o fracasso no comando de seus generais eram indícios de fraqueza moral. Foi Mário, um homem sem ancestrais no Senado, mas detentor de virtudes tradicionais, quem havia salvo a situação enfrentando primeiro Jugurta e depois os germânicos.

Um dos associados a Mário, Marco Antônio, foi designado, em 102, para uma missão contra os piratas. Por um golpe de sorte, obtivemos longos fragmentos de uma lei aprovada mais ou menos nessa época e destinada a melhorar o governo dos territórios diretamente administrados por Roma no Oriente.[14] Um aspecto revolucionário da lei é que ela requeria que governadores e comandantes romanos coordenassem seus esforços para suprimir a pirataria. Trata-se do indício de uma nova consciência acerca das obrigações do império e da vontade de pelo menos alguns líderes de Roma tentarem conceber soluções que fossem além de mandar um general mobilizar um exército e lidar com este ou aquele rei, povo ou ameaça, da maneira que julgasse mais adequada. A lei foi gravada em pedra e implantada em uma série de cidades gregas. O fato também mostra certa consciência, por parte dos que elaboraram a lei, de que Roma não era mais encarada como uma força de libertação. Por certo tinham razão a esse respeito. Fora instalado um tribunal permanente em 123 a.C. para tratar de casos de corrupção trazidos por habitantes provincianos contra os romanos nas províncias, um tribunal com atribuições mais amplas que seu predecessor. Ele seria bastante utilizado.

A decisão da assembleia de aceitar o legado de Átalo III, a aprovação dessa grande lei, a autoridade de Mário e Antônio, tudo emergiu de um novo estilo de política surgido em Roma no final do século II. Ele foi criado e conduzido por um pequeno grupo de senadores que se apresentavam como defensores do povo, o *populus Romanus*. Toda a política romana era formulada em termos tradicionais, e o grupo também afirmava trabalhar com precedentes e ter predecessores. Mas na realidade tanto os problemas de que tratavam quanto as soluções que propunham eram novas, assim como era nova a massa urbana politizada para quem essa política estava voltada.[15] A designação mais comum para os novos líderes era *populares*.

Os membros mais destacados do grupo foram Tibério Graco e seu irmão, Caio, tribunos do povo respectivamente em 133 e 123. Eram descendentes de uma família que se unira por laços matrimoniais aos Cornélio Cipião e desempenhara papel de destaque na conquista da Espanha. Entre suas figuras de proeminência, havia alguns homens vindos de ambientes bem diferentes, como Mário, mas também outros de famílias tradicionais. Júlio César seria mais tarde associado a esse movimento. Eles buscaram o apoio das assembleias populares, já que seu ponto de vista não conseguia alcançar consenso no Senado, e sua retórica falava dos antigos direitos e prerrogativas do povo. A legislação que defendiam incluía propostas para distribuir terras públicas a cidadãos mais pobres, bem como fundar novas colônias fora da Itália e fornecer trigo subsidiado (e mais tarde gratuito) à população da cidade de Roma. Muitos preferiram continuar como tribunos do povo, convertendo o que fora um cargo político secundário, destinado a proteger os interesses dos plebeus, em plataforma para uma reforma de largo alcance. Dificilmente, no entanto, poderiam ser considerados revolucionários. Introduzir o voto secreto nas eleições era o limite dessa reforma constitucional, e pareciam muito satisfeitos com a estrutura de assembleias que aumentavam a influência das classes proprietárias e com o monopólio senatorial de magistraturas e cargos sacerdotais. Tampouco suas leis limitavam-se a questões de interesse imediato do povo, muito menos dos pobres da cidade de Roma. Nenhum problema da política romana, desde a diplomacia e a guerra às rendas do Estado, passando pelos tribunais e pelas relações deterioradas de Roma com os aliados italianos, estava fora do escopo de suas preocupações. O que unia as propostas era uma disposição em formular soluções radicais para a crise do império e a habilidade oratória para persuadir assembleias a respaldá-los quando o Senado não o fizesse.[16]

O programa dos Graco e de seus sucessores não era mais consistente que as políticas de gerações mais antigas de senadores. A proposta de redistribuir terras públicas levantou uivos de protesto de comunidades aliadas, onde muitos de seus membros vinham, silenciosa, ainda que irregularmente, arrendando-as há gerações. Contudo, eles também propuseram mais direitos aos italianos. Seu aprimorado tribunal anticorrupção pôs senadores à mercê da ordem equestre de Roma, à primeira vista para melhorar a capacidade de os habitantes das províncias conseguirem reparações de governadores. Mas a organização da província da Ásia entregou os habitantes provincianos a esses mesmos equestres, alocando-lhes contratos para arrecadação de impostos rurais que encorajavam a exploração de recursos no curto prazo, da qual os governadores tinham agora medo de impedi-los. Adversários dessas propostas encontraram um ponto de consenso no desafio imposto à liderança do Senado. A lei sobre pirataria requeria que os magistrados jurassem, um a um, defendê-la. Cláusulas como essa aparecem em outra legislação do período. Esse envolvimento explícito era um grave insulto aos que se sentiam parte de uma classe com direito hereditário a governar.

Frustração e desconfiança mútuas levaram a condenações ferozes e, por fim, à violência. Os dois irmãos Graco morreram em violentas batalhas nas ruas de Roma entre hordas de senadores rivais reforçadas pelos seus clientes. Invocar os direitos do povo e propor uma legislação radical não eram novidade em Roma. Catão também acumulara capital político com suas origens supostamente humildes, usando-o como arma contra adversários de famílias mais tradicionais. Mas assassinato político era algo novo. A morte dos Graco foi apenas o começo. Durante algum tempo, Mário foi partidário ativo de outro tribuno radical, Lúcio Apuleio Saturnino. Colonização, distribuição de terras e ataques aos nobres estavam de novo na ordem do dia, mais uma vez as assembleias populares sendo usadas para driblar o Senado e novamente tudo acabou em violência. Mário podia ter convocado seus soldados veteranos para salvar Saturnino, mas se recusou a fazê-lo. Foi a última vez que essa espécie de repressão foi levada a cabo.

Desde a época de Cícero, oradores e historiadores romanos passaram muito tempo se perguntando como as coisas tinham chegado àquele ponto. Estudiosos modernos têm feito o mesmo. Relatos antigos insistem no efeito corruptor da riqueza e na arrogância trazida pelo império. Escritores modernos destacam o potencial explosivo da cidade de Roma, que dobrava de tamanho a cada geração, com boa parte da população composta de migrantes sem emprego garantido nem laços íntimos de clientelismo com as famílias tradicionais. As medidas propostas mostram uma aguda noção da escala e do alcance dos problemas de Roma, e as soluções incluíram ideias verdadeiramente inovadoras, algumas tomadas por empréstimo da história e da filosofia gregas. Mostram, mais que tudo, que lidar com os problemas estruturais da cidade de Roma, da aliança italiana e do império mediterrâneo não era mais da competência exclusiva do Senado. O fato de essas soluções radicais terem sido propostas pela primeira vez por *infiltrados* políticos talvez nos sugira algo sobre fracassos coletivos não registrados, que tiveram o vigor e a criatividade das classes dominantes de Roma como combustível, nas décadas que se seguiram à destruição de Corinto e Cartago.

Talvez o fracasso mais surpreendente estivesse bem próximo de casa. No final do século II, o papel dos aliados italianos de Roma foi se tornando cada vez mais problemático: eles compartilhavam os encargos do contínuo estado de guerra, mas só recebiam uma fração dos benefícios. Quando a guerra exerceu forte pressão sobre a sociedade romana, também exerceu forte pressão sobre os aliados. Mas os aliados não tinham chance de votar sobre declarações de guerra e, embora costumassem receber uma parcela do espólio, nem sempre essa parcela era de igual tamanho. No campo de batalha, seus comandantes recebiam ordens de magistrados romanos. Mas os italianos eram parceiros quando se tratava de fazer explorações para o império, bem como no tocante às aquisições feitas em prol dele. Encontramos o nome deles em inscrições feitas pelos mercados de Delos e na política das grandes cidades da Ásia Menor. No além-mar, todos falavam latim e eram coletivamente conhecidos, sendo tratados como romanos. Com frequência, as mesmas famílias podiam ser encontradas fazendo dinheiro no ultramar e gastando-o em cidades da Itália central. Os italianos eram membros muito dinâmicos das redes de comércio que ligavam Roma às áreas de trabalho escravo do leste e do norte, aos celeiros de trigo do sul, aos vinhedos da Toscana e da Campânia, e às fontes de metais da Espanha e dos Alpes.

Na parte central dessas redes encontrava-se Roma, e muitos italiano a visitavam, mas o interesse deles estava, em geral, fora do âmbito da nova política dos *populares*. Isso significava, no mínimo, estarem excluídos de algumas das compensações do império: trigo barato, grandes projetos de construção patrocinados pelo Estado, generosos festivais com jogos e comemoração de vitórias, oportunidades lucrativas oferecidas por contratos públicos, para os quais só cidadãos romanos eram elegíveis, proteção crescente dos tribunais romanos. Na pior das hipóteses, podiam figurar como efeito colateral da política romana, como quando as redistribuições de terras dos Graco involuntariamente haviam desapossado arrendatários italianos de terras do Estado. O domínio romano sobre a Itália também parece ter se tornado mais autocrático. Antigos testemunhos reúnem breves histórias sobre atos arrogantes por parte de determinados magistrados. Esses eram os ressentimentos dos quais eles estavam conscientes, mas com certeza havia outras causas de tensão. O crescimento na península de uma cidade de meio milhão de habitantes deve ter exercido impacto profundo sobre outras cidades italianas, especialmente no sentido de atrair mão de obra para Roma. Com a conquista final das terras ao norte dos Apeninos, as iniciativas de colonização, de modo gradual, tinham cessado; esse fato removeu tanto uma possível fonte de tensão quanto oportunidades para aliados que, às vezes, eram autorizados a participar dos projetos. O enriquecimento da elite romana e seu investimento em propriedades escravocratas tiveram um impacto difícil de mensurar. Mas, em todos os casos, os italianos sofreram com a falta de representação, o que os deixava necessariamente na dependência de aristocratas romanos que estivessem dispostos a protegê-los. Os *domi nobiles* (homens que eram aristocratas em sua comunidade) foram obrigados a se comportar como clientes.

O problema começara a ser percebido no final do século II, até mesmo pelos *populares*. Mas planos para proporcionar aos italianos cidadania ou vários tipos de compensação legal não deram em nada. Expectativas foram repetidamente estimuladas, mas logo resultaram em frustração, quando o Senado e/ou o povo recusaram-se a apoiá-las. O ponto crítico veio, finalmente, em 91 a.C. Um tribuno chamado Marco Lívio Druso tinha proposto um programa político abrangente destinado a sanar as desavenças políticas criadas pelas propostas e assassinato dos Graco e de Saturnino. Era um plano ambicioso, que pretendia conduzir trezentos equestres ao Senado, a fim de abrandar as relações em seu interior, além de um grande programa de colonização. Alguns de seus elementos tornariam a emergir na ditadura de Sila. Mas o plano também pretendia conceder cidadania aos italianos. As esperanças foram de novo estimuladas, para logo depois se frustrarem. As leis que Druso conseguira aprovar foram abolidas, e ele acabou assassinado. Essa foi a gota d'água. Uma grande aliança surgiu quase da noite para o dia, cuja dianteira os povos das montanhas dos Apeninos, os marsis, os samnitas e outros tomaram. Os historiadores divergem sobre o objetivo preciso dessa aliança — queriam destruir o Estado romano ou tornar-se plenamente parte dele? Talvez os próprios aliados estivessem em dúvida.[17] As vozes italianas perderam-se no tempo: os discursos feitos na época não foram registrados, e todos os relatos históricos da Guerra Social ou Italiana foram tingidos por um desejo de reconciliação e a teleologia da queda da república. Mas suas táticas foram bem elaboradas. Os líderes italianos conheciam-se bem por terem servido juntos em campanhas romanas e por participarem de um mundo social que tinha como centro as grandes casas de amigos romanos. Uma nova capital foi proclamada em Corfínio (renomeada Itália), no cerne das montanhas de Abruzos. Foram cunhadas moedas para um novo Estado italiano. Algumas retratavam um touro italiano pisoteando um lobo romano. De repente, Roma se viu lutando pelo controle da península pela primeira vez desde a fuga de Aníbal.

Políticos de toda parte agruparam-se em torno da causa de Roma. Mário, não mais tão popular quanto quando derrotara os címbrios e teutões, lutou ao lado do rival Sila. Houve dois anos frenéticos de luta, entre 90 e 89, com mais dois anos de ações para limpar a área. Roma venceu as batalhas, mas concedeu tudo o que fora exigido. Em 87, a maioria dos italianos eram cidadãos romanos. A razão é simples. Roma estivera há quase duas décadas travando guerras contra sua vontade, escapara por pouco de uma repetição do saque gaulês, e o sistema político doméstico implodia. A sobrevivência sem os italianos era impensável. E, sem dúvida para encorajá-la a fazer a coisa certa, outra ameaça surgia.

A guerra na Itália ofereceu a Mitrídates, do Ponto, uma oportunidade imperdível. Seus exércitos haviam anexado os reinos vizinhos da Bitínia e da Capadócia em 89 a.C. Os reis depostos tinham subornado o embaixador romano Mânio Aquílio para que ele forçasse Mitrídates a recolocá-los no trono. Mas, quando Aquílio ordenou que a Bitínia invadisse o Ponto como punição, Mitrídates invadiu a província romana da Ásia, executou Aquílio, vertendo ouro derretido em sua garganta para castigá-lo por sua ambição, e instruiu as cidades gregas a demonstrar sua lealdade matando todos os residentes romanos. A estimativa de romanos e italianos mortos varia entre 80 mil e 150 mil. Os exércitos pônticos lançaram-se pelo Egeu, chegando a Atenas; lá, a facção antirromana recebeu-os de braços abertos. A vitória teve vida curta, porém. Sila marchou rumo ao leste a fim de saquear Atenas. A paz que tinha firmado com Mitrídates não foi uma solução permanente, mas permitiu-lhe retornar a Roma determinado a purgar a cidade da política *popularis* e de seus principais expoentes. No âmbito doméstico e no exterior, a política havia entrado em uma nova fase, mais sanguinária.

Leitura adicional

From Hegemony to Empire, de Robert Morstein-Marx (Berkeley, 1995), acompanha de forma competente a evolução do domínio romano no leste entre a queda de Cartago e a supremacia de Pompeu. Os capítulos de abertura do primeiro volume de *Anatolia*, de Stephen Mitchell (Oxford, 1993), situam essa história em uma rica moldura geográfica. A busca tateante feita por Roma de limites estáveis de poder no Mediterrâneo ocidental é o tema de *The Creation of the Roman Frontier*, de Stephen Dyson (Princeton, 1985); um dos muitos pontos fortes dessa obra é a inspiração que ela extrai de estudos comparativos. As implicações de ver o Mediterrâneo antes como uma região em que os continentes se encontram do que como um mundo fechado em si mesmo são discutidas em várias contribuições de *Rethinking the Mediterranean*, de William Harris (Oxford, 2005).

O melhor relato do colapso do sistema republicano é o ensaio que tem como título *The Fall of the Roman Republic*, de Peter Brunt (Oxford, 1988). *Rome in the Late Republic*, de Mary Beard e Michael Crawford (Londres, 1999), está repleto de novas ideias. Quem quer que procure um relato detalhado do período pode ser encaminhado ao volume IX da *Cambridge Ancient History*, organizado por Andrew Lintott, John Crook e Elizabeth Rawson (Cambridge, 1994). O brilhante livro didático *From the Gracchi to Nero*, de Howard Scullard (5ª ed., Londres, 1982), ainda é difícil de ser superado. Concepções modernas do que os populares achavam que faziam, em casa e nas províncias, conheceram uma revolução com a publicação de uma esplêndida edição de leis epigráficas em *Roman Statutes*, de Michael Crawford (Londres, 1996). *Judicial Reform and Land Reform in the Roman Republic*, de Andrew Lintott (Cambridge, 1992), contribui para o mesmo debate. Ensaios importantes sobre o papel do povo nesse período encontram-se agora proveitosamente reunidos no primeiro volume da coletânea de textos de Fergus Millar: *Rome, the Greek East and the World* (Chapel Hill, NC, 2002).

SOB O COMANDO DOS CÉUS?

> O aspecto mais importante em que a sociedade civil romana supera a de outros Estados me parece ser quanto ao tratamento dos deuses. Penso também que aquilo mesmo que, entre outros povos, é encarado desfavoravelmente é, entre os romanos, uma fonte de coesão: refiro-me ao respeito que eles têm pelos deuses. Pois isso é levado a tão extraordinário limite — tanto nos assuntos privados quanto nos negócios comuns da comunidade — que nada é tratado como mais importante. Esse fato parece espantoso para muita gente.
>
> (Políbio, *Histórias* 6.56.6-8)

Um império moral

Sob muitos aspectos, somos ainda gregos quando contemplamos a ascensão de Roma. Não se trata apenas de termos grande confiança nas narrativas gregas; nem mesmo de compartilharmos com nossas testemunhas gregas — Políbio e Diodoro, Dionísio e Plutarco, entre muitos outros — a noção de que somos forasteiros dando uma espiadela em Roma. De modo ainda mais essencial, a maneira como tentamos compreender como as sociedades funcionam continua baseada com firmeza em uma tradição de ciência política cujas origens podemos fazer remontar diretamente à Grécia clássica. Quando Políbio perguntou por que tinha sido Roma a conquistar o Mediterrâneo, encontrou sua resposta em um equilíbrio único de instituições políticas e militares — uma mescla perfeita de elementos monárquicos, aristocráticos e democráticos — juntamente com atitudes e hábitos que elas inculcavam. A reverência religiosa era apenas um componente; Políbio fez o trecho citado acima ser acompanhado de uma boa explicação funcional do papel dela na estabilização da hierarquia social. Ele procurava, em outras palavras, a vantagem comparativa de Roma sobre suas oponentes. Outro grego, Élio Aristides, em um discurso de louvor dirigido a Roma quase três séculos mais tarde, comparou o sucesso romano, em termos de governo, com o malogro de impérios mais antigos. Uma variante fundamental identificada por ele era a inclusão: o fato de os romanos estarem geralmente dispostos a incorporar ao corpo de cidadãos aqueles que tinham subjugado.[1] Concordemos ou não com esses argumentos, o procedimento analítico é familiar.

Os romanos não pensavam assim, pelo menos não até os gregos os ensinarem a fazê-lo. Mesmo após Roma ter cultivado os próprios filósofos, não foram eles que forneceram as explicações mais influentes do sucesso e fracasso romanos. Para ter acesso a elas, temos de investigar o universo interligado do discurso moral e da prática religiosa. Pois desde os mais antigos registros que podemos acessar, não só textos, mas também monumentos romanos, proclamam que Roma havia se tornado grandiosa graças à virtude de seus homens e à proteção de seus deuses.

Durante a república, era comum atribuir os sucessos de Roma à virtude dos líderes, e os fracassos romanos aos vícios ou, ocasionalmente, a erros que os líderes tivessem cometido em rituais preparatórios. O resultado disso foi uma retórica moralizante que tingiu tudo o que sobreviveu em termos de discursos, histórias, biografias e inúmeras outras manifestações literárias.[2] Já no século III a.C., os primeiros *elegia* gravados em sarcófagos do túmulo dos Cipião mostram a íntima conexão feita entre o que chamaríamos qualidades morais particulares e conduta pública. Uma rica tradição de veemência no discurso preservou muito mais acusações ao vício que celebração à virtude. A reputação política de César foi prejudicada por alegações de que havia permitido que o rei Nicomedes, da Bitínia, fizesse sexo com ele. Poucos oponentes de Cícero em julgamentos graças aos quais ele se tornou célebre escaparam de ataques desse tipo. A virtude e o vício eram também manifestados na esfera pública, na qual os romanos apresentavam-se como oradores, sacerdotes, magistrados e generais: assim, o sucesso de César em conquistar a Gália era prova de sua dinâmica retidão. A tradição persistiu no período imperial. Salústio, ao escrever nos anos 40 a.C., recordou o antigo hábito de tomar exemplos de homens virtuosos como modelos para a própria conduta.

Pois frequentemente ouvi que Quinto Máximo, Públio Cipião e os mais famosos cidadãos de nosso Estado tinham o hábito de dizer que seus corações ficavam em chamas pelo desejo ardente da virtude quando contemplavam a imagem de nossos ancestrais.[3]

O comentário faz parte de uma justificativa histórica, mas Salústio prossegue dizendo como a prática entrou em declínio e como as pessoas querem hoje sobrepujar os ancestrais antes em riqueza do que em virtude. Sentimentos similares foram expressos por Tácito; ao escrever quase dois séculos mais tarde, ele fez comentários semelhantes no início de seu relato da vida exemplar de Agrícola.*[4] Até mesmo os imperadores se encontrariam sob esse refletor moral, como em *A Vida dos Doze Césares*, de Suetônio, ou nas *Sátiras*, de Juvenal, embora a condenação fosse em geral reservada para os que estivessem seguramente mortos. De época a época, escritores romanos lamentaram o declínio da moralidade tradicional, mas na verdade a tradição moral em Roma teve uma vida extraordinariamente longa.[5] É bem possível que o conteúdo da virtude romana pouco tivesse mudado até que os bispos cristãos a redefinissem no século IV: mesmo então, as novas virtudes não removeram as velhas. *História Secreta*, de Procópio de Cesareia, apresenta um relato sem omissões dos vícios da corte de Justiniano que teria deliciado os antigos leitores imperiais.

Esse modo de pensar também proporcionou a interpretação da história coletiva do povo romano. A prosperidade romana derivava da gestão adequada de relações com deuses romanos e de comportamento ético; períodos de crise podiam ser compreendidos como indícios de colapso nessas relações e de decadência moral. Os deuses de Roma não tinham divulgado um código detalhado de ética pessoal, mas poderia se perder o apoio deles por negligência no culto ou por meio de atos de impiedade: Políbio completou seu relato da pie-

---

* Isto é, Júlio Agrícola, sogro de Tácito. (N. do T.)

dade romana com a observação de que os romanos sempre foram fiéis a seus juramentos. Igualmente, os deuses davam apoio aos bravos e virtuosos — ambos conceitos que os romanos mal distinguiam. Quando ocorriam desastres ou quando terríveis presságios eram anunciados, o Senado podia pedir que determinado grupo de sacerdotes consultasse os oráculos conhecidos como Livros Sibilinos, que comumente prescreviam um grande ritual público ou o convite de um novo deus para Roma. Vez por outra, soluções mais sinistras eram empregadas: desastres poderiam ser causados caso uma das vestais quebrasse o voto de castidade. Se fosse considerada culpada, seria enterrada viva.

Nenhuma crise foi maior que as guerras civis que convulsionaram o Estado entre o assassinato dos Graco e a vitória de Otaviano sobre Antônio e Cleópatra na Batalha de Áccio. Evidentemente, essas guerras passaram a ser explicadas em termos de fracasso moral coletivo, talvez efeito do luxo corruptor trazido pelo sucesso imperial. O período teve sua cota regular de presságios contestados e de luta pelo controle de instituições religiosas.[6] Realizaram-se julgamentos de vestais não muito depois do assassinato de Caio Graco, e uma fonte relata que os romanos chegaram a recorrer também a sacrifícios humanos. Uma sequência de pânico público — podemos quase chamá-los de episódios de histeria religiosa — também deu origem a uma sensação mais arraigada de que fracassos na conduta moral estavam de alguma forma na fonte dos problemas do final da república. Lívio trata disso no prefácio à sua grande história, ela mesma produto da crise, embora não completa até o reinado de Augusto. Inicia esboçando o arco narrativo de como Roma, que teve modestos começos, acabou sobrecarregada pela própria grandeza, contrapondo sua virtude ancestral às terríveis circunstâncias contemporâneas, e pede que o leitor reflita sobre...

...o modo de vida e os costumes, o tipo de homens e meios pelo qual boa ordem doméstica e um império no exterior foram conquistados e ampliados: depois, quando o declínio se instala, que se reflita sobre como os padrões começaram a decair pouco a pouco, para em seguida a derrocada ser cada vez mais rápida e, enfim, como desmoronaram, até atingirmos a situação atual, em que não podemos suportar nem nossos vícios nem os remédios que eles pedem.[7]

A interpretação de Lívio não era exatamente augustana: a frase final é de fato excessivamente pessimista. Mas o enorme investimento de Augusto no rearmamento moral sugere que ideias desse tipo estavam bem disseminadas.[8]

Portanto, o modo como a reconciliação se deu nos anos que se seguiram à Batalha de Áccio levou as guerras civis a um fim. Em 27 a.C., o Senado e o povo de Roma presentearam Otaviano com um grande escudo onde estavam elencadas Valentia, Justiça, Clemência e Devoção para com os deuses e o país. Valentia traduz *virtus*, a origem de nossa noção de virtude, mas cujo significado era um tanto diferente para os romanos. *Virtus* não era uma condição, mas uma força ativa, conectada à virilidade — uma energia que podia transformar o mundo. Justiça e Clemência eram qualidades régias convencionais. Devoção, *pietas*, era o conjunto de disposições que mantinha unida a sociedade hierárquica de Roma. *Pius* era o signo do caráter do Eneias de Virgílio, repetidamente exibido com relação aos deuses e com relação a seu pai. Libertos e clientes deviam *pietas* aos antigos amos e patronos. Isso inclui o reconhecimento de deveres, assim como respeito pelas pessoas. Augusto havia exibido essas qualidades, proclama o Escudo: talvez os senadores esperassem que continuasse a exibi-las. A Batalha de Áccio foi apresentada como um "milagre secular":[9] ao vencê-la, Otaviano havia salvado o Estado. O título "Augusto" foi-lhe atribuído mais ou menos na mesma época. Não era um cargo nem tinha um significado predefinido, mas as conotações foram facilmente compreendidas como religiosas. As virtudes de Augusto haviam salvado o Estado, e Roma podia agora voltar aos Anos Dourados.[10] O escudo original, feito de ouro, estava pendurado na Cúria Júlia, em Roma, onde o Senado reunia-se com frequência. Uma cópia feita em mármore italiano e medindo um metro de largura foi encontrada em Arles, no sul da França, onde uma colônia de soldados veteranos fora recém-estabelecida. Alguns anos mais tarde, uma emissão de denários, a moeda com a qual os soldados eram pagos, estampava uma imagem do escudo. Outras moedas traziam a imagem da cívica coroa de carvalho, prêmio tradicional pelo resgate da vida de um concidadão. Que também fora concedido a Augusto. Insígnias desse tipo compunham tanto a racionalização da história recente quanto um manifesto para o futuro. Roma, declaravam elas, estava de novo nos trilhos.

Imperialismo religioso?

Se desastres assinalavam uma avaria nas relações com os deuses, concluía-se que o sucesso era um sinal de favorecimento divino. O general cuja promessa feita no campo de batalha era atendida pagava o que era devido construindo um templo para o deus em questão. Cada triunfo era celebrado no templo de Júpiter Capitolino. Assim como acontecia com a moralidade e a história, tal se podia imaginar em uma escala maior. Os romanos por certo passaram a acreditar que os deuses respaldavam a ampliação de sua hegemonia. A *Eneida*, de Virgílio, coloca a ascensão de Roma como cumprimento de um plano divino, a vontade de Júpiter. Desde quando os romanos suspeitavam de que eram particularmente amados pelos céus? Existem alguns indícios instigantes de que, já no século III a.C., alguns romanos já haviam começado a sentir que os deuses/seus deuses tinham um plano especial para eles e, portanto, que sua ação religiosa não estava exatamente no mesmo nível que a dos demais. Nas ruínas do templo de Dionísio, na ilha grega de Teos, foi encontrada a inscrição que registra uma carta enviada por um magistrado romano na década de 190 a.C., confirmando os privilégios do templo. Ela também declara que não havia gente mais religiosa que o povo romano.[11]

É possível que, quando comentou sobre a devoção excepcional dos romanos, Políbio refletisse a autoimagem da elite romana. Já não era a excepcional religiosidade dos romanos o tema da história perdida escrita pelo senador Fábio Píctor, um trabalho ao qual devemos (indiretamente) nossos relatos mais detalhados do mais antigo dos grandes festivais de Roma: o *Ludi Romani* [Jogos Romanos]?[12] Píctor também fizera parte de uma delegação enviada pelo Senado ao oráculo de Delfos após a vitória de Aníbal em Canas, em 216 a.C. Políbio havia tido, naturalmente, muitas oportunidades para observar a vida religiosa de Roma, e o ritual constituía uma importante preocupação de muitos membros da elite. Diversos senadores ocupavam cargos sacerdotais que, ao contrário das magistraturas, em geral eram vitalícios: os mais importantes a ocupar esses cargos eram regularmente lembrados em cerimônias e continuavam sendo homenageados muito depois de sua morte. César, Cícero e Plínio, o Jovem, todos ocuparam importantes cargos sacerdotais, e seus escritos mostram como isso foi importante para eles. Colégios sacerdotais cooptavam novos membros por ocasião da morte de um titular: o número de candidatos era estritamente restrito, e era uma convenção não cooptar um parente imediato. O apoio na conquista de cargos sacerdotais estabelecia laços duradouros de gratidão. Os populares logo introduziram eleições para os cargos, mas os imperadores deram fim a essa iniciativa, transformando os sacerdócios em outra dádiva que podiam conceder. O prestígio desses cargos sobreviveu às transformações. Tanto no desempenho de rituais quanto nas reuniões dos colégios, e do próprio Senado, os sacerdotes senatoriais dedicavam uma extraordinária soma de tempo e energia à prática precisa do culto e ao trato de prodígios e problemas religiosos, por exemplo, como exatamente declarar guerra a um inimigo distante ou que cerimônias deveriam ser usadas para apresentar determinado novo deus em Roma. O conhecimento religioso em Roma consistia de perícia no ritual, não de teologia, e os rituais eram fundamentais para o funcionamento do Estado.[13] Assembleias, reuniões do Senado e até mesmo batalhas não podiam começar antes que os augúrios tivessem sido tirados, isto é, antes que a aprovação dos deuses fosse estabelecida, em geral por previsão com base no voo dos pássaros. Assim que recebia seu comando, seu *imperium*, um general adquiria toda uma gama de deveres e prerrogativas rituais temporários. Magistrados também realizavam sacrifícios no decorrer de seus deveres civis. O Senado era o mediador final entre os romanos e seus deuses. Chegou mesmo a se sugerir que a autoridade coletiva da aristocracia senatorial derivava em grande parte de suas funções religiosas.[14] Todas as comunidades antigas tinham sacerdotes, mas talvez em Roma a correlação entre autoridade política e religiosa fosse inabitualmente forte.

Contudo, se compararmos rituais, crenças e instituições religiosas de Roma com os de seus vizinhos, os romanos parecem, sob muitos aspectos, bastante convencionais. A maioria dos povos do mundo antigo era politeísta: acreditavam em uma pluralidade de deuses e prestavam culto a uma série deles. Um negociante que viajasse pelo Mediterrâneo por volta da virada do milênio encontraria, em cada cidade que visitasse, templos monumentais, imagens de deuses e sacerdotes conduzindo rituais em nome da comunidade. Os deuses eram geralmente tratados como seres sociais poderosos — fisicamente próximos, mas uma ordem de seres que transcendiam o cotidiano. Os rituais destinavam-se a definir o desejo deles e a conquistar seu apoio. Conquistar apoio quase sempre envolvia sacrifício animal. A maioria dos animais sacrificados era tirada da pequena porção de animais domesticados da qual todas essas economias dependiam. Procissões, purificações, hinos, preces e música podiam ser acrescentados para reunir mais pessoas. Os festivais ocorriam, em geral, com base em um ciclo anual, mas também para marcar eventos especiais, podendo envolver jogos ou competições de vários tipos. Reis e cidades eram o foco dos cultos mais grandiosos, mas havia ainda cultos domésticos e restritos à aldeia, e mesmo votos privados e oferendas feitas aos deuses. Viam-se oráculos de vários tipos e santuários de cura por toda parte. Tudo isso valia para gregos e etruscos, fenícios e samnitas, e a maioria dos outros povos do mundo mediterrâneo.

Cada comunidade possuía os próprios cultos, é claro, e havia diferenças que talvez tivessem enorme importância para os fiéis. Algumas peculiaridades não tinham boa fama: os deuses egípcios possuíam cabeças de animais; os judeus tinham um único deus; corriam rumores de que os druidas sacrificavam não apenas animais, mas também seres humanos. Esses escândalos, no entanto, destacavam-se contra um fundo de ampla similaridade. Muitos deuses eram sem dúvida compartilhados entre povos que se sentiam interligados. Todos os gregos cultuavam Atena, e todos os fenícios ocidentais, Melcarte (originalmente o grande deus de Tiro), e assim por diante. Os romanos tinham os próprios rituais bizarros: estudiosos gregos, como Dionísio e Plutarco, assim como romanos, dedicaram certo esforço na tentativa de descobrir qual era o sentido de rituais como o Cavalo de Outubro.[15] É bem provável que não houvesse consenso na Antiguidade, e a origem da maioria dos rituais romanos tenha se perdido, mesmo que possamos, às vezes, ver como eles funcionaram em épocas mais tardias para demarcar o tempo, unir a comunidade e reafirmar o *status* relativo dos que os presidiam, participavam deles ou só os assistiam.

Desde pelo menos o Período Arcaico, houvera tentativas de se encontrar equivalência entre os deuses de diferentes povos — Júpiter e Zeus, Hércules e Melcarte, Uni e Astarte, e assim por diante. As conexões eram feitas não só por filósofos, antiquários, historiadores e poetas, mas também por comerciantes, migrantes e emissários diplomáticos, que encontravam novos deuses nas comunidades que visitavam e se perguntavam até que ponto eram de fato novos. As dedicatórias bilíngues a Astarte/Uni em Pirgi, descritas no Capítulo 3, mostram como relações mais íntimas entre povos vizinhos, nesse caso fenícios e etruscos, podem introduzir deuses em um novo relacionamento. Era comum as pessoas procederem como se uma única ordem divina se escondesse por trás da miríade de cultos locais.

Finalmente, alguns líderes religiosos transformaram isso em uma virtude, afirmando com sinceridade que havia sincretismos: a deusa Ísis em *Metamorfoses*, de Apuleio, afirma ser conhecida como Grande Mãe dos Deuses em Pessino; Minerva Cecrópia, na Ática; Vênus de Pafos, no Chipre. É Diana Dictiana para os cretenses, Estígia Prosperina para os sicilianos, Ceres em Elêusis e também Juno, Belona, Hécate e deusa de Ramnus. Rainha Ísis é de fato a forma usada por etíopes e egípcios.[16] O Baal da cidade de Doliche, na Síria, disseminou-se pelo mundo romano como Jupiter Optimus Maximus Dolichenus. Filósofos chegaram a conclusões ainda mais radicais. Por exemplo: que nenhum dos deuses tradicionais era imaginado de modo correto; ou que os deuses dos poetas eram demônios, divindades secundárias criadas por um deus maior e mais perfeito que não compartilhava as paixões nem os papéis sociais dos humanos. Especulações desse tipo desempenharam um papel importante na conversão do deus dos judeus na divindade universal dos cristãos. A maioria desses desdobramentos se deu no início do período imperial. Mas os romanos estavam cientes dos deuses estrangeiros e do debate filosófico que inspiravam desde as primeiras etapas da expansão além-mar. A visita de Píctor a Delfos não foi algo fora do comum. Muitos governadores romanos da Macedônia visitaram o santuário dos Grandes Deuses na Ilha de Samotrácia e, durante o último século antes de Cristo, muitos romanos proeminentes foram iniciados nos Mistérios de Deméter e da Donzela em Elêusis; entre eles estavam Sila, Cícero, Antônio e Augusto. A literatura da república também mostra familiaridade com as especulações filosóficas gregas sobre o divino: Ênio produziu uma versão latina da obra de Evêmero, que argumentava terem sido os deuses do mito, outrora, grandes homens; Lucrécio seguiu o argumento de Epicuro de que os deuses encontravam-se inacreditavelmente distantes do mundo material, ou talvez não existissem em absoluto; os diálogos filosóficos de Cícero

Sobre a Natureza dos Deuses e *Sobre a Adivinhação* põem o pensamento romano convencional em contato com as grandes escolas filosóficas de seu tempo.[17]

Equivalências desse tipo devem ter levantado problemas reais para a administração dos rituais romanos. Se os deuses dos egípcios eram os mesmos que os dos romanos (Toth = Hermes = Mercúrio, por exemplo), então por que era importante que os romanos seguissem os próprios costumes quando oferecessem sacrifício? Afinal, até mesmo o nome usado para saudar o deus tinha enorme importância em certos rituais romanos.[18] De modo equivalente, se as Junos do Lácio referiam-se à mesma deusa (e também a Astarte de Cartago e a Uni de Veios), por que foi necessário persuadir a Juno de Veios a vir para Roma em 396, a Juno Sospita a vir de Lanúvio em 338 ou estabelecer cultos para Juno Lucina em 375 e para Juno Moneta em 344? E o que dizer da ideia de que os deuses de uma cidade eram em certo sentido seus cidadãos e podia se esperar que lhe dessem apoio particular? Propércio imaginava os deuses dos romanos enfileirados contra os dos egípcios em Áccio, enquanto os exércitos de Otaviano e Cleópatra lutavam lá embaixo. Como poderia isso se relacionar à ideia de um único cosmos? De modo mais fundamental: seriam os deuses de Roma *os deuses*, ou apenas os deuses dos romanos? Não havia nenhuma resposta peremptória. De fato, até o final da Antiguidade, poderemos encontrar os mesmos senadores romanos cultuando um grande número de deuses tradicionais, estrangeiros e fruto de sincretismo, além de discutindo as minúcias do ritual correto em colégios sacerdotais. Os romanos parecem ter conseguido se manter em uma reserva mental entre a noção da extrema particularidade dos *cultos* individuais e a receptividade a toda espécie de especulação teológica e cosmológica; entre a meticulosidade acerca da prática ritual de um lado e uma nítida falta de preocupação com a crença do outro.[19]

Se a elite romana de meados da república considerava-se especialmente piedosa e atribuía o sucesso na guerra à benevolência dos deuses, é possível considerar isso como uma força propulsora no imperialismo romano? Essa ideia parece mais difícil de defender, principalmente quando Roma é comparada a outros povos. Primeiro, a religião dos romanos não parece incomum se comparada à de outros povos mediterrâneos. Inúmeras cidades etruscas e latinas tinham sacerdócios muito semelhantes aos de Roma, e alguns rituais associados à guerra, como os que giravam em torno do sacerdócio dos *fetiales*, provavelmente eram compartilhados por Estados italianos. Outras cidades atribuíam o sucesso aos deuses e imaginavam que os deuses *deles* estavam a *seu* lado. A estátua de Atena cuspiu sangue em fúria com a vitória de Augusto em Áccio; o deus dos judeus forneceu apoio contra imperialistas babilônios, selêucidas e romanos.[20] A religião romana também não oferecia meios particularmente eficientes de integrar povos conquistados. Os deuses de Roma continuavam sendo sempre os da cidade. É bem possível que o Império Romano só tenha tido um sistema ritual coletivo quando Caracala estendeu a cidadania a todos os romanos em 212 e o imperador Décio pediu, em 249, que todos participassem de um *supplicatio* — um esforço coletivo em que todos os cidadãos realizariam sacrifícios aos deuses tradicionais, talvez como expiação de quaisquer ações, ou falta delas, apontadas como causa da crise militar vivenciada naquele período.[21]

A religião teve um lugar mais central em outras expansões imperiais. Sugeriu-se que foi a demanda dos deuses por sacrifícios que impulsionou a expansão do poder dos astecas no México, e que foi a aura divina dos reis merovíngios que levou à unificação da Frankia e sua conversão no mais dinâmico e complexo dos primeiros Estados medievais.[22] É difícil imaginar um relato plausível das conquistas árabes que não dê ao islã um papel fundamental, ou uma história sobre as Cruzadas que não destaque a aptidão da autoridade religiosa dos papas para reunir a força militar da Europa medieval. As instituições da Igreja foram mecanismos poderosos para organizar terras e povos conquistados desde as conquistas normandas nas Ilhas Britânicas e na Sicília, passando pela expansão ao leste da Europa e pelos assentamentos dos Cruzados, até a primeira conquista moderna das Américas. Comparada a esses fenômenos, a religião romana parece tímida e incipiente. Outras instituições romanas desempenharam um papel muito maior para promover e auxiliar a expansão: clientelismo e escravidão, aliança militar e direito romano são exemplos óbvios. Os deuses, segundo parece, foram passageiros nessa jornada.

Império consciente

O que as tradições religiosas dos romanos ofereciam, no entanto, eram novos meios de compreensão e de se chegar a um acordo com seu poder crescente.

O ritual era a essência dessa compreensão. Havia rituais para assinalar a partida de generais bem como seu retorno; rituais de preparação para batalhas; ritual para se apelar a determinada divindade no próprio campo de batalha; ritual para aclamar um general *imperator* após uma vitória; a extensão ritualística do *pomerium* — a fronteira sagrada da cidade —, após o território romano aumentar; honras especiais prestadas a generais que matavam os adversários em combates individuais, e assim por diante.[23] Os mais famosos são o conjunto de rituais reunidos no triunfo.[24] Votos no campo de batalha não raro prometiam um templo a uma divindade em troca da vitória. Como resultado, a cidade passou a ficar repleta de templos, muitos ao longo dos itinerários que as procissões triunfais seguiam.[25] A maioria deles era pequena. Mas, quando a escala do butim aumentou no início do século II, construções maiores foram feitas, entre elas, os grandes complexos de templos para Júpiter, Juno e Hércules das Musas junto ao Circo Flamínio, na extremidade sul do Campo de Marte. O templo de Augusto a Marte, o Vingador, foi o ponto culminante dessa tradição.

Outro modo de usar a religião para refletir sobre a expansão foi proporcionado pelo antiquarianismo. Desde o final do século II a.C., alguns escritores tinham adquirido interesse na história dos muitos e complexos cultos romanos. Quase tudo o que escreveram se perdeu, como a mais confiável de todas as análises da religião romana, *Antiguidades Humanas e Divinas*, de Varro, que, mesmo quinhentos anos mais tarde, ainda seria alvo do ataque de Santo Agostinho em relação à religião tradicional em sua *A Cidade de Deus*. Mas muitos fragmentos desse conhecimento antigo da religião sobreviveram em textos posteriores. A partir deles, podemos reconstruir a história dos cultos públicos da cidade de Roma em termos de um acúmulo cada vez maior de deuses estrangeiros e tradições rituais. Varro parece ter pensado que havia um núcleo original de autêntica religião romana, talvez a religião estabelecida por Numa, o segundo rei de Roma, e Cícero refere-se a Lupercália como mais velha que a própria cidade. Mas sem dúvida os cultos da cidade vinham se acumulando desde tempos históricos. Acreditava-se que os *arúspices* tinham trazido da Etrúria a arte de adivinhar a vontade dos deuses pelas entranhas das vítimas de sacrifício, além de outros augúrios. O culto de Apolo e Asclépio fora trazido das cidades gregas em 433 e 291, respectivamente. A Vênus de Érice veio em 217 da Sicília, e Cibele, a Grande Mãe dos Deuses, chegara a Roma vinda de Pessino, na Ásia Menor, em 204. Cultos considerados importados eram administrados por um colégio sacerdotal específico, o *decemviri*, e muitos eram praticados de acordo com o que os romanos chamavam "rito grego", embora isso não correspondesse a nenhum conjunto verdadeiro de rituais gregos.[26] O estudioso augustano Vérrio Flaco achava que um grupo inteiro de deuses fora trazido para Roma através do ritual da *evocatio*, em que a divindade protetora de uma cidade inimiga era persuadida a desertar a favor de Roma. A história da religião, assim, tornava-se um meio de contar a história imperial.

Pesquisas antiquárias eram muito especulativas, mas parece de fato que os romanos do século III a.C. tinham em vista agrupar os cultos mais poderosos do mundo mediterrâneo sob seu império. A chegada de cada novo deus sucedia uma crise, mas o efeito cumulativo foi criar um compêndio dos cultos públicos dedicados aos deuses do grande Mediterrâneo. Assim, o "rito grego" acena para Apolo e os demais como divindades imigrantes. Cibele, quando foi levada do culto anatólio para Roma, ganhou um templo no Palatino, e foram programados jogos para ela no calendário dos festivais romanos. Contudo, elementos de seus rituais mais exóticos foram preservados, como se para manter o senso de que era uma estrangeira.[27] Um número menor de novas aparições desse tipo é atestado após a guerra contra Aníbal, e houve rejeição periódica de novos cultos que haviam chegado por iniciativa particular, e não através da mediação do Senado e seus sacerdotes. A feroz resposta do Senado ao culto de Baco em 186 foi a primeira de várias. Fizeram-se tentativas de rejeitar Baco, Ísis, o deus dos judeus e o deus dos cristãos: todos haviam entrado em Roma no início do império. De um modo ou de outro, a acomodação de novos cultos e o vínculo com santuários estrangeiros foram se acumulando até a conversão de Constantino.[28]

Por fim, surgiu a ideia de que o domínio romano era divinamente conduzido.[29] De longe, as criações mais extravagantes em torno dessa vertente da-

Figura 8. Estatueta em bronze de Cibele em um carro puxado por leões, segunda metade do século II d.C.

tam do reinado de Augusto, e esse é também o momento em que as religiões de outras comunidades convergiram sistematicamente para Roma. Contudo, uma atmosfera divinal vinha há muito cercando Roma, e talvez os imperadores não tenham feito muito mais que utilizar o poder da tradição ritual.[30] Otaviano deu início à carreira como filho divino, pois Júlio César fora deificado após sua morte e já antes dela havia recebido honras próprias de um deus. Comunidades gregas já tinham prestado honras dessa espécie a uma série de generais romanos. Desde o início do século II a.C., algumas cidades gregas haviam introduzido em âmbito doméstico o culto da deusa Roma ou feito consagrações a ela no Capitólio. Houve também cultos do Povo Romano e dos Benfeitores Romanos Universais. Sobrevive menos informação do Ocidente, mas na Espanha alguns dos seguidores de Sertório acreditavam que ele recebia profecias de um cervo encantado, e, na Gália, surgiram cultos em torno de César após sua morte.

Não é de surpreender, portanto, que o sucesso de Otaviano em Áccio fosse assinalado quase de imediato por um marco triunfal em Filas, no Egito, onde seu nome foi gravado em hieróglifos dentro de uma cártula — sinal de que era considerado um faraó —, nem que homenagens dignas de um deus por parte das cidades gregas da Ásia tivessem vindo logo depois. O Escudo da Virtude e o título de Augusto concedidos pelo Senado e o povo de Roma apontavam na mesma direção. Seguiram-se homenagens de comunidades italianas e de províncias, prestadas por reis clientes como Herodes, da Judeia, e Juba, da Mauritânia, e por colônias romanas como Tarragona. Se algumas eram nitidamente espontâneas, parece que, na maioria das vezes, o culto fora precedido de cuidadosa negociação para se definir exatamente o que era aceitável. Em alguns casos, tal como a criação em 12 a.C. de um grande altar em Lyon em que representantes das comunidades gaulesas encontravam-se uma vez por ano para eleger um alto sacerdote e promover lutas de gladiadores em homenagem a Roma e Augusto, era como se um chefe imperial tomasse a iniciativa. Não havia um culto único aos imperadores que abrangesse todo o império. Cada comunidade encontrava o próprio meio de indicar a proximidade dele com os céus.[31]

A criação do culto ao imperador tem parecido um divisor de águas na religião romana. Pareceu assim a certos escritores romanos aristocráticos, que geralmente o deploravam e ridicularizavam. Os imperadores eram seus parentes, e eles tinham perfeita consciência de seus defeitos bastante humanos. A poesia parecia um canal em que era mais fácil sugerir conexões entre o destino romano, a vontade dos deuses e a pessoa de Augusto. A *Eneida*, de Virgílio, apresentava um herói conduzido pelos deuses ao encontro da raça romana, sendo levado para um giro pelo local da futura cidade, um lugar já impregnado com a história futura e o culto ancestral, e depois guiado ao Mundo Subterrâneo, para dar uma olhada nos grandes romanos que esperavam para nascer. A mais explícita e citada declaração sobre o destino imperial de Roma foi expressa na profecia de Júpiter, que prometeu a Roma o *imperium sine fine*: o poder sem limites. Monumentos augustanos tinham o globo terrestre em lugar proeminente, ao lado de símbolos tradicionais de vitória, e milhares de imagens idênticas do imperador eram produzidas e colocadas em todo e qualquer ambiente, público e privado. Os espaços públicos centrais de cidades na Itália e no oeste foram transformados pela criação de templos e outros recintos monumentais. Inscrições gregas celebram honras e cerimoniais sem precedentes. O culto à personalidade de Augusto evoca inevitavelmente o culto aos líderes de regimes totalitários do século XX: a capacidade de produzir em massa a face de determinado homem em uma era pré-industrial, no entanto, é ainda mais impressionante.[32]

Muitas nações imperiais passaram a ver seu papel como divinamente conduzido e sustentado. Nossa ideia de autoridade celeste é de origem chinesa: os filhos do céu serviam de mediadores entre homens e deuses, e sua posição dependia do apoio destes últimos. Mas quase todo o império reivindicou uma sanção cósmica. Os xás da Pérsia atribuíam seu sucesso a Ahura Mazda. Alexandre passou a ser visto como filho de Zeus e recebia homenagens próprias de um deus. Max Weber chamou o conceito de que o poderoso era poderoso por vontade dos céus de "teodiceia da sorte": tais crenças nos dão confiança em que a sociedade humana é organizada de modo justo e a história tem um sentido. Como todas as ideologias, crenças dessa espécie confortam os dominadores, assim como fazem o domínio destes parecer menos arbitrário aos súditos. Se olharmos mais atentamente para os impérios antigos, descobriremos ser muito comum que um mesmo imperador procure apoio de diferentes deuses em diversas partes de seu reino. Os aquemênidas prestigiavam Marduk na Babilônia, Apolo na Ásia Menor grega, e o deus dos judeus em Jerusalém. Alexandre conquistou o apoio do oráculo de Amon no Oásis de Siwa, no oeste do Egito. Os ptolomeus macedônios que governaram depois dele no Egito tornaram-se faraós. O que teria sido verdadeiramente inovador seria um conceito secular de império.

Leitura adicional

The Politics of Immorality in Ancient Rome, de Catharine Edwards (Cambridge, 1993), transformou a compreensão da moralidade romana, convidando-nos a ver o discurso moral não como expressão de um grupo particular de preconceitos, mas como um conjunto extremamente politizado de práticas fundamentais para a competição dentro da elite. *Sexual Morality in Ancient Rome*, de Rebecca Langlands (Cambridge, 2007), explora a virtude essencial da *pudicitia*.

A melhor introdução à religião romana é hoje *Religions of Rome* (Cambridge, 1998), uma colaboração entre Mary Beard, John North e Simon Price. Também recomendados são *Religion of the Romans*, de Jörg Rüpke (Cambridge, 2007), e *Religion in the Roman Empire*, de James Rives (Malden, Mass., 2007). *The Roman Triumph*, de Mary Beard (Cambridge, Mass., 2007), explora em vigorosa minúcia as complexas relações entre guerra e ritual em Roma e a imaginação romana. *Power of Images in the Age of Augustus*, de Paul Zanker (Ann Arbor, 1988), põe em destaque o extraordinário impacto visual de rituais imperiais em Roma, na Itália e no império.

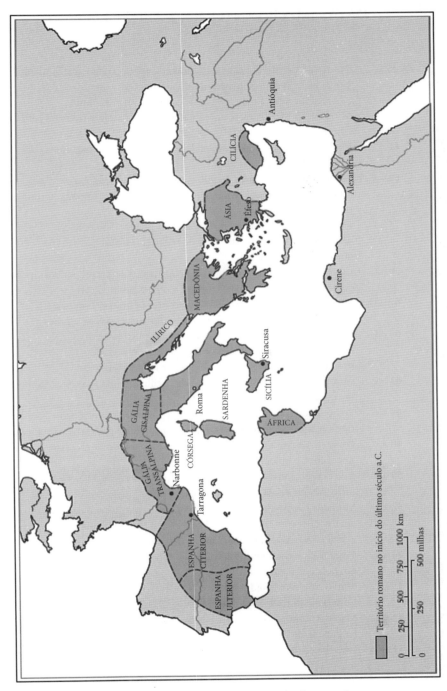

Mapa 3. Império Republicano por volta de 100 a.C.

DATAS IMPORTANTES DO CAPÍTULO IX

89-85 a.C. Primeira Guerra Mitridática, terminando com o Tratado de Dardano. Novas guerras com Roma seguiram-se em 83-81 e de novo em 73.

88 a.C. Sila marcha sobre Roma em vez de ceder o comando contra Mitrídates a Mário, inicia um reinado de terror e depois marcha para o leste.

86 a.C. Mário e seu aliado Cina tornam-se cônsules após retomar Roma. Violência política generalizada. Morte de Mário.

84 a.C. Sila retorna do leste para depor seus inimigos, que tinham se estabelecido em sua ausência, e para se fazer ditador. Impõe reformas políticas a Roma, renuncia à ditadura e morre em 79.

73-71 a.C. Espártaco lidera uma revolta escrava, que se espalhou pelo centro, pelo sul e, finalmente, por parte do norte da Itália, até Crasso derrotá-lo no sul da Itália.

70 a.C. Consulado de Pompeu e Crasso. O julgamento de Verres por corrupção como governador da Sicília constrói a reputação de Cícero.

67 a.C. *Lex Gabinia* cria um supercomando contra os piratas. Pompeu é nomeado e livra o Mediterrâneo de piratas em apenas três meses.

66-62 a.C. Pompeu substitui Lúculo na guerra contra Mitrídates. Depois faz campanhas na Armênia, Síria e Palestina, reorganizando províncias romanas e reinos clientes por toda a região.

63 a.C. Consulado de Cícero, conspiração de Catilina, Júlio César eleito *pontifex maximus*.

62 a.C. Pompeu retorna do leste e entrega seu comando, mas o Senado demora a ratificar seus assentamentos e a providenciar terra para seus veteranos.

60 a.C. Pompeu, Crasso e César formam um pacto para somar recursos financeiros e influência política.

59 a.C. César como cônsul. Depois faz campanhas entre 58 e 53 na Gália, com incursões no sul da Britânia e na Germânia.

53 a.C. Morte de Crasso depois de sua derrota pelos partos na Batalha de Carras.

49-48 a.C. Guerra civil entre Pompeu e César termina com a derrota de Pompeu em Farsalo e seu assassinato no Egito. César torna-se ditador.

44 a.C. César é assassinado nos Idos de Março por uma conspiração de senadores liderada por Bruto.

43 a.C. Marco Antônio, Lépido e Otaviano formam um pacto e eliminam seus inimigos políticos, entre eles Cícero.

42 a.C. Marco Antônio e Otaviano derrotam Bruto e Cássio, "os libertadores", na Batalha de Filipos.

31 a.C. Otaviano derrota Antônio e Cleópatra, dando fim às guerras civis.

OS GENERAIS

Seu monumento está no Campo de Marte e tem um epitáfio gravado que ele mesmo teria composto. O principal é que nenhum de seus amigos superou-o em generosidade e nenhum de seus inimigos lhe causou mal maior do que recebeu em troca.

(Plutarco, *Vida de Sila* 38.4)

Adversários mortais

O epitáfio de Sila é um arrepiante memorial dos horrores da política no final da república. Amizade e inimizade eram oponentes, e Sila vencera em ambos os campos. Morreu sem dívidas de gratidão e também sem deixar nenhum de seus adversários impunes. Talvez isso fosse uma aspiração tradicional, mas o patamar em que Sila conseguiu realizá-la foi verdadeiramente terrível.

Sila havia servido sob o comando de Mário na guerra contra Jugurta e tinha levado a cabo um golpe político ao fazer com que o príncipe numídio, denunciado, caísse em suas mãos, e não nas de Mário, em 107 a.C. Esse fato gerou uma rivalidade baseada em posições políticas opostas. Mário, o homem novo,* era o defensor do povo, enquanto o aristocrático Sila agradava mais

---

* Isto é, o homem que se fez sozinho. (N. do T.)

à nobreza. Sila continuou a se distinguir como general nas guerras contra os germânicos, em um comando oriental na Anatólia e depois de novo na Guerra Social contra os italianos. Eleito cônsul em 88 a.C., era obviamente o homem a quem deviam dar o comando contra Mitrídates, e assim foi feito. Mas então o conflito civil fez outra de suas interseções letais com o imperialismo romano. Um tribuno chamado Sulpício Rufo aprovou uma lei que transferia o comando a Mário. Foi um escândalo, mas que acabou se tornando secundário diante da reação de Sila. Recusando-se a aceitar a decisão, Sila marchou com seus soldados para a cidade, mandou matar Sulpício e forçou Mário ao exílio. Senhor de Roma, obrigou o Senado a votar suas novas leis, entre elas a reinvestidura no comando do leste. Sila então marchou para o leste, rumo à Macedônia, colocando rapidamente os generais de Mitrídates na defensiva e iniciando o cerco a Atenas. Ali foi tão implacável quanto em Roma: a ágora ateniense, o antigo centro comercial, foi inundada de sangue. Conta a história que Sila só concordou em deter o massacre devido a seu amor pela cultura grega clássica, dizendo que poupava os poucos em consideração aos muitos, os vivos em consideração aos mortos. Então avançou para a Ásia, onde estabeleceu uma paz vergonhosa com Mitrídates em Dardano. O rei recebeu garantia sobre as terras que possuía, foi mais uma vez reconhecido como aliado romano e teve seus crimes na Ásia efetivamente perdoados em troca do apoio a Sila. Pois Sila estava ávido para retornar. Em sua ausência, fora proscrito, e seus inimigos Cina e Mário tinham assumido o controle sobre a cidade, iniciando o próprio reinado de terror. Talvez por sorte, ambos morreram antes de Sila voltar. Seu exército invadiu a Itália em 84 e ele logo se apoderou da cidade. Proclamou-se ditador e divulgou uma lista de inimigos, muitos associados ao movimento dos *popularis* e amigos de Mário. Esses proscritos da lista podiam ser mortos impunemente, perdendo as respectivas propriedades: em uma manobra astuta, elas foram leiloadas a preços tremendamente baixos, envolvendo assim os compradores no golpe de Sila. Alguns dos proscritos foram mortos, outros — entre eles o jovem Júlio César — fugiram para não morrer. Sila, então, usou a ditadura para impor sua solução política sobre uma série de leis que, sob certos aspectos, lembravam as propostas feitas por Druso pouco antes da Guerra Social. Haveria ampliação do Senado (recrutando assim os equestres mais

Figura 9. Busto de Sila no Gliptoteca de Munique.

proeminentes e dando fim à desavença entre as duas ordens forjadas pelos Graco); os tribunos seriam despojados da maioria de seus poderes, tornando muito mais difícil para os políticos *popularis* usar as assembleias para ludibriar o Senado (tal como os Graco, Saturnino e Sulpício Rufo tinham feito); o Senado controlaria as cortes, isentando os governadores da necessidade de se submeterem a júris equestres; e a carreira senatorial devia se submeter a uma disciplina mais estrita, com idade mínima para as magistraturas de categoria superior. Sila também distribuiu terras aos soldados, impondo colônias a muitas cidades italianas: Pompeia estava entre as escolhidas, e podemos acompanhar em detalhe a desconfortável coexistência de antigas famílias oscas com veteranos de Sila na política da cidade durante as poucas décadas seguintes. Depois, Sila surpreendeu novamente a todos renunciando à ditadura em 80. No ano seguinte, morreu em retiro, de causas naturais.[1]

Sila deixou um legado sombrio. Não se tratava tanto das leis constitucionais, que foram violadas e abolidas durante os anos 70 sem que ninguém pudesse defendê-las, ou das reformas administrativas, sobre as quais não houve discussão. Mas o exemplo que ele deixou foi terrível. Sila foi o primeiro general a atacar Roma com um exército romano. Ele converteu a ditadura (originalmente uma medida de emergência concebida para momentos em que a cidade estivesse em perigo) em uma ferramenta para incapacitar a sociedade civil. Inventou a proscrição. Sua violência e as hostilidades que ela provocou assombraram Roma durante toda uma geração. Quando Pompeu conquistou suas vitórias no leste nos anos 60, houve um temor generalizado de que retornasse "como Sila". Júlio César se fez ditador nos anos 40. Otaviano e Antônio lançaram as próprias proscrições. E a política tornara-se incuravelmente partidária. Talvez os Graco tenham sido idealistas e talvez Druso tivesse acreditado genuinamente ter uma solução para a questão italiana. Depois de Sila, a política romana ganhou um caráter pessoal.

Sila não foi o primeiro nem o último reformador a esquecer que o ato de mudar a Constituição abre um precedente para futuras mudanças, mesmo que a intenção seja trazer harmonia e estabilidade. Algumas de suas inovações foram sensatas, como aumentar o número de pretorias para fornecer quantidade suficiente de magistrados e ex-magistrados a fim de governar o crescente império de Roma. Outras, como aumentar o tamanho do Senado, foram pragmáticas, principalmente se considerarmos todos os novos prováveis recrutas das cidades italianas às quais tinha sido concedida cidadania. Mas sua solução não enfrentava as condições que tornaram possível a rivalidade com Mário. A rivalidade pessoal era tão antiga quanto Roma. O túmulo dos Cipião mostra o alto valor atribuído à realização individual, assim como ao nome das famílias mais importantes.[2] Por meio de Catão, o Velho, ao final da Antiguidade, podemos ouvir aristocratas entoando o elogio de grandes vultos do passado, ao mesmo tempo que condenam os vícios de seus rivais. Cícero e Salústio vez por outra imaginavam que, antes dos tribunatos dos Graco, as virtudes de indivíduos como Cipião Emiliano tinham estado atreladas à causa comum. Lívio celebrava atos míticos de autossacrifício heroico nos primeiros dias da república.

Mas a inovação letal do último século antes de Cristo foi o envolvimento do exército. Mário por pouco não mobilizara seus veteranos para dar apoio aos aliados *popularis*, mas no final foi Sila quem deu o primeiro passo. Os laços íntimos formados entre Mário e Sila e seus veteranos não eram puramente sentimentais, tampouco fruto da grande quantidade de espólios que podia ser obtida em certas campanhas. O recrutamento crescente de cidadãos sem terra tornava-os dependentes de seus generais para novos assentamentos: o exército de Sila marchou contra Roma pela primeira vez porque queria um butim oriental, e, na segunda, para ganhar terras. Sila não os decepcionou. Por que futuros exércitos romanos não fariam o mesmo? Nenhuma das reformas de Sila abordou esse problema. Augusto o resolveria criando um tesouro militar com receita especialmente alocada para pagar bônus fixos de dispensa aos veteranos daquilo que se tornara um exército permanente, ligado aos imperadores por ritual e ideologia, bem como por interesse pessoal. Pelo que sabemos, nenhuma solução desse tipo foi discutida durante a república. Os romanos ainda não conseguiam conceber uma alternativa a um exército cidadão comandado por um general aristocrático. Além disso, a própria carreira de Sila tinha estabelecido um modelo de comportamento que ele tentava criminalizar, um modelo que seria imitado por seus substitutos, entre eles Lúculo, Crasso e Pompeu, e pelos inimigos, especialmente César. O fracasso de sua solução constitucional a menos de uma década da própria morte, em 79, mostrava a força do impulso competitivo que ele tentava deter. Durante os anos 70, a geração seguinte de generais, a maioria deles protegida de Sila, travou guerras ferozes ao redor do Mediterrâneo. Os oponentes foram bem variados. Pompeu encurralou partidários sobreviventes de Mário primeiro na África, em 82-81, e depois na Espanha, em 77-71; Crasso travou guerra contra a rebelião escrava de Espártaco em 72-71; Marco Antônio e Quinto Cecílio Metelo assumiram ambos o sobrenome Crético em prol das campanhas feitas contra redutos de piratas em Creta, em 71 e 69-67; enquanto o mais velho representante de Sila, Lúculo, conquistou o cobiçado comando contra Mitrídates. Cada campanha fortalecia os laços entre generais e seus exércitos, tornando uma renovada guerra civil cada vez mais provável.

O mais impressionante de todos foi Pompeu. Após as demoradas campanhas na Espanha contra Sertório, Pompeu retornou à Itália bem a tempo de se unir a Marco Crasso na guerra contra Espártaco e de roubar algo da glória de Crasso. Em 70 a.C., Pompeu e Crasso eram uma dupla de cônsules, em uma aliança pouco confortável. Foi nesse ano que Cícero forçou Verres a se exilar, de fato com uma pequena ajuda de Pompeu. Mas foi o comando de uma grande expedição contra os piratas, obtida com a ajuda de Gabínio, que capacitou Pompeu a enfim se colocar à frente de seus competidores. O sucesso rápido levou a outra manobra, respaldada, entre outros, por Cícero, pela qual a guerra contra Mitrídates foi transferida de Lúculo para Pompeu. Pompeu logo repeliu Mitrídates — que fugiu para a Crimeia e cometeu suicídio —, fazendo seu reino sucumbir e perseguindo seus aliados. E então se deteve no leste, na realidade promovendo uma reorganização global de territórios e alianças romanos ao longo da fronteira parta.

Durante a ausência de Pompeu, Roma foi mais uma vez tomada por conflito civil. Cícero foi cônsul em 63 e teve de lidar com uma conspiração que trouxe consigo um coquetel venenoso de descontentamento social e frustrada ambição aristocrática. Seu líder, Catilina, obteve algum apoio e simpatia reais, incluindo a de Crasso e a de César, que compartilhavam sua política *popularis*. Cícero recebeu carta branca para prender e executar os conspiradores, em grande parte porque a maioria dos senadores, recordando o terrível retorno de Sila do Oriente em 84, temia o tipo de solução que Pompeu poderia impor se a situação fosse deixada a cargo dele. Também em 63, César, através de suborno, conseguiu ser eleito para o mais importante cargo sacerdotal: o de *pontifex maximus*.

Pompeu finalmente retornou em 62 a.C. e surpreendeu muita gente ao abrir mão de seu comando e ao dispensar suas tropas. Mas, quando o Senado não ratificou seus assentamentos no leste, nem ajudou a encontrar terra para os soldados, ele formou uma nova aliança com Crasso e Júlio César. Hoje os historiadores a conhecem como Primeiro Triunvirato, mas ela não teve uma existência legal formal. Respaldados pela ameaça dos veteranos de Pompeu,

Figura 10. Busto de Júlio César.

combinada com o tônus financeiro de Pompeu e Crasso, além da influência que Crasso e César tinham sobre o povo, os três efetivamente governaram Roma por quase uma década, escolhendo magistrados, distribuindo províncias e exércitos (principalmente para si próprios) e tornando inútil o debate no Senado ou em assembleias. O controle dos três, no entanto, era precário e com frequência desafiado, e os adversários tentavam repetidamente destroçar a aliança. Às vezes, os três apadrinhavam diferentes bandos na cidade. Durante boa parte dos anos 50, Roma foi cenário de um estado de guerra entre gangues e de chocante violência. Contudo, o interesse mútuo os mantinha unidos.

O que eles mais desejavam eram supercomandos como aqueles dos quais Pompeu já desfrutara. Após ocupar o consulado em 59, César apoderou-se da província da Gália Cisalpina — área que se estendia pelo Vale do Pó, indo até os Alpes. Foram-lhe atribuídos um grandioso exército e uma equipe de representantes do Senado, indicados como comissários. Logo a província da Gália Transalpina foi adicionada ao comando. Parece que a expectativa inicial de César, segundo rumores de guerra, era marchar para o nordeste, rumo aos Bálcãs, mas notícias de que os helvécios planejavam deixar seu território alpino e atravessar a Gália meridional desviou-o para o oeste dos Alpes. Essa guerra deu início a oito anos de campanhas que resultaram na conquista da Gália e nas invasões da Britânia e da Germânia. Os primeiros livros de seus *Comentários* fazem um grande esforço para explicar por que cada campanha era justificável. É difícil, no entanto, acreditar que os interesses romanos estivessem de fato ameaçados, mesmo pela migração helvética, embora fossem recentes as lembranças dos címbrios e teutões, e ele teve o cuidado de sugerir essa conexão. É evidente um elemento de missão furtiva. Os últimos livros de César passam menos tempo justificando conflitos particulares e, em vez disso, enfatizam a extensão sem precedentes do poder do povo romano que ele havia conseguido.[3] Forças romanas tinham cruzado pela primeira vez tanto o oceano quanto o Reno, e cidade após cidade havia se rendido a seus exércitos. Notícias das vitórias eram recebidas em Roma com regozijo público. As campanhas foram certamente lucrativas, permitindo que César pagasse as dívidas acumuladas em sucessivas campanhas eleitorais e desse início a vários projetos monumentais de construção em Roma. Essa mesma época viu o completo desaparecimento das moedas de ouro e prata da Gália.

Os vários êxitos de César só inflamaram a ambição de seus aliados. Por acordo entre os três, Pompeu e Crasso assumiram o consulado em 55 a.C. Ambos, então, reclamaram o domínio de uma grande província. Pompeu recebeu a Espanha com a permissão sem precedentes de governar *in absentia* através de comissários de sua própria escolha. A Crasso foi atribuída a província da Síria e um comando, com o devido exército, contra o Império Parta. Os impérios Romano e Parta compartilhavam uma pequena fronteira e uma zona muito maior sobre a qual cada um tentava exercer influência. Não há indícios de que os partas desejassem uma guerra com Roma; eles tinham até se recusado a dar apoio a Mitrídates. Mesmo assim, pareciam um alvo tentador, e, no final de 55 a.C., Crasso rumou para o Oriente com um exército apoiado em sete legiões. Passou o ano seguinte na Síria, preparando suas forças. Mas em 53 a.C., não muito depois de cruzar o Eufrates, Crasso foi derrotado em Carras. O exército foi massacrado e seus estandartes, capturados. O próprio Crasso não demorou a ser localizado e morto. Vingar a morte de Crasso era supostamente um dos planos futuros de César quando ele foi assassinado. Duas décadas mais tarde, Marco Antônio de fato empreendeu uma invasão à Pártia, que foi tão malsucedida, senão tão desastrosa, quanto a de Crasso. A Pártia se aproveitou das guerras civis romanas para atacar de surpresa o Oriente, mas pareceu estar suficientemente satisfeita para cessar as hostilidades quando Augusto propôs a paz. Todos os indícios mostram que a campanha de Crasso fora tão desnecessária quanto desastrosa.

Até a morte de Crasso, a besta de três cabeças que governava Roma parecia se tornar cada dia mais forte. Em conjunto, César, Pompeu e Crasso comandavam exércitos enormes. Cícero e seus amigos sentiam-se ultrajados, mas as façanhas tornavam os generais populares junto ao povo. Como só os senadores que não desfrutavam do apoio destes deixavam de se beneficiar com a situação, era fácil enxergar a contrariedade de interesses por trás da nobre conversa sobre a independência senatorial.

Governança do império

A rivalidade entre indivíduos era tradicional na política romana. Escritores romanos chegavam mesmo a idealizá-la, vendo a competição para superar o outro em virtudes como uma das forças motrizes do sucesso romano. Fragmento de um discurso de Graco adverte o povo de Roma de que todos que se dirigem a eles estão movidos pelo interesse, enquanto o interesse de Graco é proporcionar-lhes a melhor orientação possível. Era um floreio retórico, mas refletia também uma ideologia. Contudo, o lado negativo da competição era evidente demais: a guerra civil era suficientemente ruim. Mas havia também uma incoerência implícita em qualquer sistema que trabalhasse delegando o poder de tomar decisões importantes a determinados indivíduos sem lhes impor nenhuma disciplina além do medo dos tribunais quando retornassem. Durante os anos 50, mesmo essa sanção havia desaparecido. Mas talvez uma das razões pelas quais as atividades de César, Pompeu e Crasso não despertavam mais oposição fora do círculo da elite senatorial fosse que o sistema que haviam feito sucumbir já se encontrava claramente destroçado.

No Capítulo 7 contei a história de como, na geração que se seguiu à derrota final da Macedônia por Roma, o mundo mediterrâneo foi dominado por crises sucessivas. Justifiquei essas crises como resultado do tratamento incoerente dado a ex-aliados, como Jugurta e Mitrídates, combinado com uma alternância errática entre longos períodos de negligência com relação às províncias e intervenções apavorantes, como o saque de Corinto. Onde a arrecadação de impostos fora entregue a contratadores públicos sem o menor interesse pela justiça ou pela viabilidade no longo prazo do governo imperial, estavam reunidas todas as condições para a rebelião. Esses problemas eram estruturais. A "política" do Senado era pouco mais que a soma da opinião individual de seus membros. Há indícios de que alguns políticos *popularis* pensavam que o comportamento de governadores e generais poderia ser controlado se eles fossem submetidos a tribunais mais independentes e a uma legislação mais detalhada. Um dos atos mais impopulares de Caio Graco fora dar controle dos tribunais de corrupção aos equestres. Seus inimigos sentiram-se ultrajados. Por que deveriam ser submetidos a julgamento por gente de categoria social inferior? E isso significava, sem dúvida, mais pessoas que teriam de ser subornadas. Ideias semelhantes encontram-se por trás da grande lei sobre as províncias, que requeria que os promagistrados romanos trabalhassem em conjunto e com os aliados, entre eles os reis de Cirene, Chipre e Egito. Mas o fracasso da política *popularis* depois de Sila — e a ausência de instituições capazes de fazer cumprir essas leis — indicava que o governo provincial no último século antes de Cristo não era melhor do que fora no segundo.

A inimiga da coerência era a ambição. Muitos senadores nunca tinham ganhado mais que uma única magistratura na vida. Para os outros, haveria um comando provincial uma, ou talvez duas vezes em uma existência. Com a competição doméstica tornando-se mais intensa e dispendiosa, muitos governadores sentiam claramente que tinham de fazer seu ano de serviço valer a pena. O infame Verres, cujo processo enfrentado em 70 a.C. construiu a reputação de Cícero, teria supostamente dito num gracejo que um governador precisava levantar três fortunas nas províncias: a primeira para quitar as dívidas em que incorrera para ser eleito, a segunda para ele próprio e a terceira para subornar os jurados em seu retorno. Havia também diversos grupos com capital investido nas províncias — proprietários de terras e comerciantes romanos, os que emprestavam dinheiro aos habitantes das províncias e, principalmente, os que detinham contratos públicos, como os coletores de impostos. Eles eram bem relacionados, e um político ambicioso não se atreveria a ofender, em seu único ano no cargo, um eleitorado que poderia ajudá-lo ou criar-lhe problemas pelo resto da carreira. Mesmo Cícero, que tinha se esforçado ao máximo para agir corretamente durante seu único período como governador da Cilícia, em 51-50, achou difícil resistir às exigências que lhe chegavam de casa. Um homem queria ajuda para recuperar somas que emprestara a gente da província com taxas danosas; outro queria que Cícero encontrasse algumas panteras que pudessem ser exibidas em Roma; e o próprio Cícero se perguntou se valeria a pena correr o risco de reprimir certo banditismo, se não seria melhor voltar e celebrar uma *ovatio*, uma espécie de triunfo menor. Outros tinham menos escrúpulos. Promagistrados exerciam poder de vida e morte em suas províncias, aplicavam a justiça a cidades e reis e, quando estavam suficientemente longe de Roma, podiam se comportar como pequenos ditadores. Muitos o fizeram. Verres supostamente crucificou seus inimigos diante da Itália. Outro governador, quando embriagado, ordenou que o emissário de um inimigo fosse executado no ato. Fez isso para agradar seu amante, que se queixava de que, por acompanhá-lo em campanha, estava perdendo os jogos em Roma. Nem todos os governadores eram cruéis, mas nenhum queria lidar com restrições.

Às outras deficiências estruturais da hegemonia republicana, podemos então acrescentar a incapacidade de agir com eficiência em qualquer escala que demandasse algo além de ser administrada por um homem com um exército de tamanho moderado e um ego grande demais; e um sistema de governo que, em maior ou menor medida, promovia a corrupção. A extorsão, praticada pelos próprios governadores, ou conduzida por coletores de impostos e outros *publicani*, tendo a conivência de um governador de olhos fechados, aumentava o apoio que os habitantes das províncias davam a figuras como Mitrídates. A relutância dos governadores em trabalhar em conjunto tornava difícil enfrentar problemas de grande escala. Sempre tinha havido histórias de fracasso no tocante à cooperação entre cônsules, tanto em âmbito doméstico quanto no campo de batalha. Mas, à medida que o império crescia, os problemas tornavam-se mais agudos.

A pirataria é um exemplo claro.[4] O inimigo possuía extrema mobilidade, não se confinava a determinada esfera de comando e sem dúvida podia se deslocar com rapidez. Promagistrados no comando na Macedônia e na Ásia, as cidades livres do Egeu e os reis da Ásia ocidental não conseguiam trabalhar efetivamente em conjunto. É bem provável que a primeira tentativa romana de lidar com a pirataria tenha sido a campanha conduzida por Marco Antônio (avô) em 102 a.C. Uma frota romana parece ter se deslocado para o Egeu, ficando primeiro baseada na cidade aliada de Atenas, depois fazendo campanha junto à costa meridional da Ásia Menor, com apoio de outros aliados, entre eles duas cidades gregas com pequenas frotas, Rodes e Bizâncio. Após vitórias na Cilícia, Antônio viu garantido seu triunfo. Mas a solução a que conseguiu chegar foi meramente temporária. A lei *popularis* sobre o governo das províncias foi aprovada um ano ou dois mais tarde, e a pirataria, sem a menor dúvida, continuou sendo uma grande prioridade. Um novo promagistrado era agora mencionado na Cilícia, conhecida como a "terra má" da Ásia Menor. Contudo, o problema persistia. Alguns bandos de piratas haviam cooperado com Mitrídates contra Roma nos anos 80. Os piratas chegaram inclusive a sequestrar um jovem Júlio César em meados da década de 70. O resgate exigido era muito incômodo, mas o verdadeiro risco vinha da capacidade que os piratas tinham de interromper o suprimento de grãos para a cidade de Roma. A conquista de Creta em 69 foi em grande parte motivada pelo desejo de desativar demais bases piratas. Estes, contudo, tinham grande mobilidade, além de diversas bases. Falta de alimentos e preços em alta em Roma colocavam a pirataria no topo da agenda política. Em retrospecto, podemos ver que o problema era sistêmico, fruto da ausência de qualquer sistema permanente de segurança na região. Os grandes reinos gregos não podiam mais manter frotas, e potências navais, como Rodes, haviam sido humilhadas. Não se criaram frotas permanentes nem patrulhas navais senão no reinado de Augusto.

Foi esse o contexto do primeiro grande comando de Pompeu. Um dos tribunos de 67 a.C., Aulo Gabínio, aprovou uma lei estipulando que fosse designado um único comandante contra os piratas, com o poder de coordenar até 25 comissários (comandantes substitutos) e uma frota que talvez incluísse entre 250 e 300 navios, sem contar a contribuição de aliados. Ainda mais radical, o comandante teria autoridade para recrutar tropas em qualquer território romano e superaria (literalmente, teria maior poder, *imperium maius*, que) qualquer promagistrado em uma área que se estendesse, a contar da costa, oitenta quilômetros rumo ao interior. A ideia de dar a um único magistrado ou promagistrado o direito de comandar outros senadores, tanto seus substitutos (comissários) quanto outros promagistrados regulares nas próprias províncias, não tinha precedentes. Seria um comando de três anos. Estava destinado a Pompeu e, após certas manobras, foi passado a ele. Na prática, Pompeu só precisou de três meses. O Mediterrâneo foi esquadrinhado de uma ponta à outra, a pirataria foi banida, e os piratas capturados, reinstalados em comunidades provinciais. A reputação de Pompeu era extraordinária, de onde a concessão do outro grande comando, agora contra Mitrídates. Mas a lição em maior âmbito também estava clara. Vejam quanta coisa podia ser realizada com um novo estilo de general e um novo estilo de comando.

Durante os anos 50, a lição foi aplicada a outros lugares. O comando de César na Gália incluía não apenas várias legiões, mas também diversos representantes senatoriais. Em virtude disso, foi-lhe possível dividir o exército e organizar operações muito mais complexas. Ele também pôde retornar periodicamente ao sul da Gália ou ao norte da Itália, deixando as legiões sob o comando de outros. Pompeu foi aquinhoado com outro grande comando em 57 a.C. — uma missão de cinco anos visando assegurar o suprimento de grãos para a capital —, tendo lhe sido destinados, como no caso de César, comissários senatoriais. Pompeu desenvolveu uma nova variante desse tema em 55 a.C., quando obteve permissão para governar uma vasta província (e comandar seus exércitos) a distância, de novo por intermédio de seus comissários. Os cinco anos de comando de Crasso na Síria tiveram nitidamente a intenção de colocá-lo no mesmo patamar que César, na Gália. Esse período foi renovado por mais cinco anos, na mesma época que o de César. Bruto e Cássio receberam grandes comandos no leste, como parte do acordo pela participação no assassinato de César em 44: usaram seus comandos e províncias a fim de se prepararem para a guerra contra Otaviano e Antônio, que por sua vez tinham adquirido vastos comandos como meio de dividir os espólios da vitória em Filipos (e para ajudá-los a se prepararem para a próxima guerra civil, um contra o outro).

Os romanos não tinham um termo especial para esses comandantes supremos. Não era preciso nenhum, já que o número deles era tão pequeno. Mas havia, era evidente, certo reconhecimento de que algo novo tinha surgido. As cidades gregas prestaram-lhes honras dignas dos deuses, similares àquelas que tinham previamente dispensado aos reis mais importantes. Surge entre os romanos um fascínio por Alexandre, o Grande. Dizia-se que Pompeu havia usado o manto de Alexandre em um de seus triunfos; César supostamente havia chorado diante de uma estátua do rei macedônio, pois tinha realizado tão pouco até a idade com a qual Alexandre morrera; Otaviano prestou uma homenagem diante do enorme túmulo de Alexandre no centro de Alexandria. Em retrospecto, vemos o papel do imperador emergindo das ações desses indivíduos. Curiosamente, surge primeiro nas províncias, onde a necessidade de coordenação da arrecadação fiscal e poder militar sobre grandes regiões era extremamente óbvia. A certa altura ficou estabelecido que o poder controlador dos imperadores aplicava-se à amarga divisão da política na capital. O império, em outras palavras, tinha salvo (e tomado) a cidade.

De modo mais concreto: a experiência dos anos 70, 60 e especialmente 50 tinha criado uma série de inovações institucionais que abririam importantes precedentes para os imperadores. Primeiro, os governadores (ou seus equivalentes) podiam agora ser de fato nomeados, e não eleitos, e ainda de um modo que os isolava do papel habitual de um magistrado civil. Em segundo lugar, a eficiência de um comandante que coordenava operações sobre áreas geograficamente vastas e de exércitos enormes fora demonstrada. O discurso de Cícero, *Sobre o Comando de Cneu Pompeu*, fornece inclusive uma declaração explícita nesse sentido, constituindo-se o primeiro esboço de uma ideologia imperial.

Terceiro, grandes exércitos eram agora recrutados e comandados, posicionados e reagrupados de uma maneira sobre a qual o Senado e o povo não tinham efetivamente influência. Por fim, sistemas de arrecadação de renda tinham, de um modo um tanto fragmentário, começado a se ajustar às necessidades do Estado imperial. Muitos se ressentiram dessas inovações, principalmente os senadores que não seriam beneficiados. Contudo, elas seriam imitadas e adaptadas durante os anos de guerra civil que se seguiriam, fornecendo inspiração pelos anos à frente. Como ditador, César deu início a grandes empreendimentos coloniais para acomodar seus veteranos e planejou guerras contra a Pártia e a Dácia na mesma escala que a de Pompeu contra Mitrídates. Antônio e Otaviano instalaram seus veteranos ao redor do Mediterrâneo. Sempre que havia apenas um supergeneral em cena — Pompeu nos anos 60, César nos anos 40 e Otaviano após Áccio —, as ações militar e política romanas rapidamente alcançavam nova consistência. A partir do caos do Império Republicano, Roma caminhara como sonâmbula para a autocracia militar, e acabou dando certo.

Guerra civil

Crasso perecera em 53 a.C. no rastro de Canas. Em 50 a.C., tanto Pompeu quanto César preparavam-se para a guerra. Talvez o pacto entre os dois grandes generais fosse inerentemente instável. A aliança pelo casamento tinha terminado em 52 com a morte de Júlia, a esposa muito mais jovem de Pompeu e filha de César. E depois houve os esforços de mais da metade do Senado para alimentar a desconfiança e o ciúme. A guerra foi travada principalmente nos Bálcãs. Derrotado em Farsalo, em 48, Pompeu fugiu para o Egito, o último grande reino sem ter ainda sucumbido às armas romanas. Lá foi morto em um atentado premeditado pelos que estavam no poder para ganhar as boas graças de César. O próprio César passou boa parte do tempo entre Farsalo e seu assassinato, em 44 a.C., perseguindo os partidários de Pompeu. Era, no entanto, mais fácil dominar as províncias que a capital. Apesar de conceder anistia à maioria dos antigos inimigos, promover jogos e construções monumentais na cidade de Roma, César não conseguiu reagrupar Roma ao seu redor. A política não havia se descomplicado mais que nos anos 50, e nem César nem ninguém sabia muito bem como sua posição poderia ser institucionalizada. Muitos dos envolvidos na conspiração que levou a seu assassinato nos Idos de Março, em 44 a.C., eram antigos partidários de Pompeu, mas a euforia inicial diminuiu quando ficou claro que eles não tinham nenhuma solução para os males de Roma. Além disso, o exército e os seguidores de César não podiam perdoar o assassinato.

Seguiu-se um período de falsa paz. Mas, em menos de dois anos, a guerra civil tinha recomeçado, desta vez com o herdeiro de César, Otaviano, aliado ao substituto de César, Marco Antônio, contra os "libertadores" Bruto e Cássio. Estes dois morreram após uma derrota em Filipos, em 42 a.C. Otaviano e Antônio quase trocaram socos no ano seguinte, mas um novo pacto acabou sendo negociado na ocasião e cada qual ficou com seu grande comando. Mas nem Otaviano nos Bálcãs nem Antônio em uma campanha contra a Pérsia foram muito bem-sucedidos, e o equilíbrio de poder permaneceu inalterado. O último filho de Pompeu, Sexto, sobreviveu até 36 a.C. Depois disso, todos eram cesáreos, e foi apenas questão de tempo antes de irromper o conflito entre Otaviano e Antônio. Desde 33 a.C., havia uma guerra de propaganda a pleno vapor, e, em 31, os dois lados se envolveram no noroeste da Grécia, na Batalha de Áccio, que deu a vitória a Otaviano. Como Pompeu antes deles, Antônio e Cleópatra foram para o Egito, onde ambos cometeram suicídio em 30 a.C. Novamente havia apenas um único comandante supremo na área.

A política doméstica da última geração da república encontra-se documentada em detalhes pela correspondência de Cícero e também pelas obras de Salústio e César escritas nos anos 40. Historiadores contemporâneos estavam também cientes da importância desse período, mas pouquíssima coisa sobreviveu do relato deles. Tem sido um dos principais objetivos da pesquisa recente tentar recuperar sua perspectiva.[5] Escritores do período imperial, entre eles o biógrafo Plutarco e os historiadores Apiano e Dio, tiveram acesso a histórias que estão agora desaparecidas, tendo-as utilizado para escrever vigorosas narrativas do que sabiam ser os últimos dias da república.

Todos esses relatos concentram-se na luta entre personalidades: Mário *versus* Sila; a ditadura de Sila; a competição entre seus imediatos Lúculo, Pompeu e Crasso; os golpes malsucedidos de Lépido e Catilina; a aliança entre

Pompeu, César e Crasso nos anos 50 e, por fim, uma série de guerras civis: Pompeu *versus* César, assassinos de César *versus* Otaviano e Antônio, Otaviano e Antônio *versus* Sexto, filho de Pompeu, e finalmente Otaviano *versus* Antônio. Contada desse modo, com frequência a história das províncias parece periférica. Na realidade, havia alguns historiadores de visão universal na tradição de Políbio, mas quase nenhuma de suas obras sobreviveu.[6] Perdida em grande parte está a obra histórica do filósofo Posidônio, que começava onde Políbio parou, narrando os acontecimentos até a década de 80. Tal como Políbio, ele conhecia os maiores romanos da época e viajara bastante pelo interior do império. Os fragmentos de sua obra mostram que pensou muito sobre a natureza do Império Romano.[7] *Biblioteca*, de Diodoro, é a última grande obra composta antes de Áccio, ou a última que sobreviveu. Pelo que podemos dizer, essa geração de observadores das províncias aceitavam a dominação romana, cujo vigor tinha de tal forma espantado Políbio, embora achassem o mundo romano muito precário para se viver. Muito dependia de uma comunidade escolher ou não o lado certo em uma guerra civil, atrair o apoio do vencedor, ou então se ver enredada em um conflito originado longe de casa. O mesmo quadro emerge de extensas inscrições gravadas por cidades orientais, registrando homenagens prestadas a um ou outro general romano, na esperança de se manterem sob suas graças. Os súditos de Roma apresentam-se, em grande parte da história da guerra civil, principalmente em papel subordinado. O norte da Grécia foi cenário de três grandes guerras civis nos anos 40 e 30; a Ásia teve de pagar pelos exércitos recrutados por Bruto e Cássio; o Egito foi obtido por Otaviano quase acidentalmente, porque Cleópatra havia escolhido o aliado errado. Algumas cidades fizeram boas opções de modo consistente, outras não — Esparta e Afrodísias foram excepcionalmente afortunadas, enquanto Atenas pareceu incapaz de escolher alguém vitorioso (mesmo após Áccio). Some-se a isso que as guerras civis romanas proporcionaram oportunidades para velhos inimigos ajustarem as contas — dentro de cidades ou entre elas —, e mesmo para países estrangeiros, como a Pártia, tirarem vantagem. Episódios de paz podiam significar confisco de terra e a imposição de colonos. E, quando a rivalidade entre generais romanos resultava em grandiosas guerras estrangeiras nos confins da Europa temperada ou nas fronteiras persas, aliados e súditos eram arrastados com eles. Tudo isso é exatamente o que presumíamos. As províncias de um império são genuinamente periféricas; a história delas é sempre dirigida para conflitos na metrópole, como tem sido em tempos mais recentes de Eritreia a Cuba.

É provável que a queda da república tenha sido uma boa notícia para muitos habitantes das províncias, nem que apenas pelo fato de os imperadores terem uma visão a longo prazo e acabarem preferindo governar em parceria com as elites provinciais.[8] Por certo, o impacto da autocracia augustana é imediatamente visível nas obras que sucederam a de Diodoro, entre elas a vasta história de Lívio, as *Antiguidades* de Dionísio de Halicarnasso e a *Geografia* de Estrabão. A paz no centro tornava o próprio império mais previsível, permitindo às comunidades da província, bem como a seus líderes, planejar a longo prazo, e investir em estratégias de lealdade e colaboração. Tácito expõe isso concisamente na conclusão de seu relato sobre as origens do principado:

As províncias não fizeram objeções ao novo estado de coisas. Pois suspeitavam do império do Senado e do povo devido à rivalidade entre os homens mais poderosos e à ganância dos magistrados, contra os quais as leis não davam proteção, pois eram corrompidos pela violência, pela ambição e, sobretudo, pelo suborno.[9]

Conquista ilimitada

A mesma geração que despedaçou Roma em guerras civis foi também responsável pelo período mais dramático da expansão romana. Vastos exércitos marchavam em todas as direções, sob qualquer pretexto. Atingiram o Oceano Atlântico e o mar Cáspio, mergulharam profundamente na Europa temperada e desafiaram o maior império da época: a Pérsia parta.[10] Grandes áreas territoriais foram anexadas, o número de províncias aumentou consideravelmente, e colônias militares foram disseminadas pelo Mediterrâneo. Também houve derrotas espetaculares: a invasão da Pártia por Crasso em 53 a.C. terminou com 20 mil romanos mortos e 10 mil capturados. Houve ainda derrotas catastróficas na Germânia, mais dramaticamente a perda de três legiões inteiras em 9 d.C., durante uma batalha de três dias na Floresta de Teutoberger, perto da atual Osnabrück.

Outras grandes campanhas estiveram a um passo de acontecer. Os bastarnos do norte dos Bálcãs derrotaram o governador da Macedônia, Antônio Híbrida, em 62 a.C. A correspondência de Cícero do início dos anos 50 mostra-o apreensivo com relação a Burebista, rei dos dácios, no que é agora a Romênia, que passou grande parte do último século antes de Cristo criando uma grande federação tribal de povos. Aulo Gabínio, que tinha servido sob o comando de Sila, Lúculo e Pompeu, foi procônsul da Síria entre 57 e 54 a.C.: usou-a como base para impor um novo rei ao Egito e intervir na política da Judeia. Durante o mesmo período, a Cirenaica entrou e saiu da influência romana. Criaram-se argumentos elaborados para justificar esta ou aquela campanha, mas não há dúvida de que o fator principal era a competição entre os mais poderosos homens do Estado. O colapso da autoridade do Senado, a criação de supercomandos e, principalmente, o sucesso de Pompeu haviam alterado as regras do jogo. E não importava que se corressem riscos absurdos, pois, se um general fracassasse, sempre haveria outro à espera para tomar seu lugar.

Porém, os ganhos superavam as perdas. Quando Sila morreu em 79 a.C., Roma tinha acabado de recuperar a posição de poder dominante no mundo mediterrâneo. Forças romanas controlavam a Itália até os Alpes e a maior parte, senão a totalidade, das planícies costeiras do Mediterrâneo ocidental. A leste do Adriático, ela controlava partes dos Bálcãs e a província da Ásia. Quando da morte de Augusto em 14 d.C., quase um século mais tarde, o império territorial flanqueava o Atlântico da foz do Reno ao estreito de Gibraltar, cercando o Mediterrâneo (Nosso Mar, como os romanos passaram a chamá-lo) em um anel de províncias e reinos clientes. O mar Negro também era praticamente um lago romano, e a Anatólia e o Oriente Próximo estavam sob controle de Roma. Ao sul, a fronteira corria no limiar do Saara, estendendo-se para a fronteira meridional do Egito. O limite oriental era fixado pelo Eufrates e por uma linha que incluía a maior parte da Anatólia. Suas fronteiras ao norte eram o Reno e o Danúbio. A maior parte dessa área era administrada através das províncias, o restante por meio de reinos clientes controlados de perto por Roma. A maior parte dessa vasta extensão tinha sido adquirida durante o período em que Pompeu, César e enfim Otaviano/Augusto haviam liderado o Estado.

Leitura adicional

Muitas narrativas e um grande número de romances contam a história da vida das grandes figuras dos últimos dias da república. É também um período que emerge com nitidez de antigos escritos. As vidas de Sila, César, Pompeu, Cícero, Crasso, Lúculo e outros personagens escritas por Plutarco oferecem uma introdução tão vigorosa a esses personagens quanto qualquer estudo moderno. Melhor ainda, *Comentários sobre a Guerra Gálica*, de César, e *Cartas*, de Cícero, apresentam um testemunho efetivamente contemporâneo dos acontecimentos dos anos 50. *A Conspiração de Catilina*, de Salústio, apresenta uma visão da grande crise do consulado de Cícero escrita nos anos 40 a.C., quando o final da república ainda não estava à vista.

Uma era dominada por grandes homens é naturalmente um presente para os biógrafos. *Sulla: The Last Republican*, de Arthur Keaveney (2ª ed., Londres, 2005), é ao mesmo tempo erudito e animado. *Pompey the Great: A Political Biography*, de Robin Seager (2ª ed., Londres, 2002), é um clássico. Cícero e César têm atraído biógrafos excelentes. Para uma vigorosa evocação de cada uma dessas figuras, recomendo *Cicero: A Portrait*, de Elizabeth Rawson (Londres, 1975), e *Caesar: The Life of a Colossus*, de Adrian Goldsworthy (Londres, 2006).

Muitas das interpretações da política romana feitas por Ronald Syme têm sido contestadas, mas seu *Roman Revolution* (Oxford, 1939) é uma leitura absorvente e também, a seu modo, um interessante documentário de sua época. Nossa melhor testemunha do imperialismo da época dominada por Pompeu e César é Cícero. Seus pensamentos e palavras sobre o império são discutidos de forma lúcida em *Cicero, Rhetoric and Empire*, de Catherine Steel (Oxford, 2001). A maioria dos escritores antigos apresenta essa crise como uma tragédia romana, embora acreditem que ela tenha sido compartilhada com a totalidade do mundo mediterrâneo. *Historiography at the End of the Republic*, de Liv Yarrow (Oxford, 2006), é um exercício sutil e original de passar em revista o colapso da república a partir do limiar do império.

O DIVERTIMENTO E A VIDA CULTURAL DO IMPÉRIO

> Já que nós agora governamos essa raça de gente entre quem a civilização não apenas surgiu, mas da qual se acredita que tenha se espalhado para todos os outros povos, temos obrigação de transmitir seus benefícios a eles, assim como um dia os recebemos de suas mãos. Pois não me envergonho de dizer, ainda mais por minha vida e feitos serem prova suficiente de minha energia e seriedade, que tudo que realizei devo ao aprendizado e à cultura que nos foram passados nos clássicos e na filosofia da Grécia.
>
> (Cícero, *Carta ao Irmão Quinto* I.I.27)

A última geração da república livre

Os romanos que viveram entre as ditaduras de Sila e César habitavam o que, sob certos aspectos, era um mundo novo. A Itália era agora uma península cheia de cidadãos romanos, uma terra privilegiada e próspera cercada por províncias submissas. A esfera imperial do povo romano expandia-se mais rápido que nunca. Sua cidade transformava-se ano após ano; os monumentos de mármore, como o Teatro de Pompeu, erguiam-se sobre os antigos templos de tufa calcária. O principal beneficiário da expansão imperial foi a aristocracia

Figura 11. Teatro de Pompeu.

romana.[1] Ficou mais rica do que nunca e, com essa riqueza, criou uma vida de luxo para si mesma.

Os aristocratas romanos, em busca de instrução e cultura elevada, retornaram a Atenas logo após o saque de Sila. Um navio naufragado, encontrado há um século por mergulhadores de esponjas junto à Ilha de Antiquitera, na extremidade sul da Grécia, revelou uma carga de estátuas extraordinárias, além de outros tesouros, em rota para a Itália. Escavações das luxuosas casas campestres construídas no último século antes de Cristo mostram os prováveis destinos dessas cargas. Mansões ancestrais na cidade tinham sido reconstruídas em escala cada vez mais ampla desde o século VI, mas, desde o final do século II, os aristocratas romanos tinham começado a expandir o portfólio de suas propriedades. Cícero estava longe de ser o mais rico dos senadores, mas mesmo ele possuía oito vilas. A elite romana adquiria retiros de verão em cidades serranas, como Tívoli e Túsculo, e palacetes no litoral, não muito longe da cidade. O movimento para investir os lucros do império em viticultura e outras culturas intensivas os tinha levado a adquirir grandes fazendas na Úmbria e na Toscana. No último século, pelo menos algumas, como Settefinestre, eram também agradáveis residências. O mais esplêndido eram os *palazzos* de frente para o mar ao longo da baía de Nápoles.[2] Os proprietários mais ricos construíam retiros que se esgueiravam sobre o mar, equipados com elegantes aposentos para lazer, salas de jantar para uso no verão e no inverno, banheiros privativos e lagos com peixes, além de bibliotecas e jardins adornados com obras de arte importadas do mundo grego. Entre os bronzes e os mármores também havia tesouros humanos, como intelectuais e artífices. Alguns tinham chegado a Roma em grilhões, outros haviam sido atraídos pelos presentes concedidos a arquitetos e artistas, a professores e escritores de todo tipo, como filósofos, poetas, críticos e historiadores.[3] Os moralistas romanos continuavam preocupados com o luxo: mas agora o que era tido como luxo era diferente. Construir um teatro provisório com mármores coloridos importados e depois reutilizá-los em uma casa urbana era luxo. Cícero considerava que levava uma vida de moderação.

Essa geração foi a mesma que testemunhou o colapso de sua sociedade civil. Muitos dos que possuíam as casas mais grandiosas morreriam nas guerras civis; na verdade, algumas dessas casas ricas mudavam rapidamente de mãos quando os proprietários eram proscritos. Mas essa mesma elite — por meio de uma mistura entre clientelismo e a própria atividade criativa — presidiu o período formativo da cultura intelectual romana. E, pelo menos agora, podemos observá-la em nítido detalhe, em parte devido às esplêndidas residências e monumentos que construiu, mas graças também à sobrevivência dos escritos de Marco Túlio Cícero e seus contemporâneos.

Vida imperial

Cícero nasceu em 106 a.C., no seio de uma rica família romana da cidade de Arpino, no planalto volsciano, a pouco mais de 100 quilômetros a sudeste de Roma.[4] Arpino fora governada por Roma desde o final do século IV, e seus habitantes já eram cidadãos bem antes da Guerra Social, mas esse ambiente municipal só deixou Cícero mais ávido para se integrar e se adaptar. Sua política foi também muito mais tradicional que a dos radicais de sangue azul, como Júlio César e os irmãos Graco. Educado em Roma, prestou o serviço militar como qualquer outro jovem equestre, viajou pela Grécia, tendo estudado lá, e passou a aceitar casos legais. Oradores romanos não cobravam honorários para representar seus clientes, mas, quando se saíam bem, conquistavam uma gratidão que poderia ser convertida em apoio futuro. Além disso, casos legais desse período envolvendo a aristocracia adquiriam, não raro, caráter político. Os primeiros casos de Cícero foram escolhidos para alinhá-lo com os críticos da ditadura de Sila. A estratégia deu frutos, e ele foi eleito questor para 75 a.C.: era uma magistratura menos importante, mas que o tornou senador para o resto da vida. Ser o primeiro em sua família a conquistar esse tipo de cargo significava que, assim como Mário antes dele, era um *novus homo*, um homem novo. Isso não era incomum. O Senado estava sempre aberto a sangue novo, mesmo que a proscrição e a guerra civil não tivessem criado vagas.[5] Ser um homem novo era uma posição que ele pôde explorar do início ao fim de sua carreira, descrevendo a si próprio, quando convinha, como um pé de chinelo. A questura levou-o à Sicília, para uma experiência direta com um governo provincial romano. Muitos de seus primeiros casos envolveram acusações de corrupção de governadores. Defendeu alguns, outros — como Verres — acusou.

Eleito pretor em 66 a.C., Cícero falou persuasivamente em prol da transferência do comando contra Mitrídates para Pompeu. Em 63, era cônsul — um avanço significativo —, e teve de lidar com a tentativa de golpe de Catilina. Apoiado na época em sua decisão de executar os supostos conspiradores, o fato voltaria a assombrá-lo, e ele foi brevemente exilado em 58. O consulado foi o ponto alto de sua influência. A política romana nos anos 50 girou em torno da aliança entre Pompeu, César e Crasso. Cícero não estava disposto a apoiá-los e tentara (sem êxito) quebrar o pacto. Durante algum tempo, foi forçado a deixar Roma para servir como governador da Cilícia. Durante a guerra civil entre Pompeu e César, tentou manter-se neutro; enfim optou pela causa de Pompeu. O perdão de César colocou-o sob obrigações que efetivamente o expulsaram da vida pública até depois do assassinato deste nos Idos de Março de 44 a.C. A maior parte de seus escritos filosóficos foi realizada no final dos anos 50, quando esteve afastado da política, bem como no último ano da ditadura de César e nos oito meses que se seguiram à sua morte. Cícero ficou amargamente desapontado quando o assassinato de César não restaurou as liberdades republicanas tradicionais, como ele as entendia. Em uma oposição feroz a Marco Antônio, tentou estabelecer Otaviano como contrapeso. Mas, quando os dois formaram uma aliança, Cícero foi proscrito, sendo encurralado e morto em dezembro de 43 a.C. Suas mãos e cabeça foram exibidas no fórum sobre a rostra, como sombria advertência dos perigos da liberdade de expressão.

Como toda a sua geração, Cícero avançou na carreira à sombra do império. O império e a Guerra Social tinham transformado as classes proprietárias da Itália romana na elite de uma nação imperial.[6] Impérios modernos costumavam recrutar seus administradores nas classes médias instruídas. A participação externa no governo do império garantia-lhes um estilo de vida melhor e mais *status* do que podiam esperar desfrutar em casa. Aproximavam-se dos negócios do império como funcionários e burocratas, seguindo regulamentos e memorandos. Muitos tornavam-se servidores profissionais do império, e alguns nunca retornavam. O império romano era diferente. Os aristocratas desempenhavam função de direção em seu governo com a ajuda de membros da família, amigos e escravos. A conduta de governadores, generais e procuradores era guiada antes por princípios de ética e costumes que por ordens regulares e protocolos. E seus olhos permaneciam fixos no grupo de amigos e parentes que tinham na sua cidade; não se "tornavam nativos".

Cícero ajustou-se perfeitamente a esse padrão. Os governadores romanos podiam exibir justiça e prudência, energia e competência, mas causaria certo espanto se algum deles preferisse um posto no estrangeiro a voltar a viver em sua cidade. O que esperavam trazer para casa era uma boa reputação (*fama*); o apoio e a gratidão de comerciantes romanos, coletores de impostos proeminentes ou outros aristocratas; talvez até algum apoio de cidades ou pessoas eminentes da província; e, naturalmente, dinheiro. Roubo, ameaças e suborno eram ilegais, mas havia outros meios legais, ainda que dúbios, de extrair dinheiro de gente da província, como o empréstimo de dinheiro com taxas de juros extorsivas. Cícero evidentemente tentou imitar governadores famosos, como Quinto Múcio Cévola, o *Pontifex*, procônsul da Ásia em 94 a.C. e autor de um édito exemplar que estabelecia os princípios do bom governo. Mas, nas condições alteradas dos anos 50, essa postura de Cícero só lhe trouxe dores de cabeça.

Cícero experimentou o império sob diversas perspectivas.[7] Como magistrado novato com responsabilidades financeiras na Sicília, ora sentia admiração pelas cidades gregas de sua província, ora se sentia frustrado por elas. Mais tarde na vida, teve de experimentar os compromissos necessários de um governador, sendo forçado a equilibrar os interesses da justiça com os de seus poderosos amigos romanos. Como advogado, teve oportunidade de falar apaixonadamente em nome dos colonos romanos e dos aliados contra a corrupção, e também de insistir para que os jurados não dessem crédito a testemunhos não romanos contra a palavra de governadores, que eram nobres e romanos. Sua obra *Discursos Contra Verres* mostra que são condenações brutais do abuso de poder, as palavras em defesa dos governadores Flacco e Fonteio flertam com os mais grosseiros preconceitos étnicos. A maioria dos problemas com que ele se defrontou como político pareceram também (para nós) derivar-se do império. Um conjunto de questões provinha do efeito desestabilizador de influxos maciços de riqueza, desigualmente distribuída entre políticos rivais e classes sociais, alimentando assim o suborno e a dívida social, que se encontravam por trás do golpe de Catilina e do poder de Crasso, Pompeu e César. Outras crises políticas foram produto do fracasso da república em manter a segurança no Mediterrâneo.

Na verdade, Cícero não via as coisas assim. Em seus discursos — tanto nos tribunais quanto no Senado —, concentrava-se repetidamente nas deficiências (ou méritos) pessoais dos indivíduos envolvidos. Os interesses do povo romano seriam mais bem servidos se homens como Verres fossem punidos como mereciam e homens como Pompeu recebessem o poder de que precisavam para colocar seu excepcional talento a serviço do interesse público. Cícero não via conflito necessário entre os interesses do povo romano e os de seus súditos. Um trecho de seu tratado *Sobre os Deveres* afirmava que, antes de Sila, o domínio romano sobre seus aliados fora mais um *patrocinium* (patrocínio ou proteção) que *imperium* (domínio imperial):[8] não havia razão por que essa mudança não pudesse ser revertida. Uma carta aberta ao Irmão Quinto, oferecendo ostensivamente conselho sobre o governo da Ásia, admitia as tensões que podiam surgir entre súditos e coletores de impostos, mas recomendava apenas que todas as partes fossem estimuladas a se comportar bem.[9] A ideia de que algumas pessoas eram governantes naturais e outras naturalmente vassalas era tão antiga quanto a notória justificativa dada por Aristóteles à escravidão. Em *Sobre os Deveres*, no entanto, Cícero argumentava que o curso ético era sempre de fato o mais vantajoso. Os problemas do império republicano derivavam de deficiências morais, não de conflitos fundamentais de interesse ou de fracassos sistêmicos. Exigiam (não mais que) uma solução moral.

Podemos fazer dois tipos de objeção a isso. Primeiro, há uma falta impressionante de análise de problemas estruturais. Não era óbvio que contratar com particulares a arrecadação do Estado levaria a visões de curto prazo e abuso? Não era evidente que recrutar exércitos imensos sem nenhum provimento para sua desmobilização final causaria problemas? A resposta a ambas as perguntas deve ser sim, nem que seja pelo fato de esses problemas terem sido pouco depois formulados e resolvidos exatamente nesses termos. Sob o principado, o dever de cobrar tributos foi em grande parte devolvido a autoridades locais: talvez elas não fossem menos gananciosas, mas sem dúvida tinham um interesse de longo prazo na estabilidade de suas regiões. Desde Augusto, os soldados passaram a ser recrutados por períodos fixos, sendo dispensados antes individualmente que por destacamento, e foi estabelecida uma verba militar para bancar a desmobilização. É impossível saber se Cícero *não* via esses problemas ou se simplesmente não os queria ver.

Segundo, a preocupação de Cícero com os súditos do império ficava muito aquém de uma vocação imperial por outra razão. Parece evidente que os romanos do tempo de Cícero estavam muito longe de ter uma ideia de império no sentido moderno.[10] Um corolário era que súditos e estrangeiros eram tratados exatamente da mesma maneira. Ambos os grupos, por exemplo, enviavam embaixadas, ambos podiam estar sujeitos a comandos, nenhum tinha uma participação reconhecida no Estado romano ou a reivindicação de ser consultado por ele. Os romanos governavam bem porque era de sua natureza fazê-lo, não por respeito aos direitos dos demais. O termo *imperium* não foi usado em sentido territorial senão no reinado de Augusto: até então, significava comando e o poder de executá-lo.

Cícero não é nossa única testemunha do imperialismo republicano, mesmo que seja nossa melhor testemunha. Se o compararmos a outros escritores do período, é possível ver como seus pontos de vista eram convencionais. Salústio, ao escrever sobre história nos anos 40, também viu a ascensão de Roma acompanhada de um colapso da moralidade, tendo atribuído tanto a guerra na periferia quanto o conflito no centro às deficiências morais dos governantes de Roma.[11] Lívio, tendo escrito um pouco mais tarde, parece ter contado uma história semelhante. Cícero expressa perfeitamente a postura ideológica da elite romana — uma postura determinada a não ver um choque entre seus desejos e os interesses do Estado, ou entre os interesses romanos e a justiça global. O que não significa que não pudessem nutrir a ideia de que o governo romano era banditismo em grande escala. Salústio criou uma esplêndida carta fictícia enviada por Mitrídates ao imperador parta condenando o imperialismo romano:

Você sabe que os romanos só viraram suas armas nessa direção após o oceano impor um limite a seu avanço para o Ocidente? Desde o início dos tempos, eles nunca possuíram nada que não tivessem roubado — pátria, esposas, terras, império. Outrora um grupo de vagabundos sem eira nem beira, a fundação de sua cidade foi uma praga para o mundo inteiro. Nenhuma lei, humana ou divina, pode impedi-los de atacar aliados e amigos, povos vizinhos e raças distantes, pobres e ricos, sem distinção. Tratam como inimigo tudo o que não está sujeito a seu comando, e principalmente reis.[12]

A habilidosa inversão dos mitos da origem de Roma — o asilo de Rômulo, as mulheres sabinas e a colonização troiana da Itália — e alusões verbais a Varro e outros revelam que se trata de um pastiche dirigido a leitores romanos. Eles pareciam gostar dessas caricaturas do império, já que Tácito e autores imperiais de sátiras também produziram textos antirromanos desse gênero. Contudo, uma crença na justiça essencial do domínio romano era indispensável para manter o mandato divino. O que emerge de todos esses textos são os primeiros sinais de uma ideologia universalizante. A ideia de que Roma era benfeitora do mundo inteiro é um exemplo; as comparações com Alexandre e o uso do imaginário geográfico para resumir o império são outro.[13] Para Cícero e seus pares, esse universalismo não era apenas uma questão de política. Também fazia parte de um impulso para moldar uma visão não apenas romana, mas universalizante, da cultura clássica.

Vida intelectual grega em Roma

A geração de Cícero não criou nem a literatura latina nem a ideia de um cânone educacional especificamente romano, mas deu a ambos o que se tornariam suas formas clássicas. Como a maioria dos povos do antigo Mediterrâneo, os romanos tinham vivido durante séculos em um mundo onde cultura significava cultura grega. As primeiras obras escritas em latim destinavam-se à *performance* — as peças de Plauto, o hino de Lívio, os discursos de Catão.[14] Desde o início do século II a.C., algumas obras históricas e antiquárias foram produzidas em latim: Catão também abriu o caminho nesse caso. Contudo, muitos autores romanos continuavam a escrever em grego, sendo a filosofia, a retórica, a geografia, a medicina e a ciência acessíveis apenas a leitores de grego. Não sabemos muito bem quantos romanos estavam interessados não só por filosofia, mas por alguns desses outros temas, antes de meados do século II a.C. A criação de uma cultura literária latina abrangente e autossuficiente começou nos anos 60 a.C.[15]

A questão não era o acesso ao conhecimento grego. Havia cidades gregas na Itália central desde o Período Arcaico, e a influência de artigos importados, imagens e ideias que vinham delas era, em certo sentido, ubíqua. As antigas cidades do Egeu eram também fáceis de alcançar. Píctor viajou para Delfos, e Catão deve ter tido acesso a muitos livros gregos enquanto escrevia *Origens*, sua narrativa das italianas. Os primeiros poetas épicos latinos estavam bem cientes não apenas de Homero, mas dos muitos comentários críticos e filosóficos gregos mais tardios sobre sua obra. Durante o longo exílio de Políbio em Roma e sua subsequente residência voluntária lá, ele usara a biblioteca dos reis da Macedônia, trazida como despojo por Emílio Paulo após a Batalha de Pidna. O fato de Paulo ter trazido a biblioteca sugere o interesse pela cultura grega já no início do século II. E provavelmente esse interesse não era novo.[16] Em meados do século II, alguns gregos parecem ter percebido que a elite romana estava especialmente interessada em filosofia. Atenas mandou uma embaixada ao Senado, em 155, que incluía chefes de escolas filosóficas estoica, epicurista e peripatética. O filho de Paulo, Cipião Emiliano, foi patrono não apenas de Políbio, mas também do estoico Panécio, de Rodes. Ambos os estudiosos passaram um período com ele em Roma e o acompanharam em suas viagens. Mas o número total de intelectuais gregos realmente residentes em Roma continuou sendo pequeno até as Guerras Mitridáticas. Talvez o mesmo se aplicasse ao número de romanos genuinamente interessados no que eles tinham a oferecer.

As coisas começaram a mudar no final do século II. Um indício da atração pelas coisas gregas foi o novo interesse pela baía de Nápoles, onde as cidades de Cumas e Nápoles eram as cidades gregas mais próximas de Roma.[17] Roma tinha criado um punhado de colônias na Campânia na década de 190. Breves relatos contam que alguns membros da família Cipião já possuíam casas lá no início do século II. Contudo, as primeiras vilas descritas como de fato espetaculares datam do início do último século antes de Cristo: o retiro campânio de Mário, construído nos anos 90 a.C., é um dos primeiros exemplos certos. Nos anos 60 e 50, o litoral estava repleto desses extraordinários complexos de prazer, imagens dos quais sobrevivem nas pinturas murais de Pompeia, lugares que deixaram fulgurantes traços arqueológicos. O imperador Augusto passava o que eram, com efeito, férias nessa área, reservando-lhe jogos, diversões e vestimentas gregas, em contraste com o tradicionalismo romano, um tanto mais severo, que exibia em casa. O retiro de Tibério em uma ilha em Capri — talvez pelo acesso ser tão difícil — inspirou várias histórias de crueldade tirânica e depravação. A baía de Nápoles tornou-se o *alter ego* grego da Roma imperial.

Jovens aristocratas eram agora mandados regularmente para serem educados nas antigas cidades do mundo egeu. Atenas era o destino principal, mas havia também diversos visitantes em Rodes, que se tornara um importante centro para instrução em retórica e filosofia. Ambas as cidades já atraíam rapazes de outros Estados gregos. Agora jovens romanos começavam a se juntar a eles. Cícero e o irmão estavam em Atenas em 79 a.C., assistindo às aulas do grande filósofo acadêmico Antióquio de Ascalon, um cliente de Lúculo. Os dois estavam em meados da casa dos vinte. Depois foram visitar Rodes e Esmirna. Júlio César estudou em Rodes alguns anos mais tarde. Algumas dessas visitas parecem premeditadas, para evitar situações políticas difíceis em Roma,

Figura 12. Um dos afrescos das paredes no *cubiculum* (quarto) da vila de P. Fânio Sinistore, em Boscoreale.

e outras provavelmente também serviram para afastar rapazes ricos das tentações da cidade. Mas elas deixavam uma impressão duradoura. As reminiscências de Cícero de sua descoberta sobre a Grécia quando jovem evocam algo do Grande Giro por locais clássicos e renascentistas da Itália empreendido por europeus ricos, entre fins do século XVII e início do XIX, como último estágio de educação cultural.

Os verões na Campânia e as viagens de caráter educativo à Grécia lançam uma nova luz sobre Roma. Escritores romanos da era de Cícero estavam agudamente conscientes de que, quando entravam em uma biblioteca, quase todos os livros estavam em grego. A maioria das melhores bibliotecas de Roma tinha um dia reservado a reis helenísticos. Cícero e muitos outros usaram a biblioteca instalada por Lúculo em seu retiro na cidade serrana de Túsculo.[18]

Estudiosos, tanto gregos quanto romanos, fizeram uso das coleções de Lúculo. Deslizamentos de lama da erupção do Vesúvio em 69 d.C. soterraram a elegante mansão de Herculano, hoje conhecida como Vila dos Papiros em virtude de uma grande coleção de obras filosóficas nela resgatadas. É provável que a vila pertencesse a Calpúrnio Piso, sogro de César, que foi cônsul em 58, tendo Gabínio como colega. Os longos contornos de seus lagos ornamentais ladeados por bronze bem como sua exuberante arquitetura de mármore foram reproduzidos por J. Paul Getty em Malibu, na década de 1970, sendo agora novamente recriados em uma fascinante reconstrução digital.[19] Sua biblioteca de obras filosóficas foi uma relíquia da longa estadia do polímato grego Filodemo de Gadara, que escreveu sobre estética e crítica literária, bem como sobre epicurismo.[20]

O manual de Vitrúvio, *Sobre Arquitetura*, confirma o que as mansões vesuvianas sugerem, ou seja, que o romano rico incorporava deliberadamente a suas residências espaços destinados a evocar a cultura grega, e que eles eram com frequência designados por nomes gregos: *oecus* era a sala de jantar grega; *peristylum*, o jardim grego; *bibliotheke* era o termo regular para biblioteca. Muitos desses aposentos e termos não correspondiam muito exatamente ao que a arqueologia mostra de fato ter existido em cidades contemporâneas do Mediterrâneo oriental, como Atenas e Éfeso. Os romanos não estavam tentando recriar um mundo grego contemporâneo na Itália. O retiro de Cícero, em Túsculo, incluía duas áreas que ele chamava de *ginásios*, adaptando a denominação de uma típica instituição grega dedicada a exercícios físicos e à educação de homens da elite. Chamava uma dessas áreas de *liceu*, em homenagem à escola de Aristóteles; outra de *academia*, homenageando a de Platão. Sobreviveu uma série de cartas em que ele pede que o amigo Ático tente obter estátuas gregas que sirvam para decorar esses espaços.[21] Sem dúvida, sua vila perto de Puteoli tinha também muitos aposentos gregos. Mas Cícero tinha ainda um *domus* severamente romano no Palatino e provavelmente a vila tusculana possuía mais espaços romanos para outros aspectos de sua vida. Ele e seus pares não estavam tentando se tornar gregos, mas sim incorporar uma porção cuidadosamente selecionada da cultura grega à própria vida.[22]

A correspondência de Cícero menciona muitos outros escritores gregos que viveram décadas na Itália como hóspedes da aristocracia romana. Vinham não apenas de grandes centros do leste como Atenas, Rodes e Alexandria, mas também de cidades gregas na Bitínia, na província da Ásia e mesmo na Síria. De fato, de onde quer que tivessem passado generais romanos. Alguns ensinavam, mas muitos eram estudiosos residentes, criando para os patronos romanos uma atmosfera de cultura, assim como faziam os jardins planejados, com suas alamedas cobertas para discussões filosóficas entre imagens em bronze de deuses, de figuras mitológicas, filósofos e reis. Os gregos em Roma acomodaram-se a essa apropriação seletiva de sua cultura. O prefácio de uma série de obras gregas compostas nesse período louva a generosidade dos amigos romanos. O historiador Dionísio, de Halicarnasso, apresentava-se como um admirador dos romanos: encarava as semelhanças entre algumas instituições romanas e gregas e entre as línguas latina e grega como sinal de que os romanos eram de origem grega. Gabínio trouxe Timágenes, de Alexandria para Roma, como cativo em 55 a.C. Liberto e respeitado, Timágenes tornou-se durante algum tempo hóspede da casa do próprio Augusto, mas tinha a reputação de crítico feroz de Roma. Denunciaram que havia dito que a única coisa a lamentar sobre os muitos incêndios sofridos pela cidade era o fato de os prédios atingidos serem sempre substituídos em escala ainda mais generosa. Finalmente, ele se mudou para a casa de Asínio Pólio, criador de uma das primeiras bibliotecas públicas da capital. Outros cativos gregos parecem ter se adaptado mais facilmente. Tirânio de Amiso, trazido por Lúculo, foi libertado e protegido por Pompeu. Tornou-se amigo e mentor intelectual de Cícero, César e Ático, ensinando gramática e crítica literária em Roma. Vinham estudar com ele tanto gregos quanto romanos, como acontecia no caso do médico Asclepíades de Prusa. A poesia foi transformada, assim como a prosa. Partênio de Niceia, capturado em 73 a.C. durante uma guerra contra Mitrídates, era festejado em Roma e inspirou uma nova geração de poetas latinos, entre eles, Cornélio Galo e Catulo. A poética latina continuaria preocupada com a poesia amorosa e os temas mitológicos durante todo o reinado de Augusto e além dele. Havia também visitantes, alguns celebridades acadêmicas que ministravam ciclos de palestras. Posidônio de Apameia e Artemidoro de Éfeso visitaram Roma e algumas das províncias ocidentais fazendo palestras e reunindo material histórico e geográfico. A influência cumulativa sobre a cultura romana foi enorme.

Intelectuais gregos precisavam sempre de patronos. Durante os séculos III e II, encontravam-nos nas cortes reais de Alexandria, Pérgamo e Siracusa, mas no século I chegaram a Roma. A geração de romanos nascidos nos últimos anos do século II a.C. desempenhou um papel fundamental. Foram os primeiros a fazer da baía de Nápoles seu parque de diversões — metade Las Vegas, metade Margem Esquerda do Sena — e os primeiros que, quando jovens, viajaram pelo mundo egeu para estudar nas antigas cidades da Grécia. Alguns inclusive moraram lá por longo período. Um amigo de Cícero, Tito Pompônio, morou tanto tempo em Atenas que adquiriu o apelido de "Ático", e Verres fugiu das denúncias de Cícero para viver em exílio na Marselha grega. Tibério passaria anos em Rodes durante um período em que ficou malvisto na corte de Augusto. Quando campanhas no Oriente ou apenas a própria riqueza davam-lhes a chance de trazer intelectuais gregos para Roma, não perdiam a oportunidade, assim como enchiam seus navios com bronzes gregos e corriam atrás de cópias de livros gregos raros. Conheciam suficientemente bem a filosofia grega para se identificarem por escola: Cícero, o acadêmico; César, o epicurista; Bruto, o estoico, e assim por diante.[23] Inseriram citações e palavras gregas nas cartas que trocavam e em conversas.[24] Contudo, o sinal mais claro do envolvimento com a cultura grega é a determinação cultivada por alguns dessa geração em criar uma cultura intelectual equivalente em latim.

Novos clássicos para um novo império

Cícero, na introdução às *Discussões em Túsculo*, deixa bem claro que seus trabalhos filosóficos faziam parte de um projeto consciente de criar uma coleção de clássicos latinos em cada um dos grandes gêneros inventados pelos gregos.[25]

Esses assuntos que tratam do modo correto de viver — a teoria e a prática do conhecimento — são todos parte do corpo de sabedoria que é chamado de filosofia. Decidi explicar isso em um trabalho escrito na língua latina. A filosofia, certamente, pode ser aprendida de livros em grego ou, sem dúvida, dos próprios estudiosos gregos. Continuo achando que nossos escritores sempre se mostraram melhores que os gregos, descobrindo coisas sozinhos ou melhorando o que tomaram emprestado deles. Obviamente isto só se aplica àqueles campos de estudo que julgamos serem dignos de nossos esforços.[26]

As *Discussões em Túsculo* fazem parte de um conjunto de escritos sobretudo filosóficos que Cícero produziu sob a ditadura de César, ao sentir que não podia apoiar nem se opor ao homem que tinha escravizado a república, mas poupado sua vida. Túsculo foi o local do retiro filosoficamente justificado de Cícero; lá ele conviveu com senadores mais jovens que compartilhavam seus interesses políticos e culturais. Muitas das obras que produziu são dramatizadas como diálogos, lembrando os relatos de Platão dos debates de Sócrates com seus alunos, mas também apresentando o que a elite romana tinha de melhor em termos de ética e cultura refinada. De fato, as *Discussões* são dedicadas ao mesmo Bruto cuja ética teria um resultado tão sangrento. Cícero começa louvando a moralidade prática dos romanos, em relação à dos gregos, e continua argumentando que, embora os gregos possam ter precedido os romanos em muitas áreas, assim que os romanos passavam a se dedicar às mesmas atividades eles invariavelmente os sobrepujavam. A discussão dos vários gêneros da poesia romana desloca-se para a oratória. A obra de Cícero sobre oratória é apresentada como estágio fundamental na criação de um universo intelectual romano. Agora, diz Cícero, ele passará à filosofia.

O prefácio é, sob todos os aspectos, tendencioso, e a história de Cícero da cultura latina, assim como a história de Horácio da literatura latina contida em uma carta ostensivamente escrita para Augusto, tem sido às vezes encarada com demasiada seriedade. Mas é perfeitamente verdadeiro que essa geração parece ter se imaginado como responsável pelo preenchimento de lacunas na escrita latina e no conhecimento romano. Cícero não foi o único filósofo latino. A grande epopeia epicurista *Sobre a Natureza das Coisas*, de Lucrécio, estava quase completa quando ele morreu em 55 a.C. Cornélio Nepo e Ático estavam envolvidos em uma pesquisa histórica, tentando estabelecer uma cronologia definitiva para o passado romano — uma cronologia que permitisse a coordenação entre datas fundamentais da história romana e a história mundial (isto é, grega). Depois, houve as pesquisas de Varro sobre antigos elementos religiosos, as instituições romanas, a língua latina e muito mais. Nigídio Fígulo escreveu sobre gramática, sobre os deuses e a ciência. Nepo escreveu biografias de romanos famosos. Os intelectuais romanos pareciam às vezes se imaginar como homólogos das grandes figuras da literatura grega clássica. Cícero apresentava-se como o novo Demóstenes e pensava em escrever uma versão romana da *Geografia*, de Eratóstenes.

Toda essa atividade é às vezes apresentada como indício de insegurança cultural, mas também poderia ser compreendida como uma fantástica ambição. Roma havia superado os gregos no combate militar; por que não poderia fazê-lo também na literatura? Mas, quando Cícero e seus colaboradores são lidos com cuidado, fica claro que não tentavam criar um universo intelectual alternativo, paralelo e autossuficiente. Defendiam um biculturalismo eclético, uma cultivada familiaridade com ambas as línguas (*utraque lingua*, "em uma ou em outra língua", tornou-se quase um bordão) e, quando descreviam a superioridade moral e cultural que buscavam, não falavam de uma *romanitas* moldada pelo Helenismo, mas de *humanitas*, um termo que abrange a noção comum de civilização e humanidade. A cultura romana, em outras palavras, tinha uma missão universalizante. Assim como as casas romanas possuíam aposentos gregos e romanos, e a religião romana tinha espaço para deuses domésticos e estrangeiros, os valores que a última geração da república proclamava estavam além de uma ou outra cultura nacional — o que transformava a cultura romana, pelo menos como aspiração, em uma civilização verdadeiramente imperial.

Leitura adicional

Uma fascinante noção da curiosidade e energia da elite romana é transmitida por *Intellectual Life in the Late Roman Republic*, de Elizabeth Rawson (Londres, 1985). Rawson também escreveu o que continua sendo a melhor e mais completa biografia de Cícero: *Cicero: A Portrait* (Londres, 1975). Muitos dos estudos que ela produziu enquanto trabalhava nesses dois livros estão reunidos em sua coletânea de textos, *Roman Culture and Society* (Oxford, 1991). *Paideia Romana*, de Ingo Gildenhard (Cambridge, 2007), apresenta uma cuidadosa investigação do envolvimento de Cícero com os gregos.

O ambiente concreto da Itália romana é brilhantemente evocado em *Roman Italy*, de Tim Potter (Londres, 1987), e a cultura especial da baía de Nápoles, em *Romans on the Bay of Naples*, de John D'Arms (Cambridge, Mass., 1970). A história cultural de Roma é agora tema do incrivelmente abrangente *Roman Cultural Revolution*, de Andrew Wallace-Hadrill (Cambridge, 2008). Em sua essência encontra-se um exame de como os romanos referiam-se continuamente a modelos gregos e italianos à medida que se tornavam uma cultura imperial. *Romulus' Asylum*, de Emma Dench (Oxford, 2005), explora um pouco do mesmo terreno, mostrando os diversos caminhos por meio dos quais a identidade romana foi reformulada.

Mapa 4. Império Romano em sua extensão máxima no século II d.C.

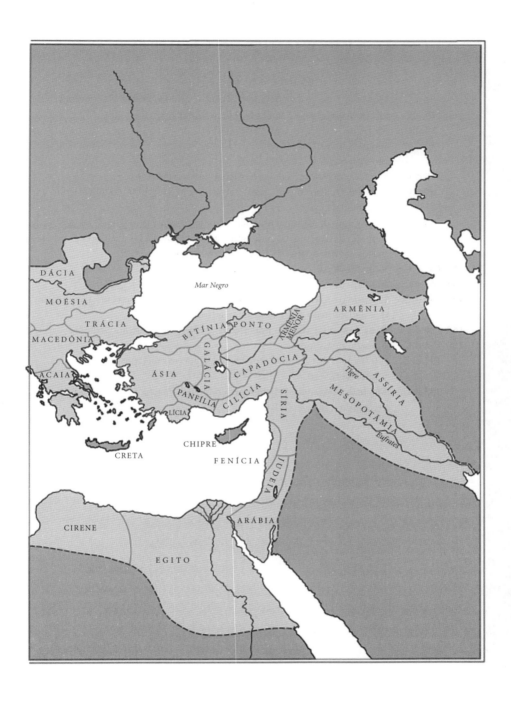

DATAS IMPORTANTES DO CAPÍTULO XI

31 a.C.   Otaviano emerge da campanha de Áccio como vencedor das guerras civis.

27 a.C.   Otaviano recebe do Senado o título de Augusto.

14 d.C.   Morte de Augusto. Sucessão de Tibério.

41 d.C.   Assassinato de Caio (Calígula). Guarda Pretoriana impõe Cláudio como novo *princeps*.

68 d.C.   Suicídio de Nero não deixa herdeiros júlio-claudianos.

69 d.C.   Ano dos Quatro Imperadores. Termina com Vespasiano estabelecendo a dinastia flaviana.

96 d.C.   Assassinato de Domiciano, sucedido por Nerva.

98-117 d.C.   Reinado de Trajano. Grandes guerras contra os dácios e depois contra os partos. Construções espetaculares em Roma.

117-138 d.C.   Reinado de Adriano, retirada da Mesopotâmia.

138-161 d.C.   Reinado de Antonino Pio.

161-180 d.C.   Reinado de Marco Aurélio (em conjunto com Lúcio Vero, até 169). Início de intensificação da pressão sobre a fronteira norte.

165-180 d.C.   Peste Antonina assola o império ao atravessá-lo rumo ao Ocidente.

180-192 d.C.   Reinado de Cômodo.

192 d.C.   Assassinato de Cômodo provoca breve guerra civil, que termina com a vitória de Severo.

235 d.C.   Morte de Alexandre Severo marca o fim da dinastia severana e o início da crise militar do século III.

IMPERADORES

> No início, a cidade de Roma foi governada por reis. Lúcio Bruto estabeleceu a liberdade e o consulado. Ditaduras eram de vez em quando adotadas, o poder do decenvirato durava apenas dois anos, o poder consular dos tribunos militares não durava muito mais que isso. As tiranias de Cina e Sila tiveram vida curta, o poder de Pompeu e Crasso passou rapidamente a César, e os exércitos de Lépido e Antônio renderam-se a Augusto, que assumiu o controle de todo o Estado, esgotado pela guerra civil, com o título de Primeiro Cidadão (Princeps).
>
> (Tácito, *Anais* I.I)

O retorno da monarquia

Roma teve um império antes de ter imperadores. A primeira metade deste livro contou a história de como isso aconteceu. Uma cidade em competição com outras, lutando para controlar primeiro a Itália, depois o Ocidente e, finalmente, toda a bacia mediterrânea e não só. Ou como os próprios romanos com extrema frequência viam a coisa: um *povo* conquistava liderança (*imperium, arche, hegemonia*) sobre os outros povos do mundo habitado. Os romanos imaginavam isso como um esforço coletivo: Senado e povo, Roma e seus aliados, os homens e os deuses da cidade trabalhando juntos. Só nos estágios finais emergiram de fato líderes individuais do feixe dos Cipião, Fábio, Metelo, Emílio Paulo e outras grandes famílias. Sila, Pompeu e César parecem — em retrospecto — uma insinuação da monarquia.[1] Grandes generais forneciam uma coordenação de recursos e política de que o império muito precisava. Os imperadores fizeram tudo isto ainda melhor e também impuseram a paz. O historiador senatorial Tácito, ao escrever no início do século II d.C. (cerca de um século e meio após a Batalha de Áccio), representou satiricamente o governo republicano como um breve desvio dentro da grandiosa narrativa de uma monarquia romana. Não há indício de que ele ou qualquer outro senador de sua época de fato se opusesse ao governo dos césares. Os imperadores tinham se revelado um componente vital do Império Romano.

Este capítulo conta a história de como os romanos pararam de se preocupar e passaram a amar os novos reis, mesmo que nunca se decidissem a chamá-los por esse nome. Esse detalhe foi extremamente importante para os romanos de Roma. Os gregos se contentavam em usar a palavra *basileus* (rei), os egípcios tratavam-nos como faraós, por toda parte os habitantes das províncias transformaram o nome de família César e o título especial de Augusto, concedido a Otaviano pelo Senado em 27 a.C., em sinônimos de monarca. O primeiro imperador achou melhor não encenar uma revolução aberta, mas durante os três primeiros séculos do império a monarquia saiu das sombras. Ainda chamamos o Primeiro Império de Principado, já que os imperadores também usavam o termo *princeps*, primeiro cidadão. Mesmo assim, existe agora um consenso de que todos os fundamentos da monarquia estiveram lá desde o começo: entre eles se incluíam um círculo exclusivo de favoritos, conselheiros, secretários e vizires; intrigas palacianas, porque o palácio era onde as decisões eram tomadas; uma instância central de informação e controle de recursos; um vínculo de clientelismo centrado na corte; e um princípio hereditário de sucessão, mesmo que só depois de certo tempo ele pudesse ser reconhecido.

Como todas as monarquias, sua história é de lutas pela influência na corte, de conflito entre gerações, de emaranhadas rivalidades sexuais e políticas, de complôs reais e suspeitados. Mas é também uma história de notável estabilidade. Se era em grande parte verdade que (como um historiador colocou) "imperadores não morrem na cama", era também verdade que os assassinatos de muitos imperadores não parecem ter conseguido realmente abalar o sistema em si. É por isso que boa parte deste capítulo diz antes respeito à instituição emergente que aos personagens reconhecidamente pitorescos que ocuparam o trono. A narrativa desenvolve esse tema até o Capítulo XIII, que considerará o panorama externo do império, especialmente a guerra e a diplomacia. Será uma história de dois séculos de consolidação cuidadosa e avanço modesto, seguida no século III por uma crise que pegou os imperadores completamente de surpresa e da qual o império levou mais de uma geração para se recuperar. O império quase desmoronou sob a pressão combinada de invasões do norte da Europa e a guerra com um Império Persa rejuvenescido e bastante agressivo. O que sobreviveu foi, de fato, um novo império. Sua história será contada nos Capítulos XV e XVII. Mas, ao longo de todas essas transformações, a pessoa do imperador continua no foco de nosso olhar, e é adequado começar com o primeiro e o maior deles.

Augusto

Em agosto de 30 a.C., Otaviano estava quase exatamente onde seu pai adotivo Júlio César estivera quase dezoito anos atrás: em Alexandria, refletindo sobre a vitória entre os cadáveres de seus inimigos. Mas o mundo romano tinha mudado nas décadas passadas desde Farsalo. Já em 48, César tinha lamentado o assassinato de Pompeu, jurando que o teria poupado. Talvez o tivesse feito, assim como poupou Bruto e Cássio após sua vitória sobre Pompeu. Quase duas décadas mais tarde, o novo vitorioso era um espécime muito diferente. Antônio e Cleópatra estavam mortos, cada um pela própria mão. Mas foi por ordem de Otaviano que Cesário, o menino que Cleópatra afirmava ter dado a César, foi executado. Após se engalfinhar com Antônio pela liderança do grupo cesariano, Otaviano não toleraria qualquer outro herdeiro de César. Ele também assumiu o controle do Egito, fazendo o último dos grandes reinos gregos ser absorvido por seu império. Otaviano precisaria do tesouro dos Ptolomeus para assentar os seus soldados e os de Antônio. Otaviano aprendeu com os erros de outros. Não confiaria no terror e na legislação para pôr em ordem o Estado, como Sila havia feito. Não imitaria as ações de Pompeu em 62 a.C., dispensando as legiões. Não perdoaria como César. Não assumiria o título de ditador e ficaria sentado em Roma à espera dos punhais dos assassinos. Pretendia governar.

Oceanos de tinta foram derramados debatendo a questão de como Otaviano escapou do destino de César. Ele foi astuto ou apenas deu sorte? Sem dúvida teve inimigos depois de Áccio e talvez também tenha havido complôs. Mas enfrentou realmente os mesmos desafios? Até que ponto eram diferentes a Roma a que retornou para governar e a classe dominante que converteu em sua aliada? Estava agora Roma tão exausta da guerra civil que aceitaria qualquer alternativa? O Senado tinha sido intimidado por proscrições e pelas guerras civis? Teria o povo realmente passado a aceitá-lo como um deus que havia salvo o Estado? Essas perguntas não serão difíceis de responder por falta de evidência: o longo reinado de Otaviano/Augusto (45 anos de Áccio até sua morte) é um dos mais bem documentados da história romana. O que intriga é o sucesso de Otaviano e seus aliados em apresentar sua versão da história como a narrativa dominante. Os temas de renovação, rearmamento moral e recuperação patrocinados pelos deuses ecoam na poesia criada por Propércio, Virgílio e Horácio, na reconstrução monumental de Roma e de algumas grandes cidades da província, nos elaborados projetos iconográficos do Altar da Paz, dos fóruns de Augusto e de Júlio César e dos templos de Marte, Apolo e outros deuses que o primeiro imperador dedicou-se a construir. Foram também dramatizados. É difícil para nós imaginar a experiência de contemplar o grande triunfo triplo de 29 a.C., celebrando as vitórias nos Bálcãs, na campanha de Áccio e no Egito. Mas os espectadores sabiam que isso significava o fim da guerra civil. O mesmo se aplica aos magníficos Jogos Seculares de 17 a.C., na realidade um antigo festival revivido, mas usado por Augusto como outro meio de sinalizar o fim de uma era e o começo da próxima. Algumas *performances* eram mais sutis. Durante os anos 20 a.C., Otaviano reconstruiu gradualmente sua imagem por uma série de renúncias, cuidadosamente orquestradas, a seu poder, cada qual seguida por novas outorgas por parte do Senado. O momento decisivo ocorreu em dois encontros em janeiro de 27 a.C., dos quais ele emergiu com o título de Augusto, uma vasta província (essencialmente aquela metade do império que continha exércitos) garantida por dez anos e o direito de governar por meio de comissários. No decorrer de 23 a.C., ele finalmente renunciou ao último de uma série de consulados e recebeu o privilégio do *imperium maius*, o mesmo tipo de comando que permitira a Pompeu e outros sobrepujar governadores em suas províncias. De fato, em quase todos os seus títulos e poderes, era muito mais herdeiro de Pompeu que de César. Os únicos elementos *popularis* eram os poderes e o *status* inviolável de um tribuno. O povo tinha festivais — pão e circo na famosa expressão —, mas o poder real das assembleias de indicar magistraturas ou aprovar leis se extinguira. Augusto obtinha aprovação de suas leis via Senado; nomeava senadores para todos os principais comandos militares e políticos com os equestres assumindo cargos menores; escolhia alguns magistrados e se reservava o direito de vetar as nomeações de outros; determinava a eleição dos sacerdotes mais importantes. Sem jamais criar uma posição constitucional formal de imperador, acumulou, através de influência, persuasão, vasta riqueza e ameaça de arrasadora força militar, uma posição determinante no Estado. Quando de sua morte, todo o feixe de poderes e quase todos os títulos foram passados para o sucessor. Nos anos 20, sua morte, evidentemente, ainda era algo distante, embora frequentes enfermidades indicassem que ninguém poderia fiar-se nisso. Mas ele teve um longo tempo para desenvolver o papel de imperador. O que importou nos anos 20 foi a sobrevivência, a desmobilização de exércitos, as viagens pelas províncias e sua defesa, bem como o estabelecimento de uma delicada coabitação com o Senado. Manter-se fisicamente longe de Roma por boa parte da década provavelmente ajudou. Um complô em 22 a.C. provocou uma crise momentânea, mas em 17 a.C. e nos Jogos Seculares ele estava firme como sempre. Em meados de seu reinado, deu início a grandes campanhas de conquista. A paz com os partas foi instituída em 20 a.C., os estandartes de Crasso foram devolvidos e, com o Oriente em segurança, ele pôde destinar recursos à conquista da Europa. Seus enteados Tibério e Druso conduziram grandes exércitos pelo Reno e por toda a extensão do Danúbio. A conquista do mundo foi quase certamente concebida como solução para o problema doméstico "do que fazia um imperador"... Até uma desastrosa derrota na Germânia em 9 d.C., a resposta poderia ser: o imperador conduz Roma no cumprimento de seu destino histórico. A arte e a poesia augustanas estão repletas de imagens de conquista do mundo, havendo uma previsão confiante da submissão da

Índia, da Grã-Bretanha e do norte da Cítia. A vitória no exterior distraía do escândalo doméstico, parcialmente impulsionado por lutas sobre quem seria o sucessor de Augusto. No fim havia de ser Tibério. Ninguém mais fora deixado vivo ou sem mácula.

Tibério já compartilhava a maior parte dos poderes formais de Augusto por ocasião da morte deste, mas teve ainda de conviver com os arranjos finais em torno de seu predecessor. Um grande mausoléu dinástico fora construído no Campo de Marte, não longe do Tibre. Nos anos passados desde sua conclusão (em 28 a.C.), o mausoléu acumulara os restos mortais de alguns daqueles que Augusto tinha um dia esperado que viessem a sucedê-lo, em particular os genros Marcelo e Agripa, bem como os netos Caio e Lúcio. Só alguns privilegiados tinham sido admitidos: a filha Júlia fora proibida de repousar ao lado do marido e dos filhos, a neta também fora excluída de um sepultamento ali. Assim que a morte de Augusto foi anunciada, um último neto fora assassinado, supostamente cumprindo ordens do próprio Augusto, para garantir que Tibério não tivesse de enfrentar qualquer possível rival saído de dentro da família. O cruel Otaviano tinha claramente sobrevivido sob a benevolente figura de Augusto. Naquele mausoléu, as cinzas de Augusto descansariam. Mas primeiro houve os acertos finais.

Quando a morte de Augusto foi noticiada, as sacerdotisas de Vesta apresentaram o testamento do imperador, que fora deixado sob sua guarda.[2] Tibério e a mãe dele, Lívia, esposa de Augusto, eram nomeados herdeiros principais de um vasto patrimônio pessoal na base de duas partes para uma. O testamento também detalhava os legados habituais que os nobres romanos deixavam para parentes, amigos e clientes. Mas a escala era agora um tanto diferente. Augusto incluiu legados para cada cidadão romano e para cada soldado do exército romano. O testamento era suplementado por três outros documentos, codicilos. Um apresentava um balanço de todo o império. Detalhava onde os soldados estavam estacionados, quantos eram em cada unidade, quanto dinheiro havia nas tesourarias, a quanto chegavam os impostos devidos. A essas listas foram acrescentados os nomes de escravos e ex-escravos de Augusto que podiam fornecer mais detalhes. Era uma declaração tácita do quanto a coordenação do império havia progredido nos noventa anos desde que Gabínio havia proposto pela primeira vez aquele comando excepcional de Pompeu contra os piratas. Também revela como Augusto administrava o império através de seu círculo privado, isto é, confiando antes em seus dependentes que em escravos públicos, em senadores ou equestres. Jamais fora apresentado um tal relato. Mas o documento era uma mostra de abertura, não um convite para que o Senado tomasse as rédeas. Os escravos e clientes de Augusto eram parte da herança de Tibério, que já tinha o *imperium maius* e todos os outros poderes que importavam.

Um segundo codicilo incluía instruções para o funeral de Augusto. Seria um grandioso desfile pela cidade de Roma, do qual todas as ordens participariam ao lado de membros da família. O cortejo fúnebre avançaria até uma pira especialmente construída no Campo de Marte. Sobre ela haveria uma torre de cujo topo seria solta uma águia no momento em que a pira fosse acesa. A águia elevaria-se no céu, carregando a alma de Augusto. Ele se tornaria um deus, como já acontecera com Júlio César.

O terceiro codicilo era o relato que Augusto fazia de sua vida, não memórias ou autobiografia, mas o texto para um monumento epigráfico. Deveria ser gravado em duas colunas de bronze na frente do mausoléu. Essas colunas há muito se foram, mas inúmeras cópias tinham sido feitas e disseminadas por todo o império. O melhor exemplo sobrevivente vem de um templo do culto imperial em Ancara, na Turquia central. O cabeçalho em grego diz o seguinte:

Traduzidos e inscritos abaixo estão os feitos e dons do deus Augusto, cujo relato ele deixou na Cidade de Roma gravado em duas placas de bronze.

Descreve-se aí, precisamente, o conteúdo de 35 capítulos concisos, que relacionam em detalhes minuciosos os povos conquistados, os monumentos construídos na cidade de Roma e as doações concedidas a todo mundo. A inscrição também apresenta uma narrativa extremamente tendenciosa do papel de Augusto nas guerras civis. O original latino do cabeçalho tinha mais nuances. Augusto é descrito pelo termo *divus* — divinizado —, e não pelo termo banal empregado para deus; suas realizações são comentadas como feitos pelos quais ele deixa o mundo inteiro sujeito à vontade do povo romano; e as doações são explicadas como somas que ele despendia em nome do Estado e do povo.

Salvador, conquistador, benfeitor, patrono e um romano que superou todos os seus pares e todos os seus predecessores. É um epitáfio mais longo que aquele que Sila escolheu para si próprio, mas talvez não muito diferente.

Dinastias

A ascensão de Tibério em 14 d.C. — há longo tempo planejada e incrivelmente instrumentada — correu de forma branda. Foi o primeiro de uma série de estágios cruciais por meio dos quais o carisma e a posição desfrutados pessoalmente por Augusto passam a ficar institucionalizados no papel do imperador. Tibério governou até 37 d.C., eficiente e cauteloso, mas remoto e impopular. Passou longe de Roma boa parte do último período de seu reinado, governando a cidade através do prefeito pretoriano. Houve crises, mas sobreviveu a elas. O ano de 41 d.C. mostrou que a dinastia podia sobreviver a um assassinato, o de Calígula, sucessor de Tibério. Após a morte de Calígula, o Senado supostamente discutira um retorno ao governo republicano: o debate ainda estava ocorrendo quando a guarda imperial instalou Cláudio no trono. Pelo que sabemos, a questão nunca voltou a ser seriamente levantada. O suicídio de Nero em 68 d.C. não deixou herdeiros óbvios e houve uma breve guerra civil. Foi a primeira no período de um século e durou menos de dois anos. Os governadores da Gália e da Espanha tinham sido os primeiros a se rebelar contra Nero e, quando de sua morte, instituíram Galba como sucessor. Mas este não conseguiu conquistar nem Roma nem os outros exércitos, sendo assassinado em 15 de janeiro de 69 d.C., o ano lembrado como o de quatro imperadores. Oto foi apoiado pela Guarda Pretoriana, Vitélio pelas legiões germânicas e Vespasiano pelos exércitos do Danúbio e da Síria e pelo prefeito do Egito. Mas após a vitória da facção de Vespasiano, as instituições do império voltaram rapidamente a se encaixar no lugar e tudo pareceu continuar praticamente como antes. Foi como se o Senado, os cavaleiros da ordem equestre, o povo, o exército e as províncias sentissem, todos, necessidade de um homem que estivesse no centro. Uma placa de bronze recorda um decreto senatorial aprovado em dezembro de 69 d.C., provavelmente aprovado formalmente pela assembleia pouco depois, que concede a Vespasiano uma série de privilégios, mencionando, como precedentes, os poderes e direitos concedidos a Augusto, Tibério e Cláudio. Na época em que o decreto foi baixado, Vespasiano não tinha verdadeiros rivais e o Senado e o povo não tinham verdadeira opção, mas o decreto expressa a vontade de todos os lados de ver restaurado o *status quo* anterior à guerra civil.

Os acontecimentos de 69 d.C. mostram a importância da pessoa do imperador como um centro simbólico, como um foco de ritual e poder cosmológico. Pois a candidatura de Vespasiano era apoiada pelo céu. Josefo, um líder judeu rebelde no cativeiro, previu-a; Vespasiano, à espera em Alexandria, realizou milagres de cura; a deusa Ísis apoiou sua causa. Sem um imperador, o Capitólio arderia, e havia rumores de maldições druídicas. O mundo de fato parecia se dilacerar. Tropas auxiliares germânicas e rebeldes gauleses sonhavam em fundar um novo império no Reno. A instauração da nova dinastia flaviana (o nome completo de Vespasiano era Tito Flávio Vespasiano) restaurou imediatamente a ordem mundial.

A descendência era o que mais importava. O título de rei continuou a ser evitado em Roma. Mas desde o início não pode ter havido dúvida de que, agora, o Império Romano era assunto de família. Além de se anunciar como filho do deus (isto é, do divinizado Júlio César), Augusto cobriu a cidade de monumentos batizados em homenagem a membros da família e suas esposas. Os pórticos de Lívia, Otávia e Júlia, o teatro de Marcelo, os banhos de Agripa juntavam-se aos fóruns juliano e augustano. Essa linguagem monumental foi mantida por seus sucessores. Os herdeiros seriam indicados entre membros da família e a maturidade dos netos de Augusto foi comemorada em uma escala das mais grandiosas. Poetas e cidades das províncias logo pegaram a ideia: honras extravagantes eram prestadas a um príncipe imperial atrás do outro. O calendário de uma unidade militar estacionada na fronteira persa mostra muitas dessas festividades sendo ainda celebradas duzentos anos mais tarde. A anuência ao princípio hereditário está evidente no suporte dado a imperadores à primeira vista bastante medíocres. Cláudio, quando elevado ao trono pelos pretorianos, tinha apenas seu nome e linhagem a recomendá-lo. Muitos se recusaram a acreditar que Nero tinha morrido e houve pelo menos três pretendentes afirmando ser ele. Quando Vespasiano conquistou o apoio dos exércitos orientais e danubianos em sua pretensão ao trono, ficou muito claro que

Figura 13. Imperatriz Messalina e seu filho Britânico, 45 d.C., escultura romana em mármore, Louvre.

um elemento fundamental a recomendá-lo era o fato de ter dois filhos adultos, Tito e Domiciano, como potenciais sucessores. A despeito da falta de qualquer conexão de família, o nome imperial formal de Vespasiano era Imperador César Vespasiano Augusto. E, em uma inovação, o título "César" foi empregado para designar Domiciano como seu herdeiro.

Também na apresentação de uma dinastia, as mulheres imperiais tinham seu papel a desempenhar. As esposas de imperadores eram figuras públicas, tendo um lugar no cerimonial, sendo homenageadas pelo Senado, povo, exército e, com frequência, recebendo papéis religiosos.[3] Augusto casou a filha com uma série de herdeiros potenciais. As imperatrizes eram também as mães de potenciais imperadores futuros. Antes de sua queda em desgraça, imagens da bela e jovem esposa de Cláudio, Messalina, carregando o filho Britânico, anunciavam a posteridade da dinastia. As irmãs de Calígula se destacam em suas moedas e nos perfis esculpidos, associadas a virtudes fundamentais.[4] Agripina, a Jovem, era celebrada como Mãe dos Acampamentos. Lívia recebeu homenagens do Senado, antes e depois de sua morte. Mulheres imperiais podiam merecer funerais extravagantes e serem consagradas após a morte como *divae*, o equivalente feminino aos imperadores deificados. Cidades das províncias tinham com frequência sacerdotisas das imperatrizes vivas.

O poder da descendência não deveria surpreender. Famílias aristocráticas tinham governado Roma desde o início da república e a família continuava no centro da ordem social romana. Qualquer outro tipo de monarquia teria sido mais difícil de explicar. A dinastia flaviana durou até 96 d.C., quando Domiciano foi assassinado. De novo a ordem imperial tornou a se encaixar no lugar, desta vez não havendo sequer uma guerra civil, e Nerva se tornou imperador. Ele não foi muito bem-sucedido, mas sua adoção do dinâmico general Trajano evitou uma transição menos suave. Ninguém dentre Nerva, Trajano, Adriano ou Antonino Pio teve filhos e a seleção de sucessores entre descendências e parentes mais distantes, feita por necessidade, transformou-se em uma conduta meritória. A indicação, porém, era sempre acompanhada pela adoção e, quando lemos os nomes e títulos oficiais dos imperadores, essas transições embaraçosas ficam obscurecidas. Assim, Trajano governou como Imperador César Nerva Trajano Augusto, Adriano como Imperador César Trajano Adriano Augusto e assim por diante. Aliás, a adoção era um meio muito tradicional de as famílias aristocráticas se renovarem. Um amigo de Políbio, chamado Públio Cornélio Cipião Emiliano Africano, que saqueou Cartago em 146 e foi o conquistador de Numância em 133 a.C., era de fato filho natural de Lúcio Emílio Paulo, conquistador de Pidna, mas fora adotado na infância por Cipião Cornélio Africano, para assegurar que ele tivesse um herdeiro. E a adoção testamentária foi o meio pelo qual Otaviano (nascido Caio Otávio) tornara-se filho de Júlio César, que era de fato seu tio. Augusto havia adotado formalmente o enteado Tibério, e Tibério adotara o sobrinho Germânico. Os perfis imperiais eram bastante padronizados e revelavam preocupação em fazer os príncipes júlio-claudianos mostrarem uma exagerada semelhança familiar.[5] A adoção expressava uma crença continuada na importância das famílias e da sucessão dinástica. Assim, não era de espantar que como Marco Aurélio tinha de fato um filho, Cômodo, ele devidamente o sucedesse. Seu assassinato em 192 d.C. não resultou em uma substituição ordeira. Após dois falsos ajustes, outra breve guerra civil se desencadeou entre os generais dos maiores exércitos. A guerra foi quase uma repetição dos acontecimentos de 69 d.C., com diferentes exércitos apoiando os próprios candidatos após o fracasso do Senado de Roma e dos pretorianos em produzir um sucessor local. O vitorioso foi Septímio Severo, que fundou uma dinastia que se manteve no poder até 235 d.C. O filho de Severo, agora conhecido pelo apelido de Caracala, nascera Lúcio Septímio Bassiano, mas acabou por governar como imperador César Marco Aurélio Severo Antonino Pio Augusto. Essas extravagantes exibições de continuidade não apenas mascaravam fraturas entre dinastias, mas também reafirmavam a estabilidade da ordem apesar da frequência de assassinatos. O próprio Caracala foi assassinado em 217, seis anos após ter matado, com as próprias mãos, seu coimperador e irmão Geta. De fato, assassinatos só raramente provocavam guerras civis, que aliás costumavam ser eventos breves. Do ponto de vista das populações das províncias, a substituição de imperadores, quer por adoção ou assassinato, provavelmente importava muito pouco. Por mais precário que o cargo de imperador pudesse parecer, a instituição era muito estável e estabilizava o império como um todo.

Essa estabilidade chegou ao fim nos primeiros anos do século III. A história de como renovadas guerras na fronteira norte e mais tarde o surgimento de uma nova e agressiva dinastia na Pérsia criaram uma crise militar que quase destruiu o império será contada no Capítulo XIII. O império restaurado que tornou a emergir na década de 280 tinha novas instituições militares, fiscais e administrativas, uma nova moeda e logo teria uma nova religião pública. Mas ainda tinha imperadores. Mais de vinte imperadores governaram — ou tentaram fazê-lo — entre 235 e 284 d.C.: para historiadores aristocráticos alguns pareceram quase tão brutais e incivilizados quanto os bárbaros com quem passaram a maior parte do tempo lutando. Mas os imperadores do século IV começaram diligentemente a fundar suas dinastias assim como os Severos tinham feito: com adoções fictícias, com o uso de antigos nomes e títulos dinásticos. O princípio dinástico realmente ficou mais forte nos séculos que se seguiram. Quando Teodósio I morreu em 395 d.C., seu filho Honório, de 11 anos, que formalmente já tinha sido coimperador durante dois anos, assumiu o comando do Império Romano do Ocidente. Roma nunca tivera uma criança como imperador. O império oriental era governado por Arcádio, irmão mais velho de Honório, que ainda não chegara aos 20 anos. Ambos os imperadores lutaram para se afirmar contra seus principais ministros e as mulheres da família. Esta situação teria sido impensável no Primeiro Império, mas é de fato uma indicação de como o princípio hereditário tinha ficado profundamente entranhado em Roma.

Imperadores e impérios

Durante o milênio e meio entre a vitória de Augusto e a tomada turca de Constantinopla em 1453, quase toda instituição romana desapareceu ou foi completamente transformada. Aos poucos, no início do século I d.C., as assembleias populares foram saindo de cena. As eleições foram transferidas para o Senado por Tibério e, embora se saiba de ocasionais aclamações formais por parte do povo, seu papel político estava encerrado. Quando as massas se reuniam para aplaudir ou vaiar os imperadores, isto acontecia no circo, no teatro ou anfiteatro.[6] O Senado sobreviveu muito mais tempo, mas perdeu progressivamente suas funções: raramente foram recebidas embaixadas no Senado após o século I d.C. e, durante o século II, as leis começaram a extrair sua autoridade de decisões do imperador, não de decretos senatoriais.[7] Durante o século III, os senadores perderam muitas de suas funções no governo. Em geral, isso foi mais acidental que planejado, consequência do tempo cada vez menor que os imperadores passavam na cidade de Roma. O império restaurado do século IV teve uma burocracia imperial específica e múltiplas cortes imperiais, uma para cada membro de um colégio de imperadores. Existiam Senados em Roma e Constantinopla, mas tinham pouco papel no governo. A ordem equestre, aristocracia menor de Roma, desfrutou um período de proeminência no início do império, fornecendo muitos comandantes militares, funcionários da fazenda e até mesmo governadores: foi a base das novas administrações militares e civis do Império Tardio. No fim do século IV, porém, ela já não existia como entidade distinta.[8] Os sacerdócios públicos foram varridos pelo cristianismo no início do século V. A cidadania romana estendeu-se a aristocratas das províncias, antigos soldados, ex-escravos e, por fim, a quase todos no início do século III. Como resultado, seu valor e significado declinaram. A própria cidade de Roma ficava marginalizada, visto que os imperadores passavam menos tempo lá. A nova capital de Constantino, no Bósforo, tornou-se uma rival e acabou substituindo Roma por completo quando a Itália foi dividida entre reinos bárbaros.

Os imperadores, contudo, sobreviveram. Continuaram como figuras centrais através de sucessivas crises e fragmentações, ao longo de períodos em que havia múltiplas cortes, enfrentando a queda do Ocidente e também, no século VII, as grandes perdas de território para a Pérsia, depois para os árabes; foram em frente, para além do alcance deste livro, chegando à Idade Média. Os imperadores bizantinos preservaram muitos dos cerimoniais da corte de seus predecessores, e o mesmo fizeram os imperadores francos, que os suplantaram brevemente no século XIII, as últimas dinastias gregas e os primeiros sultões turcos.[9] Grandes espetáculos deram-se no hipódromo de Constantinopla, diante dos novos governantes muçulmanos da cidade, assim como tinham ocorrido diante de Justiniano e Constantino e, em Roma, diante de Severo, Cômodo, Vespasiano e todos os outros imperadores desde Augusto. O que tornou a monarquia um componente tão bem-sucedido do império?

Ajuda reconhecer que Roma não foi um caso excepcional. Se examinarmos outros impérios antigos, veremos que pouquíssimos duraram muito tempo sem uma monarquia em sua essência. O primeiro imperador chinês da dinastia Qin (221-206 a.C.) não substituiu a república, mas uma série de reinos rivais que ocuparam as bacias dos rios Yangtsé e Amarelo durante o Período dos Estados Combatentes. Uma das muitas coisas que uniam suas populações era uma noção ritual de realeza. Os reis do precedente Período Zhou desempenharam um papel vital no manejo do cerimonial através do qual era mantido o favor dos deuses. Culto e linhagens ancestrais foram agrupados na veneração estatal do céu. A historiografia chinesa começa com os anais de Sima Qian, escritos no último século antes de Cristo, mais ou menos na mesma época em que Varro, Ático e Nepo estavam tentando construir uma cronologia definitiva da história romana. Para Sima Qian, a história chinesa começava com o lendário Imperador Amarelo e várias outras dinastias foram identificadas antes da Zhou, que governou pela maior parte do último milênio antes de Cristo. Os reis Zhou, e depois os imperadores da dinastia Qin para a frente, puseram a monarquia no centro cosmológico do universo chinês. O império sem os filhos do céu era impensável.[10]

O imperador persa Aquemênida também governou um império criado de um amálgama de reinos, entre os quais o dos medas, persas, babilônios, egípcios e lídios. O título *shahanshah*, usado em uma variante ou outra por várias dinastias imperiais persas até a Revolução Iraniana de 1979, significa rei dos reis. Os monarcas persas foram elaborando continuamente uma noção de seu papel cósmico, recorrendo a uma ampla variedade de tradições religiosas.[11] O mais antigo império no sul da Ásia foi o da dinastia máuria (322-185 a.C.), que sob certos aspectos se assemelhava à Pérsia aquemênida. Foi criado no rastro da conquista da Pérsia por Alexandre e, no noroeste da Índia, competiu com os selêucidas pelo controle de antigas satrapias persas. Este império também foi criado pela conquista de uma série de reinos mais antigos. Muito menos se conhece dos antigos impérios das Américas, mas a maioria deles parece ter tido monarquias em sua essência. Os incas reivindicavam uma centralidade cosmológica similar à dos filhos do céu chineses.

Fazem-se necessárias algumas observações gerais. Primeiro, a monarquia foi muito comum, não só em impérios em surgimento, mas também nos Estados mais antigos dos quais muitas foram constituídas. Quando os reinos se unem para formar um império seria bizarro esperar que emergisse alguma outra coisa além de um tipo mais grandioso de monarquia. A ideia de que um imperador é para um rei o que um rei é para um súdito — a noção persa do rei dos reis — talvez seja razoavelmente óbvia. Sociedades hierárquicas crescem multiplicando níveis. Segundo, os imperadores, com bastante frequência, tornavam-se o foco de rituais que os colocavam no centro cosmológico do universo. Os detalhes variavam. Muitos imperadores antigos eram considerados deuses ou filhos de deuses, ou (como os imperadores romanos) deuses à espera. Outros desfrutavam de favor especial ou, como os imperadores chineses, eram mediadores privilegiados entre céu e terra. Dependendo de como a religião local era organizada, os imperadores podiam ser sacerdotes ou ser ungidos por eles. Esse aspecto personalizado de universalismo imperial foi com frequência apresentado como tradicional, produto de antigos sistemas rituais sendo modificados para acomodar imperadores, mas algumas acomodações eram extremas. Ciro, o Persa, Alexandre, o Grande, Asoka, o monarca budista da dinastia máuria, o primeiro imperador Qin e Augusto, nenhum deixa de reivindicar ser, até certo ponto, um inovador religioso. Roma só fugiu da regra por não ter sido uma monarquia desde um período mais precoce e pelo fato de dispersar a autoridade religiosa entre uma elite mais ampla.

Mas não basta mostrar que a maioria dos impérios termina em monarquias. A pergunta-chave é: que vantagens tinha a monarquia para um império antigo em comparação a outras formas de governo? Uma resposta comum — comum de fato desde a Antiguidade[12] — é que a monarquia é incrivelmente poderosa como força organizadora. Relatos das origens da civilização, daquele de Lucrécio à teoria do despotismo hidráulico lançada por Karl Wittfogel para explicar por que as cidades e Estados mais antigos estavam com tanta frequência baseados na agricultura de irrigação, enfatizaram a importância dos monarcas como os principais animadores da sociedade.[13] Só a monarquia, diz essa teoria, tinha a capacidade de planejar, coordenar, administrar e disciplinar as sociedades para os projetos coletivos dos quais elas dependiam. Antropólogos têm visto com frequência as sociedades de chefes* como precursoras necessárias de Estados por razões semelhantes. A formação dos Estados está associada ao surgimento de autoridades legalmente baseadas, entre elas, magistraturas; mas com frequência deveram sua criação a indivíduos carismáticos que tinham suplantado a autoridade tradicional dos mais velhos e das linhagens. Estudantes da Grécia Antiga estão familiarizados com a ideia de que a tirania

---

* *Chiefdoms* no original. (N. do T.)

foi, em certo sentido, uma parteira necessária de instituições políticas. Cícero argumentou a favor dos grandes comandos de Pompeu sob o pretexto de que somente com a liderança de tal homem poderia o povo romano resolver os formidáveis problemas do império. Esse tipo de pensamento não estava confinado à elite. O preço do grão desabou quando Pompeu assumiu responsabilidade por ele em 57 a.C. e, em uma crise similar em 22 a.C., o povo romano tentou levar Augusto a assumir o papel de ditador ou cônsul vitalício. Romanos de todas as condições sociais acreditavam muito mais no poder de indivíduos que no poder de instituições.

Uma segunda linha de argumentação paradoxalmente encontra a utilidade da monarquia antiga em sua fraqueza. O que as monarquias fazem melhor, diz ela, é agir como "traves" de estruturas políticas complexas.[14] Os reis equilibram todos os outros elementos, assim como uma trave impede que um arco desmorone, mas eles tinham pouco poder ativo ou liberdade de ação. Os reis podiam arbitrar conflitos e tomar decisões sobre assuntos acerca dos quais fosse difícil se chegar a um consenso. Mas sua capacidade de mudar as coisas ou tomar iniciativa era fraca. Econômica e tecnologicamente, os Estados antigos eram frágeis demais para dar aos principais executivos muito espaço para manobra. Os imperadores estavam em situação ainda pior, já que o tamanho de seu domínio indicava ser muito difícil conseguir informação confiável sobre eventos que ocorriam em pontos remotos, muito menos responder com rapidez. Os imperadores eram obrigados a confiar nos generais, governadores e vice-reis que existissem no local. Mesmo no centro de poder, os rituais da corte e as intrigas dos cortesãos limitavam a iniciativa dos imperadores. A ideia do rei impotente no centro de um vasto palácio, inteiramente dependente de escravos, eunucos, ministros e cortesãos, é romântica, mas não completamente fantasiosa.

Mais recentemente, um terceiro modo de encarar o papel dos imperadores tornou-se popular. Segundo essa concepção, imperadores e reis são importantes como centros simbólicos, como focos personificados de poder ideológico.[15] A pessoa do imperador, às vezes mesmo seu corpo, representava o império de um modo que abstrações e instituições não podiam fazer. As dimensões religiosas são de novo evidentes, mas há também outros elementos. Como símbolos personificados, os imperadores eram mais portáteis que cidades dominantes ou templos monumentais. Podiam viajar por seus vastos domínios. Os imperadores chineses viajavam continuamente para participar de rituais em certos santuários.[16] Monarcas macedônios não raro começavam o reinado visitando seus exércitos e assumindo o comando pessoal deles.[17] Mesmo quando o imperador não estava fisicamente presente, sua imagem e seu nome podiam ser disseminados em toda parte. Cada faraó tinha a própria cártula, um nome hieroglífico encerrado em forma de losango, que aparecia em monumentos por todo o reino. A autoridade personificada oferecia outras possibilidades de veneração. Aniversários imperiais podiam ser comemorados, bem como ritos de passagem de outros membros da família imperial. A noção de famílias imperiais pôde ser facilmente estendida a linhagens imperiais e à crença na distinção do sangue real. O cerimonial facilmente derivava para tabus sobre tocar, dirigir a palavra, olhar ou virar de costas para a presença imperial. Acreditava-se que alguns imperadores tinham a capacidade de curar certas doenças. Havia a crença de que os imperadores bizantinos medievais tinham de estar fisicamente intactos. Como resultado, a deposição de um imperador era não raro seguida por cegueira e castração. Subjacente a tudo isso havia a ideia de que o corpo do imperador era algo concreto e visível, ao contrário do império como um todo.

Todas essas ideias — o imperador como tomador de decisões, o monarca trave e a presença corporificada — são úteis quando se trata de refletir sobre o imperador romano. Os imperadores romanos de fato resolviam conflitos entre o Senado e o povo, nem que fosse apenas dando a este pão e circo e tirando-lhe o poder de voto. Mais significativamente, a promoção para as várias ordens, a nomeação para magistraturas e comandos militares, para cargos de governador e sacerdócios eram todas decididas pelos (ou pelo menos sofriam forte influência dos) imperadores. Os imperadores administravam a economia dos privilégios, sendo os patronos supremos. Os imperadores eram juízes, tomavam decisões sobre questões diplomáticas e sobre as finanças do império como um todo. Mesmo no século I d.C., o Senado já não estava envolvido em quase nenhuma dessas decisões.[18]

Havia, no entanto, igualmente a ideia de que o imperador era com frequência mais reativo que proativo, mais ou menos como sugere a noção de monarca trave.[19] Até que ponto isto é verdadeiro no caso de Roma é uma questão de acirrado debate. Alguns historiadores veem os imperadores como seres eternamente colocados contra a parede, antes reagindo a exigências que dando ordens, limitados pelo tempo enorme que demorava a comunicação com províncias distantes e por um orçamento imperial em que os pagamentos ao exército engoliam por volta de três quartos da receita total. Outros historiadores apontam figuras como Trajano, que de fato iniciou uma grande campanha na Europa central e uma grande guerra contra a Pérsia, ou Vespasiano e seus filhos, que remodelaram a cidade de Roma após o pavoroso incêndio do reinado de Nero. Os romanos por certo achavam que importava quem ocupasse o trono, e muito esforço foi consumido ao se tentar remover os tiranos. Por que a preocupação se eles fossem excessivamente fracos para ter importância? Parte disto, evidentemente, é uma questão de perspectiva. A tirania era muito forte na metrópole: talvez do ponto de vista das províncias, tiranos e bons imperadores parecessem praticamente a mesma coisa. Ninguém duvida de que os impérios antigos eram empreendimentos de movimento lento — petroleiros em vez de lanchas. Talvez a melhor resposta seja que o Império Romano nunca foi fácil de pilotar e, para governantes fracos, era bem mais cômodo deixar que o ritual, a rotina e os cortesãos mais próximos o conduzissem. O mesmo com certeza aconteceu em outras monarquias.[20] Mas alguns imperadores romanos certamente tanto reinaram quanto governaram.

Quanto ao imperador como personificação de império, nós o encontramos por toda parte. Nomes e imagens de imperadores faziam parte de cerimônias públicas por todo o mundo romano.[21] Festivais anuais de culto imperial, conduzidos por sacerdotes que usavam imagens do imperador sobre a coroa, eram apenas a versão mais proeminente disso. Os deuses compartilhavam seus templos com o imperador, permitiam que as estátuas dele se juntassem às suas em procissões e o nome do imperador era incorporado a preces e hinos.[22] A face dos imperadores estava presente em inúmeros prédios. A cidade de Sardis, na Turquia ocidental, construiu um vasto ginásio e um balneário no centro da cidade — um monumento à cultura citadina e aos valores civilizados. Um aposento era dedicado à exibição de bustos dos imperadores. Moedas de todo o império, tanto de ouro quanto de prata, emitidas por casas de cunhagem

Figura 14. Cerimônia romana do *Adventus* representada em uma moeda.

imperiais e as peças de bronze vez por outra produzidas em cidades gregas traziam imagens de imperadores. Algumas inclusive se referiam a eventos importantes, como uma visita (um *adventus*) feita à cidade em questão. Os exércitos prestavam culto no aniversário do imperador, conservavam sua imagem em estandartes, comemoravam o aniversário de príncipes imperiais. Com o passar do tempo, um cerimonial cada vez maior cercava a presença imperial. No século IV, era um privilégio especial ser autorizado a beijar a borda de seu manto púrpura.

Grande parte disso evoluiu com o tempo. Não houve um momento em que o papel do imperador tenha sido realmente concebido; na verdade faltava até um rótulo para um momento de surpresa. Otaviano tirou suporte ideológico e uma nomenclatura de títulos de todas as fontes possíveis. *Augusto* trazia uma noção convenientemente vaga do divino, *tribunicia potestas* evocava um mandato popular, *princeps senatus* (membro mais antigo do Senado) garantia o respeito por hierarquias de dignidade assim como pelo lugar do Senado no Estado. Um punhado de sacerdócios e outros títulos aludindo ao poder de magistraturas e ao heroísmo pessoal completavam o pacote. A maioria dele estava concentrado na cidade de Roma. Lá fora, nas províncias, ele era rei no mundo grego, faraó no Egito e só Deus sabe o que entre membros de tribos gaulesas e espanholas. O exército o saudava como *imperador*, título concedido a generais vitoriosos; em retorno, ele chamava os homens de "companheiros soldados".[23]

Corte e império

Historiadores do período imperial queixavam-se de que, sob os imperadores, nunca se sabia com certeza o que estava acontecendo. Tácito e Dio eram senadores e compartilhavam os preconceitos de sua ordem, mas não estavam completamente errados. O império trouxe o fim de eleições públicas, o fim daquelas reuniões de assembleia em que os oradores competiam para persuadir o povo a votar pela guerra ou pela paz, ou a aceitar ou rejeitar uma legislação controvertida, o fim das *contiones*, reuniões abertas convocadas por magistrados em momentos de crise, o fim dos processos políticos nos tribunais e o fim da liberdade de palavra no Senado. Antes a política tinha se passado em grande parte no domínio público: esse espaço ainda existia, mas era usado para um cerimonial. A tomada de decisões acontecia em outro lugar.

A política fora transformada em boca a boca. Os imperadores recebiam informação em caráter privado e discutiam assuntos de Estado com os amigos e a família. Entre os amigos, podiam estar senadores e equestres. Muitos imperadores tinham laços íntimos de amizade com determinados senadores, e vários de seus parentes eram membros de uma ou outra ordem aristocrática de Roma. Os comandantes equestres da Guarda Pretoriana estavam com frequência muito próximos do centro de poder. Sejano e Macro foram pessoas muito influentes no período júlio-claudiano; seus sucessores no século II acompanhavam os imperadores em campanhas, agindo efetivamente como vizires e, no século IV, os prefeitos pretorianos eram as figuras de posição mais elevada na burocracia imperial. Isto, sem dúvida, não era o mesmo que consultar formalmente o Senado ou envolver os senadores em tomadas de decisão.

Para completar, havia influências mais sinistras que os amigos do imperador e os prefeitos pretorianos. Os aristocratas suspeitavam — com boa razão — de que alguns imperadores davam mais atenção a seus escravos e ex-escravos que a senadores. As tentativas feitas por Cláudio de prestar honras públicas a libertos imperiais tornaram-se muito impopulares. Mais tarde, os imperadores mantiveram os antigos escravos fora de vista, nomeando equestres para serem os chefes reconhecidos de departamentos onde podemos suspeitar que os libertos ainda fizessem a maior parte do trabalho. Havia uma especial desconfiança com relação às mulheres imperiais. Não apenas se acreditava que exercessem influência indevida sobre o imperador. Dizia-se que suas rivalidades dividiam a casa imperial, principalmente quando elas estavam lutando para aumentar as chances de sucessão de filhos e maridos. Havia muitos rumores, acompanhados de acusações de todo tipo. Mesmo imperadores podiam se sentir colocados de lado. Durante uma crise, o imperador Cláudio apelou para seus libertos mais confiáveis: "Ainda sou imperador?" Era uma boa pergunta: a imperatriz se divorciara dele e tinha um novo amante que planejava adotar o filho dos dois.

O local onde se desenvolve toda essa atividade é familiar. Era a corte imperial.[24] Todas as monarquias têm cortes, e elas cumprem funções vitais, especialmente nas sociedades tradicionais. As cortes regulam o acesso ao monarca, garantindo que seu papel de tomador de decisões seja desempenhado onde for conveniente. Cortes oferecem proteção e serviços a monarcas. Onde existem outras instituições poderosas — seja um Senado, uma Igreja ou um Parlamento —, as cortes defendem as prerrogativas da monarquia dentro do Estado. As cortes variam enormemente em termos de sua natureza. Os primeiros reis medievais faziam-se obedecer com um bando guerreiro, a família e os servos de sua casa. Com o tempo, foram elaborados rituais de entretenimento e hospitalidade, passando alguns servidores domésticos, como o mordomo, a adquirir novas funções no governo. As cortes mais elaboradas eram as de monarcas absolutistas: em Versalhes e palácios similares, o cerimonial agia para integrar o reino, empregando elaborada etiqueta e ritual para criar hierarquias de honra com nuances sutis.[25]

A corte imperial romana era uma entidade um tanto vaga no século I d.C. Como as cortes da Europa medieval, ela evoluiu do círculo doméstico, mas neste caso dos círculos domésticos escravos de aristocratas romanos. Pompeu e César tinham se apoiado em ex-escravos de confiança e em clientes e amigos íntimos. Não é de espantar que os imperadores fizessem o mesmo. Mas no início não havia cerimoniais elaborados e, de fato, nenhum palácio real para encená-los. O Monte Palatino, entre o fórum romano e o Circo Máximo, fora uma área residencial aristocrática no final da república. Cícero, Crasso e Antônio estavam entre os que tiveram mansões ali. Augusto adquiriu uma dessas casas e gradualmente estendeu seu controle pelo monte, unindo casas, templos e áreas abertas para criar o que foi, sem dúvida, um complexo imperial. Um número cada vez maior de construções foi acrescentado por seus sucessores imediatos. Do período flaviano em diante emergiu um complexo mais coordenado, com grandes áreas de recepção e adornos em mármore colorido.[26] Uma provável razão para a inicial reticência monumental, em uma cidade agora repleta de espetaculares templos de mármore e locais de entretenimento, foi a falta de uma descrição formal da posição de imperador no século I. Augusto era em toda parte um rei, mas em Roma, e em muitas partes do império, era também um deus. Só na capital ele precisou de tato. Os palácios dos reis macedônios tinham sido estruturas bastante grandiosas, com grandes bibliotecas e também reservas de caça nos moldes daquelas dos imperadores persas. Augusto teve uma biblioteca no Palatino, mas estava instalada no templo de Apolo. Os entretenimentos mais extravagantes ocorriam na baía de Nápoles.

Também em termos institucionais, a corte romana não era semelhante à dos selêucidas, dos antigônidas e dos ptolomeus. Os imperadores romanos divulgavam seu *civilitas* — seu senso de virtude cívica — mas a lacuna a que tinham realmente de ficar de olho não era entre governante e súdito, mas entre imperador e aristocrata.[27] O problema era que não havia muita coisa separando os Césares de outras famílias nobres. Os reis da Macedônia tinham se cercado de camaradas, homens jovens de nascimento nobre, mas seus impérios não continham verdadeiras aristocracias além das elites das cidades maiores. Suas cortes eram locais à parte. Reis europeus medievais procuravam sempre se casar com as filhas de outros monarcas, de novo para se distinguirem de sua nobreza. Os imperadores romanos, no entanto, eram membros da nobreza romana, não tinham sangue real correndo nas veias e não eram uma linhagem ungida. O Senado incluía seus parentes íntimos e — desde que eles nunca se dispuseram a desposar as filhas dos imperadores persas — o Senado incluía também os parentes por casamento. A maioria dos imperadores tinha atravessado uma carreira senatorial de um tipo ou de outro e conheciam por dentro os preconceitos dos senadores. Cláudio, curiosamente, foi uma exceção: talvez isso tenha contribuído para o fato de ter prestado honras públicas a libertos, incluindo o direito de usar insígnias de cargo associadas a magistrados republicanos. Sem dúvida havia também vantagens no relacionamento íntimo entre imperadores e a nobreza. Os imperadores tinham possibilidade maior de escolha para parceiras de casamento do que se tivessem ficado restritos a princesas reais. Mais importante ainda é o fato de antigas instituições, como o clientelismo, os jantares grandiosos (*cenae*) frequentados por amigos de diferentes categorias e as noções formais de amizades e inimizades, poderem ser adaptadas a novos fins. A renúncia pública, por parte de um imperador, de sua amizade com um senador era equivalente a uma sentença de morte. Os imperadores conseguiam também contornar a obrigação que tinham os romanos de deixar legados para os amigos. Apesar disso, no entanto, Roma refreava a corte e limitava a liberdade dos imperadores.

E assim eles partiram. Não houve um momento definido em que os imperadores abandonassem a cidade. Como outros aristocratas, tinham sempre mantido residências fora de Roma. Desde as primeiras décadas do reinado de Augusto, às vezes a atenção deles era exigida em outra parte. Tibério passou a última década de seu reinado fora de Roma, principalmente em Capri, na entrada da baía de Nápoles; Calígula e Cláudio passaram longos períodos nas províncias do noroeste; Nero passou um ano e meio na Grécia e Domiciano fez campanha na Germânia. Quando os imperadores deixavam Roma, a corte ia com eles. O que significava que eram acompanhados por um vasto cortejo de guardas e escravos, que incluía todo tipo de criados pessoais e concubinas, assim como secretários e os chefes dos cargos palatinos.[28] As embaixadas, se queriam uma decisão, tinham de seguir o imperador para onde quer que ele fosse. Desde o século II d.C. há um número cada vez maior de histórias sobre recepções formais na fronteira ou em grandes cidades da província. É evidente que Adriano passou uma enorme parte de seu reinado viajando — para o Egito e a África, a Grã-Bretanha e as províncias do norte, repetidas vezes para Atenas. Marco sentiu-se compelido a passar grande parte de seu reinado nas províncias do Danúbio, enfrentando os bárbaros.

A monarquia itinerante foi com frequência uma solução para os problemas de comunicação em grandes Estados e antigos impérios. Os reis medievais às vezes deslocavam os súditos famintos para onde quer que houvesse comida, em vez de tentar conseguir provisões para uma capital única. Alguns imperadores chineses percorriam santuários seguindo ciclos anuais. Imperadores romanos deslocavam-se para ver o mundo e para ver de perto os problemas que mais os preocupavam na época. Severo sustentou campanhas na Pérsia e na Grã-Bretanha, mesmo após estar seguro no trono. Como podiam governar de qualquer lugar, importava pouco onde estavam baseados. Claro, não poderiam mais receber visitantes estrangeiros no Senado ou lá participar de uma discussão simulada das leis. Mas talvez isso não fosse desvantajoso. A cidade de Roma continuava sendo um símbolo poderoso do império, embora não desempenhasse papel realmente essencial no governo do império.[29] Trajano, Adriano, Severo e Caracala, todos se envolveram em grandes programas de construção em Roma. A maioria dos imperadores dos séculos III e IV, no entanto, tinha menos tempo de sobra e talvez menos dinheiro, embora isso não os impedisse de construir grandiosos palácios em York e Trier, em Sírmio, Split e Constantinopla. A maioria dos últimos imperadores visitava Roma, mas só para dar uma olhada em glórias passadas. Os senadores trabalhavam arduamente para manter linhas de comunicação abertas, mandavam embaixadas com frequência e conseguiam que alguns dos filhos fizessem parte da burocracia imperial. Mas, quando elaboraram a divisa *Roma Aeterna*, deviam saber, no fundo, que o centro do império não era mais a cidade, mas sim onde quer que o imperador e sua corte por acaso estivessem.

Leitura adicional

Talvez nenhum período da história romana tenha sido submetido ao mesmo escrutínio que a transição da república ao império. A gama de abordagens e ideias pode ser exemplificada por três coleções de textos: *Caesar Augustus*, organizado por Fergus Millar e Erich Segal (Oxford, 1984); *Between Republic and Empire*, organizado por Kurt Raaflaub e Mark Toher (Berkeley, 1990); e *Cambridge Companion to the Age of Augustus*, de Karl Galinsky (Cambridge, 2005). Têm aparecido muitas biografias e avaliações sobre Augusto. A mais interessante é a dele próprio, a *Res gestae divi Augusti*, que foi traduzida e provida de um maravilhoso comentário de Alison Cooley (Cambridge, 2009).

Emperor in the Roman World, de Fergus Millar (Londres, 1977), coloca o imperador como parte essencial do império, não como força animadora, mas como ponto convergente de todas as outras instituições. O livro alterou de modo fundamental a forma como a história do Primeiro Império era escrita. *Emperor and the Roman*

Army, de Brian Campbell (Oxford, 1984), é um suplemento essencial. O modo como os contemporâneos compreendiam e descreviam seus governantes é o tema do brilhante *Constructing Autocracy*, de Matthew Roller (Princeton, 2001), e também, em certo sentido, do sutil *Suetonius*, de Andrew Wallace-Hadrill (Londres, 1983). Estudos sobre reinados de distintos imperadores são numerosos demais para mencionar: entre os meus preferidos estão *Tiberius the Politician*, de Barbara Levick (Londres, 1976), e *Hadrian: The Restless Emperor*, de Anthony Birley (Londres, 1997). *Nero: The End of a Dynasty*, de Miriam Griffin (Londres, 1996), é ao mesmo tempo a história de uma reviravolta decisiva, o perfil de um reinado incomum e um estudo da cultura e da política da corte. É também uma grande leitura.

Os diferentes círculos em torno do imperador são examinados em *Consilium principis*, de John Crook (Cambridge, 1955), *Familia Caesaris*, de Paul Weaver (Cambridge, 1972), e, mais recentemente, *The Court and Court Society in Ancient Monarchies*, de Tony Spawforth (Cambridge, 2007), que coloca a política do palácio romano ao lado da do Egito, da Pérsia, Macedônia e China Han. Outra coleção que trata de alguns desses mesmos problemas é *Rituals of Royalty*, de David Cannadine e Simon Price (Cambridge, 1987). Mulheres imperiais não são o único tema das duas coleções intituladas *I, Claudia I and II*, de Diana Kleiner e Susan Matheson (Austin, Tex., 1996 e 2000), em que elas reúnem uma coleção fascinante de estudos históricos, literários e sobre história da arte.

O IMPÉRIO MOBILIZA RECURSOS

> Sempre houve reinos e guerras na Gália até vocês se submeterem às nossas leis. Embora tenhamos frequentemente sofrido em vossas mãos, só impusemos, por direito de conquista, esta única coisa, com a qual conservamos a paz. Pois a paz entre as nações é impossível sem soldados, e não há soldados sem pagamento, e não há pagamento se os impostos não forem pagos. Tudo o mais compartilhamos com vocês.
>
> (Tácito, *Histórias* 4.74)

Economia política de impérios tributários

Quem pagava pelo império? Como todos os governantes imperiais, os de Roma passavam o custo para os súditos. Os romanos sabiam disso. Tácito põe essa vigorosa síntese da economia imperial na boca do general romano Cerealis, em palavras que pretendiam dissuadir as tribos gaulesas dos tréveris e lingones de se juntarem à rebelião de 69 d.C. Era, de fato, a conclusão. Na época de Tácito, o exército devorava a maior parte do que os imperadores arrecadavam em impostos. Posto assim, o financiamento do imperialismo romano parece muito simples. Contudo, os mecanismos empregados eram incrivelmente complexos e estavam em constante evolução. Em certo sentido, a história romana é o relato de lutas intermináveis para equilibrar o orçamento imperial. Talvez isto se aplicasse a todos os Estados imperiais.

Uma perspectiva comparativa indica os estreitos limites dentro dos quais Roma tinha de resolver esses problemas. Os primeiros impérios eram vastos sistemas redistributivos: os recursos principais dos quais dependiam eram terra e mão de obra. Metais, madeiras e granito eram também importantes; a correspondência entre os reis da Idade do Bronze do antigo Oriente Próximo já continha preocupação frequente em assegurar esses preciosos recursos. Mas a base de todas as economias antigas era a agricultura. Cada império primitivo era bancado, em última análise, pelo excedente agrícola. Visto que eram construídos sobre a desigualdade e muito grandes, os impérios também dependiam da infraestrutura de transporte. O gasto comum dos impérios era com soldados, funcionários, cortes imperiais, e nenhum desses grupos estava distribuído de modo uniforme entre os cenários produtivos que controlavam. Não havia muitas opções. A comida podia ser trazida aos consumidores; os consumidores podiam ir até a comida; ou então podiam ser concebidos sistemas monetários que permitissem aos Estados pagar em dinheiro, mas exigiam que as populações submissas vendessem excedentes no mercado a fim de ganhar dinheiro para o pagamento de impostos, e que os consumidores usassem o mercado para obter o que precisavam. Roma acabou usando uma combinação de opções, construindo estradas e portos, lançando impostos em espécie e em dinheiro, fornecendo incentivos para os negociantes levarem suas cargas para as capitais imperiais e esperando que as populações das províncias abastecessem exércitos e cortes imperiais em movimento.[1]

A solução romana foi, portanto, extremamente semelhante àquela empregada por outros impérios antigos. Entre os grandes projetos de infraestrutura estão o Grande Canal da China, iniciado no século V e com quase 1.600 quilômetros de comprimento ao ser concluído um milênio mais tarde; a Estrada Real Persa, que se estendia por mais de 2.400 quilômetros de Sardis a Susa; e a grande Estrada Inca, que se estendia por 6 mil quilômetros ao longo dos Andes. Roma teve muita sorte por governar um império distribuído ao redor de um mar Interior. Levar os consumidores até a comida era menos prático para impérios do que para Estados menores. Os primeiros reis ingleses podiam deslocar suas cortes minúsculas através de seu pequeno reino com relativa facilidade, mas impérios requeriam sistemas mais complexos. Como resultado, a maioria criou sistemas monetários imperiais com os quais pagar soldados e funcionários do Estado. Isto envolvia, com frequência, ampliar a utilização de um primeiro montante de moedas correntes, como as moedas de cobre do reino Qin, que resultaram da primeira cunhagem imperial da China, ou os denários de prata de Roma que, no decorrer do final da república, foram substituindo gradualmente a cunhagem de todos os outros metais preciosos do mundo mediterrâneo.[2] Com as cunhagens imperiais eram geralmente adotadas medidas imperiais padrão. A conversão dos atenienses da Liga Deliana em algo como um império foi assinalada quando a assembleia emitiu um decreto, provavelmente em meados da década de 420, requerendo que seus aliados usassem moedas atenienses, pesos atenienses e medidas atenienses.[3] O Império Persa aquemênida fazia cunhagens e exigia que alguns impostos fossem pagos em moeda: em geral os impérios helenísticos eram os que mais usavam sistemas monetários padronizados.[4]

Os historiadores às vezes chamam esse tipo de sistema político de império tributário, talvez por razões óbvias.[5] Impérios tributários podem ser contrastados com Estados de conquista, sociedades com instituições e ideologias voltadas para a expansão constante. A ordem política asteca dependia da guerra anual e tinha rituais estatais que exigiam suprimentos constantes de prisioneiros de guerra para sacrifício. Uma sucessão de anos sem vitórias provocaria o colapso político. Quando Estados de conquista desfrutam de uma vantagem comparativa duradoura sobre os vizinhos, podem ocorrer períodos de expansão assombrosamente rápida. No geral, isso envolvia não apenas recompensas para os conquistadores, mas também meios pelos quais novos membros eram recrutados para os exércitos. Estados de conquista movem-se como *tsunamis* através dos cenários políticos. A conquista árabe, que, entre 634 e 720, criou um califado estendendo-se do sul da França ao Punjab, e a conquista inca dos Andes no século após 1438 d.C. foram movimentos desse tipo. Mas essa espécie de ímpeto não pode ser mantida por tempo indefinido. Todos os Estados de conquista estão condenados a um súbito colapso (como o império de Átila, o Huno) ou a serem institucionalizados como impérios tributários. A Pérsia aquemênida fornece um excelente exemplo. O império foi criado entre 559 e 522 por Ciro e seu filho Cambises, que juntos conquistaram os reinos dos medas, babilônios e egípcios; mas o império quase foi destroçado por uma guerra civil, até Dario I assumir o controle, criando uma moeda única, um sistema de impostos, um sistema provincial e a Estrada Real. Escritores gregos e romanos, atônitos com o horror da guerra civil, expõem o mérito de Augusto principalmente no tocante a estabelecer a paz civil.[6] Mas o que realmente salvou o império do colapso foi seu êxito em deter a expansão e consolidá-la em torno de instituições que já estavam voltadas para a economia sustentável de um império tributário.

Aqui também só havia algumas opções fiscais abertas aos governantes de impérios tributários. Governantes locais de vários tipos podiam ser recrutados para agir como agentes do império; coletores de impostos podiam ser empregados; ou podia ser criada uma burocracia arrecadadora. Cada método tinha suas desvantagens. Depender das elites locais significava ceder certo poder às províncias. Foi feita recentemente uma comparação detalhada entre o uso que Roma fazia das elites locais e a situação do Império Mogol, que extraía impostos com a ajuda dos *zamindars* locais, concedendo-lhes no processo significativa autonomia.[7] Os coletores de impostos reduziam em muito os riscos e os custos da arrecadação fiscal, garantindo ao Estado uma renda fixa. Mas sem a menor dúvida seus interesses estavam voltados para o curto prazo e não eram nada simpáticos aos contribuintes. As desvantagens a longo prazo desse gênero de parceria público-privada nos são agora muito familiares: impérios tributários tinham de correr o risco de revoltas e protestos provocados por aproveitadores. A burocracia dava aos imperadores muito mais controle, mas tinha um custo significativamente mais elevado — um custo que teria, por fim, de ser coberto pelos contribuintes.

A trilha ampla da jornada da própria Roma por essas águas turvas apresenta-se de forma simples. A expansão romana na Itália ajusta-se perfeitamente ao tipo ideal de um Estado de conquista. Mas já em meio ao século II a.C. surgem elementos de uma extração mais estável de rendas. Indenizações de países derrotados foram substituídas no decorrer desse século por renda regular, quando antigos reinos helenísticos foram absorvidos e novo território, conquistado no Ocidente. A princípio, Roma dependia dos contratos de coleta de impostos: para um Estado que já fazia uso generalizado de contratos públicos Políbio observou que isto era natural. Mas a coleta de impostos era impraticável em certas regiões — em particular na Espanha —, e o comportamento estarrecedor daqueles que detinham contrato para coletar impostos romanos na Ásia foi amplamente responsabilizado pelo apoio grego a Mitrídates. César confiou a coleta de impostos territoriais às elites locais das cidades asiáticas e esse sistema se tornou comum durante o início do século I d.C., exceto na Itália, que estava isenta; no Egito, onde a burocracia usada pelos Ptolomeu foi preservada; e talvez em algumas zonas fronteiriças, onde os militares agiam como um tipo diferente de burocratas. O antigo sistema imperial manteve-se, contudo, excepcionalmente complexo, e os contratos com coletores de impostos continuaram a ser usados para muitos impostos indiretos.[8] Em nível mais abrangente, o sistema augustano tinha muita consistência. Não havia, no geral, grande vontade de mudar sistemas que funcionavam razoavelmente bem, e poucas tentativas de aprimoramento podem ser documentadas. Tudo isso mudou na crise do século III. O império precisava de maior renda em uma época em que a economia estava por uma ou outra razão mais fraca e quando as aristocracias locais se encontravam sob uma pressão inédita. O resultado foi que, como parte da recuperação imperial, emergiu um novo sistema, com novos impostos, nova moeda e uma burocracia centralizada que durou até a Idade Média bizantina.

Tempos bons e tempos ruins

Os sistemas fiscais podem ser vistos como respostas governamentais às atividades econômicas dos súditos. Em termos ideais, extraem o máximo possível sem prejudicar essas atividades. Como supostamente Tibério disse: "Quero minha ovelha tosquiada, não esfolada". A ecologia histórica da bacia Mediterrânea e suas regiões costeiras já foi descrita.[9] Os regimes agrários da Antiguidade clássica eram essencialmente estáveis. O domínio romano trouxe algumas técnicas novas de lavoura e algumas novas culturas para certas regiões, mas não houve mudança revolucionária. Esse ambiente "normal" tinha embutida alguma instabilidade de curto prazo, especialmente na parte mediterrânea do império, onde crises de alimentos não eram raras.[10] De um modo mais geral, o antigo Mediterrâneo era caracterizado por ciclos extremamente pontuais de altos e baixos que obrigavam os lavradores camponeses a adotar estratégias de diversificação de culturas, armazenagem e permuta.[11] O crescimento, onde ocorria, era resultado de intensificação. Onde proprietários de terras tinham recursos e vontade, podemos observá-los fazendo drenagem e irrigação; plantando videiras, oliveiras e hortas, que seriam mais vantajosas que outras culturas; fazendo experiências com novas variedades de árvores, com criação seletiva de gado; valorizando suas propriedades pela abertura de barreiros, pela construção de olarias e prensas de azeitonas; construindo moinhos e instalações para armazenagem; e melhorando os meios de transporte que usavam para levar o excedente ao mercado. Em termos muito gerais, o pobre temia o risco, o rico buscava o lucro, mas ambos perseguiam o próprio objetivo por meios essencialmente tradicionais.

Contudo, tendências de longo prazo emergiram desta atividade, tendências com as quais o império tributário tinha de lidar. O trabalho progride a passos rápidos preenchendo os detalhes dessas tendências e, especialmente, quantificando-as.[12] A arqueologia subaquática mostrou como o número de naufrágios atingiu um pico no final do período republicano, sugerindo ter sido esse o período de maior comércio de longo curso no antigo Mediterrâneo.[13] Durante o mesmo período, produtos italianos, especialmente vinho e vasilhas de cerâmica usadas à mesa, são encontrados por todo o mundo mediterrâneo e também além dele. Desde o início do século I d.C., o volume dessa evidência diminui. Mas há indicações de crescimento nas províncias, incluindo a produção de azeite para exportação no norte da África e no sul da Espanha, e a produção de vinho para consumo local em áreas tão variadas quanto a França central, os arredores de Roma e o Egito. O comércio, em outras palavras, desenvolveu-se primeiro, seguido pela capacidade de produzir os mesmos bens localmente.[14] Novos indícios de níveis elevados de mineração e produção de metais vieram de núcleos de gelo encontrados em perfurações na calota polar da Groenlândia. A julgar pelos níveis de poluição atmosférica por chumbo e cobre ali atestados, a produção de metais atingiu um ápice no Antigo Império Romano, só repetido durante a Revolução Industrial.[15]

Em sua maior parte, essas mudanças se davam em função da demanda. Um grande estímulo à mudança, por exemplo, foi a disseminação de novos estilos de consumo através do império, estilos que tinham como modelo o consumo das elites italianas. Azeite, vinho, molhos de peixe, têxteis, bronzes, ornamentos, tudo era objeto de procura entre as equivalentes elites das províncias. Mudanças no consumo não afetavam apenas mercadorias. Professores, oleiros e pintores de paredes encontravam emprego nas províncias. Arquitetos, engenheiros e artesãos italianos já trabalhavam em prédios públicos nas províncias ocidentais, no início do século I d.C.[16] Uma vez passadas as qualificações aos habitantes locais, pedreiras tinham sido abertas, começara a produção de ladrilhos e novas técnicas de carpintaria e elaboração de projetos foram disseminadas. Começamos a ver a transformação da arquitetura doméstica, primeiro nas cidades e depois no campo. Técnicas de engenharia ainda mais sofisticadas eram necessárias para construir os aquedutos que alimentavam fontes monumentais e termas, sinais da nova sensibilidade estética e cosmética. Tudo isso era caro, mas, se para pagá-lo alguns súditos de Roma eram mais explorados, outros podiam fazer dinheiro satisfazendo esses novos gostos.[17]

A maior mudança de estilo de vida em muitas partes do império foi o desenvolvimento das cidades. O número de cidades, sua densidade e a população dos maiores centros cresceram por todo o império. Regiões que, à vista de Roma, tinham apenas aldeias — interior da Gália e Espanha, Anatólia central, partes do Egito e dos Bálcãs — tiveram maior crescimento. Em certas áreas, como o Vale do Nilo, a Itália central e o litoral da Ásia Menor, a proporção de não produtores que tinham de comprar sua comida avançou silenciosamente para 30 por cento da população. Grande parte deste crescimento foi resultado da emergência de um pequeno número de cidades imensas no topo da hierarquia de povoamento. A população de Roma chegou a cerca de um milhão e talvez dez outras cidades tenham ultrapassado a marca de 100 mil habitantes. O próprio sistema urbano estava se alterando e, em certas áreas, as pequenas cidades encolhiam enquanto as maiores aumentavam de tamanho.[18] Mas pela maioria das estimativas, a população urbana total do império atingiu seu ponto máximo por volta de 200 d.C.[19] Acrescente-se a isto a criação de um exército permanente que flutuava entre 250 mil e meio milhão de homens e fica claro de onde a nova demanda estava vindo.

O Império Romano promovia estes processos de forma acidental e indireta. Dando suporte à urbanização e criando um exército permanente, o império aumentava sua demanda líquida. Os modelos de vida civilizada que, sob o domínio romano, difundiram-se além da bacia mediterrânea forneceram oportunidades para comerciantes, artesãos e arquitetos. O domínio romano favorecia os ricos e, na medida em que eles se tornavam mais ricos, seu poder de compra agregado aumentava. Moedas, pesos e medidas padronizados, bem como investimento em infraestrutura de transporte — tudo destinado a servir a objetivos administrativos e militares —, devem ter tornado o comércio mais fácil. A lei, os idiomas comuns e a paz também devem ter dado sua contribuição. Talvez o fisco desempenhasse também uma parte, estimulando os proprietários de terras a produzir maiores excedentes para ser fornecido em espécie ao exército ou vendido para que os impostos pudessem ser pagos.[20]

Uma intensificação desse tipo alimentou o crescimento pelo menos do século II a.C. até algum momento do século III d.C. Mas então o processo tomou o sentido inverso. Cidades encolheram, o investimento na produção parece ter diminuído, e certos tipos de comércio de longa distância declinaram em volume. Há muitas incertezas. Em certos casos, um declínio no comércio refletia o sucesso cada vez maior de produtores locais: os ciclos de produção e consumo, em outras palavras, ficavam mais localizados. Estudos arqueológicos de algumas mercadorias, por exemplo, produtos de cerâmica do norte da África, sugerem que o comércio de longa distância continuou se desenrolando até, e além, do colapso do império ocidental. A África continuou sendo também uma grande exportadora de grãos, inclusive sob domínio dos vândalos. A maioria dos indicadores de declínio econômico também sugere um declínio mais dramático no norte e oeste do império em relação às províncias do sul e do Oriente. As economias locais da Síria e de partes da Ásia Menor realmente parecem dar um salto no final da Antiguidade. Menos consenso existe sobre os motivos da reversão de muitas dessas tendências ou, de fato, sobre o ponto em que esta reversão começou. O pico no número de naufrágios se dá realmente no final da república e as exportações de vinho italiano em grandes quantidades chegam a um número cada vez menor de regiões a partir do mesmo período. Poderiam melhoramentos no transporte marítimo ou um aumento do consumo doméstico de vinho explicar parte disto? O apogeu urbano, no entanto, ocorre por volta de dois séculos mais tarde.

Assim que o pico urbano foi ultrapassado, a demanda em colapso certamente teve um grande efeito. Muitas cidades ocidentais, Roma entre elas, encolhem de modo dramático, em termos populacionais, entre 200 e 300 d.C. No final do século III, a área ocupada de algumas cidades nas províncias do noroeste ficou reduzida a um quarto do máximo atingido no século II. Algumas cidades chegaram mesmo a ser abandonadas. A muitas devem ter restado vastas áreas de prédios em ruínas e terrenos baldios no final do império, e um bom número delas acabou amontoado em volta de um castelo fortificado em velhos centros históricos. Dificilmente algum novo monumento urbano foi construído em qualquer parte após a década de 230. A própria Roma foi reduzida a um terço do tamanho no mesmo período. Tudo isto deve ter afetado o mercado de gêneros alimentícios e têxteis, de artigos de cerâmica e combustível, e também a indústria de construção. Os ricos continuaram ricos, e alguns tornaram-se mais ricos: algumas das mais esplêndidas mansões rurais e suburbanas foram construídas por todo o império no século IV. Mas apenas o gasto com elas não poderia absorver as produções em massa que a intensificação agrícola pretendera gerar.

Muitos fatores têm sido sugeridos para explicar essas mudanças. Às vezes supõe-se que, como as economias foram se tornando cada vez mais regionais, certas partes do império tinham tão somente preferido sair de uma dispendiosa civilização urbanizada. Mas é difícil ver a articulação de sistemas de valores alternativos nos textos literários do século IV. Na verdade, o tom é muitas vezes tão nostálgico que eles são descritos como imitação do estilo clássico. As invasões bárbaras do final do século III não podem ter provocado todo esse prejuízo, que é também evidente em áreas não afetadas pelos ataques, como a Grã-Bretanha. E o império não tinha (ainda) aumentado a carga fiscal a ponto de colocar a base produtiva sob pressão, nem os ricos (já) eram tão ricos a ponto de desorganizar as finanças públicas.

Nos últimos tempos, foram revividas explicações quanto a praga e mudança climática. Será que cada época encontra os próprios medos na queda do Império Romano? Uma terrível praga certamente tomou conta do império em meados do século II d.C.[21] Sobreviveram descrições muito nítidas, entre elas uma de Galeno, o mais proeminente médico do antigo império. Pode ter sido provocada pela varíola, pelo sarampo ou por uma doença que não existe mais. Veio do Oriente, trazida para o Império Romano por um exército que se deparou com ela durante o tempo em que fazia campanha contra os persas, na década de 160 d.C., e se espalhou rapidamente pelas áreas militarizadas do Danúbio e do Reno, alcançando finalmente Roma, expelindo refugiados (e a certa altura imperadores) à sua chegada. Mas é difícil avaliar seu efeito na operação de longo prazo da economia: evidência comparativa mostra que as pragas podem ter uma série de efeitos, alguns inclusive positivos, sobre o crescimento econômico.[22] A questão da mudança climática é ainda menos certa e depende de estimativas, em escala muito maior, de flutuações da temperatura anual média. Se houve de fato um ligeiro decréscimo na temperatura por volta de meados do primeiro milênio antes de Cristo, isto poderia ter afetado a produtividade agrícola. As duas ideias veem o ponto alto da economia romana repousando em uma base um tanto frágil e essa tese é efetivamente difícil de avaliar com os dados que temos hoje. E há outras alternativas. Uma linha de argumentação sugere que a economia antiga havia atingido sua capacidade máxima bem mais cedo e que o crescimento dos últimos séculos antes de Cristo foi um arranque final gerado pela incorporação de novas regiões ao sistema mediterrâneo. É difícil no momento optar por uma dessas hipóteses.

Sejam quais forem as razões, as consequências da contração econômica para um império tributário são claras. Impostos indiretos drenam os lucros do comércio, de leilões e manumissões. Se o número de atividades for menor, a renda cai. O imposto direto estava baseado na terra, mas se a terra se tornou menos lucrativa havia um limite ao que podia ser arrecadado. Isso, contudo, é mais claro para nós do que era para eles.

Lidando com a economia antiga

A imagem da economia que está emergindo da pesquisa mais recente teria sido incompreensível para os romanos. Sua compreensão tão prática da atividade econômica não incluía o uso de modelos de previsão ou descritivos, eles reuniam poucos dados com os quais pudessem ter analisado tendências e a ciência antiga não tinha noção da economia como uma entidade específica. Nesse sentido, os imperadores estavam em voo cego quando projetavam e alteravam seus sistemas fiscais.

Mas a maneira como solucionavam os problemas não era insensata. Quando terremotos devastaram as cidades da Ásia, Tibério as isentou por cinco anos do imposto de renda. Quando precisou de mais dinheiro para o exército, Augusto criou novos impostos. Quando os preços começaram a se elevar no final do século III, Diocleciano tentou fixar máximos legais. Os historiadores perceberam que, quando novas minas de prata eram abertas, o preço da prata diminuía, e também que mudanças nas regras que governavam as taxas de juros podiam provocar uma escassez de moeda (mesmo se não tivessem termos especializados para "oferta e demanda" ou "crise de liquidez"). Conclui-se que os dispositivos que os imperadores empregavam para tributar esta vasta economia eram pragmáticos, ainda que também fundamentalmente reativos e adaptativos. Não era feito muito esforço para abrandar as diferenças entre províncias tributadas de diferentes modos: uniformidade e consistência não eram, em si mesmas, um objetivo e estabelecer equidade entre diferentes grupos de contribuintes nunca foi uma preocupação. Os imperadores ceifavam a economia de modo oportunista, tendo como objetivo ficar com uma parte de qualquer lucro que estivesse sendo obtido. Como resultado, o antigo sistema imperial preservou fósseis institucionais de cada estágio do imperialismo romano e de algumas épocas mais antigas também.

A economia política do Estado republicano romano antes das Guerras Púnicas era quase inexistente. Campanhas bem-sucedidas traziam algum butim, particularmente bens móveis como escravos e metais preciosos, a maioria dos quais eram divididos entre os aliados, soldados cidadãos, o general e os deuses. De qualquer modo, o Estado tinha algumas despesas. A maioria dos monumentos erguidos nesse período eram templos construídos para cumprir promessas feitas no campo de batalha e pagos com a parte do butim que coubera ao general.[23] O censo romano de fato distribuía obrigações fiscais de acordo com a riqueza, mas sabemos muito pouco sobre essa taxação direta, exceto que foi abolida para sempre após a derrota da Macedônia em 168 a.C. Operações militares por toda a península ampliaram o controle romano sobre terra e mão de obra. A mão de obra conquistada era explorada através da escravidão e de alianças que exigiam que o súdito se comprometesse a fornecer tropas para apoiar os exércitos romanos. Terra tomada tornava-se *ager publicus*, sendo usada para fundar colônias ou para ser arrendada a cidadãos romanos. Esses arrendamentos (*vectigalia*) se tornaram uma das primeiras fontes regulares e previsíveis de renda do Estado.[24]

Guerras no ultramar com Cartago e a Macedônia trouxeram outras fontes de renda. Indenizações foram impostas à derrotada Cartago em 241 e 201, em ambos os casos distribuídas em uma série de pagamentos anuais. Macedônia e Síria também tiveram de pagar indenizações maciças após suas respectivas derrotas em 196 e 188 a.C. Durante este período, grandes obras públicas foram iniciadas em Roma.[25] Outros contratos públicos foram assinados para o aprovisionamento de exércitos. Só cidadãos romanos com fundos para garanti-los podiam ganhar contratos públicos, que eram um meio de distribuir as rendas do império entre as classes proprietárias.

A economia política foi transformada quando Roma começou a adquirir territórios no além-mar. A primeira província foi a Sicília. Cartago havia taxado suas posses no oeste da ilha e talvez Roma tenha assumido seu sistema fiscal após a Primeira Guerra Púnica. Depois da tomada de Siracusa em 211, durante a Segunda Guerra Púnica, Roma adaptou o sistema fiscal criado pelo rei Hieron. De fato, o que se tornou conhecido como *Lex Hieronica* impunha um dízimo sobre o produto agrícola da maior parte das cidades gregas da ilha. Roma concedeu isenção a algumas cidades e privou outras de terra. Usar o fisco para recompensar aliados e punir inimigos tornou-se a técnica romana padrão. Absorver o pequeno reino helenístico provavelmente abriu os olhos dos romanos para a possibilidade de usar os impostos como meio de gerar uma renda regular graças à supremacia militar. Certamente, quando Tibério Graco instigou com êxito a tomada do reino de Pérgamo em 133, a motivação

Figura 15. Lei fiscal de Éfeso (agora no Museu de Éfeso).

básica foi obter um fluxo de recursos para seu projeto de distribuição de terras. O povo romano recebeu os recursos por meio de impostos e terras reais. Coletores de impostos (*publicani*) lucravam com sua coleta, o que trouxe a Graco apoio político em Roma.

Contratos de um tipo ou de outro para a coleta de impostos continuaram sendo importantes durante muito tempo no império para a arrecadação de impostos indiretos.[26] Uma inscrição dos tempos de Nero encontrada recentemente em Éfeso mostra que os vários direitos aduaneiros criados pelos reis de Pérgamo estavam ainda sendo arrecadados exatamente do mesmo modo mais de dois séculos após a conquista romana.[27] Coletores de impostos continuavam encarregados de arrecadar tarifas internas muito tempo depois de terem perdido os contratos lucrativos para arrecadar o imposto territorial nos últimos anos da república. As tarifas arrecadadas nas fronteiras do velho reino pergamês foram provavelmente o modelo para novas tarifas internas, como a taxa de 2,5 por cento, criada no reinado de Augusto, sobre os bens que entravam e saíam das províncias gaulesas. No início, ela foi cobrada por companhias publicanas, depois por contratadores individuais (em ambos os casos sob a supervisão de procuradores equestres, mas os segundos muito mais fáceis de controlar) e, por fim, foi entregue a funcionários do Estado no final do século II.[28] Essa evolução talvez ilustre a tendência mais ampla para um maior controle central da taxação, antes mesmo da contração econômica e do início da crise militar em meados do século III.

Contudo, a diversidade local persistia, onde quer que sistemas locais funcionassem. Os sistemas fiscais criados no Egito pelos Ptolomeus eram muito mais complexos que os da Sicília e eram administrados por uma burocracia chefiada por um primeiro-ministro no palácio. Esse sistema também foi simplesmente engolido depois de Áccio. O *idioslogos* real era agora um funcionário equestre que se reportava antes ao prefeito de Alexandria e do Egito que ao monarca. São abundantes outros exemplos. Nem generais republicanos nem os imperadores pareciam sentir muita necessidade de impor sistemas fiscais uniformes de um lado a outro de seus domínios desde que as províncias fornecessem o que era preciso.

Nem todas as partes do império tinham sistemas fiscais que pudessem ser tão facilmente conectados ao do império. Não é certo que a propriedade privada, no sentido em que nós ou os romanos a teríamos compreendido, sequer existisse em algumas áreas do norte e do oeste antes da conquista romana. César mencionou certos direitos aduaneiros cobrados por tribos gaulesas, mas a maioria das trocas não era monetizada. Aqui os romanos foram forçados a desenvolver novos mecanismos. Uma exceção parcial no Ocidente foi o antigo território cartaginês na Espanha e no norte da África, adquirido por Roma respectivamente após a Segunda e a Terceira Guerras Púnicas. As minas de prata criadas nas imediações de Cartagena por Aníbal foram confiscadas como propriedade do Estado; seriam depois exploradas por centenas de contratadores em pequena escala que usavam trabalho escravo. Igualmente, o tributo em azeite pago pelas cidades da Tripolitânia a Cartago foi desviado para Roma. Mas em muitas áreas os romanos tiveram de improvisar, em geral impelidos pela necessidade de alimentar e pagar exércitos que podiam permanecer no terreno por muito mais tempo que a duração de uma campanha e ter menor expectativa de butim. Foi durante as longas campanhas na Espanha que a pressão se fez sentir pela primeira vez. Populações locais tinham sido obrigadas a prover a subsistência dos exércitos desde as Guerras Púnicas; tributos irregulares foram também lançados sobre aliados para pagar as tropas. A certa altura, no início do século II a.C., esses tributos irregulares acabaram ganhando forma definitiva com os tributos regulares anuais em dinheiro e grãos.[29]

O reinado de Augusto foi um período de reorganização fiscal. Mesmo antes dos desastres militares na Germânia, lá para o final de seu reinado, estava claro que Roma não poderia continuar se expandindo para sempre. E a solução augustana para a guerra civil era dispendiosa. No centro, foi criado um tesouro militar em 6 d.C., financiado em 1 por cento com impostos sobre as vendas e em 5 por cento pelo imposto sobre as heranças, introduzido para fornecer renda hipotecada com a qual os bônus de dispensa dos veteranos deviam ser pagos. Em última análise, cerca de 75 por cento da renda imperial seria gasta com o exército.[30] Tributações muito elevadas de propriedades foram feitas em diversas províncias durante os anos 20 a.C., passando a ser depois renovadas, em teoria, a intervalos regulares. Obrigações fiscais permanentes foram fixadas para comunidades inteiras. A linguagem usada era a do censo, mas não se tratava de um exercício que distribuía direitos políticos e responsabilidades do tipo conduzido por censores republicanos. Muitas áreas recebiam uma tributação em dinheiro, outras eram instruídas a pagar taxas em espécie. Particularmente comuns eram as taxas em grãos, muito provavelmente entregues em acampamentos militares das proximidades. Havia um procurador baseado em Trier, no Vale do Mosela, que coordenava as finanças imperiais por todo o norte da França (a província da Bélgica) e a Renânia, onde cerca de um terço do exército imperial estava baseado no século I d.C. Parece bastante provável que fosse responsável pelo aprovisionamento local feito pelas terras cerealíferas da bacia de Paris. Algumas tributações fiscais eram menos comuns. Os frísios, na foz do Reno, eram tributados em couro de boi: fazia perfeito sentido, levando em conta a dependência da economia local da criação de gado e também a necessidade militar de couro. Outras idiossincrasias pragmáticas existiram em outras partes do império.

Extensas faixas de novo território foram conquistadas durante o longo reinado de Augusto. Boa parte dele foi simplesmente sujeito à taxação, com novos territórios citadinos criados em terra tribal, mais ou menos como Pompeu tinha feito no Ponto, ficando os líderes tribais com as mesmas responsabilidades governamentais que as elites citadinas da Ásia e do norte da África. Uma certa quantidade de terras foi expropriada para assentar as tropas. Augusto também reteve terras para si mesmo, especialmente antigas terras reais. Cada vez mais, os mesmos procuradores equestres que supervisionavam a taxação provincial passavam a gerenciar esta propriedade imperial nas províncias. Os imperadores controlavam as maiores pedreiras, as minas e não só. Algumas de suas vastas posses agrícolas tinham sido confiscadas de senadores, outras herdadas dos predecessores. Em Roma, era mantida uma escrupulosa distinção entre finanças públicas e imperiais, mas não havia fiscalização independente de nenhuma das duas e a distinção era extremamente útil porque permitia que os imperadores se fizessem passar por benfeitores pessoais.

Augusto não alterou a tributação do império da noite para o dia. Os termos "Estado de conquista" e "império tributário" descrevem tipos ideais em sentido sociológico. Desde o século II a.C., Roma exibia traços dos dois, mas ela se moveu com firmeza na direção de uma economia tributária sustentável. O butim continuou sendo um importante objetivo das campanhas praticamente durante todo o reinado de Augusto e ocasionalmente depois dele: os grandes projetos de construção de Trajano em Roma foram financiados por suas guerras na Dácia. Mas a tendência a longo prazo foi para a renda sustentável que só a tributação poderia proporcionar.

O primeiro sistema fiscal da Roma imperial nos impressiona pela desnecessária complexidade e, no entanto, certamente funcionou bem. Composto de sistemas fiscais regionais menores, foi capaz de conciliar grandes variações na vida econômica da Itália e nas províncias, entre elas diferenças no nível de comércio, na natureza da posse da terra e mesmo nas práticas agrícolas. A uniformidade tem mais importância sob a ótica de justiça distributiva — que não era uma preocupação fundamental dos imperadores — ou para capacitar órgãos centralizados a agir com maior eficiência. Mas pouca coisa era centralizada. Sem dúvida, havia inconvenientes. Para começar, havia incerteza constante sobre que impostos estavam em curso: isso é útil para historiadores que confiam amplamente em clarificações epigráficas monumentais para reconstruir o sistema, mas deve roubar muito tempo. Em segundo lugar, havia uma tendência, em todos os sistemas, para que o peso da tributação fosse jogado sobre os mais pobres, pois as isenções eram em geral dadas a grupos e indivíduos já privilegiados. Considerando-se as vastas desigualdades de riqueza no império, os imperadores realmente só podiam se dar ao luxo de tratar os ricos com clemência se os tempos fossem bons. Finalmente, havia pouca flexibilidade. Monarcas europeus medievais podiam convocar um Parlamento para conseguir novos impostos; governos modernos corrigem os impostos com muita regularidade; mas os imperadores romanos não tinham meios de fazê-lo — na verdade, eram vulneráveis em áreas sujeitas a dízimo, a colheitas escassas e, através de impostos indiretos, a diminuições no volume de comércio. Quando os tempos não eram bons, a inflexibilidade fiscal do sistema tributário imperial os colocaria contra a parede. Quando a economia entrava em contração, as coisas ficavam consideravelmente mais difíceis.

Leitura adicional

A economia romana atraiu algumas das obras mais imaginativas de anos recentes e também pôde se beneficiar de grande quantidade de novos dados arqueológicos de altíssima qualidade. A mais recente avaliação global está contida em *Cambridge Economic History of the Greco-Roman World* (Cambridge, 2007). Esses ensaios, no entanto, não substituíram os excelentes capítulos sobre assuntos econômicos e finanças imperiais dos volumes X a XII da *Cambridge Ancient History*. William Harris tem dado grandes contribuições a ambos os projetos e ao tema de modo mais geral: a mais importante está agora reunida em seu *Rome's Imperial Economy* (Oxford, 2011). Os primeiros resultados de uma grande e nova investigação foram publicados como *Quantifying the Roman Economy* (Oxford, 2009), organizado por Alan Bowman e Andrew Wilson, diretores do projeto. Contribuições arqueológicas ao debate são examinadas em *Archaeology of the Roman Economy*, de Kevin Greene (Londres,1986), e também em uma coleção organizada por David Mattingly e John Salmon intitulada *Economies Beyond Agriculture* (Londres, 2001). Provavelmente seja justo dizer que as teses extremamente originais sobre vida econômica incluídas em *The Corrupting Sea*, de Peregrine Horden e Nicholas Purcell (Oxford, 2000), têm ainda de ser plenamente assimiladas a esses debates. *Ancient History from Coins*, de Christopher Howgego (Londres, 1995), não trata de assuntos relacionados apenas a Roma ou apenas à economia, mas contém coisas fascinantes e com esplêndida clareza sobre ambos os assuntos.

O estudo do sistema fiscal está baseado sobretudo em material papirológico e epigráfico. Talvez por essa razão a discussão tenha sido, em sua maior parte, técnica e publicada em revistas e atas de conferência, embora uma exceção magnífica e recente seja fornecida por *The Customs Law of Asia*, de Michel Cottier (Oxford, 2008). As melhores introduções são o artigo de Peter Brunt, "The Revenues of Rome", originalmente publicado no *Journal of Roman Studies 1981* e reimpresso em seu *Roman Imperial Themes* (Oxford, 1990), e o capítulo de Dominic Rathbone em "The Imperial Finances", em *Cambridge Ancient History*, volume X. Provavelmente, a mais influente contribuição a esse assunto foi um texto de Keith Hopkins intitulado "Taxes and Trade in the Roman Empire", publicado em *Journal of Roman Studies 1980*, argumentando que o sistema fiscal do Primeiro Império realmente estimulava a economia. Hopkins retornou a esse tema em uma série de ocasiões: sua versão final é encontrada com mais facilidade (junto com outros ensaios importantes) na coleção *The Ancient Economy*, de Walter Scheidel e Sitta von Reden (Edimburgo, 2002).

DATAS IMPORTANTES DO CAPÍTULO XIII

15 a.C.-9 d.C. Período principal das guerras augustanas de conquista na Europa, terminando com a perda de três legiões na Floresta de Teutoberger.

43 d.C. Começa a invasão da Grã-Bretanha no governo de Cláudio.

66-70 d.C. Guerra Judaica.

69 d.C. Ano dos Quatro Imperadores. Primeira Guerra Civil desde Áccio.

82-83 d.C. Campanhas domicianas no Reno.

85-89, 101-102, 105-106 d.C. Guerras de Domiciano e Trajano contra os dácios.

106 d.C. Arábia anexada.

114-117 d.C. Guerra parta de Trajano. Quando da morte deste, Adriano retirou-se da nova província da Mesopotâmia.

166-180 d.C. Guerras marcomanas de Marco Aurélio na fronteira do Danúbio.

193-197 d.C. Guerras civis levando ao estabelecimento da dinastia severana.

226 d.C. Sassânidas derrotam os partas na Pérsia.

241-272 d.C. Reinado de Sapor I como imperador da Pérsia.

249-252 d.C. Reinado de Décio.

Década de 250 d.C. Ataques crescentes através do Reno por parte dos alamanos e outros grupos.

260 d.C. Captura e execução de Valeriano pelos persas.

260-268 d.C. Reinado de Galieno. Imperadores gauleses e governantes de Palmira são autorizados a se tornarem de fato autônomos. Entre outros desastres, os francos saqueiam Tarragona (264), os hérulos saqueiam Atenas (267) e os godos saqueiam o santuário de Ártemis em Éfeso (268).

268 d.C. Cláudio II derrota os godos em Naisso.

270-275 d.C. Reinado de Aureliano. Campanhas contra vândalos, alamanos e jutungos. Ele constrói uma nova muralha em volta do centro de Roma, sufoca a revolta palmirense, enfrenta Tétrico, o imperador separatista gaulês, e triunfa sobre palmirenses e gauleses em 274. Organizada a evacuação das províncias dacianas.

284 d.C. Diocleciano sobe ao trono.

GUERRA

Dos dias de César Augusto até nosso próprio tempo, passaram-se quase duzentos anos. Durante esse tempo, pode parecer que o povo romano ficou velho e impotente, herdando a preguiça dos césares. Contudo, sob o governo de Trajano, ele mexeu as pernas. E, contra a expectativa que todos tinham acerca da idade avançada do império, esse império reviveu, quase como se fosse novamente jovem.

(Floro, *Compêndio de História Romana 1*, Prefácio 8)

A preguiça dos césares

A ascensão dos imperadores coincidiu estritamente com o término efetivo da expansão romana. Os contemporâneos perceberam e lamentaram. Tácito, ao escrever no início do século II, lamentou a extensão de tempo que a conquista da Germânia tomava.[1] Floro, tendo escrito mais ou menos na mesma época, dividiu a história romana em quatro períodos, cada um correspondendo a um estágio da vida humana. A infância de Roma fora passada sob o domínio dos reis, a adolescência fora o período republicano, até o irromper da Primeira Guerra Púnica. Daí até o reinado de Augusto, Roma pacificou o mundo inteiro. "Esta foi ao mesmo tempo a juventude do império e a robusta maturidade de Roma." Mas, no período que veio depois, Roma envelhecera. A analogia biológica já não parece uma maneira tão boa de descrever a história imperial, mas o reinado de Augusto ainda parece marcar uma ruptura.

Essa ruptura é naturalmente uma simplificação. Os imperadores continuaram a celebrar suas vitórias no exterior em uma escala sem paralelos. Continuaram a travar guerras após a morte de Augusto, conquistando inclusive um pouco mais de território. Mas — deixando de lado uma tendência geral a estender o sistema de províncias a regiões previamente governadas por reis aliados — houve apenas algumas áreas de genuína expansão. A Britânia foi invadida no reinado de Cláudio e conquistada (muito lenta e cuidadosamente) durante o restante do século I d.C. No sudoeste da Germânia, a fronteira foi estendida, sob controle de Domiciano, do Reno, através da Floresta Negra, até o Vale Neckar. Trajano conquistou parte do que é agora a Romênia no início do século II. Também invadiu a Mesopotâmia, a Síria atual e o Iraque. Mas a escala dessas expansões parece frágil se comparada às audaciosas conquistas dos anos 60 e 50 a.C., ou mesmo àquelas do auge da expansão augustana entre 15 a.C. e 9 d.C., quando seus filhos travaram grandes guerras através da Euro-

Figura 16. Detalhe da Coluna de Trajano que mostra o triunfo do imperador após a primeira campanha contra os dácios.

pa. Além disso, todos os novos territórios, exceto a Britânia, foram perdidos com rapidez. A Mesopotâmia foi devolvida aos partas pelo sucessor de Trajano, Adriano. As conquistas de Domiciano e Trajano na Europa perderam-se na crise militar do século III d.C. De vez em quando futuros imperadores faziam campanhas além do Danúbio e do Eufrates, mas as fronteiras imperiais dificilmente se alteravam.

Muitas das instituições centrais do império augustano se basearam nas experiências de César, de Pompeu e mesmo de gerações mais antigas. Ao lado dos desenvolvimentos no sistema fiscal, podemos colocar a prática de estender a cidadania; uma dependência crescente das elites locais para governar suas comunidades; e a prática de usar cidades-Estados como base para o governo, mesmo em áreas onde elas nunca tinham existido antes. Um meio de descrever a transformação do império na virada do milênio é dizer que, durante um longo período, o Estado romano experimentou uma tensão entre duas tendências divergentes. Podemos rotular a primeira de busca pela glória, a segunda de desejo de segurança. Um movimento em uma direção torna outros que combinam com ele mais exequíveis e, portanto, mais prováveis. Os desastres de meados do século II e inícios do século I a.C. — a invasão címbria, as Guerras Sociais e Mitridáticas, e a ascensão dos *populares* — tinham empurrado bastante o Estado na direção da segurança. A hegemonia fora convertida em império e novas instituições se desenvolveram para governá-lo. Ao contrário, a acelerada competição entre líderes, de Sila a Augusto, empurrara o império para a mais arriscada busca de glória. Depois de Áccio, a segurança sempre se interpôs à glória.

Talvez a escolha em uma tenha sido feita conscientemente. A ideologia romana sem dúvida nem sempre refletia a nova lógica do império. A ideia de que a conquista do mundo era um objetivo realista e louvável era repetidamente reafirmada, de forma mais influente nas salas de aula, onde estava codificada nos clássicos da literatura latina como definidos no último século antes de Cristo. Os monumentos imperiais e o cerimonial imperial também reproduziam a música incidental de um Estado de conquista, muito depois de ele não mais se ajustar à trama da história romana.[2] A investigação detalhada do sistema militar do império — investigação tornada possível por uma riqueza de dados epigráficos — revela um conjunto de instituições se apoiando mutuamente que estavam bastante dispostas a preservar a paz e que, consequentemente, tornavam novas conquistas difíceis e dispendiosas. Tem-se afirmado até que os imperadores fizeram tanto barulho acerca da conquista para compensar a reduzida disposição de tentá-la.[3] Trajano foi, em certo sentido, um retrocesso, prova de que nem todo imperador precisa ser imobilizado pelo cargo. Seu reinado, no entanto, com suas conquistas fúteis e de vida breve, é também uma demonstração de que a expansão já não se adequava muito bem ao Império Romano.

Augusto tinha proporcionado um exemplo mais precoce ao se decidir pela conquista da Europa. Alguns historiadores tentaram desculpá-lo, alegando uma ignorância geográfica: talvez ele pensasse que o mundo era menor do que era ou não tivesse mapas decentes. Nada disso é digno de crédito. O diâmetro do globo fora calculado dois séculos antes. Obras geográficas da época incluíam descrições da Índia e mencionavam o distante povo da seda, os chineses. A África tinha sido circum-navegada meio milênio antes de Augusto. Muito mais provavelmente, o *front* europeu de Augusto foi um erro tático provocado por problemas políticos de curto prazo. Alguns dos que desafiaram Augusto nos anos 20 a.C. tinham sido comandantes de grandes províncias. Ele ia se arriscar a deixar mais alguém alcançar vitórias nos Bálcãs ou no sul do Egito? Além disso, ainda não estava claro qual seria o papel do próprio Augusto no Estado assim que ele tivesse restaurado a paz civil. Contudo, triunfos para seus herdeiros podiam também ajudá-los nos planos de sucessão. E operações militares no exterior evidentemente ainda eram populares em Roma, embora seja visível que, desse ponto em diante, um número cada vez menor de italianos tenha lutado nas legiões. O fato é que Augusto recorreu à busca de glória quando a lógica de sua situação exigiu mais esforços para criar segurança. A poesia escrita na corte anunciava campanhas futuras, prometendo conquistas na Grã-Bretanha e na Pártia, na Índia e na Cítia, enquanto a arte monumental proporcionava imagens de um mundo já conquistado.[4]

Mas por onde começar? A Pérsia era um inimigo poderoso que derrotara Crasso, humilhara Antônio e não parecia querer um novo conflito. As tribos do norte da Europa devem ter parecido uma fácil opção: César tinha conquistado toda a Gália em apenas oito anos com oito legiões. Poderiam a Britânia e a Germânia oferecer algo além de vitórias fáceis? A princípio, as vitórias pareciam fáceis de fato, e os exércitos de Druso e Tibério rodaram pelos Alpes, marcharam até o Danúbio e atravessaram o Reno rumo ao Elba. Mas o progresso rápido foi enganoso. A conquistada Panônia rebelou-se em 6 d.C. e foram precisos três anos para a ordem ser restaurada.

Quase em seguida um exército romano de três legiões foi massacrado na Germânia em 9 d.C. O desastre de Varo — designado conforme o general responsabilizado por ele — foi um trauma que ecoou pela história e literatura dos últimos anos do reinado de Augusto. O astrólogo Manílio usou-o como exemplo das terríveis catástrofes pressagiadas pelos cometas. A verdadeira derrota foi uma batalha única, mas prolongada por vários dias: o local foi há pouco localizado em Kalkriese, perto de Osnabrück, e tem sido exaustivamente reconstruído. Custou ao exército romano quase 10 por cento de seus efetivos. Todo o território a leste do Reno foi abandonado. Uma cidade romana semiconstruída foi recentemente encontrada em Waldgirmes, proporcionando sinistro testemunho à repentina mudança de direção. Uma grande e nova província fora planejada, e já tinha sido iniciada a construção de uma rede de comunidades civis, como a criada na Gália após a conquista de César e no Ponto por Pompeu. Relatos romanos, refletindo a linha oficial, censuram Varo por ter se comportado como se estivesse em uma província conquistada, passando o tempo dispensando justiça, aplicando impostos e dispersando as tropas entre comunidades nativas. Mas com certeza ele seguia ordens do imperador. Após o desastre obrigar Roma a retirar-se para o Reno, Waldgirmes foi abandonada e, com ela, todo o território até o Elba. Nunca houve uma renúncia formal à conquista, mas ela não foi retomada no reinado de Augusto. Outro príncipe imperial, Germânico, visitou o local do desastre durante o reinado seguinte, mas suas campanhas foram também — ainda que de maneira menos dramática — malsucedidas. O norte começou a ser pouco a pouco excluído como ingovernável, pobre, indesejável. Estrabão, escrevendo na época do imperador Tibério, garantia que também a Grã-Bretanha não pagaria o custo de sua ocupação.[5] Apiano, um historiador do século II, chegou a ponto de afirmar que nações estrangeiras tinham suplicado para serem admitidas no império, mas os imperadores as tinham rejeitado.[6] Tudo isso era mentira.

Os imperadores tinham muito a ganhar com a segurança e havia caminhos mais fáceis para a glória. Será que Augusto chegou a compreender que o verdadeiro motor para as guerras de Pompeu e César fora a competição? E agora não havia rivais. Os imperadores não planejaram a paz, mas aprenderam com seus erros. Os riscos de fracasso nunca compensaram as recompensas potenciais oferecidas por expedições militares. Muito mais podia ser alcançado pela diplomacia. Os imperadores, contudo, logo descobriram como manejar as notícias vindas das fronteiras, dando destaque a sucessos menores, suprimindo notícias de reveses, reivindicando o crédito por quaisquer vitórias e censurando generais presentes no terreno, como Varo, quando as coisas davam muito errado. A preguiça dos césares foi uma resposta muito pragmática à ausência de rivais.

Um mundo sem história?

A escolha de segurança em vez da glória leva a uma história sem emoções. Ou assim os senadores da era imperial pareciam pensar. Intrigas da corte e assassinatos imperiais, no entanto, levam realmente a enredos bastante bons. As histórias escritas pelos senadores Tácito e Dio, assim como as biografias escandalosas do cortesão Suetônio e seus sucessores no final do império têm inspirado uma cota de romances e filmes picantes. Mas sem dúvida é difícil encontrar uma narrativa clara da história política dos primeiros dois séculos depois de Cristo. Do ponto de vista institucional, cultural e econômico, houve mudanças brandas.[7] O efetivo cidadão se expandiu e com isso a lei romana passou a atingir um número cada vez maior de súditos do império: esse processo de assimilação continuou muito depois do Édito de Caracala.[8] As maiores cidades cresceram e adquiriram seus complementos de monumentos. Os ricos ficaram mais ricos, construindo grandes residências rurais e bancando festivais, templos, teatros e termas em suas cidades nativas.[9] O comércio floresceu na rede urbana e entre os grandes segmentos ecológicos nos quais o império estava dividido. Todas essas mudanças foram reais, mas poucas foram visíveis para os contemporâneos e não eram matéria da história como os antigos a compreendiam.

Houve também mudanças graduais no estilo do governo imperial. A natureza monárquica do governo dos imperadores tornou-se mais nítida. À medida que governavam de suas cortes itinerantes, os imperadores parecem ter desenvolvido gradualmente uma preferência por controle direto em vez de indireto, além de maior confiança nos funcionários do Estado do que nos antigos magistrados aristocráticos. Augusto viajara muito, mas poucos de seus sucessores do século I d.C. passaram muito tempo longe de Roma. As expedições de Trajano e as incessantes viagens de Adriano foram em certo sentido opcionais e, Antonino Pio, que reinou de 138 a 161, passou a maior parte de seu período em Roma. A situação começou a mudar com Marco Aurélio, que sucedeu-lhe até morrer em 180. Marco e seu coimperador Lúcio Vero (161-169) e depois Cômodo, seu filho e sucessor, que governou até ser assassinado em 192, foram todos compelidos a passar longos períodos de seus reinados nas fronteiras. O mesmo fizeram todos os imperadores severanos que governaram Roma entre 193 e 235 d.C. Esses deslocamentos necessários foram acompanhados pela emergência de um estilo novo e mais abertamente monárquico. Longe das sensibilidades senatoriais, os imperadores podiam governar como os reis que sempre tinham sido.

No início do século IV, havia, em qualquer momento, até quatro cortes diferentes, enfileiradas pelas fronteiras norte e orientais do império. Onde quer que as cortes se detivessem alguns anos — Trier ou Antióquia, Sírmio ou Ravena — eram criados palácios magníficos, com grandes termas, hipódromos e áreas de recepção. O império chegou a ser dividido em quatro grandes prefeituras, cada qual encabeçada por um prefeito pretoriano cuja administração se estendia por um número crescente de províncias. Os senadores já não tinham muita participação na administração do império e o próprio Senado (ou Senados depois que Constantino criou um segundo Senado em sua nova capital no Bósforo) tornou-se periférico ao sistema político. Os embaixadores procuravam os imperadores nos acampamentos; uma lei tinha de ser promulgada antes por édito que por decreto senatorial; a consulta — mesmo que puramente formal — já não era algo prático. Os imperadores passavam anos, e depois décadas, longe de Roma. Constâncio II, que com seus irmãos sucedeu Constantino em 337, só visitou Roma em 357 d.C. Antes que essa nova ordem fosse possível, porém, o império teve de enfrentar uma emergência militar muito mais séria — uma emergência que, em certo sentido, durou duas gerações inteiras.

O antigo sistema de segurança imperial

Os historiadores às vezes escrevem como se Roma tivesse uma Grande Estratégia,[10] mas não há indício real de que tal coisa tenha sido algum dia planejada ou implementada. A mobilização das legiões era acidental, produto do desdobramento de um acúmulo de mudanças feitas em resposta a necessidades imediatas. Quando a expansão terminou, os exércitos em campanha de Augusto tinham parado onde estavam. Tropas seriam deslocadas para expedições imperiais, como a invasão da Grã-Bretanha por Cláudio, ou se fossem necessárias para sufocar uma rebelião ou participar de uma guerra civil. Durante o período, as legiões gravitavam para pontos de tensão. A Espanha estava longe das fronteiras, era relativamente pacífica e, como resultado disso, o tamanho de sua guarnição foi progressivamente reduzido. No Danúbio e no leste, os efetivos das tropas aumentaram ligeiramente, mas sempre limitados pela folha salarial. Os imperadores sabiam onde as tropas estavam, quantas eram e quais eram suas obrigações. Mas não há sinal de que tenham feito uso dessa informação para planejar qualquer coisa além do curto prazo.[11]

Nem sempre está exatamente claro onde os exércitos se achavam estacionados nos primeiros anos do reinado de Augusto; sabe-se apenas que eram mantidos fora da Itália, onde somente a guarda pretoriana — tornada leal através de um pagamento extra — estava autorizada a permanecer na capital. Mas depois de uma década do reinado de Tibério, temos por acaso um instantâneo, tirado de um trecho dos *Anais*, de Tácito, das localizações do que eram agora 25 legiões.[12] Estavam esmagadoramente concentradas nas fronteiras do norte e do leste: isto é, defronte ao Reno e ao Danúbio, e estacionadas ao longo da extensa fronteira com a Pártia e seus vassalos. Só forças simbólicas permaneciam na Espanha, na África e no Egito. Muitas outras províncias encontravam-se efetivamente desarmadas. Legiões de infantaria armada pesada formavam o núcleo do antigo exército imperial. Assemelhavam-se aos exércitos republicanos no que diz respeito a equipamento e táticas no campo de batalha. Unidades auxiliares de cavalaria, infantaria ligeira e tropas de artilharia as apoiavam, junto com equipes de engenheiros e outros especialistas. Havia bases navais no Mediterrâneo e, a partir de certo ponto, passaram a ser mantidas tropas nos maiores rios. Esse padrão se manteve mais ou menos inalterado até meados do século III, embora o número de legiões tenha aumentado para 33 e algumas tenham sido deslocadas para regiões recém-conquistadas, como o sul da Grã-Bretanha e a Dácia. O efetivo militar total foi sempre muito pequeno. Em seu apogeu, o antigo exército imperial incluía menos de 200 mil legionários e talvez a mesma quantidade de tropas de apoio para proteger e controlar um império que possuía entre 50 e 100 milhões de habitantes.

Conservar o exército pequeno era uma necessidade financeira, em vista da imensa parcela do orçamento imperial que consumia. Isso significava que ele tinha de ser extremamente eficiente. Os exércitos em campanha do final da república e do reinado de Augusto tinham posto em marcha e feito parar um grande número de homens, mas era preciso uma regra diferente para suas novas atribuições. A lógica das fronteiras imperiais estava toda baseada em consolidar uma vantagem em termos de comunicação sobre os oponentes. Pouco a pouco, as fronteiras tornaram-se uma densa rede de bases (algumas muito pequenas), de estações sinalizadoras, barreiras, pontos de controle e, o mais importante, estradas. A Muralha de Adriano fornece um excelente exemplo do tipo de sistema que se desenvolveu no século II, mas os fossos e parapeitos que tanto nos impressionam hoje estavam entre os últimos e menos vitais componentes de um sistema de fronteira. Uma preciosa coleção de cartas de Vindolanda revela a coleta e o processamento da informação do que ocorria além da fronteira, a administração do aprovisionamento, a constante redistribuição de soldados ao longo da fronteira e o retorno da comunicação com a província.[13] Estações sinalizadoras estendiam-se pela costa, atentas a ataques por mar. Grupos de batedores operavam bem para o norte da muralha, e a amizade de líderes locais era cultivada com presentes que os romanos chamavam de "subsídios". Um sistema ligeiramente diferente de estações sinalizadoras e fortes transmitia notícias sobre movimentos bárbaros para cima e para baixo dos

Figura 17. Muralha de Adriano.

Limes da Alta Germânia e as instalações militares voltavam a ser diferentes no pré-deserto do norte da África. Fisicamente, as fronteiras se desenvolveram de modo gradual, adaptando-se a circunstâncias locais, não a um modelo central, mas se orientando pela mesma lógica.

A maioria das unidades militares estava baseada nas fronteiras. Os soldados, contudo, estavam por toda parte no império. Destacamentos forneciam proteção a governadores e procuradores provinciais, a mensageiros e coletores de impostos, a movimentos de cereais e dinheiro, a administradores de minas e pedreiras imperiais com suas forças de trabalho escravo e de criminosos, bem como às autoridades das cidades maiores, mais agitadas. Os centuriões, em particular, adquiriram toda uma gama de funções que não costumamos associar aos militares. Agiam como dirigentes distritais nas províncias do norte, podiam ser encontrados em destacamentos organizando o abastecimento e reconhecidos como os mais visíveis representantes do governo romano descritos no Novo Testamento. Militares particularmente confiáveis serviam como *beneficiarii consulares*, na realidade *aides de camp* de governadores. O Antigo Império não tinha funcionalismo público e havia alguns serviços que era politicamente inconveniente confiar a escravos imperiais e libertos.

A propaganda imperial proclamava que os soldados protegiam as províncias. Essa imagem corresponde apenas a uma meia verdade. As legiões eram também a última arma dos imperadores contra rebeliões provinciais e usurpadores aristocráticos.[14] A desmobilização em massa dos soldados romanos no fim do período do Triunvirato foi motivada por prioridades financeiras e políticas. Exércitos eram perigosos; duplamente perigosos os que não eram pagos. Na época eram compostos por soldados de carreira que serviriam por vinte anos ou mais, homens leais aos imperadores, não a seus comandantes.[15] Quando o militar se reformasse, receberia dos imperadores um bônus substancial, desde que tivesse comprovado sua lealdade. Comandantes, extraídos das ordens senatorial e equestre, iam e vinham. Eram os centuriões, surgidos das fileiras, que proporcionavam continuidade de comando e conhecimento militar. Foi desenvolvido um cerimonial para vincular os soldados à família imperial. Unidades do exército comemoravam aniversários imperiais e cultuavam os imperadores com os *signa*, os estandartes. Um calendário do século III do posto de Dura, na fronteira oriental, mostra uma lista interminável de dias festivos assinalando o aniversário de membros da família imperial, alguns há muito tempo mortos. Os imperadores e seus filhos tinham o cuidado de visitar as legiões e inclusive as comandavam, quando era seguro fazê-lo.

Em geral, o sistema funcionava. Só irromperam guerras civis em 68 e 196, quando dinastias inteiras tinham sido extintas. Alguns generais sediciosos descobriram às suas custas como era profunda a lealdade que as legiões sentiam pela família imperial de sua época.[16] Essa lealdade significava que as legiões também podiam ser mobilizadas contra os rebeldes das províncias. Durante 69 d.C., as legiões da Renânia foram mobilizadas primeiro contra Vindex, um senador da Gália meridional que se rebelara contra Nero, depois contra os batavos do baixo Reno, que tinham tentado usar a guerra civil romana que se seguiu à morte de Nero como oportunidade para se separarem. As legiões eram a princípio recrutadas entre cidadãos romanos, mas raramente italianos alistavam-se após o reinado de Augusto. As principais fontes de recrutas eram, em primeiro lugar, as cidades romanas das províncias interiores e, mais tarde, os próprios campos. Um indício do sucesso do investimento dos imperadores em manter a lealdade das tropas (e talvez também dos efeitos de socialização do longo serviço) é que as legiões quase nunca fizeram causa comum com as populações provinciais das vizinhanças. Tropas recrutadas na Gália e na Germânia ficavam felizes em serem mobilizadas contra rebeldes britânicos, gauleses e germânicos. E o exército da Numídia, em marchar contra usurpadores africanos.[17]

Em sua maioria, porém, os soldados habitavam um mundo próprio. Os maiores acampamentos do norte da Britânia, da Renânia, das províncias do Danúbio e da África acabaram ficando parecidos com cidades, equipados com muralhas monumentais e portões, anfiteatros construídos em pedra, termas e santuários. Formalmente, os soldados não podiam se casar e os acampamentos eram organizados em blocos de barracas distribuídas em fileiras exatamente paralelas, mas artefatos e roupas encontrados nelas mostram que também havia mulheres e crianças nessas comunidades, assim como nas aldeias informais chamadas *canabae*, que se desenvolviam a seu lado. Seja como for, na Síria e no Egito os soldados viviam principalmente em cidades. Documentos de Dura mostram-nos casando, comprando terras e, em geral, assumindo nas comunidades locais o tipo de papel que o soldo, relativamente bom, e suas excelentes conexões podiam lhes garantir.[18]

O Império Romano não tinha Grande Estratégia, mas ainda assim desenvolveu um sistema de fronteiras bastante semelhante ao de muitos outros impérios tributários. O exemplo mais comum de comparação é a Fronteira Asiática Interior da China, limite entre as áreas controladas diretamente por funcionários chineses e uma grande periferia onde nações submissas transformaram-se gradativamente em aliados bárbaros e inimigos.[19] A China, assim como Roma, desfrutava de algumas vantagens tecnológicas sobre os vizinhos, embora em certos períodos tenha havido algo como uma corrida armamen-

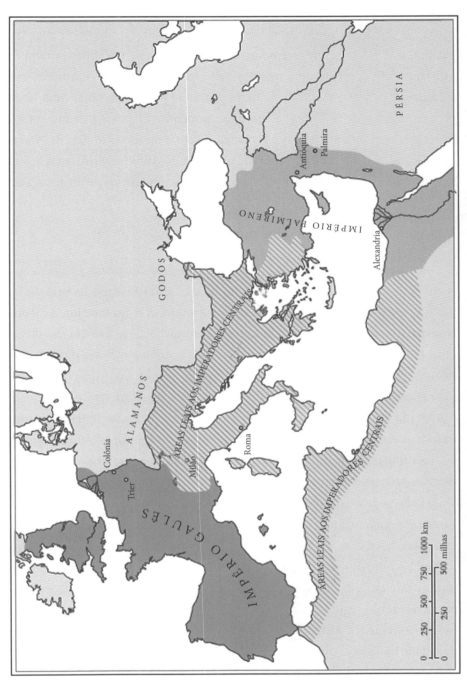

Mapa 5. Crise do século III.

tista, quando a China procurou impedir transferências de tecnologia para os bárbaros. A China, como Roma, era capaz de manter e abastecer suas tropas graças a um interior fortemente cultivado e taxado. Os chineses também utilizaram em combate uma mistura de barreiras lineares e guarnições com soldados regulares e aliados irregulares. E ainda procuraram obter uma vantagem em termos de informação sobre os oponentes. O sistema de informação penetrava profundamente nas províncias, na corte ou cortes imperiais. Não foi uma Grande Estratégia que preservou qualquer dos dois impérios, mas as vantagens táticas proporcionadas pela superioridade em termos de informação.

Crise nas fronteiras

O sistema romano, naturalmente, tinha também suas fraquezas. Uma das consequências de depender de um exército de infantaria baseado na orla do império era que ele respondia com lentidão aos desastres no interior. As tropas romanas foram em geral bem-sucedidas contra rebeliões provinciais durante os primeiros dois séculos depois de Cristo porque a maioria das rebeliões ocorreu relativamente perto das fronteiras e os rebeldes costumavam manter uma posição estacionária e não tinham fortificações. Em geral, a ordem era restaurada em questão de meses. A guerra judaica durou tanto tempo porque os judeus possuíam fortalezas. Coisa diferente eram inimigos com maior mobilidade que podiam, uma vez rompida a fronteira, sobrepujar exércitos romanos. Quando as fronteiras de fato desmoronaram, como aconteceu no século III, e grupos de ataque conseguiram chegar tão longe quanto Atenas, Éfeso e Tarragona, encontraram cidades ricas sem defensores e, com frequência, sem muralhas defensivas em boas condições. As populações citadinas aprenderam a lição. No final dos séculos III e IV, circuitos defensivos foram construídos por uma cidade atrás da outra, às vezes desmantelando monumentos mais antigos para criar zonas seguras no meio de áreas urbanas outrora extensas. Um imperador do século III, Aureliano, chegou a construir muralhas em volta do centro da cidade de Roma. Um de seus predecessores, Galieno, tinha também começado a desenvolver um exército com maior mobilidade, baseado na cavalaria, que podia atuar como rápida força de resposta. O uso desse tipo de tropas ao lado das legiões tornou-se cada vez mais evidente nas condições alteradas de guerra na fronteira setentrional. O aumento de seu peso na guerra seria atribuído também a Constantino. Na extremidade oriental do império, romanos e persas foram desenvolvendo exércitos baseados em cavalaria pesada. Onde as fortificações urbanas estavam melhorando tão depressa quanto as técnicas das operações de cerco, a paisagem militar começou a parecer cada vez mais medieval, um mundo de cavaleiros e castelos em meio a um panorama de aldeões lavradores.

As graduais transformações sociais e econômicas dos primeiros três séculos depois de Cristo não ficaram confinadas aos limites políticos do império. A economia política do império pode ser considerada como um vasto sistema redistributivo que tirava recursos de todo o interior e os gastava nas fronteiras, principalmente no soldo do exército. A corte era o outro grande receptor e também ela se localizava cada vez mais antes na orla que no centro geográfico do império. Talvez nenhuma sociedade provinciana se transformasse tão completamente quanto aquelas situadas nas fronteiras. Os efeitos podem ser vistos na difusão de novos cultos, da epigrafia, da tecnologia e na nítida prosperidade de áreas que já tinham sido marginais. E esses efeitos não estavam limitados a súditos romanos. A fronteira oriental seccionava uma cadeia de cidades-entreposto, que compartilhavam antigas tradições de linguagem, culto e comércio. Grego, aramaico e linguagens irmãs eram faladas em um grande arco que se estendia do Mediterrâneo ao Golfo Pérsico. No final do século III, havia populações de judeus, cristãos e maniqueístas em ambos os lados da fronteira romano-persa.

A fronteira norte de Roma tinha dividido outros povos que compartilhavam culturas pré-históricas. A existência de uma zona de fronteira, no entanto, promovia os contatos. As densidades populacionais eram baixas nesta região, relativamente ao mundo mediterrâneo, e não havia cidades fora das províncias romanas. Mas o potencial agrícola era alto. O comércio, incluindo o de escravos, cruzava a fronteira, e há evidências arqueológicas de manufaturas romanas numa ampla faixa de cinquenta a cem quilômetros se estendendo além da fronteira.[20] Havia também transferências de tecnologia. As unidades políticas e grupos étnicos desta zona parecem ter sido bastante instáveis. Escritores romanos às vezes atribuíam isso a diferenças de temperamento e caracterizavam a barbárie como uma deficiência ante a estabilidade de sociedades fixadas, urbanas. Talvez as hegemonias mais amplas fossem intrinsecamente temporárias. Essas populações, contudo, não eram nômades, e é possível que sua fragmentação política fosse ativamente manipulada por Roma, que (como a China) dava subsídios aos amigos, fazia reféns, concedia abrigo a príncipes exilados e, em geral, tentava estender seu controle bem além do limite das províncias. Ataques periódicos e expedições feitas por ambos os lados eram apenas um aspecto de um relacionamento complexo. Desde o início do século I d.C., há também evidência de um recrutamento de "bárbaros" para servir no exército romano e alguns alcançaram postos elevados. Os romanos com frequência se viam enfrentando exércitos inimigos comandados por ex-soldados romanos, como Armínio, que chefiara o massacre das legiões de Varo em 9 d.C. — e muitos falavam latim. No século II, muitas sociedades na borda da fronteira romana estavam envolvidas em uma série de relações de interdependência com o poder romano. Certamente os líderes dos grupos de que ouvimos falar no século III, como os alamanos no alto Reno e os godos no baixo Danúbio, conheciam bem o Império Romano.[21]

Esse mundo começou a mudar no final do século II d.C. por razões que são extremamente debatidas. Uma linha de pensamento vê a transformação das sociedades bárbaras como a causa principal do colapso das fronteiras. O longo relacionamento com Roma criou inimigos mais organizados e equipados, que conheciam muito bem as riquezas que o império tinha a oferecer. Enfim, Roma perdeu a disputa das armas, e as fronteiras cederam. Outros veem a mudança se derivando do crescente envolvimento militar de Roma na frente oriental. Quando as tropas foram retiradas do Ocidente para servir primeiro contra a Pérsia e depois em sucessivas guerras civis, o delicado equilíbrio das fronteiras ocidentais entrou em colapso: alamanos, francos e outros entraram em províncias que estavam efetivamente indefesas. Existem ainda os que veem a origem da crise em uma obscura movimentação na estepe distante, onde povos verdadeiramente nômades, em particular os que os romanos passariam mais tarde a conhecer como hunos, faziam forte pressão sobre os assentamentos bárbaros da Europa temperada, empurrando algumas populações, como os godos, para o sul e oeste, contra as fronteiras romanas. Grandes movimentos de população com certeza ocorreram na Europa em certos períodos, e, em diversas ocasiões, penetraram o mundo mediterrâneo. Nisso incluem-se os saques gauleses de Roma e Delfos nos séculos IV e III a.C., as guerras címbrias e a migração helvética no final da república. Naturalmente, podem-se imaginar variadas combinações dos fatores mencionados antes. O problema é que, até agora, simplesmente conhecemos muito pouco dos movimentos além da fronteira romana.

Uma narrativa tradicional da crise começa no final do século II d.C. com as guerras de Marco Aurélio contra os marcomanos e os sármatas, guerras que o mantiveram ocupado durante anos na fronteira do norte. As novas províncias que ele supostamente tencionou criar ficariam a oeste das três províncias dácias fundadas por Trajano no início do século. Mas ao contrário das guerras de Trajano, estas não resultaram de uma iniciativa imperial. As guerras marcomanas começaram com a invasão germânica da Itália em 166 e continuaram, com breves períodos de abrandamento, até 175. Uma nova guerra fez Marco recuar em 177 e ele ainda estava em campanha na ocasião de sua morte em 180. Cômodo abandonou a guerra em vez de concluí-la. Mas a fronteira, sabemos hoje, se conservou, mesmo quando os exércitos romanos foram desviados pelas guerras civis na década de 190. Renovada atividade na fronteira norte surgiu no Danúbio nos anos 230, com os ataques a vassalos de Roma no mar Negro e depois à província romana da Moésia. Bandos guerreiros góticos atacaram a Dácia e as províncias do Danúbio na década de 240. Décio, que governou entre 249 e 252, repeliu-os durante algum tempo, mas foi morto em um contra-ataque. Os godos continuaram a atacar por toda a década de 250. Quem eram esses grupos, ainda não unidos em uma força única ou nação? Uma possibilidade é que os godos tenham se originado entre populações que viveram nas bordas das novas províncias dacianas de Trajano, povos que tinham passado recentemente por processos de transformação social do tipo experimentado, muito mais cedo, por outros grupos de fala germânica do Reno.[22] Quer as guerras no baixo Danúbio tenham levado os romanos a negligenciarem pontos mais para o oeste, quer pressões agora invisíveis tenham se deslocado de leste para oeste no decorrer do século, a crise de segurança se disseminou. No curso médio do Danúbio, os sármatas fizeram incursões a Nórica, Raécia e Panônia no final da década de 250. Ao mesmo tempo, houve incursões dos alamanos pelo Reno até a Gália e dali para a Espanha. Na década de 260, Tarragona foi saqueada pelos francos, Atenas pelos hérulos e Éfeso pelos godos. A recuperação romana começou finalmente em 268, quando Cláudio II derrotou os godos em Naisso: daí em diante, foi surpreendentemente rápida. Aureliano expeliu os jutungos da Itália no início da década de 270 e, em 276, Probo repeliu a última grande invasão da Gália pelo Reno.

Guerra em duas frentes

A tarefa de restaurar as relações normais com os povos do norte foi conduzida em fatal combinação com uma deterioração das relações na frente oriental. É comum atribuir isto ao aparecimento de uma nova dinastia persa, os sassânidas, em 226 d.C., e à agressão do imperador Sapor (241-272), que travou várias guerras contra Roma, derrotou o imperador Filipe em 240, tomou a cidade de Antióquia em 256 e capturou e executou o imperador Valeriano em 260. Mas os romanos tiveram alguma responsabilidade por tudo que aconteceu. De novo podemos fazer a história remontar à década de 160. Após a conquista de Trajano e a retirada de Adriano da nova província da Mesopotâmia, reinou a paz com os partas até o reinado conjunto de Marco e Lúcio, quando mais uma vez, sem muita provocação, exércitos romanos invadiram a Pérsia.[23] Severo fez o mesmo duas décadas mais tarde. A agressão romana teve uma grande influência na desestabilização da dinastia parta, criando oportunidade para a tomada do poder pelos sassânidas. É difícil dizer agora se a Pérsia explorou as dificuldades de Roma no norte ou vice-versa. Ou se o sistema de segurança do Antigo Império Romano foi simplesmente incapaz de lidar com ameaças em tantas frentes.

O que fica claro é que a incapacidade dos imperadores em defender as grandes cidades e províncias desarmadas do interior do império levou a uma crise em sua legitimidade. Um índice de fracasso foi que, no período de 235-284, reinaram mais de vinte imperadores. O número exato depende de quantos rebeldes são vistos como governantes de vida curta. Um segundo índice de fracasso foi a fragmentação geográfica. Governantes locais, reis clientes e co-mandantes do exército assumiram a responsabilidade pela proteção de suas localidades imediatas. Quando Aureliano assumiu o poder em 270, a maior parte da Gália, Espanha e Germânia estavam sendo governadas, há mais de uma década, da Renânia e os monarcas da cidade-entreposto de Palmira, na Síria, controlavam boa parte do Oriente Próximo, incluindo até mesmo Ale-xandria. Foram tentadas usurpações na África, no Danúbio, no Egito e na Ásia Menor. Os usurpadores, tanto bem-sucedidos quanto malsucedidos, eram saí-dos das classes militares, mantendo com seus exércitos laços pessoais condi-cionados a um êxito continuado. Guerra civil e fracasso nas fronteiras alimen-tavam-se mutuamente. Só o sucesso militar podia restaurar a legitimidade e reverter a fragmentação da autoridade. Galieno (253-268), filho de Valeriano, obteve alguns sucessos externos. Aureliano (270-275), que tinha expulsado os jutungos da Itália, recuperou em seguida o controle do Egito (272) e suprimiu as secessões lideradas por Palmira (273) e pelos imperadores de Trier (274). Seus sucessores impuseram mais derrotas aos germânicos. Caro finalmente levou a guerra persa para a Mesopotâmia e tomou a capital persa Ctesifonte. Morreu em campanha em 283 e Numeriano, seu sucessor, recuou, mas em me-nos de um ano fora substituído por Diocleciano, que governou até a abdicação em 305. Durante seu longo reinado, Diocleciano também lutou no Danúbio e contra a Pérsia, e teve de impor seu poder no Egito e contra rebeldes no oeste. Deixou atrás de si um Império Romano completamente reorganizado. O período que vai do fim da dinastia severana em 235 à ascensão ao trono de Diocleciano em 284 é às vezes conhecido como "a anarquia". Qualquer "cri-se" que dure meio século impõe um enorme custo às instituições. O império de Diocleciano realmente precisava de uma nova moeda, um novo sistema fiscal e uma nova administração, assim como um novo sistema militar. Sob Constantino, adquiriu uma nova capital e também uma nova religião. Mas o Império Romano Tardio não foi criado em uma revolução. Bem antes do rei-nado de Diocleciano, abrindo caminho a partir das produções de historiadores senatoriais e panegíricos gregos, emergira um novo ideal de imperador. Este imperador era antes um soldado que um concidadão e estava cercado por um cerimonial espetacular e uma justiça brutal.

Para nós, ao olharmos em retrospecto, em uma percepção tardia, o aspecto mais impressionante dessa história não é que a crise tenha ocorrido, mas que o império tenha conseguido sobreviver a ela. A energia dos imperadores-soldados foi claramente um fator que ajudou, mas havia outras fontes de energia não levadas em consideração na época. Pensemos, por exemplo, no compromisso da elite do império com a continuação de sua existência. Os "imperadores gauleses", que controlaram a Gália e às vezes as províncias espanhola e britânica entre 260 e 274, são um exemplo disso. Os personagens principais, Póstumo, Vitorino e Tétrico I, eram todos militares e todos descendiam sem dúvida de ricas famílias locais. O apoio que receberam veio tanto dos nobres locais quanto do exército do Reno. Seu "império" originou-se em uma revolta contra Galieno, mas os esforços principais estavam direcionados à sobrevivência e preservação de interesses econômicos. Em seguida aos êxitos de Cláudio II e depois de Aureliano, províncias, cidades e mesmo o último dos imperadores gauleses voltaram a se reunir ao império central. Durante toda a secessão a propaganda política, conhecida principalmente através de moedas, foi inteiramente romana. Na outra extremidade do império, a resistência febril sustentada por cidades gregas recorreu a lealdades ainda mais antigas. Público Herênio Dexipo, historiador que organizou a resistência em Atenas, apresentou seus esforços como o mero episódio mais recente em uma longa história de resistência ateniense aos bárbaros. A sobrevivência dessas fidelidades é um impressionante testemunho da durabilidade de identidades criadas nos primeiros tempos do império. O império sobreviveu porque, quando parecia prestes a se fragmentar, as classes dominantes e muitos de seus súditos *optaram* por participar de seu resgate.

Leitura adicional

A evolução da máquina militar romana é examinada em uma série de ensaios no segundo volume da *Cambridge History of Greek and Roman Warfare*, organizado por Philip Sabin, Hans van Wees e Michael Whitby (Cambridge, 2007). *Roman Army at War*, de Adrian Goldsworthy (Oxford, 1996), é um relato vibrante de como ela funcionava na prática. A evolução de uma fronteira estável e suas consequências sociais e econômicas é o tema de *Frontiers of the Roman Empire*, de C. R. Whittaker (Baltimore, 1994). O debate ainda responde amplamente ao controvertido, mas estimulante, *Grand Strategy of the Roman Empire*, de Edward Luttwak (Baltimore, 1976). Uma boa seleção de respostas está incluída na coleção *War and Society in the Roman World*, de John Rich e Graham Shipley (Londres, 1993). *Limits of Empire*, de Benjamin Isaac (Oxford, 1990), discute o papel dos exércitos romanos no controle das populações provincianas que afirmavam proteger.

A complexa história da crise do século III foi abrangida pelas habituais obras de referência, mas há uma análise particularmente boa em *The Roman Empire at Bay*, de David Potter (Londres, 2004). Uma boa noção do que os historiadores discutem no momento é fornecida pela coleção *Crises and the Roman Empire*, organizada por Olivier Hekster, Gerda de Kleijn e Danielle Slootjes (Leiden, 2007).

IDENTIDADES IMPERIAIS

> Houve um tempo em que esta Cidade foi governada por Reis, mas eles não estavam fadados a ter sucessores criados em casa. Forasteiros tomaram conta do governo, de fato estrangeiros, pois, quando sucedeu a Rômulo, Numa vinha das terras sabinas — sem dúvida não de muito longe, mas isto, naquele tempo, fazia dele um estrangeiro. Quando Tarquínio, o Velho, sucedeu Anco Márcio, bem, ele era de raça misturada, pois o pai era demarato, de Corinto, enquanto a mãe nascera na Tarquínia etrusca. Não era uma mulher saudável, como podemos imaginar, visto que concordara com um casamento tão inferior, e por essa razão ele não conseguiu ocupar um cargo na terra natal. Mas migrou para Roma e aqui foi feito rei.
>
> (De um discurso de Cláudio gravado em bronze, *ILS* 212)

Procurando desesperadamente os romanos

O discurso do imperador Cláudio no Senado em 48 d.C. propunha tornar possível a associação ao Senado dos cidadãos mais ricos e mais nobres das províncias da Gália. Parte de suas palavras está preservada em uma placa de bronze em Lyon e Tácito registra o ressentimento que a proposta levantou entre senadores.[1] O medo de que admitir sangue novo possa diluir a identidade nacional é hoje demasiado familiar. O apelo de Cláudio a uma antiga tradição de inclusão pode não ter convencido, mas afinal ele era imperador e não precisava convencer. Mas ele tinha razão em achar que a identidade romana estivera sempre, desde o primeiro momento, em fluxo.

É impossível fazer um relato do Império Romano sem passar a falar dos "romanos" — como se fosse óbvio quem deveria fazer parte desse termo. Mas causa surpresa como é difícil responder à simples pergunta: "quem eram os romanos?"

Respostas formais existem, é claro. Se quisermos aplicar estritos critérios legais, teríamos de nos concentrar nos cidadãos romanos.[2] Mas a natureza e composição desse grupo foram repetidamente transformadas à medida que Roma passava de cidade-Estado convencional, com suas assembleias, sistema fiscal e exércitos baseados na cidadania, para poder mediterrâneo composto por diferentes tipos de súditos imperiais. Seguindo esse caminho, precisaríamos levar em conta os cidadãos de meados da república, concentrados em Roma, mas com uma penumbra de colônias cidadãs por toda a península; depois a Itália após a Guerra Social, onde quase todas as pessoas livres eram cidadãs; em seguida, a situação do império em seu início, quando a cidadania foi conquistada por vários grupos privilegiados, entre eles aristocratas da província e veteranos de tropas auxiliares; e, por fim, o mundo romano após o Édito de Caracala, pelo qual a cidadania foi generalizada — um mundo em que a maioria das pessoas era cidadã e, apesar disso, a categoria continuava estranhamente valorizada.[3]

Seria também necessário levar em conta peculiaridades como o hábito romano de estender a cidadania a muitos ex-escravos e toda uma gama de "semicidadãos", a maior parte deles denominados "latinos" de um tipo ou outro. Esse título foi estendido de seu sentido original de cidadãos de outros Estados latinos primeiro a membros das colônias latinas, fundadas por Roma na Itália em meados do período republicano e supridas por uma mistura de colonos saídos de romanos e aliados; depois a cidadãos de certas comunidades de província, a quem foi garantido o direito dos latinos em uma série de concessões regionais que começaram na época de César; e, por fim, a uma categoria diferente de libertos, que não eram completamente cidadãos, sendo conhecidos como "latinos junianos" (conforme a *Lex Iunia*, que criou a categoria). Outras cidadanias mediterrâneas foram trazidas para o sistema: dentro da sociedade do Egito romano, espantosamente complexa, ser cidadão alexandrino significava não apenas ser cidadão da capital da província, mas também membro de um grupo de *status* tratado com uma deferência a meio caminho entre os demais egípcios e os romanos. Múltiplas cidadanias eram também absolutamente normais, não apenas no sentido em que Cícero afirmava ter duas terras natais — Arpínio e Roma —, mas também em termos de que muitas comunidades de província tinham passado a admitir a dupla cidadania e ainda criado meias cidadanias próprias, atribuindo a estrangeiros residentes uma série de direitos e obrigações. Algumas dessas concessões eram privilégios; outras, dispositivos destinados a garantir que as classes proprietárias, cuja mobilidade era cada vez maior, não se evadissem das obrigações locais, quer onde viviam, quer onde haviam nascido.[4]

Nem todos os cidadãos eram iguais. Houve experimentos no período republicano de criar cidadãos sem o voto. Seja como for, as assembleias tradicionais estavam organizadas de modo complexo, dando mais peso aos votos daqueles que o censo colocava em categorias mais elevadas. Libertos podiam votar, mas em muitas cidades não eram autorizados a ocupar cargos nos conselhos mais importantes ou a eles se associar. Mulheres de todas as condições sociais defrontavam-se com limites estritos sobre até que ponto poderiam exercer direitos de cidadã. Esposas e filhas de cidadãos romanos podiam conferir cidadania aos filhos homens, mas sua participação política era efetivamente nula. Pouquíssimas tinham autonomia financeira ou podiam fazer uso independente da lei. Seus papéis no ritual — mesmo que com frequência proeminentes — estavam sempre subordinados à autoridade de sacerdotes homens. Muitas das coisas que definiam o papel de cidadão na Roma republicana — incluindo votar, combater, prestar sacrifício aos deuses, ter obrigações fiscais, obter contratos públicos e ser contado no censo — jamais se aplicavam a mulheres. O ponto crucial é que os romanos não usaram a cidadania como meio de criar uma sólida fronteira entre eles e os estrangeiros. Na realidade, usaram a linguagem da cidadania para expressar um conjunto de condições e relações por meio das quais os indivíduos poderiam se envolver na comunidade de diferentes maneiras e também em diversos graus.

Existiam outros meios de demarcar as fronteiras. Com frequência eram feitas comparações opondo os romanos aos bárbaros, especialmente na propaganda imperial. Um tipo comum de moeda do século II retratava um imperador a cavalo pisoteando um bárbaro que se agachava. Desenvolvimentos mais elaborados desses motivos aparecem em monumentos como a Coluna de Trajano. A literatura romana também exibe uma rica colheita de estereótipos xenófobos e racistas, presumivelmente um legado das tradições de discurso injurioso, tão crucial na oratória romana.[5] Por outro lado, intelectuais que escreviam em latim desde a época de Cícero diferenciavam os escritos dos gregos dos *nostri*, que literalmente significa "nosso povo". Tácito faz isso ao descrever escritores que tinham tratado da Britânia antes dele, e Plínio, o Velho, acrescentou a cada livro de sua *História Natural* uma lista de fontes divididas em autoridades romanas e estrangeiras. O arranjo foi replicado em bibliotecas romanas, onde parece que livros gregos e latinos, pelo menos em teoria, eram colocados em prateleiras separadas. Sacerdotes romanos também distinguiam tradicionalmente um feixe de cultos considerados de origem estrangeira que precisavam ser celebrados "com rituais gregos": de fato, os rituais não eram nada disso, mas a ideia de diferença evidentemente tinha importância.[6]

As distinções entre romanos e outros provavelmente tinham uma importância muito grande *no interior* das sociedades da província. Pessoas que usaram detectores de metal no sul da Espanha encontraram uma série de fragmentos de tabuletas de bronze que registram constituições concedidas a comunidades locais pelos imperadores no final do século I d.C.[7] Esses *municipia* latinos devem ter sido mundos estranhos, sob certos aspectos miniaturas de Roma. Tinham conselhos, magistraturas colegiadas, sacerdócios, *munera* de gladiadores, tribunais e assim por diante. Uma cláusula destas leis básicas estipula que quaisquer lacunas em sua abrangência deviam ser tratadas como se as partes fossem cidadãos romanos. De fato, quase os únicos verdadeiros cidadãos romanos eram os magistrados, os que tinham sido magistrados e os descendentes dos que tinham sido magistrados: mais os seus ex-escravos, é claro!

Os cidadãos eram geralmente os membros mais privilegiados das sociedades em que viviam. Uma cena dramática nos Atos dos Apóstolos descreve como Paulo, retornando a Jerusalém de sua missão na Ásia, é cercado por uma multidão inflamada, atraindo a atenção dos soldados romanos. Dirigindo-se aos soldados em grego, Paulo pede permissão para se defender ante seus pares judeus, o que faz no vernáculo, explicando que é um judeu de Tarso, educado e criado em Jerusalém, e descrevendo sua conversão. Esse discurso leva a multidão a um frenesi, e Paulo é preso e levado pelos soldados para ser chicoteado. Nesse momento (e só então) ele revela ao centurião que tem, de fato, cidadania romana. O centurião fica consternado por ter dado ordens para que o chicoteassem. Há um jogo sutil entre o centurião, constrangido por ter afrontado um cidadão, e Paulo, que declara ser cidadão por nascimento. Não era essa mais uma distinção significativa? O centurião liberta Paulo de imediato, entregando-o ao conselho sacerdotal do Sinédrio, onde Paulo habilmente provoca uma disputa entre duas facções sacerdotais: os saduceus e os fariseus.[8] Não tem muita importância saber até que ponto esses incidentes são históricos, pois mesmo que sejam fictícios a história revela interessantes pressupostos sobre como a política de identidade funcionava nas províncias romanas. Paulo é apresentado explorando de modo inteligente suas múltiplas identidades: como judeu, como cidadão romano, como cidadão de Tarso, como fariseu e como estrangeiro residindo dentro de Jerusalém. Sua aptidão para falar mais de uma língua sem dúvida também ajudou.

É fácil identificar outros locais no império onde essas delicadas distinções importavam. Sociedades fronteiriças tinham suas próprias gradações de *status*.[9] Legionários eram recrutados entre cidadãos, mas as tropas auxiliares vinham de outras populações submissas, aquelas que os romanos denominavam *peregrini*, uma palavra que significava apenas "estrangeiros". As populações entre as quais elas serviam eram em sua maior parte também *peregrini*, mas, ao contrário delas, as tropas auxiliares podiam esperar obter cidadania quando fossem dispensadas. Centenas de certificados de bronze dessas concessões a veteranos de tropas auxiliares têm sido recuperados por arqueólogos: obviamente eram exibidos com certo orgulho nas casas de ex-soldados. Durante 20 a 25 anos de serviço, soldados de todos os tipos naturalmente estabeleciam relacionamentos com mulheres locais; mas não se tratava formalmente de casamentos e as crianças nascidas desses relacionamentos não seriam cidadãos.

Disposições especiais permitiam aos soldados fazer testamentos, mas as viúvas e filhos não tinham direitos automáticos. Um veterano de tropa auxiliar podia transformar seu escravo em cidadão ao libertá-lo, mas quaisquer filhos que tivesse tido antes de ser dispensado teriam, eles próprios, de se alistar se quisessem o mesmo *status*. Considerações como essas indicam que nunca podemos estudar as "sociedades romanas" sem incluir muitos que não eram romanos. Mas se tratarmos todos os habitantes das províncias como "em certo sentido" romanos, obscurecemos distinções que tinham, na época, enorme importância.

Corpos dóceis

Com o correr do tempo, um número cada vez maior de súditos romanos teve êxito em obter cidadania. Já sugeri que uma das razões pelas quais o mundo romano conservou-se unido durante a crise do século III foi uma quantidade suficiente de súditos de Roma ter a sensação de que aquele mundo era seu. Também é evidente que, sob muitos aspectos, o estilo de vida das populações das províncias acabara convergindo não para uma cultura imperial única ou uniforme, mas para um mundo estruturado por diferenças bastante romanas — diferenças essas baseadas em gradações de educação, *status* e competência cultural que Paulo (ou melhor, o autor de Lucas, Atos e seus leitores) compreendeu tão bem. Direitos cidadãos, lealdade e aculturação não são a mesma coisa, mas estavam profundamente interconectados.

Para a maioria das partes do império, o melhor indício do surgimento de hábitos e atitudes romanos é fornecido pela cultura material. Pensemos nos banhos romanos. As termas romanas são estruturas muito específicas; arquitetos, arqueólogos e historiadores da cultura têm estudado exemplos de todo o império.[10] Os gregos também tinham que tomar banho e sua nudez chocara Catão, o Velho. Mas instalações para banhos coletivos eram um tanto rudimentares antes do último século antes de Cristo. Um dos motivos era tecnológico. Poucas cidades gregas tinham aquedutos antes do Principado e o concreto hidráulico só foi desenvolvido na Campânia, pouco antes da virada do milênio (os gregos tiveram de usar banhos de banheira, que eram

Figura 18. Termas Estabianas em Pompeia.

uma parte um tanto subsidiária dos espaços de exercício). Por fim, complexos balneários também explorariam novas técnicas para agrupar imensos espaços fechados e utilizariam tijolos e ladrilhos para criar áreas quentes por meio de pisos aquecidos e do ar circulante, e nos exemplos mais grandiosos criariam solários de vidro. Mas a difusão dos banhos não foi apenas uma questão de tecnologia. Representa também a emergência de um novo consenso acerca de limpeza, saúde e beleza. Outros indícios revelam o surgimento destas ideias: a difusão de artigos de toucador, espelhos e cosméticos, o aparecimento de penteados padronizados na estatuária e assim por diante; mas vamos, por ora, nos limitar aos banhos.

Os ricos tinham sido os primeiros a transformar o banho em parte central de um estilo de vida civilizado. Como era de se esperar, os primeiros balneários luxuosos foram criados na baía de Nápoles, no último século antes de Cristo, no momento em que muitas outras coisas na cultura da elite romana estavam sendo remodeladas.[11] Contudo, antes mesmo do final da república, a cultura dos banhos estava se tornando popular em outros setores da sociedade. Balneários públicos, que qualquer um podia pagar para usar, não demoraram a surgir. Os Banhos Estabianos, em Pompeia, são um dos mais antigos exemplos conhecidos. Durante o reinado de Augusto, Agripa incorporou grandes balneários a seu parque no Campo de Marte. Complexos ainda mais espetaculares, em geral chamados *thermae*, foram construídos em Roma pelos imperadores Tito e Trajano, Caracala e Diocleciano: incluíam áreas para exercícios, piscinas, saunas e requintadas exibições do tipo de escultura que Pompeia havia colocado nos pórticos de seu teatro. Ainda hoje, a estrutura que sobreviveu das termas de Diocleciano aloja um museu e duas igrejas, enquanto as Termas de Caracala são o local onde ocorrem óperas e concertos ao ar livre. Esses benefícios imperiais concedidos à capital eram os exemplos mais grandiosos de um estilo de benfeitoria urbana conhecido por todas as maiores cidades do império.

Cidades gregas como Éfeso e Sárdis produziram provas monumentais de uma variação deste tema, complexos de banhos combinados com ginásios. O ginásio tinha sido, no Período Clássico, o cenário para a educação e o lazer da elite: exercício e discussão tinham lugar aqui, em um cenário mais público que o do simpósio. Mas nas novas terras conquistadas por Alexandre, onde os gregos eram, em geral, uma minoria urbana privilegiada (e às vezes fortemente armada), o ginásio tornara-se crucial para certa definição de cultura helênica. Educação e identidade gregas operavam nessas sociedades como uma cultura de exclusão, mais que como o indicador de determinado grupo étnico. O atletismo era fundamental para tal identidade. Festivais "iguais aos Jogos Olímpicos" foram organizados por benfeitores em todo o mundo grego. Neles competiam jovens aristocratas buscando antes prestígio que prêmios em dinheiro. Também emergiram atletas profissionais, e o atletismo tornou-se um tema central em certos gêneros de literatura grega.[12] As elites citadinas do Egito romano chegaram a ser conhecidas como classes ginasianas, tão importantes eram esses espaços para seu tipo de cultura voltado para modelos gregos — modelos que de fato só tinham se tornado comuns sob o domínio de Roma: os membros dessa elite também eram ou alegavam ser hereditários e muito distintos dos egípcios entre os quais viviam. Por toda parte, os ginásios tornaram-se um ponto privilegiado para a arquitetura monumental, e o ginasiarca transformou-se em uma figura importante da sociedade citadina. Sobrevive uma longa lista de regulamentos vindos de cidades de todo o mundo grego. Mostram como os ginásios tinham passado a ser considerados locais fundamentais na formação e treinamento dos novos cidadãos. Os banhos se ajustavam facilmente a este complexo de associações.

Mas os banhos eram populares em toda parte. Soldados tinham termas que lhes eram fornecidas nos acampamentos maiores, que sem dúvida tinham começado a se parecer com cidades: alguns exemplos britânicos estão equipados com áreas de exercícios internos no lugar das *palaestra* abertas, comuns no Mediterrâneo. Onde fontes de águas termais eram descobertas, estabelecimentos médicos eram instalados. Ricos proprietários de terras construíam pequenas suítes para banho em suas casas rurais, embora é provável que só fossem usadas quando o proprietário estava presente. Plínio, o Jovem, relata ter chegado tarde a uma de suas vilas e ter decidido, como expressão de sua deferência e falta de orgulho, usar os banhos na cidadezinha local em vez de mandar preparar os seus. O ato de se banhar tinha a essa altura sido incorporado ao estilo de vida aristocrático como uma atividade social que dividia o dia de trabalho da noite de descanso. Entre os que adotaram os banhos incluíam-se santuários e, especialmente, centros de cura, tendo os escritores da área médica muito a dizer sobre as vantagens de se banhar (só ligeiramente prejudicados por sua falta de compreensão das infecções). Mas estamos lidando, afinal, com ideologia. Os hábitos e ideais de limpeza tornaram-se parte integrante das noções do eu e de civilização que o império propagava. Nenhum texto existente declara que corpos sujos são corpos bárbaros — embora hoje calças e barbas sejam um tanto insultadas —, mas os habitantes das províncias que ascendiam socialmente dificilmente poderiam ignorar as noções romanas do que constituíam padrões civilizados.

Uma história similar poderia ser contada sobre a comida. Incluiria a difusão dos modos requintados que cercavam as refeições, a popularização do vinho, novos estilos de cozinha, incluindo uma preferência pelo trigo panificável em vez de outros cereais; a criação de novos serviços de jantar em cerâmica e com gravuras; a evidência de importações de ingredientes que nos últimos tempos tornaram-se essenciais, como azeite de oliva, pimenta, molho de peixe e frutas mediterrâneas; e o papel central da refeição noturna na sociedade romana e na literatura latina.[13] Os novos modos de vida ou vivências de mundo que tinham passado a ser amplamente compartilhados por todo o império tinham muitas outras dimensões. Havia uma nova cultura de iluminação, possível pela presença de janelas de vidro na direção sul e, na norte, pela disseminação de lampiões e do azeite usado como combustível: a noite tornou-se um novo espaço de tempo disponível para o trabalho ou o lazer. Novos tipos de indumentárias foram criados, junto com novas noções de postura e etiquetas do gesto. E naturalmente houve a influência da educação — jamais generalizada, mas já não restrita a escribas — e os efeitos sobre crianças da província de aprender latim e grego com Cícero e Virgílio, com Homero e as tragédias, ou de aprender a falar em público de determinada maneira. Mas não vou insistir na questão. Se o que estamos examinando é uma mudança de identidade, trata-se principalmente do tipo de identidade criada por rotinas e treinamento, um senso personificado do eu em vez de um conjunto de conceitos abstratos sobre "romanidade". A relação entre esses ideais aprendidos de uma vida boa e a ação política é complexa. Mas as incursões bárbaras no século III não tinham muito a oferecer em troca de tudo isso, e talvez não estivessem interessadas em fazê-lo, enquanto os grupos que se deslocaram para o império no final dos séculos IV e V já estavam convencidos da superioridade dos hábitos romanos e tão somente desejavam adotá-los. A transformação da vida cotidiana, em outras palavras, era profunda e teve efeitos profundos.

Identidades e impérios

A maioria dos estudos de políticas de identidade no Império Romano tem se concentrado em uma dimensão mais abrangente, em identidades como "romanos" e "gregos" e em declarações conscientes sobre a atitude que uma tem em relação à outra. Grande progresso foi feito nessa área nos últimos anos. O enorme alcance das respostas gregas ao império tem sido explorado nos mínimos detalhes através de estudos de declarações explícitas em textos literários, por meio de discussão de como a oposição entre as duas identidades foi construída por meio de práticas discursivas e retóricas, e confrontando a cultura material com a literatura.[14] Os ideais romanos estão também mais claros agora, especialmente em relação a até que ponto os esforços conscientes de geração após geração de líderes culturais estavam concentrados em criar não uma alta cultura alternativa, paralela à da Grécia, mas uma civilização universalizante (geralmente chamada *humanitas*), na qual tanto gregos quanto romanos tivessem sua parte.[15]

Os gregos e as elites ocidentais parecem agora ter muito em comum, inclusive um compromisso compartilhado de trabalhar suas diferenças. Talvez devêssemos ter suspeitado disso, visto que muitos escritores gregos dos séculos II e III — incluindo Arriano e Dio — eram senadores romanos assim como entusiastas do passado grego clássico, enquanto muitos de seus contemporâneos ocidentais, entre eles Aulo Gélio, Fronto e os imperadores Adriano e Marco, estavam profundamente envolvidos na cultura e nas letras gregas. Dois sistemas educacionais coexistiam e presumivelmente muitos membros das elites citadinas só se sentiam confortáveis em um deles. Contudo, a maioria dos gregos deve ter conhecido e usado muito mais latim do que já admitiu em composições classicizantes. As pesquisas históricas dos historiadores gregos do período imperial são inconcebíveis sem um bom conhecimento de latim. Mais revelador de tudo é a ampla unidade da cultura material da elite por todo o mundo mediterrâneo, expressa especialmente em suas residências, tanto urbanas quanto rurais. Ninguém que aborde a cultura da elite através da requintada arte em mosaico de suas salas de jantar, com apuradas referências a alimentação e mitologia, a astrologia e caça, a gladiadores e filósofos; ou de seu gosto pela estatuária em mármore, em que deuses, monstros, reis e poetas disputam espaço; ou das pinturas nas paredes que revelam vistas imaginárias de cidades e paisagens, brincam com cenários de teatro ou retratam jardins cheios de vida, poderia imaginar por um momento sequer que houvesse duas altas culturas em vez de apenas uma no Império Romano.[16] Existiam muitas variações regionais, é claro. Mas a impressão dominante é a de um único mundo de imaginação, acessível por meio da arte e da literatura, quer estivéssemos na Sicília ou no sul da França, na Síria ou na Ásia Menor, no norte da África ou na Germânia.

A identidade política parece muito diferente em discussões de imperialismos modernos. Nesse caso, o foco não é sobre o surgimento de vastas identidades imperiais, mas antes sobre como os regimes imperiais moldaram experiências locais; sobre o surgimento de povos e nações que passaram a tomar consciência de si próprios; sobre diásporas e desalojamentos; e sobre como a experiência da migração teve impacto sobre a vida de incontáveis indivíduos. Cosmopolitismo, hibridismo cultural e a persistência de dominação econômica e cultural após o fim do império formal são tópicos centrais em estudos pós-coloniais. Obviamente existiam diferenças enormes entre os impérios da Antiguidade, duradouros, mas fundamentalmente fracos, e os impérios das últimas centenas de anos, de vida curta, mas incrivelmente poderosos. Imperialismos antigos nunca efetuaram transferência de populações na escala do transporte de africanos como escravos para o Novo Mundo; nem da instalação de populações originárias do sul da Ásia na África, Europa e América do Norte; nem da difusão de comunidades de origem leste-asiática ao redor do Pacífico; sem falar na colonização de boa parte das zonas temperadas do mundo por povos de origem europeia. Impérios modernos instituíram imensas desigualdades de renda que persistem até hoje. Devido ao impacto que tiveram na saúde pública e ao modo como exportaram culturas agrícolas comerciais e a industrialização para suas periferias, desencadearam enormes mudanças no meio ambiente global. O cosmopolitismo no mundo moderno está ligado à criação de cidades imensas, nos mundos desenvolvido e subdesenvolvido. Qualquer comparação com a Antiguidade tem de ter em mente essas diferenças.

Abordagens pós-coloniais da Antiguidade clássica e um interesse em processos de globalização e localização no mundo romano são relativamente novos, mas alguns estudos recentes indicam seu potencial.[17] Muito antes de Roma se expandir, o mundo mediterrâneo e seus interiores continentais experimentaram movimentos de população de vários tipos.[18] Não obstante, o imperialismo romano encabeçou o que provavelmente foram níveis sem precedentes de mobilidade humana no antigo mundo mediterrâneo. O comércio de escravos; o recrutamento, remanejamento e reassentamento de soldados; e o crescimento das cidades — tudo desempenhou seu respectivo papel. É provável que devêssemos imaginar fluxos líquidos de seres humanos para as províncias centrais, em especial para as regiões mais urbanizadas, já que as cidades antigas certamente tinham taxas de mortalidade mais elevadas que taxas de natalidade e contavam com a imigração para conservar suas populações. Ocasionalmente, autoridades romanas também deslocavam populações tribais pelas fronteiras. Missionários, peregrinos, comerciantes, eruditos itinerantes e artesãos, todos viajavam de um lado para o outro através do império, muitos pelo menos tencionando retornar a casa.[19] Quando não voltavam, as pedras tumulares fornecem preciosa informação sobre suas viagens, enquanto uma série de técnicas para análise de material esquelético fornecem prova objetiva.[20] Ao lado disso, pode ser colocada a evidência legal e documental de esforços para responder à mobilidade humana e para controlá-la: cidades gregas já tinham desenvolvido regulamento para os *metoikoi* (estrangeiros residentes), e as ocidentais começaram a impor obrigações financeiras sobre os *incolae* ricos (habitantes de uma comunidade cujo lugar de origem formalmente registrado não era lá).[21] Diásporas de judeus, sírios e gregos estão razoavelmente bem atestadas durante o império.[22] Com muita frequência é a difusão do culto de determinados deuses que fornece o melhor indício de comunidades em diáspora através do império.[23] Atargátis, conhecida como Dea Siria, a Deusa síria, acabou atraindo novos devotos, e parece que os fundadores de seus templos no Egeu e na Itália eram verdadeiros migrantes. Sinagogas são conhecidas por todo o Oriente romano e também em algumas partes do Ocidente. O fato de centros de culto terem sido estabelecidos em novos locais sugere não apenas populações semipermanentes, mas também grupos que mantinham contato com parceiros imigrantes das mesmas áreas. Todas as grandes cidades romanas continham minorias dentro delas e onde há abundante evidência epigráfica, como nas cidades vesuvianas, em Óstia e em alguns portos norte-africanos, essas comunidades são extremamente visíveis.

Mas há pouco indício de qualquer valor positivo sendo colocado no hibridismo ou no multiculturalismo pelas sociedades hospedeiras. Embora os ricos gastassem muito adquirindo matérias-primas exóticas do exterior, desde especiarias do Oceano Índico até seda, não estavam interessados em consumir cozinha estrangeira ou se vestir de outra maneira por influência de estilos estrangeiros. Judeus e adoradores de Ísis foram ambos expulsos de Roma no final da república. Os emergentes esforçavam-se para perder seu sotaque regional. Só oradores gregos podiam tirar proveito de suas origens exóticas: Luciano chamava atenção para sua identidade "assíria" e Favorino de Arles declarava que um dos paradoxos de sua vida era que, embora fosse gaulês, podia "fazer papel de grego". Mas o que evidenciavam era a distância cultural que tinham vencido. Septímio Severo supostamente não deixaria a irmã ir a Roma mesmo quando fosse imperador, pois sua língua africana o deixava constrangido.

Ser parte de um império também tinha efeitos mais sutis sobre as identidades reivindicadas por diferentes pessoas no império. Teóricos da globalização lembram hoje que a maior conectividade teve com frequência o efeito de tornar um grupo mais consciente de sua localização específica dentro do todo. Tem-se sugerido que tanto gregos quanto judeus acabaram formulando identidades específicas de um modo novo, que respondia ao mundo imperial mais amplo em que viviam.[24] Certos aspectos da vida judaica, do uso do grego a uma forma de culto baseada antes nas escrituras que nos rituais do Templo em Jerusalém, eram mais portáteis e, portanto, mais fáceis de replicar em uma cidade grega ou romana. A educação grega também era mais transferível que rituais baseados em santuários ancestrais. Os adoradores de Ísis podiam usar hieróglifos nos rituais e até mesmo água importada do Nilo, mas não podiam orientar o culto pelas enchentes do rio. Muitos cultos chegaram a se assemelhar uns aos outros em suas facetas mais exteriores, ainda que permanecendo (ou mesmo se tornando mais) específicos em termos do que os devotos sabiam ou faziam em segredo. Populações em diáspora não foram as únicas a encontrar nova identidade no império. Comunidades locais no leste e oeste desenvolveram histórias mitológicas paralelas, povoadas com pais fundadores troianos e gregos e uma série de alegorias similares: a princesa local que se casa com o príncipe refugiado, o oráculo que aponta para o local onde a cidade devia ser fundada. Essa criação mitológica era uma tradição antiga, mas floresceu em todas as partes do mundo romano.[25]

Leitura adicional

Quase nenhum tópico na história romana gerou tanta pesquisa nos últimos tempos quanto o tema deste capítulo, embora tenha havido certa confusão entre tentativas de examinar as amplas consequências sociais e econômicas do domínio romano; estudos de identidades coletivas como fenômenos conscientemente experimentados, segundo expresso em texto, monumentos e cultura material; e investigações dos meios pelos quais foram geradas lealdade e solidariedade entre os súditos dos imperadores. Essas questões estão nitidamente relacionadas, mas não são a mesma coisa.

Estudos do impacto do domínio romano variam consideravelmente, em especial no modo como tratam fenômenos culturais. Entre os exemplos estão *Romanization of Britain*, de Martin Millett (Cambridge, 1990), *Tribal Societies in Northern Gaul*, de Nico Roymans (Amsterdam, 1990), *Graecia capta*, de Susan Alcock (Cambridge, 1993), *An Imperial Possession*, de David Mattingly (Londres, 2006), *Roman Cultural Revolution*, de Andrew Wallace-Hadrill (Cambridge, 2008), e o meu *Becoming Roman* (Cambridge, 1998); eles oferecem uma seleção de abordagens, todas empregando dados arqueológicos, geralmente em combinação com outras evidências. O mesmo fazem duas coleções: *Early Roman Empire in the West*, de Tom Blagg e Martin Millett (Oxford, 2000), e *Early Roman Empire in the East*, de Susan Alcock (Oxford, 1997). Seria fácil acrescentá-las a essa lista.

Expressões conscientes de identidade romana são o tema de *Romulus' Asylum*, de Emma Dench (Oxford, 2005), enquanto *Hellenism and Empire*, de Simon Swain (Oxford, 1996), e *Being Greek under Rome*, de Simon Goldhill (Cambridge, 2001), investigam a política de identidade do mais bem documentado povo súdito do império. *Imperialism and Jewish Society*, de Seth Schwartz (Princeton, 2001), levanta algumas das mesmas questões sobre o segundo caso mais conhecido. *Roman Near East*, de Fergus Millar (Cambridge, Mass., 1993), abre um vasto campo de estudo conhecido principalmente graças a inscrições gravadas em uma atordoante variedade de línguas. De longe, o exame mais detido feito até agora de como a identidade cultural, o poder político, a lei e a solidariedade social estavam conectados durante os primeiros anos do império está em *Imperial Ideology and Provincial Loyalty in the Roman Empire*, de Clifford Ando (Berkeley, 2000).

Mais recentemente, concentrou-se a atenção em como grupos particulares dentro do império desenvolveram identidades comuns, com frequência baseadas em memória social. Três coleções recentes dão uma ideia do ponto em que o problema se encontra: *Ethnic Constructs in Antiquity*, de Ton Derks e Nico Roymans (Amsterdam, 2009), *Local Knowledge and Microidentities in the Imperial Greek World*, de Tim Whitmarsh (Cambridge, 2010), e *Cultural Identities in the Ancient Mediterranean*, de Erich Gruen (Los Angeles, 2011), que ultrapassa em muito a questão.

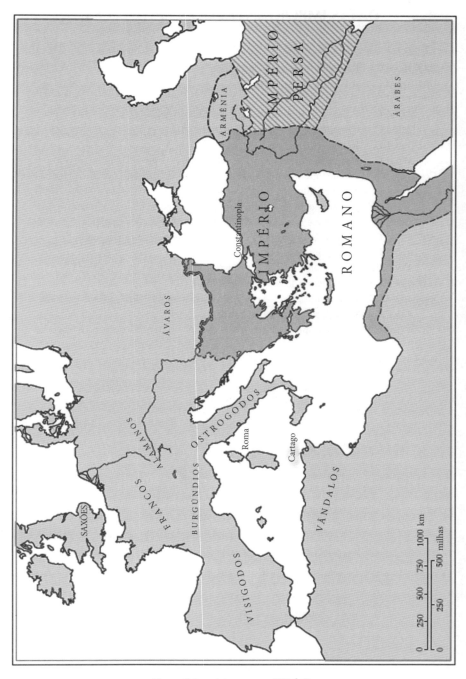

Mapa 6. Império no ano 500 d.C.

DATAS IMPORTANTES DO CAPÍTULO XV

284-305 d.C. Reinado de Diocleciano.

303-311 d.C. A Grande Perseguição.

306-337 d.C. Reinado de Constantino.

313 d.C. Édito de Tolerância de Constantino.

325 d.C. Concílio de Niceia.

361-363 d.C. Reinado de Juliano.

376 d.C. Valente permite que grupos de godos cruzem o Danúbio, dando início aos acontecimentos que levaram à derrota do exército romano oriental em Adrianópolis.

395 d.C. Com a morte de Teodósio, o império é governado por Honório no Ocidente e Arcádio no Oriente, ambos de menor idade.

409-475 d.C. Conquista progressiva da península Ibérica pelos visigodos.

410 d.C. Roma saqueada pelos godos.

429 d.C. Os vândalos invadem a África, tomando Cartago em 439 d.C.

435-438 d.C. Compilação de *Notitia Dignitatum*.

442-452 d.C. Os hunos, liderados por Átila, devastam os Bálcãs, a Gália e a Itália.

455 d.C. Roma é saqueada pelos vândalos.

476 d.C. Último imperador do Ocidente deposto por Odoacro, o Ostrogodo.

XV

RECUPERAÇÃO E COLAPSO

Quando Políbio, de Megalópolis, decidiu fazer um registro dos acontecimentos mais significativos de seu tempo, achou que era apropriado começar demonstrando, baseado nos fatos, que os romanos não conquistaram um grande império nos seiscentos anos que se seguiram à fundação da cidade, embora tenham estado regularmente em guerra com seus vizinhos durante todo esse período. Ao contrário, isso só ocorreu após eles terem tomado uma parte da Itália e tornado depois a perdê-la após a invasão de Aníbal e a derrota em Canas, e só depois de terem realmente visto de suas muralhas a ameaça inimiga. Só então começaram a ser tão favorecidos pela sorte, que, em menos de 53 anos, assumiram o controle não só de toda a Itália, mas também de toda a África. Os iberos do Ocidente submeteram-se a eles. Lançando-se a um projeto ainda maior, cruzaram o Adriático, conquistaram os gregos e dissolveram o império da Macedônia, capturando vivo o rei e levando-o para Roma como prisioneiro. Ninguém poderia atribuir esse sucesso apenas ao poderio humano. A explicação tem de residir no plano imutável das Parcas, na influência dos planetas ou na vontade de Deus, que favorece todos os empreendimentos humanos desde que sejam justos. Pois certas coisas estabelecem um padrão de causação que leva acontecimentos futuros a sucederem exatamente de certo modo, mostrando como têm razão os que acreditam que os assuntos humanos estão sujeitos a algum tipo de Providência Divina. De modo que, quando a energia dos homens é despertada, os homens florescem; mas, quando se tornam desagradáveis aos deuses, seus assuntos declinam até chegar a um estado como o que existe hoje. A verdade dessa proposição será demonstrada pelos acontecimentos que agora vou relatar.

(Zósimo, *Nova História* I.I.1-2)

Imperadores e cristãos

O imperador Diocleciano governou de 284 a 305 d.C. Constantino I, de 306 a 337. Não foram os únicos imperadores que reinaram durante este meio século, e as guerras civis caracterizaram o reinado de ambos. Mas a duração dos reinados é um indício seguro do aumento da estabilidade imperial. Outro indício é que as fronteiras, embora nunca pacíficas, conservaram-se. A crise militar, que quase resultara em dissolução imperial, parecia ter sido afastada. Já foi comum escrever sobre o reinado desses dois imperadores em termos de transformação, reforma e recuperação. Mas isso é simplista demais. As instituições do Império Romano foram de fato transformadas — mas muitas das "reformas" que fizeram foram malsucedidas, enquanto a recuperação foi parcial e, no Ocidente, de vida breve.

Uma transformação em particular afeta todas as histórias do período. Durante o século II e início do século III d.C., a diversidade religiosa do império tinha gradualmente se materializado em um universo de religiões em competição. Como isso aconteceu é o tema do próximo capítulo, mas suas consequências têm de ser investigadas aqui. Durante o nadir da crise militar, a década de 250, os imperadores Décio e Valeriano tentaram, cada um a seu modo, utilizar a hostilidade geral contra os cristãos para criar um senso mais amplo de unidade imperial. A resposta de Diocleciano foi mais extrema. Sua Grande Perseguição foi uma tentativa sistemática de eliminar o cristianismo, e ela deixou grandes porções do império traumatizados entre 303 e 311 d.C. A tática de Constantino foi oposta: primeiro tolerar a nova religião, depois protegê-la, apadrinhá-la, patrociná-la e, finalmente, procurar regulá-la e unificá-la por meio de um concílio ecumênico realizado em 325, em Niceia. A história ainda recorda Diocleciano como o Perseguidor; Constantino como o Convertido. Historiadores gregos e romanos adotaram visões radicalmente diferentes desses acontecimentos, dependendo do fato de abraçarem a nova religião (como fez o bispo Eusébio, de Cesareia, que criou uma história da igreja e escreveu uma apologética vida de Constantino) ou deplorarem o abandono da religião ancestral, como fez Zósimo, cujo veredito encontra-se no início deste capítulo.

A reação dividida dos historiadores refletia a resposta dividida da elite do império. Antes do fim do século III d.C., textos históricos de inúmeros tipos tinham sido escritos em grego e em latim — histórias locais e globais, histórias completas de Roma, histórias contemporâneas e histórias que mais pareciam uma série de biografias imperiais estendidas de uma ponta à outra. Alguns historiadores e biógrafos davam ênfase ao mitológico e maravilhoso, enquanto outros aproximavam-se da sátira e dos tabloides de escândalos. Mas todos refletiam um conjunto de ideais comuns sobre o papel do imperador. Esses ideais eram uma mistura de ideologias gregas de realeza com noções romanas de boa cidadania. Bons imperadores eram justos, bem-sucedidos no campo de batalha, preocupavam-se com a tradição, respeitavam os direitos (especialmente os direitos de propriedade) da elite, eram modestos, clementes e não criavam novos impostos. A vida sexual deles era banal e irrepreensível. Maus imperadores tinham vícios opostos: pensemos em Calígula, Nero, Domiciano ou Cômodo.[1] De repente, um novo critério superava todos os outros. Como ele se colocava frente à Igreja? Era um perseguidor ou um protetor e, logo depois, era ortodoxo ou herético?

Nenhum historiador era neutro. Os cristãos celebravam Constantino como santo e o segundo fundador do império. E condenavam ferozmente aqueles imperadores, como Diocleciano ou Galério, de quem se lembravam antes de mais nada como perseguidores. Talvez isso fosse compreensível para a geração que vivenciou a Grande Perseguição e o patrocínio da Igreja por Constantino. Lactâncio era um mestre africano de retórica, chamado por Diocleciano para lecionar em sua capital oriental de Nicomédia e depois demitido na perseguição de 303. Ele, no entanto, se mudou para o Ocidente e sobreviveu para servir de tutor ao filho mais velho de Constantino. Perto do final da vida, Lactâncio compôs o terrível *Sobre as Mortes dos Perseguidores*, que narrava as horripilantes punições que Deus reservou para Galério, Diocleciano e os demais. Eusébio e Lactâncio apresentaram uma nova visão da história imperial como parte do plano revelado de Deus. Inversamente, aqueles escritores que não eram cristãos deploravam o menor apoio aos cultos citadinos, a cobertura informal dada aos atos de violência contra seus templos e o que viam como consequências desastrosas do abandono aos deuses.[2]

Mas, se pusermos de lado — só por um momento — a questão de atitudes contrastantes ante o surgimento de religiões que competiam entre si, nem

Diocleciano nem Constantino eram de todo diferentes dos imperadores que os tinham precedido nos últimos anos do século III d.C.

Ambos, para começar, eram imperadores-soldados. Como muitos imperadores e pretensos imperadores que ascenderam e caíram durante o século III, Diocleciano (nascido Diocles) era originário dos Bálcãs. Nada se conhece de certo a seu respeito até sua entrada na história como comandante da guarda pessoal do imperador Numeriano, em 283. O pai de Numeriano, Caro, fora um prefeito pretoriano que tinha se rebelado contra Probo em 282. Caro fora morto em 283 — não sabemos como nem por quem —, e Numeriano governou por apenas um ano antes de ser também assassinado pelo próprio prefeito pretoriano, Aper, mas foi Diocles quem o exército aclamou como Augusto. Até aqui, tudo muito convencional. Igualmente convencional foi a primeira campanha de Diocleciano, feita contra o outro filho de Caro (e coimperador de Numeriano), Carino, que ele derrotou e matou em 285. Durante a maior parte da década seguinte, Diocleciano combateu. Primeiro na fronteira oriental, depois no alto Danúbio, depois novamente no leste, enquanto seu aliado Maximiano, que vinha de um ambiente igualmente humilde, também nos Bálcãs, serviu primeiro como seu césar e depois como seu colega augusto, principalmente na fronteira ocidental. A colaboração foi formalizada e tornou-se mais complexa em 293, quando os dois adotaram dois generais mais jovens, Galério e Constâncio, como seus césares. Os quatro imperadores (os tetrarcas) trabalharam proveitosamente juntos até 305, quando, por iniciativa de Diocleciano, os dois augustos se demitiram, sendo substituídos pelos dois césares, que nomearam dois novos césares. Pela maior parte dos mais de vinte anos de duração do reinado de Diocleciano, ele e seus coimperadores moveram-se de um lado para o outro entre bases ao longo das fronteiras do norte e do oriente e, durante a maior parte do tempo, estiveram em guerra com os inimigos de Roma.

O sucesso dos tetrarcas baseou-se em parte nos feitos dos primeiros imperadores-soldados, como Galieno e Aureliano. Os exércitos romanos estavam mais adaptados à guerra contra os bárbaros do norte, as cidades do leste eram agora bases fortificadas e, ao contrário dos imperadores de meados do século III, Diocleciano e Maximiano foram capazes de travar a maioria de suas guerras na fronteira ou em território estrangeiro. A grande inovação foi a solidariedade dentro do colégio imperial. A sucessão de golpes e de golpes fracassados que acabaram levando Diocles ao poder foi em grande parte suprimida, embora o controle da Britânia tenha demorado algum tempo. Diocleciano investiu pesadamente em cerimoniais e títulos, mas talvez o fato de ter enfrentado menos desafios tenha lhe sido assegurado pelo sucesso militar. Uma vez em segurança, foi-lhe possível fazer outras mudanças, construir mais defesas e aumentar o tamanho do exército, embora para dar suporte a isso tenha modificado sua estrutura de comando e o modo como as províncias eram governadas e taxadas. Essas mudanças não foram a implementação de um grande plano, mas o acúmulo de expedientes pragmáticos. Muitas basearam-se em experiências mais bem-sucedidas de antigos imperadores, todas elas concentradas nas necessidades do exército.

A abdicação conjunta de 305 assinalou o fim do consenso. Antes mesmo da morte de Diocleciano, provavelmente em 312, o plano de sucessão cuidadosamente traçado começou a se desarticular. Entre as mudanças estavam a morte de Constâncio em 306, um ano apenas após sua elevação ao posto de augusto, e sua sucessão pelo filho, Constantino. O próprio Constantino, o Grande, morreu em 337, mas só foi imperador exclusivo na última de suas três décadas no poder. Antes disso, as relações entre os imperadores oscilaram de um lado para o outro durante uma década — uma década em que o próprio Constantino fez campanha contra os francos. No final de 312, um novo padrão tinha começado a emergir. Galério estava morto (devorado por vermes, se acreditarmos em Lactâncio, mas não antes de ter encerrado formalmente a Grande Perseguição com um Édito de Tolerância), Constantino tinha conquistado uma vitória decisiva sobre o rival Magêncio na batalha da Ponte Mílvia, que lhe deu controle sobre Roma, e tinha formado uma aliança com Licínio, que conseguiu eliminar no ano seguinte o rival Maximino Daia. A aliança com Licínio foi tempestuosa, mas só em 325 Constantino foi capaz de derrotá-lo, executá-lo e governar sozinho. Na época, Constantino já tinha comemorado vinte anos no poder e dado início à criação de uma grande e nova capital na área de Bizâncio, a ser chamada Constantinopla. A última década de sua vida foi dividida entre guerras no Danúbio e a tentativa de criar um novo colégio de imperadores com os três filhos sobreviventes (tivera um quarto, Crispo, executado em 326) e sobrinhos. Como Diocleciano, passara grande parte de seu reinado envolvido em guerras estrangeiras.

É difícil dizer se Diocleciano gastou mais energia tentando suprimir o cristianismo do que a despendida por Constantino tentando reconciliar suas facções. Logo após seu patrocínio público do cristianismo, foi atraído para o amargo cisma donatista na África e um dos motivos para o Concílio de Niceia foi a tentativa de desenvolver uma visão única sobre a natureza de Cristo, uma resposta ao que se tornou conhecido como heresia ariana. Escritores cristãos, sobretudo Eusébio, concentraram sua atenção nas relações de Constantino com a igreja, sua jornada pessoal, seus projetos de construção e o Concílio. Contudo, como Diocleciano antes dele, Constantino estava também preocupado com alterações na estrutura de comando militar e civil, e com aumento de impostos e mudanças de moeda. Tanto Diocleciano quanto Constantino foram representantes extraordinariamente bem-sucedidos dos imperadores de um novo gênero surgidos durante o século III. É conveniente chamá-los de imperadores-soldados, mas eram também administradores excepcionais que parecem ter pensado primeiro no império, e não na cidade de Roma, muito menos no Senado e no povo. Tampouco passaram muito tempo no interior do império ou da própria Roma. As velhas ordens aristocráticas de senadores e equestres só ocupavam marginalmente sua atenção. Quanto à religião, talvez fossem motivados por ressentimentos ou conversão apaixonada. Quem pode dizer? Mas as políticas que adotaram — tanto perseguição quanto tolerância e promoção — giravam todas em torno da unidade imperial. Constantino, em particular, teve muitas oportunidades de bancar o fanático, principalmente contra heréticos, mas resistiu a todas. Os bispos sentiam-se influentes em sua corte — e alguns de fato eram —, mas é difícil identificar alguma área da política em que o compromisso de Constantino com o Cristo não servisse também à sua visão para o império.

O único imperador após Constantino que não era cristão foi seu sobrinho Juliano, nascido apenas seis anos antes da morte de Constantino em 337. A infância de Juliano foi vivida contra o pano de fundo de guerras civis travadas entre herdeiros de Constantino. Antes que se completasse um ano da morte de Constantino, dois de seus sobrinhos foram assassinados e o império foi dividido entre Constante, Constantino II e Constâncio II. Constante derrotou e matou Constantino II em 340 e, durante dez anos, dividiu o império com Constâncio II. O próprio Constante foi assassinado por um usurpador em 350. Em 351, Constâncio II era o único augusto, uma posição que manteve até sua morte em 361. Durante grande parte desse período, Juliano foi mantido fora da vida pública. Mas quando seu irmão Galo foi feito imperador júnior, com o título de césar, em 351, seu retorno à vida pública deve ter parecido inevitável. Galo foi executado por traição em 354. No ano seguinte, Juliano foi feito césar e recebeu um comando na Gália. Podemos apenas especular acerca dos efeitos sobre Juliano dessa história de assassinatos e intrigas familiares. Mas sabemos que, quando estava na faixa dos vinte anos, em parte como resultado de suas leituras e em parte sob a influência do filósofo Máximo de Éfeso, rejeitou o cristianismo (ariano) em que havia sido criado e em segredo adotou — não um termo demasiado forte em seu caso — uma versão muito idiossincrática e extremamente intelectualizada do que acreditava ser a religião ancestral: um amplo politeísmo em que os deuses dos romanos, gregos e judeus tinham, todos, seu lugar. Chamava isso de Helenismo. É difícil para nós evitar o nome dado pelos cristãos: paganismo. Mas os cultos dos deuses ancestrais nunca formaram o tipo de entidade organizada e conectada que geralmente entendemos por religião, exceto na imaginação de escritores cristãos. É uma ironia da visão de Juliano que a natureza do paganismo que ele tentou restaurar e institucionalizar, tanto na coerência cosmológica quanto nas instituições caritativas que desejou encorajar, seja um dos mais claros testemunhos de sua criação cristã.

Dada a história da família de Constantino, ninguém deve ter ficado surpreso por Juliano ter se rebelado em 361 contra Constâncio II. Só a morte deste evitou outra guerra civil. Mas, quando transpirou a informação de que Juliano, além de não ser cristão, era um defensor apaixonado da religião ancestral, o império entrou em choque. Junto com guerras contra a Pérsia e hostilidades com os irmãos, Constâncio II fora também envolvido na grande controvérsia religiosa da época, inspirado pelo ensinamento de Ário de que Jesus, o Filho, estava completamente subordinado ao Pai. Constantino tentara impor um compromisso no grande concílio de bispos reunidos em Niceia em 325, mas a controvérsia manteve-se em ebulição. Agora, de repente, tudo isso fora destruído. A corte de Juliano reverenciava filósofos neoplatônicos, não bispos. Durante um breve reinado, ele escreveu febrilmente sobre suas ideias, tentou banir os cristãos do ensino, restaurou o financiamento dos cultos citadinos, planejou reconstruir Jerusalém e tentou reorganizar os velhos cultos como uma espécie de contraigreja. A oposição que enfrentou de todos os lados mostrou a profunda penetração da ideologia cristã no império, principalmente entre as classes dominantes. Teria Juliano feito mais progressos se não tivesse morrido em 363 de um ferimento sofrido em uma nova guerra persa? É impossível dizer. O fato é que a memória do "apóstata" foi injuriada e seus sucessores tornaram a se dedicar entusiasticamente a suas lutas com os bispos acerca da ortodoxia.

E o assunto foi encerrado? O reinado de Juliano parece ter mostrado que, embora os velhos deuses ainda tivessem alguns devotos, a transformação das instituições do império feita por Constantino tinha ido longe demais para ser revertida. Mas os defensores da religião ancestral tiveram um último momento para denunciar Cristo e seus seguidores, pois no século que se seguiu à morte de Juliano um desastre lento engolfou o Império Romano. Diocleciano, Constantino, Constâncio II, Juliano e seu sucessor Joviano, todos travaram guerras contra os persas, guerras que continuaram no século V. Elas consumiram recursos e vidas sem levar a quaisquer mudanças de poder radicais entre os "imperadores irmãos". Com o tempo, os dois impérios iriam se tornar cada vez mais parecidos.[3] O conflito entre eles continuaria se desenvolvendo aqui e ali, até o Império Persa ser destruído pelos árabes no século VII, enquanto os romanos escapavam por pouco do mesmo destino. Mas a avalanche veio do norte, não do leste. A recuperação romana no final do século III tinha visto Galieno, Cláudio II, Aureliano, Probo e enfim Diocleciano fazendo campanhas contra diversos povos do norte. As invasões do império tinham sido detidas, mas ao custo da renúncia às províncias dacianas de Trajano no que é hoje a Romênia. O império fazia agora fronteira com povos transformados por gerações de contato com Roma, contato esse que incluía comércio e serviço militar, assim como a guerra. Havia inclusive missionários operando ao norte da fronteira. Os godos foram parcialmente convertidos ao cristianismo (ariano) em meados do século IV. Mas, no final do século, esses povos encontraram-se sob pressão pelo norte e pelo leste.

Os recém-chegados eram os hunos. Todos os relatos os apresentam como completamente diferentes dos romanos ou dos godos, como um povo nômade extremamente móvel, deslocando-se muito rapidamente para oeste, do mesmo modo como tinham feito os cimérios e os citas no início da Idade do Ferro e como fariam tártaros e mongóis na Idade Média e no início do período moderno. Sem a menor dúvida, aterrorizavam as comunidades agrícolas estabelecidas que conquistavam. Apareceram primeiro na década de 370, em algum lugar ao norte do mar Negro, e fizeram pressão para oeste. É impossível avaliar exatamente o quanto a ameaça colocada pelos hunos era nova ou séria. O império continuava mais fraco do que fora antes da crise militar do século III. Os godos experimentaram fatores de atração — o desejo por riqueza, assim como segurança dentro do império — bem como fatores de pressão gerados pela invasão dos hunos. Seja como for, grupos de godos pediram permissão para cruzar a fronteira do império e, em 376, o Imperador Valente permitiu que entrassem. Poderia tê-los detido? De novo é impossível saber. Mas, quando os enfrentou dois anos depois, na Batalha de Adrianópolis, perdeu sua vida e a maior parte do exército oriental. Uma reação em cadeia se formou, novos grupos cruzaram as fronteiras do Reno e do Danúbio, e os imperadores ficaram cada vez mais obrigados a fazer concessões a certos grupos do norte como única defesa contra outros. Na década de 450, os hunos faziam campanha sob o controle de seu rei Átila nos Bálcãs, no norte da França e mesmo na Itália. Quando da morte de Átila em 453, seu frágil império desmoronou em uma mistura de rivalidade interna e rebelião dos súditos. Também nisso se parece com outros impérios nômades que cruzaram a história.[4] Mas a paisagem política que deixaram para trás foi alterada para sempre.

No final do século V, metade do Império Romano estava ocupado por reinos bárbaros. O dano causado ao poder militar e aos recursos fiscais do império do Oriente já não podia ser reparado. Outrora, no período mais sombrio da Guerra Mitridática, os romanos tinham brevemente perdido controle de todo o território a leste do Adriático. Agora, quinhentos anos mais tarde, todo o território a *oeste* do Adriático fora perdido. A própria cidade de Roma tinha sido saqueada duas vezes por hordas bárbaras. O império que Roma havia criado tinha inflado no final da república para abranger todo o Mediterrâneo. Agora o balão esvaziara, deixando Roma de fora. O historiador Zósimo — ao escrever por volta de 500 d.C. em Constantinopla, a cidade fundada no Bósforo por Constantino como Nova Roma e então a única capital do que sobrara do império —, propondo-se a fazer a crônica do declínio e da queda de Roma, apresentou-a como narrativa equivalente ao relato de Políbio da ascensão de Roma a império. Para Zósimo, o declínio na sorte de Roma foi consequência direta do desastroso abandono, por parte de Constantino, dos deuses tradicionais de Roma.

Um novo império?

Hoje frequentemente os historiadores comparam o império dos séculos IV e V com aquele dos primeiros três séculos depois de Cristo. Falamos de império "recente" ou "tardio", ou em francês *haut* (alto), em oposição a antigo ou *bas* (baixo)-*empire*. Alguns desses rótulos indicam uma pressuposição não claramente formulada de que o império dos primeiros três séculos era primário e versões mais tardias do poder romano, secundárias. Denominar a Antiguidade tardia de "pós-clássica" é uma declaração explícita feita para o mesmo efeito, como é escrever sobre a herança de Roma ou a transformação do mundo clássico. A mudança histórica é, naturalmente, a única constante real. Nenhuma época permanece a mesma. Mas algumas épocas são mais conscientes da mudança que outras e a fraseologia moderna reflete algumas preocupações antigas.

O Império Romano Tardio, ao menos sob certos aspectos, tinha ultrapassado de forma autoconsciente sua época anterior. Um grupo de historiadores que escreveram em grego, dos quais os mais importantes são Eunápio, Olimpiodoro e Zósimo, são por essa razão frequentemente denominados "classicizantes".[5] Tomar a literatura grega produzida nos séculos V e IV a.C. como modelo estilístico não era em si uma novidade. Oradores do século II d.C. dentro daquilo que nós, seguindo Filostrato que os biografou no século III, denominamos *Segunda* Sofística receberam o rótulo precisamente por esta razão.

Esforçavam-se para falar um grego "ático", que era bem diferente da linguagem falada, mesmo pela elite, que estudara aquelas obras na escola.[6] Palavras emprestadas do latim eram evitadas, o mesmo acontecendo com neologismos gregos. *Vidas Paralelas*, de Plutarco, redigido no final do século I d.C., emparelha grandes gregos com grandes romanos. Os gregos eram principalmente figuras dos séculos V e IV a.C. e todos já tinham morrido quando houve a conquista romana: os romanos eram todos figuras da república. Duas épocas clássicas eram postas em paralelo enquanto o império, que estava no começo, era considerado pós-clássico tanto para a Grécia quanto para Roma. Arriano de Nicomédia governou a Capadócia no reinado de Adriano, mas escreveu no estilo de Xenofonte. Dion Cássio, outro grego da Bitínia, desta vez senador do período severano, produziu uma *História Romana* em que o pensamento e a linguagem de Tucídides nunca estão muito abaixo da superfície.[7] Mas o classicismo da Antiguidade tardia era diferente. O clima de Zósimo é mais elegíaco, como se o passado clássico estivesse para sempre enterrado. Além disso, Zósimo, Eunápio e os outros estavam conscientemente se afastando de uma versão cristianizada da história — uma versão que, sob certos aspectos, vinha se tornando a narrativa oficial. A literatura latina tardia também estava preocupada com a relação que mantinha com um cânone latino baseado essencialmente nas obras de Cícero e Virgílio.[8] Isso já acontecia com os panegiristas gauleses no final do século III.

Na segunda metade do século IV d.C., Ausônio e seu contemporâneo Amiano Marcelino, o maior historiador latino da Antiguidade tardia, apresentam perspectivas bastante similares às de seus pares gregos. Outra vez não era novo concentrar-se nos clássicos: o antigo latim imperial estivera preocupado com eles e uma série de epopeias explicitamente pós-virgilianas foram compostas por senadores romanos no decorrer do século I d.C. Mas, no final da Antiguidade, a época de Augusto e Trajano parecia muito distante. Amiano, um membro pagão da elite militar, fez uma crônica do nobre, mas fútil exercício de virtudes tradicionais e especialmente do reinado de Juliano, que ele admirava em demasia, talvez até de forma acrítica. Grande parte de sua narrativa parece bastante familiar — intrigas na corte, batalhas contra os bárbaros no norte, a intensa, retumbante hostilidade com a Pérsia —, mas o mundo no qual ele se move já está parcialmente arruinado, as cidades saqueadas, o Senado em decadência, sua civilização assombrada por fantasmas literários de um tempo mais feliz.

Esse pessimismo, amplamente expresso por representantes das classes proprietárias, precisa ser amenizado pelas realidades da restauração da estabilidade por imperadores guerreiros, tanto pagãos quanto cristãos. As elites citadinas e o Senado não saíram em geral como vencedores na reorganização do império. Os senadores tinham perdido seu papel no governo e possuíam pouco acesso aos imperadores que governavam de Trier, de Sírmio ou mesmo de Milão e Constantinopla. A burocracia crescente que rodeava a corte ficou mal vista por muitos, principalmente no Ocidente, e os impostos ficaram mais pesados.[9] Muitos traços distintivos do império dos séculos IV e V podiam ser vistos como o apogeu de tendências a longo prazo estabelecidas durante a emergência militar de meados do século III, que durou uma geração, ou mesmo mais cedo. Podemos fazer a origem do desenvolvimento da corte imperial e sua transformação em instituição móvel remontar a Adriano e Marco Aurélio. Assim que os assuntos militares arrastaram os imperadores para as fronteiras, o papel do Senado se tornou inevitavelmente marginalizado. Senadores que desejavam ter um papel na vida pública viravam generais e cortesãos. Éditos imperiais substituíam decretos do Senado como fonte da lei e os embaixadores iam agora, por razões práticas, para a corte, não para Roma. Precedentes podem ser encontrados no reinado de Augusto.

Contudo, havia alguma coisa nova e que era reconhecida como tal. O império que emergiu da crise foi governado por um grupo ou colégio de imperadores. Cada imperador estava baseado na própria corte, sendo responsável por uma parte do exército e das províncias. Como resultado, cada um era capaz de agir mais efetivamente em relação aos súditos: há uma grande quantidade de documentos relatando como faziam isso.[10] O número de províncias tinha crescido ligeiramente durante o século III. Diocleciano aumentou o número e agrupou-as em unidades maiores, atribuindo a supervisão da administração a um ou outro dos prefeitos pretorianos. Finalmente havia quatro grandes prefeituras, cada uma administrando um quarto do império, e uma ala da burocracia que recolhia impostos e organizava diretamente o governo com um envolvimento cada vez menor de senadores ou das elites locais.[11] Esse movimento em direção a uma forma mais centralizada de governo baseou-se em desenvolvimentos no sistema fiscal, que já descrevi. Também ajudou os imperadores a extrair mais renda para abastecer exércitos ligeiramente maiores. Provavelmente sem intenção, tornou também algumas regiões efetivamente autossuficientes: os impostos necessários para a defesa de uma região eram normalmente arrecadados em nível local. Esse desdobramento tornaria a fragmentação mais fácil no futuro.

As mudanças introduzidas por Diocleciano e ajustadas por Constantino foram impopulares entre muitos membros das elites tradicionais. Mas a burocracia crescente proporcionava muitas oportunidades para habitantes instruídos das províncias, e mesmo para alguns líderes bárbaros, associarem-se em uma nova classe dominante. Uma vez recrutados, eles foram rapidamente socializados e criaram os próprios meios tradicionais de fazer as coisas — meios que defenderiam com tenacidade contra novas mudanças no século VI.[12] É provável que a eficiência da burocracia romana não fosse exatamente fantástica. Roma não era um Estado moderno, o clientelismo continuava sendo importante e a corrupção endêmica.[13] Mas a dinâmica interna tinha mudado.

A multiplicação de imperadores e, portanto, de cortes respondia à percepção de que um único imperador não poderia estar em todos os lugares onde sua presença era necessária e que haveria usurpadores agindo em sua ausência. Como tantas outras coisas, isso é proveniente de modificações contingentes de procedimentos mais antigos. Diocleciano forneceu o modelo quando adotou Maximiano, primeiro como césar, promovendo-o depois a augusto. O uso do título césar para indicar imperador júnior e/ou "augusto à espera" remontava ao reinado de Vespasiano. Fora usado por outros imperadores, junto com a adoção, para garantir a sucessão. A ideia de Diocleciano para ampliar essa estabilidade foi que cada augusto adotaria um novo césar, criando um colégio imperial de quatro: a tetrarquia. Cada augusto enfim se aposentaria, sendo substituído por seu césar, que por sua vez adotaria seu próprio auxiliar e sucessor. Contudo, partilhar o governo imperial não era em si uma novidade. Marco tinha governado como coaugusto com Lúcio Vero em meados do século II, e Severo governou brevemente com ambos os filhos, que ele parece ter esperado que o sucedessem como coimperadores. A única inovação real de Diocleciano, a ideia de duas dinastias paralelas renovadas por adoções periódicas, foi também o único componente do novo esquema que não foi bem-sucedido. Após as guerras civis do início do século IV, Constantino governou durante algum tempo como imperador único. Quando de sua morte, os três filhos o sucederam, dando início às próprias lutas pelo poder. Depois disso, o número de imperadores variava conforme a possibilidade de guerra civil e o sucesso político. Constâncio II foi o único augusto de 350 até 361, como foram cada um de seus dois sucessores de vida curta, Juliano e Joviano. Mas quando da morte do último em 364, os irmãos Valente e Valentiniano governaram juntos e mais dois membros da família governaram como meninos imperadores antes de a dinastia ser extinta no caos que se seguiu à Batalha de Adrianópolis em 378. Teodósio I governou como imperador único, mas quando de sua morte em 395 seus dois filhos já tinham se tornado seus colegas. Em nenhum momento, o governo colegiado representou uma divisão do império em dois, três ou quatro Estados separados e os coimperadores eram, na maioria das vezes, aparentados. De um modo geral, se o objetivo era reduzir a incidência de guerras civis e usurpações, o sistema funcionou. As fronteiras ocidentais pareceram mais fortes ao serem governadas de Trier ou Milão e não se repetiram os acontecimentos da década de 260, quando tropas, recursos e atenção foram desviados para o Oriente. Ironicamente, a queda do Ocidente foi desencadeada pela derrota do exército oriental. Contudo, um efeito da multiplicação de imperadores foi uma falta potencial de coerência em política. Isso se revelou de modo mais dramático nos anos após Adrianópolis, quando cada corte parecia extremamente interessada em expelir os grupos imigrantes góticos de sua esfera de influência.

O fato de ter havido precedentes para muitas inovações do século IV não significa que o esquema não tenha sofrido alterações. Até que ponto Diocleciano e Constantino se julgaram inovadores é outra questão, mas talvez não muito importante. Talvez o verdadeiro significado da crise militar do século III foi que ela intensificou o processo de experimentação: um imperador atrás do outro procurou novas soluções, liberado, pela necessidade, de considerações de tato e costume. Décio e a perseguição em massa, as reformas militares

Figura 19. Estátua em pórfiro dos Quatro Tetrarcas na Basílica de São Marcos, Praça de São Marcos, Veneza, Itália.

de Galieno, Aureliano e o culto do Sol Invictus, Diocleciano e um édito sobre preços máximos, todas essas iniciativas foram tomadas em desespero, mas não eram ideias malucas. Os relatos feitos por senadores de alguns imperadores-soldados são muito caricaturais, assinalando a distância social que tinha emergido entre corte e Senado. Macrino foi apresentado como mais ou menos um bárbaro. Certos relatos, contudo, foram muito competentes.[14] Algumas experiências eram de fato desastrosas: desvalorizar a moeda para bancar exércitos maiores quando as receitas dos impostos estavam exauridas pela usurpação foi um arranjo de curto prazo que desencadeou inflação e enfraqueceu de forma irreparável o sistema monetário. Diocleciano teve de criar um novo meio circulante que foi depois modificado por Constantino para consertar as coisas. Isso funcionou, mas o édito sobre preços máximos era inexequível. Outras experiências, no entanto, como o desenvolvimento de um exército terrestre com maior mobilidade, foram mais bem-sucedidas. O efeito líquido foi criar um império eficiente no século IV e a base de um império menor que sobreviveria ainda por muitos séculos.

O componente final do novo império se dava em termos de representação. O cerimonial tornou-se mais elaborado.[15] Governante e cortesãos vestiam trajes extraordinários, como podemos ver pelos mosaicos de Ravena e Istambul. Relatos contemporâneos noticiam o súbito aumento dos rituais da corte. O imperador Juliano escreveu uma sátira intitulada *Os Césares*, em que cada um de seus antecessores é caricaturado como se tivesse chegado de um banquete saturnal realizado no Olimpo por Rômulo. Quando Diocleciano aparece, faz uma entrada grandiosa, usando um traje fabuloso, cercado por um coro dos outros tetrarcas.[16] A imagem do imperador como concidadão, que usava togas simples tecidas pela esposa e pelas filhas, foi banida para sempre.[17] Triunfos foram celebrados de forma extravagante por (entre outros) Aureliano, Diocleciano, Constantino, Constâncio II e Teodósio I.[18] Havia comemorações nos aniversários dos 10 e 20 anos do reinado de um imperador. Aniversários de trinta anos de reinado, os *tricennalia*, foram celebrados em Roma pelos dois Constantinos e por Teodorico, o Ostrogodo. A chegada de um imperador a uma cidade ocasionava um grande festival. Estátuas gigantescas eram construídas, assim como palácios imensos e intimidadores. A aproximação da presença imperial inspirava um real assombro. O ritual religioso era instrumentado para atender a essas finalidades, visto que os imperadores tentavam colocar-se mais uma vez no centro do cosmos. Severo tinha organizado Jogos Seculares em 204 d.C., mas Filipe organizou outra série em 248 para comemorar o aniversário de mil anos da cidade. Décio tentou organizar um sacrifício em massa, um *supplicatio*, a ser cumprido por todos os cidadãos do império. Pode perfeitamente ter sido esse o momento em que o número de cristãos do império pela primeira vez se tornou visível, pois a primeira perseguição geral aconteceu a seguir, em 250 d.C., dirigida contra os que tinham deixado de participar do sacrifício. Certificados do sacrifício, provando participação, tinham sido encontrados no Egito. A ideia de organizar rituais que abrangessem todo o império era nova, mesmo que, sob certos aspectos, fosse uma consequência lógica da expansão da cidadania feita por Caracala para incluir a maioria dos habitantes do império. Aureliano encontrou tempo em 274, após a vitória sobre Palmira, para construir um templo do Sol Invictus em Roma, com um novo colégio de pontífices dedicado ao culto. Nas moedas, o deus-sol estivera intimamente associado à pessoa do imperador desde o início do século III. A conquista de Palmira forneceu butim suficiente e, talvez, alguma estatuária importada para criar o magnífico templo. Diocleciano associou cada augusto e seu césar a um patrono divino, Júpiter em seu caso, Hércules no caso de Maximiano, tencionando criar dinastias jovianas e herculanas. Talvez tenha sido com ideias semelhantes de criar unidade religiosa que ele também iniciou a Grande Perseguição, que lhe granjeou tamanha condenação por parte dos polemistas cristãos Lactâncio e Eusébio.

O sucesso militar gerava a própria legitimidade. Quando os imperadores sobreviviam mais tempo que a média, pareciam automaticamente ter se tornado mais capazes de enfrentar os desafios, podendo assim realizar mais. A maré já estava virando na década de 250. Galieno governou de 253 a 268 e, apesar dos desastres de seu reinado, entre eles a captura e execução do pai e coimperador Valeriano em 260, ele era lembrado por uma série de campanhas bem-sucedidas contra os alamanos e por ter dado os primeiros passos importantes para a criação de um exército com maior mobilidade. Aureliano, que estava implicado no assassinato de Galieno, governou de 270 a 275 e triunfou sobre Tétrico, o imperador gaulês, e a rainha Zenóbia de Palmira, antes de ser ele próprio assassinado. Diocleciano e Constantino, simplesmente por terem sobrevivido mais tempo, devolveram maior coerência ao sistema imperial e prestígio à posição de imperador.

Império em evolução

Todos os sistemas imperiais evoluem com o tempo. Não causa surpresa que o Império Romano no século IV d.C. não fosse idêntico ao do século I. Para muitos de seus habitantes, tudo provavelmente deve ter parecido uma história de sucesso. Guerras civis se repetiram, mas com muita frequência não foram mais que um novo embaralhar de cartas, ainda que violento, dentro do colégio imperial, como quando os filhos de Constantino disputaram o comando ou quando o mais bem-sucedido deles, Constantino II, enfrentou um golpe do sobrinho que havia elevado ao posto de césar. Esses conflitos em geral tiveram vida breve e não parecem ter perturbado seriamente a administração do império em outros níveis.

O império tinha evoluído através de uma combinação de mudanças a longo prazo (muitas não planejadas, como a difusão de hábitos de pensamento e estilo de vida romanos, e algumas, como a lenta mobilidade social, mal percebidas pelos contemporâneos), modificações incrementais (como remanejamentos menores de tropas ou mudanças no sistema fiscal) e certas respostas dramáticas a crises. As mudanças eram agora de estrutura bem diferente das que haviam sido promovidas por Augusto no momento em que uma séria expansão detivera-se e a transição de Estado de conquista para império tributário fora pela primeira vez realizada. O império augustano tivera estrutura concêntrica. Roma estava no centro, depois a Itália habitada por alguns milhões de cidadãos romanos e isenta de taxação pesada; mais além, a ampla zona de províncias pagadoras de impostos, administradas pelas elites proprietárias de novas e velhas cidades, cercadas por uma zona fronteiriça emergente, onde exércitos cidadãos tinham os olhos voltados para os bárbaros, do lado de fora, e para prováveis rebeldes, do lado de dentro. No século IV, a diferença entre a Itália e as províncias interiores acabara e praticamente todos os habitantes do império eram cidadãos. Ele foi adequadamente comparado a um vasto Estado-nação.

Em nível de elite, que compartilhava, onde quer que vivesse, os componentes essenciais de um estilo de vida comum, a distância cultural entre as províncias fora extremamente reduzida. Sem dúvida, os sistemas educacionais dividiam as províncias onde os instruídos falavam latim daquelas onde o grego era dominante: em termos grosseiros, a linha passava pela Líbia moderna e o Adriático, virando depois para nordeste, separando as províncias do Danúbio de fala latina do mundo grego. Contudo, em nível mais elevado, a divisão não era absoluta e qualquer um que procurasse uma carreira na burocracia ou um lugar no Senado poderia falar latim. O estilo de vida aristocrático comum que tinha emergido no século II persistiu, talvez mais em residências rurais que em cidades, mas ainda atestado pelos impressionantes mosaicos, por coleções de estátuas e obras de literatura que celebravam o simpósio e o conhecimento dos clássicos. O gasto em monumentos cívicos, no entanto, tinha declinado junto com as cidades.[19] Em geral, isso pode ser constatado através da arqueologia e mais raramente por estampas em textos literários, mas as mudanças devem ter sido evidentes para muitos viajantes, como o soldado Amiano, que serviu no Reno e na fronteira persa e que visitara Roma e Antióquia.

Abaixo do nível da elite, a cultura material sugere diferenças regionais maiores. Só uma parte delas foi legado da enorme diversidade das sociedades que tinham sido incorporadas ao império pela força, meio milênio antes. No final do último e início dos primeiros séculos, tinha havido uma fenomenal demanda das províncias por produtos de estilo romano, de templos a serviços de mesa, de estátuas de bronze a vinho e azeite. Os italianos e depois outros produtores mediterrâneos não demoraram a ficar ricos fornecendo esses bens às novas províncias, especialmente às que se situavam fora do mundo mediterrâneo. É possível traçar a difusão subsequente de tecnologias que incluíam a fabricação de tijolos e o uso de concreto à prova d'água, a viticultura e a arboricultura, a criação de gado, a pesca e a salga do peixe bem como a produção de cerâmica fina. Eram passadas de imediato a usuários locais e, quando a produção local era consolidada, os estilos regionais começavam a divergir. Se os estilos de vida da elite convergiam por todo o império, o oposto era verdadeiro para muitos outros estilos de vida, embora a situação se complicasse pela imitação que os que ascendiam socialmente faziam dos ricos locais e pelas viagens de negociantes, peregrinos e militares, que abrangiam todo o império. O padrão de alta cultura unificada e culturas locais diversificadas é reproduzido em todo o globo por impérios que estão em seus primeiros passos. Seja como for, os membros da elite tinham mais mobilidade que os subordinados, e mudanças na estrutura governamental do império só acentuavam isso.

Roma, no início do império, fora caracterizada como "governo sem burocracia": as aristocracias imperiais das ordens senatorial e equestre forneciam um pequeno número de governadores e generais, supervisionando um universo de cidades governadas por elites locais. O que conservava a união do sistema era um senso compartilhado de cultura aristocrática. A nova burocracia do século IV era muito maior e mais recrutada entre os instruídos, mas geralmente não aristocráticos. Tinha uma complexa hierarquia interna de cargos, estava dividida em departamentos e todo o sistema estava concentrado em prefeitos pretorianos e cortes de capitais localizadas na zona fronteiriça. As classes proprietárias aristocráticas que governavam cidades no interior pacífico conservaram a proeminência social, mas começaram a ficar sob pressão financeira e estavam agora potencialmente alijadas do governo do império. Isso era verdade até mesmo com relação a Roma, que os imperadores visitavam raramente e nunca transformavam em sua base. Roma continuou sendo um centro cultural, e a riqueza da aristocracia senatorial no século IV era fabulosa, mas o relacionamento com o novo centro de poder era precário. Durante o final do século IV, em Milão, os imperadores se comunicavam com o Senado através do prefeito da cidade, e o Senado mandava embaixadores e petições à corte, assim como grandes cidades da província tinham feito no início do império.

Alguns documentos preciosos apresentam-nos uma imagem do estilo imperial nesse período. Um deles é o *Notitia Dignitatum*, do qual sobrevive uma cópia esplendidamente ilustrada feita no século XVI. O original foi composto no final do século IV e teve partes revisadas de uma maneira complicada, que permanece obscura, no início do século V. Cada página é dedicada a um cargo diferente na hierarquia — prefeitos pretorianos, vigários regionais, governadores provinciais de toda a espécie — e em seguida à hierarquia militar paralela, incluindo exércitos, fortes e fábricas de armas. A informação contida é exatamente a que um império centralizado necessitaria, mas o fato de o documento ter sido ilustrado de forma tão dispendiosa, ainda que quase de imediato fosse ficar desatualizado, sugere que oferecia ainda uma espécie de panorama do poder. Cada entrada está também preocupada com aqueles detalhes que têm mais importância para os especialistas: títulos precisos, ordens de precedência e antiguidade, número de ordens postais destinadas a cada funcionário. E o fato de incluírem funcionários e unidades do Ocidente e Oriente em um período em que o império estava efetivamente dividido em dois mostra que as entradas descrevem uma ordem de posições idealizada e ideológica, ainda que pudesse ser prática.

Um segundo documento fundamental é o Código de Teodósio, um registro em forma de compêndio de todos os éditos imperiais emitidos desde o início do reinado de Constantino. Foi compilado entre 435 e 438 e depois distribuído em ambas as metades do império por ordens do segundo imperador Teodósio.[20] O código ilustra tanto os pontos fortes quanto as limitações do governo imperial. A capacidade de planejar e executar o projeto em um espaço de tempo tão curto mostra como a burocracia imperial podia ser posta em movimento e produzir resultados. Contudo, o fato de que para compilar essa coleção fora necessário escrever para governadores provinciais de todo o império pedindo cópias de quaisquer éditos que tivessem arquivado mostra uma falta espantosa de manutenção de registros. O desejo de fazer uma coleção completa, de ordená-la logicamente em dezesseis livros temáticos e de remover contradições e inconsistências expressa perfeitamente tanto a aspiração a um governo racional, universal, quanto a brecha entre esse ideal e a realidade. Que isso não tenha sido realizado antes da década de 430 evidencia que, a despeito dos desastres da geração que se seguiu a Adrianópolis, o império e a sociedade imperial eram definitivamente uma só coisa, e não duas na mente do imperador e de sua equipe. Começar o registro com o reinado de Constantino é também um raro testemunho de um conceito antigo que se aproxima de nosso conceito moderno de um "Império Romano Tardio". Finalmente, o grande projeto de Teodósio foi imediatamente identificado com uma monarquia imperial. O indício mais claro não é a elaborada cerimônia pela qual o imperador presenteou com uma cópia do código um embaixador do Senado ocidental ao recepcioná-lo em Constantinopla, nem as aclamações bajuladoras dos senadores ao receberem o código, um registro das quais forma um prefácio para a obra, mas o fato de que, nos séculos vindouros, sempre que chefes guerreiros bárbaros por todo o antigo império ocidental tentavam se

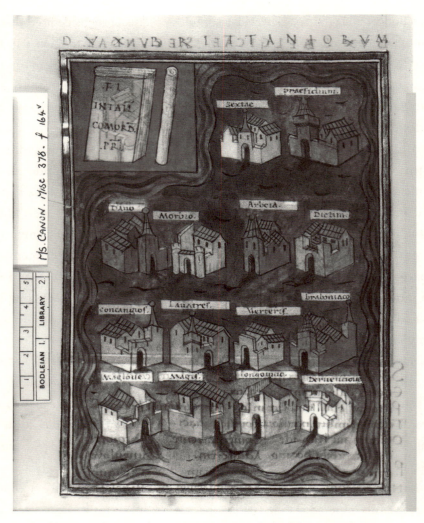

Figura 20. Imagem do *Notitia Dignitatum*, do final da Antiguidade.

converter em monarcas hereditários com cortes e cerimoniais próprios, uma das primeiras coisas que faziam era emitir os próprios códigos de leis.

Civilização sem império? O colapso do Ocidente

Em seguida à morte de Valente na Batalha de Adrianópolis em 378, a dependência dos imperadores de seus antigos inimigos foi extremamente aumentada. Durante uma geração, o suborno, a diplomacia e ameaças de força foram empregadas por imperadores, tanto ocidentais quanto orientais, em uma série de tentativas de conter e desviar os godos. Mas a fraqueza do império era agora evidente. Os godos finalmente tomaram o rumo da Itália e Roma foi saqueada em 410.[21] Os imperadores recuaram para proteger as províncias do interior. Antes mesmo do saque gótico, a Britânia fora abandonada.

A maioria dos outros grupos que agora entravam no império se originava do extenso bando de povos que tinham um bom conhecimento de Roma, fruto de longa familiaridade.[22] Alguns cruzaram o Reno — vândalos, suevos e outros — dirigindo-se através da Gália para a Espanha. Os godos deslocaram-se para a Aquitânia, onde foram instalados como "hóspedes" em 418. De lá expandiram seu poderio para a Espanha, impulsionando outros grupos à sua frente. Os vândalos avançaram para a África em 429 e, dez anos depois, tomaram Cartago, a segunda maior cidade do Ocidente romano. Enquanto isso, francos, burgúndios e hunos associaram-se em uma confusa luta pelo norte da Gália. Por acaso sobreviveu uma grande quantidade de literatura escrita na Gália no final da Antiguidade, através da qual podemos seguir os estágios pelos quais a fé nos imperadores foi perdida, as províncias escaparam do controle romano e foram feitas acomodações locais entre as classes proprietárias e seus novos governantes. Em seguida à supressão por Aureliano dos imperadores gauleses separatistas que tinham governado a região de 260 a 275 d.C., os tetrarcas haviam dado mais atenção a essa parte do império. Trier, no Mosela, tornou-se uma capital imperial, sendo equipada por Constantino com um grande palácio e uma basílica, termas imperiais (que nunca foram concluídas) e outros monumentos, muitos deles sobrevivendo até os dias de hoje.[23] Uma série de discursos apologéticos desse período ilustram os esforços dos aristocratas locais para atrair o favor imperial para suas cidades. Da corte em Trier, temos os poemas de Ausônio, um professor de gramática e retórica de Bordéus, que serviu tanto como governador quanto como tutor do imperador-menino Graciano na década de 370, antes de ascender ao consulado. Os poemas descrevem seus parentes e colegas em Bordéus, a paisagem do Vale do Mosela, mas principalmente a vida urbana da camada instruída na última geração do império ocidental. Durante o início do século V, aquele mundo mudou por etapas.[24] Tornou-se cada vez mais fácil diferenciar chefes guerreiros bárbaros que adotavam títulos romanos de generais romanos que se comportavam como dinastias locais, lutando para proteger suas regiões.[25] Por toda parte, as comunidades procuravam protetores locais. Muitos aristocratas entraram na Igreja. Alguns adotaram disciplinas ascéticas, enquanto outros continuaram a exercer autoridade social em suas cidades como bispos. As cartas de Sidônio Apolinário oferecem um quadro de nuances cuidadosas sobre a passagem do mundo de Ausônio, onde aristocratas educados disputavam sofisticados jogos literários, para um mundo de clérigos que intercediam por seu povo contra reis guerreiros.[26]

Em meados do século V, o Império Romano no Ocidente estava limitado à Itália e partes do sul da França. Uma frota dos vândalos da África saqueou novamente Roma em 455.[27] O último imperador ocidental foi deposto por seus "hóspedes" bárbaros em 476 e seu lugar, ocupado por um rei gótico, um dos muitos líderes bárbaros de quem os imperadores do Ocidente tinham passado a depender. Imperadores do Oriente não tinham meios de intervir e foram compelidos a usar a diplomacia no Ocidente para liberar recursos para a defesa no norte e no leste. Nenhum momento especial de crise foi reconhecido como o fim do que chamamos império ocidental. Mas ele era bastante óbvio para Zósimo.

A oeste do Adriático e ao norte dos Bálcãs, um novo mundo de reinos bárbaros havia substituído as províncias romanas. Eram sociedades bem diferentes daquelas em que ancestrais da Idade do Ferro tinham vivido na Europa central.[28] Durante o tempo passado nas fronteiras, novas estruturas sociais haviam emergido. A maioria dos governantes "bárbaros" era cristão, e sua ideia de realeza estava, sob muitos aspectos, moldada pela imagem que faziam do imperador romano. Godos, vândalos e burgúndios contaram em princípio com sistemas fiscais derivados dos estabelecidos por Diocleciano.[29] Governaram a partir de cidades romanas, onde repararam monumentos, e criaram cortes em que protegiam intelectuais e clérigos romanos. Do início ao fim dos séculos V e VI, a administração deles dependeu vigorosamente de uma elite que, em termos de educação e perspectiva cultural, era tão romana quanto tinham sido seus antepassados. Alguns desses intelectuais puseram seu conhecimento a serviço da reconstrução das antigas tradições dos novos senhores, combinando, para fazê-lo, tradições tribais com mitologia grega.[30] Os bandos guerreiros foram aos poucos se transformando em exércitos; os chefes tribais, em proprietários de terras. Sucessivos reis lançaram códigos de leis, assim como tinha feito o Imperador Teodósio, mas em escala um tanto menor.[31] Alguns desses códigos de leis cultuavam o princípio de Estados multiétnicos, com cada povo usando as próprias leis. Assim como os imperadores romanos, os reis entravam em polêmicas com bispos e eram atraídos para discussões sobre heresia. Sob certos aspectos, a civilização romana continuou praticamente como antes até a chegada dos francos e lombardos, pelo norte, no século VI, e dos árabes no VII. Mas o império se fora.

Leitura adicional

O livro de Tim Barnes, *New Empire of Diocletian and Constantine* (Cambridge, Mass., 1982), é a base para compreender a transformação do governo romano no fim do século III, sendo muito mais que um mero texto suplementar a seu *Constantine and Eusebius* (Cambridge, Mass., 1981). As instituições do império são descritas em detalhes em *Later Roman Empire*, de A. H. M. Jones (Oxford, 1964); como funcionavam na prática, é o tema de *Ruling the Later Roman Empire*, de Christopher Kelly (Cambridge, Mass., 2004). *Roman Empire of Ammianus*, de John Matthews (Londres, 1989), apresenta um quadro nítido do império antes dos desastres de Adrianópolis, abrangendo a política e a sociedade. *A Greek Roman Empire*, de Fergus Millar (Berkeley, 2006), apresenta uma nova visão do início do século V. Um conjunto de ensaios particularmente útil está incluído em *Approaching Late Antiquity*, de Mark Edwards (Oxford, 2004).

Ao lado desses estudos concentrados em política e instituições, a Antiguidade tardia tem surgido como um vasto campo de história cultural. *World of Late Antiquity*, de Peter Brown (Londres, 1971), foi, sob certos aspectos, o manifesto dessa abordagem. Os volumosos escritos do próprio Brown e de seus alunos e colegas têm explorado com sutileza o rico material oferecido por escritos cristãos. Seu *Augustine of Hippo* (ed. rev., Londres, 2000) mostra exatamente quanta coisa pode ser extraída desse veio. Talvez o melhor apanhado da Antiguidade tardia seja oferecido por *Late Antiquity: A Guide to the Post-Classical World*, organizado por Brown, Glen Bowersock e Oleg Grabar (Cambridge, Mass., 1999).

UM IMPÉRIO CRISTÃO

Vocês me pedem para escrever uma resposta às mentirosas distorções declamadas por aquelas pessoas que são estranhas à Cidade de Deus. São chamados de pagãos por causa das rústicas estradas vicinais e aldeias (*pagi*) onde moram, e de forasteiros (*gentiles*), porque tudo o que conhecem diz respeito a assuntos mundanos. Não têm interesse em coisas vindouras: quanto ao passado, esqueceram-no ou dele são simplesmente ignorantes. Não obstante, ainda afirmam que os dias de hoje estão inabitualmente assolados por desastres devido apenas a uma única razão — o fato de os homens acreditarem em Cristo e venerarem a Deus, enquanto os ídolos recebem cada dia menos culto.

(Orósio, *A História contra os Pagãos*, Prefácio 9)

Ascensão das religiões

Em tempos idos, os romanos acharam que desfrutavam do favor especial de seus deuses. Esses deuses, em certo sentido, eram concidadãos. Seu culto nos rituais públicos — o *sacra publica* — de Roma era o centro organizador de vidas e identidades religiosas dos romanos. Como isso se articulava aos cultos públicos das outras comunidades do império era, como já expliquei, um tanto obscuro. Contudo, os muitos sistemas religiosos politeístas do mediterrâneo clássico não eram tão diferentes, e o culto dos imperadores, de um modo ou de outro, figurava em todos. Por todo o império, os ricos construíam templos, encarregavam-se de sacerdócios e celebravam festivais: tudo parecia prosperar.

Aos olhos de muitos, o abandono desse pacto com os céus foi um ato de loucura que provocou o colapso das venturas de Roma. Agostinho, escrevendo *A Cidade de Deus* após o primeiro saque de Roma em 410, sentiu que tinha de responder a essas acusações. O êxito romano nada devia ao culto dos deuses, ele afirmou, pois houvera desastres mesmo no período do culto pagão. A piedade religiosa trazia recompensas no outro mundo, não neste. Desastres mundanos como o saque de Roma eram irrelevantes. Poderia Agostinho ter realmente pensado assim? Ele escreveu *A Cidade de Deus* como bispo da cidade africana de Hipona Régia, mas no início de sua carreira fora professor em Cartago, sendo depois escolhido pelo prefeito senatorial de Roma para ocupar um cargo de maior prestígio naquela cidade, indo, por fim, para a capital imperial ocidental em Milão. Só em Milão Deus o reclamara e o levara, por intermédio de comunidades de intelectuais contemplativos, a liderar os cristãos de uma pequena cidade no norte da África, não muito longe da cidadezinha ainda menor onde fora criado. Mesmo assim, ele não pode ter deixado de ficar chocado com os acontecimentos do início do século V. A África ficava longe da fronteira norte, que desmoronava, e o mundo onde Agostinho nascera, onde estudara e ensinara, fora completamente romano. A mudança para Roma o atraíra devido ao reputado bom comportamento de seus estudantes, comparados aos de Cartago. Em Milão, deve ter se tornado mais consciente da situação que se deteriorava, mas a queda de Roma chocou a todos. Os vândalos já estavam na Espanha quando ele escreveu: antes de sua morte, cruzariam o estreito de Gibraltar e dariam início à breve guerra que resultaria na tomada de Cartago. Entre os refugiados da Espanha que foram para a África estava Orósio, que se tornou aluno de Agostinho e, em 417, escreveu por sugestão deste outra resposta, uma *História contra os Pagãos* em sete volumes. O prefácio declara que, em sua ignorância, os pagãos tinham afirmado que agora havia mais calamidades e desastres porque os homens acreditavam em Cristo, cultuavam Deus e negligenciavam cada vez mais o culto dos ídolos. Orósio propôs-se a demonstrar os muitos desastres dos primeiros tempos. O resultado é uma terrível história mundial, seis livros que relatam acontecimentos até o nascimento de Cristo, o último apresentando uma fascinante narrativa da história romana em que atos de tirania imperial e desastres militares são abrandados pelo poder de Deus à medida que cresce o número de cristãos no império.

A lacuna entre visões do mundo tradicionais e história cristã é suficientemente óbvia. Mas é sintomática de um fenômeno muito mais amplo. Os cristãos não só discordavam dos outros sobre a razão da crise corrente; também discordavam sobre a relação do cosmológico com a ordem política e social das coisas. Tradicionalmente, a ação ritual fora na maior parte encerrada dentro de entidades sociais existentes, como a família, a cidade, a unidade de exército ou o próprio império. As comunidades cristãs eram compostas de crentes, que poderiam ter pouco em comum além de sua crença e estar separados por essa crença de outros membros de suas famílias, cidades e assim por diante. Nem estavam os cristãos sozinhos. Maniqueus, judeus e vários outros grupos tinham também passado a imaginar sua identidade religiosa como algo separável dos outros aspectos da sociedade. Agostinho expressou isso mais claramente que a maioria com sua distinção entre a Cidade Terrestre temporal e a Cidade de Deus, mas a ideia já se tornara muito difundida. É dessa ideia que surgiu nossa noção de "religiões" como entidades separadas, antes que da ação religiosa como apenas uma dimensão da vida social mais ampla. A razão pela qual os cristãos foram capazes de suportar o desastre do saque de Roma foi que essa ideia de religião tornara-se profundamente entranhada. A grande história do Império Romano, em outras palavras, fora sobrepujada por outra narrativa ainda mais grandiosa: a ascensão das religiões.

O desenvolvimento das religiões, no plural, como entidades demarcadas com suas próprias instituições e quadro de associados, como coisas que podem ser contrastadas com cidadania, classe ou parentesco é algo relativamente novo na história mundial. Há muito mais tempo os humanos têm praticado rituais: provavelmente eles se originaram com o *homo sapiens sapiens* entre 50 mil e 100 mil anos atrás e são uma das poucas coisas que verdadeiramente nos separam de todas as outras espécies animais, algumas das quais usam ferramentas, têm algum tipo de linguagem e vivem em sociedades complexas. Só os humanos, no entanto, enterram seus mortos, fazem arte, música, dança e executam rituais.[1] Até recentemente, todo esse ritual estava intimamente entrelaçado à vida cotidiana. É quase impossível separar a identidade religiosa ateniense ou romana de seu senso mais amplo de pertinência. Como resultado, a conversão é um tanto sem sentido na Antiguidade, a não ser como componente da mudança de cidadania de alguém.[2] Nenhuma palavra grega ou romana corresponde à nossa noção de religião. Na verdade, especialistas na história da religião veem esse conceito evoluindo aos poucos. Nosso moderno conceito de religião como um conjunto organizado com membros, normas, crenças e práticas específicas e uma noção de aderência exclusiva — uma noção de que a pessoa deve escolher a *qual* religião vai pertencer — talvez só tenha se tornado generalizado no século XIX.[3]

Os primeiros indícios da separação da religião como uma esfera específica ocorrem durante a Antiguidade clássica. *As Bacantes*, de Eurípides, escrita bem no final do século V a.C., dramatiza o poder demolidor de um movimento religioso que desafiava a autoridade religiosa de importantes membros da cidade e podia dividir famílias e comunidades pelo meio. Esse culto dionisíaco representa uma das várias origens do pluralismo religioso. Roma experimentou seu próprio pânico acerca de Bacanais em 186 a.C. Circulavam rumores, como aconteceu mais tarde no caso do cristianismo, sobre estranhos rituais noturnos. Mas sem dúvida o que realmente chocava era a falta de respeito por fronteiras sociais e o desafio implícito à autoridade religiosa existente que, na maioria dos lugares, estava concentrada nas mãos da elite.

Grupos cujos membros estavam unidos primariamente pela religião se tornaram mais comuns no Período Helenístico e no antigo período romano.[4] Dionísio/Baco era um antigo deus cujo nome aparece em textos desde a Idade do Bronze grega e que tinha um papel central na religião pública ateniense, simbolizado pelo festival da Grande Dionísia, a principal ocasião para apresentações dramáticas. Não era o deus em si, mas a forma de culto e associação representados pelo baquismo que chocava. Outros grupos começaram como cultos de populações migrantes e depois atraíram devotos das comunidades hospedeiras. Foi desse modo que a deusa egípcia Ísis, em forma helenizada, tornou-se popular em torno do Mediterrâneo. O mesmo aconteceu com os Baalim de diversas cidades sírias, a Grande Mãe dos Deuses de Pessino, na Ásia Menor, e o deus dos judeus. Por razões de todo tipo, populações mudavam-se com frequência dentro dos impérios persa, helenístico e romano: negociantes,

327

escravos, soldados, colonos e missionários moviam-se pelos sistemas urbanos, levando seus deuses com eles.[5] Alguns, como a *Magna Mater* (Grande Mãe), recebiam culto público em algumas cidades. Outros eram sempre de segunda importância. A religião também tinha raízes na sociedade grega. Cultos de mistérios proliferaram, muitos imitando os Mistérios de Démeter e a Donzela de Elêusis originais, que já tinham sido os cultos principais de uma cidade independente, mas foram absorvidos pela religião ateniense na época arcaica. Peregrinos vinham para serem iniciados em Atenas, bem como na Samotrácia e em uma série de outros centros, e alguns grupos mais versáteis, incluindo adoradores de Cibele e Mitra, desenvolveram seus próprios Mistérios.[6] Seitas filosóficas forneciam ainda outro modelo de um grupo com um nome especial — epicuristas, estoicos, cirenaicos —, frequentemente com um fundador carismático e textos autorizados, um grupo a que a pessoa podia se associar ou que podia abandonar se assim o quisesse. Desde o século I d.C., os judeus também estavam identificando diferentes tradições e pelo menos uma, a comunidade de Qumran, conhecida a partir dos Manuscritos do Mar Morto, lembra muito uma religião. Os santuários atraíam peregrinos do mundo todo.[7] Contudo, não raro vemos cultos que tinham se originado em lugares específicos sendo transformados em versões mais móveis. Exemplos desse movimento de formas "localizadas" para formas "utópicas" incluem a criação de versões helenizadas de divindades egípcias como Ísis e Serápis, a proliferação de tradições rabínicas dentro do judaísmo e, é claro, o cristianismo. Quase todos os grupos foram periodicamente focos de tensão intracomunal: em diferentes momentos as autoridades de Roma concentraram seu fogo nos bacanais, nos adoradores de Ísis, nos judeus, astrólogos e cristãos. Outras cidades frequentemente fizeram o mesmo. Contudo, grupos religiosos desse tipo continuaram a prosperar. Mitraísmo e maniqueísmo representam, ambos, religiões criadas a partir do zero, recorrendo a símbolos, rituais e nomes divinos de tradições mais antigas, mas agrupados em uma combinação completamente nova, bem adequada aos ambientes sociais dentro dos quais buscavam recrutas. Podemos ver alguns sinais de competição por devotos ou, pelo menos, pelas dádivas que eles podiam trazer. Talvez o indício mais nítido seja o modo como o aspecto bem-sucedido de um culto seria assumido por outro. Os antigos Mistérios de Elêusis foram copiados na Samotrácia pelos adoradores de Cibele, Mitra e outros grupos; o imaginário antropomórfico grego padrão foi adotado por um culto atrás do outro; a astrologia foi incorporada por quase toda a tradição religiosa, do judaísmo e mitraísmo ao culto de divindades egípcias e germânicas; e deuses masculinos foram equiparados em toda parte a Júpiter, o Maior e Melhor. Outros sinais de competição foram os esforços feitos ostensivamente para reter a atenção de devotos. Os mitraístas eram convidados a avançar através de uma série de graus; os iniciados em Elêusis tinham de retornar para uma segunda iniciação em um ano subsequente; o ritual do Taurobólio, sacrifício de um touro associado a Cibele, tinha de ser repetido a cada vinte anos; sacerdotes em santuários de cura e oráculos anunciavam seus êxitos e encorajavam visitas de retorno.

Talvez reivindicações a um monopólio quanto à salvação tenham emergido desse contexto. A ideia de que um indivíduo podia se concentrar de modo pessoal em um único deus dentro de um panteão politeísta era antiga e fora explorada pelos romanos do período republicano em diante.[8] Sila cultivava a ideia de que era um favorito especial de Vênus, Augusto reclamava o favor de Apolo, Vespasiano foi assistido em seu golpe por Ísis e assim por diante. Muitos deuses eram aclamados em inscrições com dedicatórias como "O Maior e Melhor" ou "O Mais Alto".[9] Conceder um lugar especial a uma divindade é às vezes chamado de henoteísmo. Alguns textos proféticos de Isaías afirmam que Ísis é o "verdadeiro" nome de uma deusa também cultuada sob outros nomes, entre eles Cibele, Ártemis, Vênus e Hécate.

O cristianismo primitivo emergiu nesse complexo ambiente religioso. A reivindicação exclusivista, apesar das origens no judaísmo, foi talvez extremamente importante como diferencial privilegiado em relação às outras protor-religiões emergentes. Os evangelhos representavam a opção por seguir Cristo como algo que poderia dividir famílias do modo mais radical. Lucas conta a história do homem que diz que seguirá Cristo assim que tiver enterrado o pai. "Deixa os mortos enterrarem os seus mortos", responde Cristo.[10] Há várias histórias desse tipo. Ainda mais cedo, Paulo havia declarado que em Cristo não há nem judeu nem grego, nem escravo nem homem livre, nem masculino nem feminino.[11] O que observamos nesses textos é a afirmação de uma nova identidade social baseada unicamente em uma associação a um grupo religioso, uma identidade que secciona os laços sociais mais fundamentais da Antiguidade. Os cristãos não eram os únicos a afirmar esse tipo de identidade. Agostinho foi criado como cristão, mas durante algum tempo juntou-se aos maniqueus, cujo fundador criou uma nova religião recorrendo às tradições cristã, zoroastrista, judaica e outras. Missionários maniqueístas foram enviados ao norte da África, à Índia e, por fim, também à Ásia e à China. Em seguida, há os mandeanos, um tanto misteriosos, da Mesopotâmia, cujos rituais e textos foram formados no decorrer de um longo diálogo com o judaísmo, o zoroastrismo, o cristianismo e o islã. Inevitavelmente, a prática religiosa tradicional passou a ser reinterpretada como prática de uma religião rival — e falsa — que era, às vezes, denominada Helenismo e, às vezes, paganismo.

Ascensão do cristianismo

Estimativas modernas do crescimento do cristianismo realçam a escala muito pequena de seus primórdios. É difícil imaginar como era a vida da primeira geração de cristãos: não tinham escrituras, a maioria deles tinha nascido judeus e talvez muitos ainda se considerassem assim. Eram em número de uns poucos milhares e estavam extremamente dispersos, principalmente entre as maiores cidades do mundo mediterrâneo oriental.[12] As *Cartas* de Paulo e o relato de suas viagens nos Atos dão alguma noção de como esses grupos mantinham-se em contato e conservavam algum tipo de coesão. Mas há enormes lacunas em nosso conhecimento. No final da Antiguidade, havia grandes comunidades cristãs na África do Norte e no Egito, mas nada conhecemos sobre a origem delas. O surgimento de uma preocupação maior com a ortodoxia e a disciplina em séculos mais tardios produziu relatos extremamente manipulados da Igreja primitiva.

O cristianismo emergiu dessas sombras durante o século II d.C. Escritores cristãos e líderes judeus, por diferentes motivos e certamente não em conluio, criaram uma linha divisória mais pronunciada entre cristianismo e judaísmo, que seria reforçada no século IV com a ajuda da força imperial.[13] Igrejas domésticas foram agrupadas em cada cidade sob a liderança de um bispo. O número de cristãos cresceu exponencialmente. Muitos devem ter se sentido cercados de convertidos e parte de um movimento que se difundia rapidamente. Os números absolutos, contudo, continuaram pequenos: textos não cristãos dificilmente fazem comentários sobre a existência de cristãos antes do ano 200. A partir do final do século II, temos a primeira prova de comunidades cristãs no norte da África e na Gália. A maioria delas parece ter usado o grego, sugerindo que continuavam tendo seus laços mais estreitos com o Mediterrâneo oriental. Algo próximo da noção que temos do Novo Testamento tinha também emergido nesse período, embora a inclusão de certos livros, como o Apocalipse, continuasse controvertida. Traduções latinas da escritura cristã começaram a circular em meados do século II, junto com obras apologéticas e as primeiras tentativas de policiar as fronteiras da Igreja. Heréticos eram os que sustentavam crenças falsas, como os marcionitas, que rejeitavam as escrituras judaicas em sua totalidade. Os cismáticos tinham as crenças certas, mas rejeitavam a autoridade das devidas autoridades.

A ascensão da autoridade episcopal estava intimamente relacionada à ascensão da ortodoxia. A vida e obra de Irineu de Lyon oferece um exemplo precoce. Eusébio de Cesareia, em sua *História da Igreja*, escrita logo depois da conversão de Constantino, declara que foi aluno do bispo martirizado Policarpo de Esmirna, apontado como discípulo do apóstolo João. Mas esse tipo de genealogia era um meio convencional de estabelecer autoridade. A certa altura, Irineu aparece como sacerdote na comunidade cristã de fala grega de Lyon, mais ou menos na época de uma perseguição local registrada por Eusébio e datada do reinado de Marco Aurélio. Essa comunidade enviou Irineu como emissário ao bispo de Roma movida por suas preocupações acerca da notícia de que Montano, um padre da Anatólia central, afirmava ter recebido uma Nova Profecia de Deus. O montanismo foi a primeira heresia que Irineu decidiu refutar. Quando bispo de Lyon, escreveu extensas obras em grego, entre elas uma defesa do caráter canônico dos quatro evangelhos e uma das primeiras heresiologias, ou catálogos de heresias. A inspiração imediata para esse trabalho foi a chegada a Lyon de um grupo de negociantes gregos difundindo as ideias de Valentino, cuja mistura de pensamento cristão e revelação mística produziu uma forma inicial do que é agora denominado gnosticismo. Mas, para Irineu, as origens do erro podiam remontar ao mágico Simão Mago, que aparece nos Atos, criando assim uma genealogia do erro que poderia ser confrontada com a genealogia do ensinamento ortodoxo. Hipólito, bispo de Roma, também se opôs ao valentinianismo, usando alguns dos escritos de Irineu para fazê-lo. Tanto a campanha contra o montanismo quanto aquela contra os ensinamentos de Valentino ilustram como as primeiras comunidades cristãs que se estendiam pelo Mediterrâneo estavam conectadas entre si. Dentro dessa rede, as novas ideias circulavam rapidamente, transmitidas por missionários e textos. Sobreviveram vários e grandes conjuntos de cartas episcopais do final da Antiguidade, preocupadas sobretudo em manter uma frente unida contra o cisma e a heresia. A organização da Igreja dava-se a partir de baixo, sendo suas instituições e autoridades de alto nível uma criação dos obcecados pela unidade. Os bispos cerraram fileiras em torno da escritura e resistiram às ameaças à sua autoridade colocadas por novas revelações e profetas carismáticos.[14]

As comunidades cristãs dedicaram enorme energia a essa atividade, mas ela era em grande parte esotérica. É provável que não cristãos conhecessem relativamente pouca coisa sobre suas verdadeiras crenças ou preocupações, assim como muitos ignoravam sobre os judeus em seu meio. Um pequeno número de perseguições locais encontra-se registrado. A maioria delas é conhecida graças aos escritos de Eusébio e de seus contemporâneos de inícios do século IV, ávidos em reunir relatos dos feitos e mortes de mártires. Governadores e imperadores romanos não estendiam a cristãos a proteção que às vezes, em circunstâncias similares, davam a comunidades judaicas. Cartas entre Plínio, quando governador da Bitínia-Ponto, e Trajano indicam que existia uma espécie de proscrição — as origens são obscuras —, mas os imperadores não estavam muito dispostos a fazê-la se cumprir. A perseguição, no entanto, era provavelmente menos comum do que a mera impopularidade. Até o início do século III, os cristãos foram talvez um grupo um tanto introvertido, ainda que crescente. Poucos estudiosos acreditam que mais de 10 por cento dos súditos do império fossem cristãos na época de Constantino, e o índice poderia facilmente ser ainda menor. São conhecidos pouquíssimos cristãos de alta categoria social antes do século III d.C.

A primeira perseguição geral foi a organizada pelo imperador Décio em 250 d.C., nos dias mais sombrios da crise militar. Provavelmente foi uma resposta à recusa de alguns líderes e comunidades cristãs a participar de uma grande *supplicatio*, um ritual coletivo de sacrifício envolvendo todos os cidadãos romanos.[15] Desde o Édito de Caracala de 211, o corpo de cidadãos compreendia a maioria dos súditos livres dos imperadores. A perseguição geral, em outras palavras, foi um acidente. Caracala tinha criado sem querer algo completamente ausente nos primeiros séculos, uma forma de autoridade religiosa que podia ser aplicada ao império como um todo. A tentativa feita por Décio de empregá-la havia exposto um grupo que praticava o culto exclusivo a um deus. Contudo, a ira que alimentou a perseguição talvez se apoiasse na sensação de que os desastres militares e a grande praga eram uma resposta ao abandono cristão dos deuses. Galério e Diocleciano parecem ter explorado os mesmos sentimentos quando, em 303, organizaram sua Grande Perseguição. Ela envolveu expurgos do exército, confisco e destruição de textos sagrados, ataques a igrejas e à propriedade da Igreja.

Não foi o primeiro édito desse tipo. Temos uma carta do ano anterior enviada por Diocleciano e seus colegas tetrarcas ao procônsul da África que condena enfaticamente outra nova religião: o maniqueísmo. Os ensinamentos de Mani são condenados como superstições e erros, mas são também postos em oposição aos cultos tradicionais e ancestrais dos deuses. Os maniqueístas, assim como os cristãos, eram acusados de tentar liquidar o culto dos velhos deuses. Pior ainda, tinham origem no império dos persas, os inimigos de Roma. Missionários maniqueístas e textos sagrados deveriam ser queimados e, se algum romano de categoria elevada tivesse se convertido, sua propriedade seria confiscada e ele seria enviado para as minas. A motivação para ambas as perseguições parece clara. Cristãos e maniqueístas eram inimigos dos deuses tradicionais, suas origens e opiniões eram antirromanas, eles eram impopulares, e os imperadores queriam se associar a valores e cultos tradicionais. A implementação das perseguições foi outra questão, mas, infelizmente, nossas principais fontes são todas cristãs.

Os historiadores da Igreja enfatizaram o martírio, mas é provável que ele tenha sido raro em muitas partes do império. Há certa dúvida sobre até que ponto, nas províncias ocidentais, a perseguição foi realmente aplicada além da África. Os poucos que tinham morrido por sua fé e os que tinham sido torturados por não querer entregar textos sagrados foram mais tarde idolatrados, para irritação dos bispos que não tinham sido mortos nem torturados. Um cisma irrompeu no norte da África entre os cristãos que tinham entregado livros sagrados e os que eram acusados de efetivamente buscar o martírio. A morte em 311 de Mensúrio, bispo de Cartago, associado aos que não tinham tomado uma posição, desencadeou uma crise de autoridade. Ela culminou em uma divisão entre os donatistas (denominados conforme Donato, seu bispo) e os que seguiam a linha de Mensúrio. Bispos e congregações rivais surgiram em muitas cidades e a divisão permaneceu até o início do século V. Até que ponto o fracasso da perseguição fazia diferença para os imperadores é difícil dizer. Mas Lactâncio e Eusébio apresentaram Diocleciano e outros imperadores que perseguiram como monstros e relataram jubilosamente suas mortes horrendas.

Um império cristão

Por que a perseguição foi abandonada? Se era popular e criava um senso mais forte de lealdade e solidariedade dentro do império, por que parou? Apologistas cristãos afirmaram que a perseguição acelerava a conversão, porque o exemplo dado pelos mártires impressionava os perseguidores e (na arena) também as audiências. Contudo, evidência comparativa sugere que a quase erradicação do cristianismo não era um objetivo irrealista. O maniqueísmo finalmente deixou de existir no Ocidente devido à ação combinada de imperadores romanos cristãos e xás zoroastristas da Pérsia. O budismo foi mais ou menos extinto na Índia medieval, primeiro por monarcas dominados por elites brâmanes, depois por conquistadores muçulmanos. Só fragmentos das comunidades cristãs da Síria, África e Espanha romanas sobreviveram ao domínio do califado islâmico, apesar de a discriminação religiosa franca ser de fato inabitual em seus territórios. Talvez Diocleciano não pudesse aniquilar por completo um grupo que crescia tão depressa, mas podia muito bem ter conseguido marginalizá-lo e reverter o progresso que fazia em grupos de *sta-*

tus social mais elevado. A perseguição dos cristãos foi um fracasso no mundo romano porque os cristãos não eram odiados o suficiente para constituir um alvo adequado? Seus inimigos estavam insuficientemente organizados ou motivados? Ou a perseguição era simplesmente cara demais para ser promovida em regiões onde não havia zelotas locais?

Sejam quais forem as razões, os Éditos de Tolerância foram emitidos por Galério em 311, e por Constantino e Licínio, em Milão, em 313. A tolerância, ou pelo menos um cessar da perseguição, não era em si tão estranho. Afinal, algo similar tinha de fato acontecido entre os reinados de Décio e Diocleciano. Muito mais notável foi que, por volta de 312, Constantino tenha começado a patrocinar ativamente os cristãos. Quase de imediato, ele deu início às obras de uma grande série de basílicas ao redor da cidade de Roma: a de São João de Latrão e a de São Pedro estão entre elas. A maioria estava completa em meados da década de 320. Foram de fato os primeiros locais monumentais de culto cristão. Isso, no entanto, foi mais revolucionário para os cristãos do que para os imperadores. Outros imperadores dos séculos II e III tinham dado atenção particular a divindades específicas, e alguns haviam lhes construído templos imensos na capital. Adriano construiu o grande templo de Vênus e Roma em uma plataforma entre o fórum romano e o Coliseu. Cômodo tinha se retratado como Hércules e mandado a colossal estátua neroniana do Sol ser remodelada como Hércules.[16] Menos bem-sucedida foi a tentativa de Heliogábalo de instalar em Roma o culto do principal deus da cidade síria de Emesa. Mas Aureliano criou um vasto templo do Sol com os despojos de sua guerra contra os separatistas palmirenses, e Diocleciano usou Júpiter e Hércules para representar a si próprio e a Maximiano e, portanto, as dinastias adotivas paralelas que queriam fundar. Durante sua ascensão ao poder, Constantino fora associado de formas muito mais convencionais a Hércules, Apolo e ao Sol Invictus. A cidade de Roma nos dias de Constantino não tinha sido cristianizada — e os templos da família divina de mais um imperador haviam sido acrescentados à sua apinhada paisagem sagrada.[17] Cristo, no entanto, era um tipo diferente de divindade, não reconhecível pela maioria dos romanos do modo como era Hércules e o Sol. Nem eram seus devotos figuras influentes cujo suporte valia a pena buscar. Embora a tradição da construção imperial de templos forneça um

Figura 21. A basílica, antiga sala do trono do imperador Constantino, hoje uma igreja protestante, Trier.

tipo de contexto para compreender as ações de Constantino, e a conversão oferecesse outro contexto aos cristãos, nem uma nem outra parece proporcionar uma explicação completa. A polarização da tradição que serve de fonte não nos ajuda a reconstruir os desígnios de Constantino, mas às vezes é como se ele estivesse propositalmente empenhado em um complexo ato de equilíbrio.

Constantino não exigiu que seus cortesãos se convertessem, mas no final do século IV a corte imperial era predominantemente cristã. E havia novas, poderosas figuras em torno do imperador. Constantino concedeu uma série de privilégios legais a bispos cristãos, e alguns tiveram um notável acesso a ele: como sempre acontecia na corte imperial, acesso significava influência. Constantino também lhes forneceu prodigamente o recurso mais precioso que um imperador possuía — seu tempo. Quase imediatamente depois de ter declarado apoio ao cristianismo, foi solicitado por membros de ambas as facções no cisma donatista. Recorrer a um imperador era um procedimento perfeitamente comum, e não é de espantar que os cristãos fizessem uso dele. Contudo, enquanto muitas petições recebiam uma resposta breve ou resultavam em instrução a um governador ou ao conselho de uma cidade, esse caso ganhou de fato uma atenção genuinamente pessoal do imperador. Só podemos concluir que, em estágio muito inicial, os conselheiros de Constantino tinham lhe incutido não só a importância da unidade e da ortodoxia, mas também a ideia de que a neutralidade não era uma opção para o imperador. Constantino foi um inocente arrastado a problemas cuja complexidade não compreendia? Ou um zelota decidido a pôr o poder jurídico do imperador, assim como sua riqueza, a serviço da Igreja? Ou terá sido um imperador romano bastante tradicional, interessado em conquistar o apoio dos deuses mais poderosos para o povo romano?

Seja como for, sua habilidade para orquestrar uma reconciliação imediata entre os bispos africanos não o impediu de fazer novos esforços para alcançar a unidade. Extremamente ambiciosa foi a convocação do Concílio de Niceia em 324, em nome do qual foi dada permissão aos bispos de usar o sistema de transporte imperial. Eusébio fornece um relato brilhante. Bispos de todo o império foram convocados e se encontraram no palácio imperial, onde o imperador dirigiu-se a eles em latim, sendo suas palavras traduzidas para o grego em benefício da maioria. A motivação imediata era outra tentativa de reconciliação, desta vez não por causa de um cisma, mas de uma heresia: o arianismo. No centro da disputa havia uma discussão sobre a natureza do Cristo, sobre como sua natureza humana se relacionava com sua natureza divina e como ele se colocava em relação a Deus Pai. A preocupação de Constantino parece ter sido chegar a uma unidade. Seu biógrafo Eusébio afirmou que ele a obteve: foi formulado um relato comum da natureza do Cristo e obtido um acordo sobre uma data comum para a Páscoa e sobre o Credo de Niceia. A proclamação de Constantino tem também muito a dizer sobre a maldade dos judeus. Depois os bispos foram ainda entretidos e envolvidos na comemoração do vigésimo aniversário de seu reinado. A unidade, é claro, não foi alcançada. A heresia ariana continuou sendo uma fonte central de divisão do começo ao fim do século IV, quando vários sucessores de Constantino a adotaram. Missionários cristãos enviados aos povos bárbaros também difundiram ideias arianas, mais seriamente para grupos góticos e vândalos, de modo que a maioria dos novos reis do Ocidente ficou isolada do império oriental e dos próprios súditos cristãos em termos doutrinários. No entanto, o prestígio a longo prazo que Constantino obteve ao se colocar no centro da triunfante Igreja foi enorme. Quando morreu em 337, a posição da Igreja era inexpugnável. Durante os últimos anos de seu reinado, alguns cristãos no interior da Pérsia o encaravam como um aliado natural contra o xá sassânida.[18] Seguiu-se uma perseguição persa dos cristãos. Talvez tudo isso tenha sido resultado natural da polêmica antipersa no édito de 302, de Diocleciano, contra o maniqueísmo. O longo reinado de Constantino tinha realizado uma transformação permanente. Todos os imperadores subsequentes, exceto um (Juliano, que governou entre 361 e 363), eram cristãos. Pode parecer que o palco estava montado para uma poderosa fusão do universalismo cristão com a ideologia imperial romana, mas de fato o império cristão só ganhou existência gradualmente, por estágios, e estava longe da unificação.

Para começar, a religião tradicional não desapareceu da noite para o dia. Mesmo que a restauração tentada por Juliano tenha sido um fracasso, a religião ancestral sobreviveu, de uma forma ou de outra, em muitas partes do império. Cultos dos velhos deuses, financiados com recursos públicos, continuaram a existir em algumas cidades até o final do século IV, e os escritos de personalidades como Libânio de Antióquia mostram que ainda tinham seus defensores entre a elite.[19] Os senadores de Roma deram um apoio particularmente tenaz aos velhos deuses, apesar de os confrontos com os imperadores que o assunto provocava estenderem-se até a década de 380. O processo de conversão deles foi lento e deveu-se tanto à influência social quanto à pressão imperial.[20] Os imperadores não forçaram o ritmo da mudança. Ataques a templos pagãos eram raros antes do final do século IV; os mitos clássicos continuavam a ser lidos — e representados na arte — já em pleno século V. As escolas filosóficas de Atenas continuaram abertas até serem fechadas por Justiniano em 529. Ao que parece, comunidades isoladas cultuando os velhos deuses sobreviveram na Ásia Menor até o final do século VI.[21]

O próprio Constantino havia estabelecido certos limites à influência dos bispos a esse respeito. O Édito de Milão estendia a tolerância a todas as práticas religiosas. Alguns dos privilégios que beneficiaram o clero cristão também beneficiaram o "clero" judeu, embora tenham sido estabelecidas punições terríveis para os judeus que tentassem converter cristãos, possuíssem escravos

Figura 22. Cabeça de uma estátua gigantesca do imperador Constantino no Palazzo dei Conservatori do Museu Capitolino, Roma.

cristãos ou circuncidassem seus escravos. Templos antigos foram preservados em Bizâncio, mesmo depois de a cidade ter passado por uma nova fundação como Constantinopla em 324. Na verdade, foram acrescentados alguns templos novos, e a nova fundação da cidade envolvera astrólogos e áugures. Constantino, no entanto, havia proibido sacrifício de sangue, a consulta de óraculos e a instalação de estátuas dos velhos deuses. Estes eram os rituais centrais da religião tradicional. Não causa surpresa que nenhuma dessas proibições fosse universalmente aceita e que a controvérsia sobre a prática do ritual tenha persistido até o final do século. O fato de as proibições terem sido lançadas, juntamente com as restrições legais impostas aos judeus, mostra que Constantino não tinha grande visão de uma sociedade imperial de múltiplas correntes de fé, dentro da qual cada comunidade religiosa pudesse seguir o próprio caminho sob a proteção benevolente e imparcial de um Estado secular. O pragmatismo é a postura mais provável a esperar de um imperador-soldado que emergiu das guerras civis para reinar durante trinta anos.

As motivações religiosas de Constantino serão sempre obscuras, mas o padrão que ele estabeleceu para os imperadores cristãos é mais claro. Mesmo através do filtro hagiográfico da *Vida*, de Eusébio, ele emerge como um imperador cujo êxito foi, sob certos aspectos, extremamente tradicional. Sobreviveu às guerras civis que travou e a intrigas de palácio. Fundou novas cidades e foi patrono do Senado e do povo de Roma. Sob as óticas militar e fiscal, o império estava melhor no final de seu longo reinado que no momento de sua ascensão. O estilo de governo foi literalmente espetacular, e quero dizer com isso que o poder era realçado pelo cerimonial cotidiano e por festividades ocasionais, executadas com magníficas encenações. A natureza de seu envolvimento com o cristianismo tinha de ser coerente com tudo isso. Abriu-se um novo campo para construções monumentais e algumas cerimônias de um novo tipo. Ideologicamente, ele ficou capacitado para estabelecer analogias implícitas entre o governante divino e seu próprio governo — o que lhe trouxe um novo conjunto de partidários. Se a intenção, no entanto, era proporcionar uma nova solidariedade ideológica, a coisa fracassou. No século IV, todos os cristãos parecem ter estado de acordo sobre a importância de uma ortodoxia e autoridade comuns. Seus concílios ecumênicos eram bem diferentes do ecumenismo moderno, que defende a tolerância de diferenças em crença e ritual e uma vaga federação de diferentes igrejas. Contudo, o cristianismo do século IV estava fendido pelo cisma e pela heresia. Como resultado, o império cristão estaria mais dividido que aquele que o tinha precedido. Para uma visão moderna, a soma de tempo que Constantino e seus sucessores dedicaram a questões de heresia e cisma parece excessiva. Como, com as fronteiras do norte desabando e as relações com a Pérsia tão difíceis, puderam eles justificar a energia e o tempo que gastavam com a Igreja? Os bispos, é claro, tinham suas prioridades e, com o passar do tempo, a influência deles só aumentava. Mas os imperadores não eram nem ingênuos nem tolos. Constantino fizera um pacto faustiano com Cristo. O suporte ideológico oferecido pelo cristianismo e o poder retórico dos bispos tinham potencialmente um valor enorme para o império sob ordem de combate, mas os imperadores não podiam se dar ao luxo de negligenciar o potencial que possuíam de causar divisão.

Leitura adicional

Constantine and Eusebius, de Tim Barnes (Cambridge, Mass., 1981), é sem dúvida a melhor introdução à história complexa deste reinado, mesmo que não tenha convencido todos os especialistas de que Constantino fosse, desde o início, tão integralmente cristão.

A literatura sobre a ascensão do cristianismo é imensa. A coleção *The Spread of Christianity*, de William Harris (Leiden, 2005), reúne uma ótima seleção de pontos de vista sem tentar impor uma resposta única. *Christianizing the Roman Empire AD 100-400*, de Ramsay MacMullen (New Haven, 1984), é uma narrativa clara, cheia de novas percepções. *Rise of Christianity*, de Rodney Stark (Princeton, 1996), instigou muitos historiadores. Mary Beard, John North e Simon Price colocaram proveitosamente o cristianismo lado a lado com outras mudanças em *Religions of Rome* (Cambridge, 1998). *Pagans and Christians*, de Robin Lane Fox (Londres, 1986), evoca a atmosfera desse período vibrante melhor do que qualquer outro livro sobre o assunto.

As implicações para o império e a sociedade imperial da decisão de Constantino geraram algumas das mais inovadoras teorizações. *The Body and Society*, de Peter Brown (Nova York, 1988), acompanha o surgimento de novas literaturas e práticas de ascetismo; a acomodação entre cristianismo e a alta cultura imperial é o tema de *Christianity and the Rhetoric of Empire*, de Averil Cameron (Berkeley, 1991); o extremamente original *God and Gold in Late Antiquity*, de Dominic Janes (Cambridge, 1998), investiga como uma religião nascida na pobreza chegou a um acordo com fabulosas riquezas; *Empire to Commonwealth*, de Garth Fowden (Princeton, 1993), segue as tensões e a interação entre universalismo religioso e imperial até o início da Idade Média. *The Last Pagans of Rome*, de Alan Cameron (Nova York, 2011), é um retrato nítido da cultura, política e sociedade de uma geração.

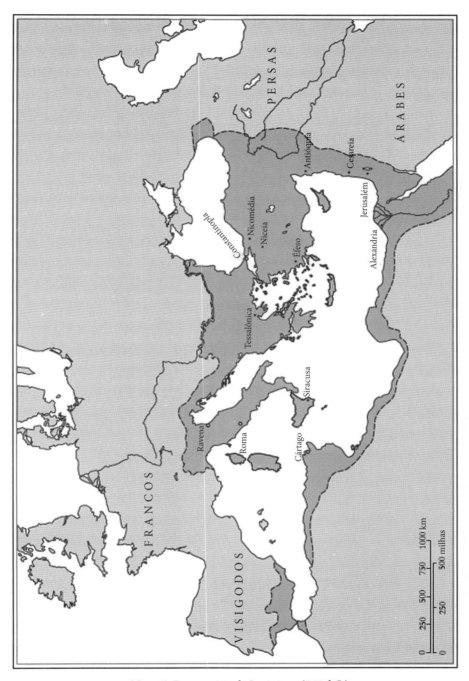

Mapa 7. Reconquista de Justiniano (565 d.C.)

DATAS IMPORTANTES DO CAPÍTULO XVII

527-565 d.C. Reinado de Justiniano.

533 d.C. Reconquista romana do norte da África com a derrota dos vândalos, seguida por campanhas bem-sucedidas na Itália até 540 e pela invasão da Espanha visigótica em 551.

540 d.C. Persas saqueiam Antióquia.

577 d.C. Começam as incursões dos ávaros nos Bálcãs.

568 d.C. Lombardos invadem a Itália.

610-640 d.C. Reinado de Heráclio. Os romanos perdem Jerusalém (614) e o Egito (616) para os persas, ficando na defensiva até a vitória de Heráclio em Nínive, em 627.

622 d.C. Fuga de Maomé para Medina. Ano um do calendário islâmico.

626 d.C. Constantinopla sitiada por ávaros e persas.

628 d.C. Paz romana com a Pérsia.

636 d.C. Exércitos árabes derrotam forças romanas em Yarmuk. Jerusalém é tomada em 638, o Egito em 640, e a Anatólia é invadida em 647. O Império Persa é destruído em 651.

671 d.C. Constantinopla sobrevive ao bloqueio árabe.

697 d.C. Árabes tomam Cartago.

711 d.C. Árabes atravessam o estreito de Gibraltar, invadindo a Espanha visigótica.

AS COISAS DESMORONAM

> Que as cidades retornem à sua antiga glória e ninguém prefira os prazeres do campo aos monumentos dos antigos. Por que evitar em tempo de paz os lugares mesmos que guerreamos para defender? Quem não sente falta da companhia da elite? Quem não gosta de conversar com os seus iguais, passear no fórum, observar a prática de profissões de valor, acompanhar causas judiciais nos tribunais ou jogar aquele jogo de damas que Palamedes adorava, bem como visitar as termas com seus camaradas ou trocar convites para grandes banquetes? Sem dúvida os que preferem ficar o tempo todo no campo com seus escravos perdem tudo isso.
>
> (Cassiodoro, *Variae* 8.31.8)

Como os impérios terminam

Nem todos os impérios têm o mesmo destino. Estudos modernos sobre colapso e transformação não conseguiram estabelecer uma teoria única de decadência imperial, oferecendo em seu lugar uma série de catástrofes alternativas.[1] Talvez isso não devesse surpreender. Impérios — mesmo os antigos — eram máquinas complicadas com muitas partes que podiam dar problema. Este livro tem argumentado que a persistência e a sobrevivência do império é que precisam ser explicadas, e não seu declínio e queda. A genialidade — ou a boa sorte — de Roma residiu na capacidade de se recuperar de uma crise atrás da outra. Até esta última.

Alguns impérios sucumbem à violência súbita e inesperada vinda de fora. O Império Inca desmoronou ante a invasão de Pizarro, e o Império Persa aquemênida foi arrasado por Alexandre. Com frequência, a rapidez das quedas parece seguir-se tanto à demonstração de fragilidade das reivindicações de seus governantes em prol do caráter cosmológico quanto a perdas reais em efetivos e recursos resultantes de reveses iniciais. Imperadores são muito pretensiosos. Quando a fraqueza deles é exposta, a decepção com frequência é fatal. Colapsos desse tipo ilustram até que ponto os impérios antigos dependiam da ideologia e do simbolismo para se sustentarem.

Outros impérios antigos apenas se fragmentaram, como o império da China Han e o califado abássida. A fragmentação é possivelmente um risco grave para a estrutura de impérios tributários. Afinal, a maioria dos impérios antigos era montada quando um conquistador acumulava uma série de reinos preexistentes: a Pérsia Aquemênida e a China Qin fornecem paradigmas para esse tipo de desenvolvimento. Identidades mais antigas raramente desgastavam-se sob o toque relativamente suave de uma hegemonia pré-industrial e uma monarquia central. Os egípcios não esqueceram seus faraós sob as ocupações persa, macedônica e romana. Escritores gregos relembravam a era clássica de Atenas e Esparta antes de Roma e da Macedônia. Mesmo quando não enfrentavam tradições antigas, esses impérios eram com frequência compostos de partes separáveis. Impérios tributários não raro simplificavam a logística, permitindo que cada região mantivesse o próprio exército de ocupação e os próprios governadores. O que também deixava as diferentes regiões potencialmente autossuficientes. O império de Alexandre desmoronou porque dependia de exércitos macedônicos supridos por administrações locais das satrapias. A fragmentação em geral começava nas margens. Ação a distância foi um problema para todos os imperadores, e a distância era exacerbada pela comunicação primitiva. Uma reação comum era criar poderosos vice-reis de fronteiras, lordes palatinos, margraves e afins com autoridade e recursos suficientes para responder de maneira independente a ameaças externas. Mas, quando o centro não se sustentava, esses generais de fronteira com frequência optavam por caminhar sozinhos. As satrapias externas dos impérios selêucida e aquemênida estavam sempre em revolta. A fragmentação podia ser temporária, é claro.

Aureliano reunificou o Império Romano e Antióquio III fez o mesmo com o Império Persa. A história imperial chinesa não raro é apresentada como uma alternância entre fragmentação e reintegração.

Outros impérios, no entanto, apenas se atrofiam. Perdem o controle das províncias mais distantes devido à revolta ou conquista, mas conseguem recuar para áreas centrais originais (ou novas). Com frequência, seus governantes conservam estilos e cerimônias imperiais de um passado mais grandioso. A Atenas imperial no século IV a.C., a Síria e o Egito tardios e helenísticos, o último século do domínio mogol na Índia, todos fornecem exemplos. Depois de a Quarta Cruzada ter levado à tomada de Bizâncio pelos francos, em 1204, sobraram diminutos impérios gregos sucessores em Épiro, Niceia e Trebizonda. Sociólogos históricos nunca julgaram fácil distinguir grandes Estados de pequenos impérios. Talvez seja melhor dizer que alguns impérios converteram-se a Estados comuns com extraordinárias memórias.

Durante os séculos V, VI e VII d.C., o Império Romano passou por esses três destinos: invasão, fragmentação e uma dramática redução de tamanho. O império foi repetidamente invadido. Descrevi no Capítulo 15 como alamanos, vândalos, hunos e outros seguiram os grupos góticos, que entraram no império em 376 d.C. A perda das províncias ocidentais não foi tão rápida quanto a queda do Império Inca ou Asteca. Contudo, menos de cem anos depois da Batalha de Adrianópolis, o império mediterrâneo de Roma já não existia. Houve novas invasões durante os séculos VI e VII. Vindos do norte, ávaros e eslavos invadiram as províncias balcânicas, e os lombardos, a Itália. Periódicos ataques persas à Síria culminaram, em 540, no saque de Antióquia. Finalmente, no início do século VII, as conquistas árabes arrasaram a África, o Egito, a Sicília e a Síria bizantinos, prolongando-se pelo século seguinte, para destruir a Espanha visigótica.

O império também fragmentou-se no sentido de que a unidade política do Ocidente desintegrou-se por etapas, deixando por algum tempo intactos os sistemas fiscais romanos, as cidades romanas e as elites de fala latina que administravam ambos.[2] O fato de a arrecadação fiscal ter sido passada, por meio de prefeituras pretorianas, ao grupo de províncias conhecidas como dioceses certamente ajudou a tornar a fragmentação viável. Mas, para alguns romanos no Ocidente, talvez só a identidade dos governantes tenha parecido mudar.[3] Teodorico, o Ostrogodo, tinha sua corte na capital imperial de Ravena, promovia jogos no Coliseu e no Circo romanos e patrocinava o Senado ocidental, chegando mesmo a prestar algum apoio aos esforços para restaurar os monumentos da cidade. O senador romano Cassiodoro fez carreira na corte gótica em Ravena, no início do século VI, primeiro como questor, depois como *magister officiorum* e, por fim, como prefeito pretoriano da Itália.[4] Essas posições, parte da herança ostrogótica de Roma, estavam entre as mais conceituadas na burocracia. Como os cortesãos senatoriais dos séculos IV e V, ele também interrompeu sua carreira para ocupar um consulado em Roma. Cassiodoro produziu, durante toda a vida, refinadas obras literárias em latim, juntamente com as cartas reais que era responsável por redigir. Seu panegírico do rei bárbaro e sua história (perdida) dos godos mostram como era fácil para romanos instruídos acomodar-se às novas circunstâncias. No final da vida, ele fundou um monastério e voltou sua atenção para a escrita religiosa. Muitos da primeira geração de reinos do Ocidente — ostrogodos, vândalos e burgúndios, por exemplo — eram de fato sociedades híbridas: romanos vivendo segundo um conjunto de leis e desempenhando funções civis, enquanto os líderes bárbaros viviam conforme seus diferentes costumes e supriam as forças armadas. Os meios exatos pelos quais os "hóspedes" bárbaros mantinham-se são obscuros. Possuíam uma parte da terra? Ou tinham uma parte dos lucros? Talvez diferentes modos de acomodação tenham se desenvolvido em diferentes reinos.[5] Mas é claro que reis e líderes tribais juntamente com magistrados romanos, estavam à frente dessas sociedades, baixando leis e distribuindo favores a todos os súditos. O reino visigótico na Espanha preservou elementos de uma grande mistura, até ser devastado pelas conquistas árabes no início do século VIII.

Também em Constantinopla, alguns devem ter se consolado com o fato de que às vezes os reis bárbaros afirmavam governar como subordinados do imperador e colocavam a cabeça dos imperadores do Oriente em suas moedas. Mas na prática esses imperadores não tiveram influência sobre sua ascensão ao trono ou sobre como governavam. Na maioria das vezes, aliás, os imperadores já tinham preocupações suficientes ao defender seu território de ataques vindos do Danúbio ou travar guerra com a Pérsia. A fragmentação, no entanto, já fora revertida antes, e não causa surpresa que os imperadores do Oriente não tenham desistido imediatamente do Ocidente. As mais dramáticas dentre todas as intervenções foram as de Justiniano em meados do século VI. Justiniano governou de 527 a 565, e seu reinado está excepcionalmente bem documentado, em particular pelas obras históricas de Procópio, que produziu não apenas relatos das guerras de reconquista do imperador e de suas atividades de construção, mas também das intrigas na corte.[6] O grande volume de legislação que Justiniano tinha produzido e codificado, ao lado de um relato da administração do império feito por um de seus prefeitos pretorianos, João, o Lídio, proporcionam um quadro nítido do império no século VI.[7] Os generais de Justiniano conseguiram retomar o norte da África dos vândalos em 533; retomar dos ostrogodos, em 540, o controle sobre a Sicília e sobre boa parte da Itália; e enfim criar uma cabeça de ponte na Espanha visigótica em 551. Mas as guerras na Itália, que foram prolongadas até 561, esgotaram o império e tornaram

Figura 23. Mosaico de San Vitale, Ravena, retratando o imperador Justiniano.

impossível o tipo de coabitação entre romanos e góticos criado por reis como Teodorico e senadores como Cassiodoro. A reconquista da Itália teve vida curta: em 568, a península foi mais uma vez invadida, agora pelos lombardos.

Por fim, o império tornou a desmoronar sobre si mesmo e retrocedeu, não para Roma, é claro, mas para Bizâncio.[8] O retrocesso não significou apenas contração: no processo, as estruturas econômicas e administrativas fundamentais do império foram remodeladas. Contudo, mesmo no início do século VIII, quando tudo ao sul da Anatólia se perdera e invasores árabes faziam a travessia para a Espanha; quando os lombardos já tinham liquidado a maior parte dos ganhos de Justiniano na Itália e boa parte dos Bálcãs estava efetivamente fora do controle dos imperadores, Constantinopla continuava sendo uma cidade espetacular. Em certo sentido, era agora a única verdadeira cidade em um império cristão em miniatura, que se estendia ao redor do mar Egeu. Seus complexos sistemas administrativo e legal permaneceram tipicamente romanos, mesmo muito após o latim ter desaparecido do uso cotidiano, enquanto os cerimoniais e as intrigas do palácio mantiveram-se esmerados como sempre.[9] Quando, do século VIII em diante, cresceu o poder dos francos, Bizâncio era o único modelo possível a ser imitado, e mesmo já no século XI, quando as Cruzadas apresentavam as sociedades a um novo tipo de relacionamento, a cidade ainda oferecia um espetáculo fascinante aos descendentes dos bárbaros ocidentais. Os três herdeiros de Roma — como a cristandade ocidental, o islã e Bizâncio foram adequadamente chamados[10] — foram produto de fragmentação, invasão e contração. Cada parte teve o próprio destino e os respectivos sonhos imperiais, mas a história do império de Roma termina aqui.

Continuidade em longo prazo

A história política detalhada dos séculos VI e VII não oferece uma explicação para o fim do Império Romano. Os que escreveram essa história — fossem cronistas de catástrofes, como Zósimo, ou registradores ambivalentes do sucesso imperial, como Procópio — não tinham verdadeira noção do quadro geral. A historiografia cristã contava as próprias histórias, em algumas das quais as mudanças políticas dificilmente tinham algum significado: a Igreja marchava em frente enquanto os reinos mundanos iam e vinham. Ou então a história política assumia a familiar forma romana de uma alternância entre imperadores mais e menos bem-sucedidos. Tendências sociais, econômicas e outras ficavam quase invisíveis com o assunto sendo tratado com base nessas perspectivas. De fato, os êxitos de Justiniano no século VI, os desastres dos reinados de Maurício e Focas que se seguiram e os triunfos de Heráclio contra os persas no início do século VII não explicam a transformação estrutural do império. Não tentarei resumir essas narrativas aqui.

No decorrer deste livro, chamei atenção para uma série de contextos que tornaram possível o sucesso do Império Romano. A bacia mediterrânea fornecia um corredor dentro do qual a comunicação era relativamente fácil. Juntos, o Saara e o Atlântico proporcionavam fronteiras que, uma vez alcançadas, não precisavam de fato ser defendidas. As civilizações da Idade do Ferro do mundo mediterrâneo e suas regiões costeiras produziam excedentes demográficos e agrícolas suficientes para suportar o surgimento de cidades e Estados, mesmo levando em conta os limites tecnológicos da Antiguidade. As condições climáticas, bastante similares às que experimentamos hoje, talvez tenham contribuído para a prosperidade geral do período, fazendo com que os camponeses lavradores produzissem com mais facilidade os excedentes de que os Estados e os impérios dependiam.

Pouca coisa tinha mudado no século VII d.C. Ocasionalmente, o império fora assolado por pragas. Epidemias de diferentes tipos ficaram indo e vindo entre as áreas mais densamente povoadas (e portanto urbanizadas) do Velho Mundo desde pelo menos meados do último milênio antes de Cristo. Mas é provável que isso viesse acontecendo com a mesma frequência desde as primeiras domesticações de animais e o aparecimento das primeiras cidades. As áreas de contágio da Eurásia tinham estado precariamente conectadas por rotas de comércio e sistemas urbanos desde o Neolítico. As pragas mediterrâneas tendiam a vir do Oriente, assim como as chinesas vinham do Ocidente.[11] Fontes literárias — o único testemunho que temos — registram epidemias terríveis no reinado de Marco Aurélio, em meados do século III d.C., e de novo no reinado de Justiniano. Mas é muito difícil, com base apenas no depoimento da época, avaliar a severidade desses episódios, bem como o impacto em longo prazo sobre a economia ou os níveis populacionais. A questão da mudança climática é igualmente complicada. Mesmo mudanças mínimas na temperatura média podem ter impactos dramáticos sobre a fertilidade de áreas marginais. Elevações do nível do mar são registradas, em certas áreas, no final da Antiguidade, enquanto dados dendrocronológicos (de três anéis) têm sido levados em conta para sugerir uma ligeira queda na fertilidade. Mas é difícil fazer conexões precisas entre mudanças nessa escala e questões históricas, como o relativo sucesso do império em resistir a grupos de recém-chegados em diferentes períodos. Hoje, poucos historiadores aceitam uma explicação epidemiológica ou climática para o colapso do poder romano, e poucos acreditam em um colapso dramático da população do império. Mas a pesquisa vem avançando rápido nessas áreas, e a estimativa das probabilidades pode muito bem mudar.

Se o ambiente externo do Império Romano manteve-se inalterado em termos gerais, as variáveis cruciais devem se encontrar entre costumes e rotinas a partir dos quais o domínio romano foi pela primeira vez estabelecido e mais tarde sustentado. Enfatizei o uso que foi feito da família, da escravidão e da cidade; a comunidade de interesses forjada entre elites locais e imperiais, bem como a força de produções ideológicas, incluindo as associadas a cultos estatais, para se apoderar da imaginação dos outros súditos de Roma. Nada disso permaneceu fossilizado durante os sete séculos que separaram Políbio de Zósimo. Mas muitos traços da sociedade romana continuaram reconhecíveis.

A continuidade é mais nítida em níveis mais baixos de organização, na família e na escravidão, associados como sempre às condições primitivas da produção econômica em que o império se baseava. Os escritos de Cassiodoro e a legislação de Justiniano mostram-nos como alguns desses blocos extremamente básicos de construção do império continuavam sendo vitais no século VI. O estilo romano de vida familiar estava talvez mais generalizado que nunca, disseminado pela difusão da cidadania, pela extensão moderada da educação no final da Antiguidade e pela convergência cultural das elites do império. Noções de escravidão e a família, que teriam sido reconhecíveis para Cícero, continuavam sendo cultuadas e permaneciam na essência de códigos de leis, tanto romanos quanto bárbaros. Provavelmente, o equilíbrio numérico entre escravos e homens livres tinha se alterado muito ligeiramente. Mas onde os registros são bons, como no Egito antigo tardio, não há indício de uma mudança dramática na estrutura social.[12] Transformação, em vez de crise, é o termo preferido entre os estudiosos que se ocupam desses assuntos.

Uma mudança fundamental é muito mais evidente no que podemos denominar níveis mais altos de organização, isto é, no que diz respeito à cidade, às elites locais e imperiais e ao governo do próprio império. A ideia de que o colapso ocorre com frequência por meio do comprometimento de níveis mais altos de complexidade social talvez tenha alguma aplicação aqui.[13] No nível mais alto, o do poder e da autoridade do imperador, houve claramente uma enorme mudança quando o império se fragmentou, embora ela tenha sido obscurecida pelo tradicionalismo e pelo ritual.[14] Os intelectuais romanos foram, até certo ponto, capazes de reproduzir os estilos de vida a que estavam acostumados no caos da Itália ostrogótica, ou sob o poder cada vez mais centralizado da Constantinopla justiniânica. Os estilos de vida rurais foram menos afetados. Mas o quadro parece diferente se concentrarmos nossa atenção no nível de sociedade imperial representado pelas cidades, pelas elites proprietárias de terras e pelos sistemas fiscais através dos quais tinham estado associadas desde que o Império Romano passara de Estado de conquista a império tributário.

As cidades e seus governantes

O Antigo Império baseava-se em uma conivência de interesses entre as classes abastadas de Roma e seus pares na Itália e nas províncias. Muitas dessas elites já estavam instaladas em um mundo de cidades-Estados, de origem grega, púnica, etrusca ou outra qualquer. E, à sua imagem, atraídas para esse modo de aristocracia, outras elites se desenvolveram. De um lado a outro das províncias ocidentais e setentrionais, no interior da Espanha, no norte da África e na Anatólia, na Síria e, por fim, até mesmo no Egito foram estabelecidas cidades no modelo clássico. Essas cidades forneceram aos imperadores seu mais fundamental instrumento de governo. As classes proprietárias locais que as governavam mantinham a ordem, arrecadavam impostos e, em troca, o império preservava e reforçava seu poder sobre outros membros de suas sociedades.

Hoje, as cidades romanas evocam imagens de templos e basílicas, teatros e termas, grandiosos anfiteatros e circos enormes, destaques representativos de uma monumentalidade que, com algumas variações, passou a caracterizar o Antigo Império Romano onde quer que ele pudesse se dar o luxo de ostentá-la.[15] Monumentos desse tipo representavam um compromisso — financeiro e moral — da parte dos ricos com determinada versão urbana de civilização. Tal civilização incluía um estilo público de política e vida social, bem como uma cultura festiva que aludia ao passado, celebrava o presente e estava concebida para garantir o futuro.[16] O que resta desses monumentos são os traços físicos de sociedades urbanas, fósseis consistentes dos quais o material efêmero da vida humana e da retórica pública há muito se esvaíram.

Governadores do século VI ficavam tão fascinados quanto nós por esses traços de civilização urbana. Mas, na época, eles não passavam de vestígios na maioria das áreas do império. Quase todos os grandes monumentos de cidades das províncias foram construídos antes de meados do século III d.C.: sua simples manutenção foi uma preocupação para todo tipo de governantes.[17] A carta citada no início deste capítulo foi escrita por Cassiodoro para o rei gótico Atalarico, que estava ávido para encorajar as classes proprietárias a recuperarem as bases de seu imaginário urbano. Procópio escreveu um longo relato das obras de construção de Justiniano, mas, quando *Sobre as Construções* é examinado em detalhes, vemos que a atenção do imperador estava concentrada quase exclusivamente em igrejas e fortificações. Quando Justiniano fundou a cidade de Justiniana Prima na Trácia, sua terra natal, ela se estendia por cerca de sete hectares (em torno de dezessete acres): antigas cidades imperiais frequentemente ocupavam bem mais de cem hectares (pouco menos de 250 acres). Na Itália e em grande parte do Ocidente, as classes abastadas já tinham se mudado há centenas de anos para suas imponentes propriedades rurais. A contração urbana foi mais dramática nas províncias do norte, onde as áreas ocupadas, por volta de 300 d.C., caíram para um terço do que eram; no final do século IV, algumas não passavam de refúgios, pontos de apoio fortificados erigidos de monumentos saqueados. Ficavam em meio a vastas cidades abandonadas, onde bairros residenciais desertos, quando já não tinham se transformado em hortas e pastos, iam gradualmente se desintegrando.

Essa visão nos parece catastrófica. Mas na maioria das áreas o processo de mudança foi provavelmente gradual e resultado de opção, não de necessidade. Os ricos sempre haviam tido casas na cidade e no campo. Com o correr dos anos, começaram a passar mais tempo (e a gastar mais dinheiro) neste do que naquela. A construção pública e o patrocínio de festejos extinguiu-se na maioria das cidades entre 200 e 300 d.C. Enquanto isso, as residências campestres do século IV exibiam um esmero e uma ornamentação extravagantes. Onde quer que as elites se ausentassem das cidades, as economias urbanas, sem o enorme estímulo de seu gasto e do gasto de seus escravos, libertos e clientes, e também sem o apoio dos eventuais atos de beneficência, definhavam.

Mapear e explicar o colapso do urbanismo clássico tem sido uma grande prioridade na pesquisa de arqueólogos e historiadores da Antiguidade tardia.[18] Uma descoberta flagrante é que houve exceções a esse quadro, mas elas não estão onde se poderia esperar encontrá-las. Roma, por exemplo, passou por um dramático declínio de população. Estimativas para a era de Augusto giram em torno de 1 milhão de habitantes; são cerca de um terço disso para o início do século V e, quando os exércitos de Justiniano retomam a cidade dos reis góticos, em 536, havia aproximadamente 80 mil habitantes. O declínio aprofundou-se cedo demais para ser explicado pelas guerras góticas ou mesmo pela queda do Ocidente. Por outro lado, um pequeno número de cidades mostra evidência da construção de casas particulares e de um extenso comércio em pleno século V e, às vezes, no VI. Marselha e Cartago, Éfeso, Alexandria e Cesareia encontram-se muito bem estudadas: todas eram, aliás, cidades portuárias.[19] Esse padrão sobrepõe-se a uma ampla variação regional que pode ser resumida (grosseiramente) como se segue. A Britânia, a Germânia e o norte da Gália experimentaram uma contração urbana mais precoce e mais severa que outros lugares, enquanto a Síria e a Ásia Menor ocidental parecem ter mantido por mais tempo estilos de vida urbanos, sendo nítida a continuidade na Síria no período do domínio islâmico. Cidades espanholas foram transformadas durante o século IV, na medida em que vemos prédios cristãos substituindo monumentos mais antigos, mas houve pouca construção de monumentos públicos no século III.[20] Muitas cidades africanas iam bem no século IV e mais tarde, mas outras não.[21] Em geral, o urbanismo não floresceu nos Bálcãs, e em grande parte do interior as cidades nunca tinham sido muito grandes. O Egito não teve um declínio catastrófico, mas a construção de templos declinou a partir do século III, algum tempo antes de as igrejas começarem a aparecer. Muitas cidades clássicas sobreviveram após sua morte, pelo menos como locais envoltos em memórias. Várias tinham sido construídas em pontos-chave, em entrecruzamentos cruciais de comunicação; séculos de abertura de estradas e construção de portos só tinham enfatizado essas vantagens. As dioceses também acompanharam a moldura urbana do século II. Muitas cidades só sobreviveram até a Idade Média como perímetros murados que encerravam igrejas e, em alguns casos, palácios de reis bárbaros. Fora esses casos, as cidades físicas se desintegraram ou foram absorvidas. Os templos, naturalmente, encontraram menos patrocinadores após Constantino, e alguns sucumbiram fisicamente, embora muitos tenham se tornado igrejas. Aquedutos funcionaram por períodos surpreendentemente longos após o término de sua construção. Lojas, quiosques e mercados esparramavam-se sob as grandiosas colunatas e nas praças públicas de cidades sírias durante o século VI.[22]

Não é fácil resumir esse quadro, muito menos explicá-lo de modo plenamente satisfatório. Mas algumas tendências podem ser identificadas. Em primeiro lugar, os ricos pararam de construir monumentos públicos e doar dinheiro praticamente em toda parte antes do final do século III: quando se observam novas construções nos séculos IV, V e VI, trata-se geralmente de fortificações, igrejas e mansões particulares. Em segundo lugar, mesmo após as elites terem transferido seus dispêndios do público para o privado, variava de modo considerável, de região para região, até que ponto optavam por viver nas cidades ou perto delas. Em terceiro lugar, é certo ter havido algum empobrecimento das classes proprietárias; parte disso, pelo menos, deveu-se a encargos maiores impostos pelo Estado, ao mesmo tempo em que um maior número de membros das elites locais conseguiam escapar de obrigações financeiras, associando-se à burocracia imperial ou à Igreja.[23] Em quarto lugar, as instituições citadinas desmoronaram a despeito dos esforços de vários imperadores para compelir as elites locais a mantê-las: o papel dessas instituições foi assumido por condes e governadores imperiais, bispos e grupos de cidadãos proeminentes.[24] Em quinto lugar, não obstante essas tendências, um pequeno número de cidades portuárias parece ter prosperado, conectando áreas densamente agrícolas, como aconteceu no Egito, na Síria e no norte da África, a consumidores distantes. Em sexto lugar, a responsabilidade por essas mudanças não pode ser atribuída à mudança ambiental ou a qualquer outro fator externo: os únicos culpados plausíveis são as classes proprietárias e o império, e eles por certo não trabalhavam juntos.

O império, a aristocracia e a crise

Nem todos os impérios contaram com uma infraestrutura urbana. Os romanos não chegaram exatamente a escolher esse rumo: o sistema urbano mediterrâneo antecedeu em muito a ascensão do poder romano, e estruturou o espaço social e político em que ele se expandiu. Mesmo assim, cidades e elites citadinas só se tornaram de fato centrais para o funcionamento do império no final da república, depois de as falhas de outros mecanismos — como alianças desiguais, reis clientes, contratos para arrecadação de impostos, hegemonia informal — terem sido reveladas. Pompeu e César lançaram as bases do sistema, e Augusto o generalizou.

Mas desde então o império experimentou uma combinação de mudanças quantitativas e catastróficas. Mudanças quantitativas incluíram a expansão gradual da burocracia, o desenvolvimento dos tribunais como instituições governamentais com sua própria autonomia e o surgimento, no âmbito das classes proprietárias, de um grupo de famílias de excepcional riqueza. Mudanças catastróficas incluíram os novos sistemas monetário, fiscal e administrativo estabelecidos por Diocleciano e Constantino. A burocracia comandada por prefeitos pretorianos e, desde o início do século IV, pelo *magister officiorum* (a mesma posição que Cassiodoro mantivera na corte de Teodorico, o Ostrogodo) era muito maior que sua antiga homóloga imperial e assumia funções fiscais, jurídicas e organizativas que anteriormente tinham sido exercidas por cidades no papel de instituições, ou por aristocratas no serviço imperial. Como era de esperar, a preocupação dos imperadores em recorrer a membros das elites locais — chamados *curiales* no Ocidente e *bouleutai* no Oriente — para cumprir suas obrigações cívicas tornou-se cada vez menor, pois essas elites já tinham optado por ingressarem definitivamente no serviço imperial. Espremidas de um lado por isenções e de outro pelo acúmulo de riqueza, que reduzia o número de famílias que podiam ser convidadas a fornecer magistrados, algumas cidades, sem a menor dúvida, enfrentaram problemas. Contudo, o fato de outras cidades terem sobrevivido e prosperado mostra que isso era menos uma ameaça geral e mais um possível risco da nova ordem.

Por mais atraente, então, que possa parecer enxergar o imperialismo romano como uma espécie de macroparasitismo[25] desenvolvendo-se dentro da civilização urbana clássica antes de matar seu hospedeiro (e, portanto, a si mesmo), essa versão é simples demais. Além de deixar de explicar toda a variação entre o destino de diferentes cidades, não torna compreensível a extensão do processo pelo qual alguns ricos (mas não todos) ficaram desgostosos com a vida na cidade. Uma narrativa alternativa vê essas classes proprietárias como parasitas, usando o império para acumular riqueza e poder, e depois se recusando a pagar suas dívidas, fazendo com que os camponeses ficassem insatisfeitos e os imperadores acabassem sem caixa para proteger o mundo antigo dos bárbaros.[26] De novo: isso é simplista demais. Se algumas elites foram de fato capazes de fazer a riqueza se acumular em um número cada vez menor de mãos, elas não estavam completamente imunes ao sistema fiscal no século IV. É também difícil mostrar que os camponeses do império encontravam-se, em geral, mais descontentes no final da Antiguidade que em outras épocas. Por fim, uma leitura cuidadosa das cartas de Sidônio, da história de Zósimo, das pesquisas eruditas de Cassiodoro, ou das apologéticas apaixonadas de Agostinho e Orósio, torna difícil reduzir a atitude e os motivos dos instruídos e ricos a um cálculo tão rude de interesse financeiro.

Então, se as cidades não eram essenciais aos impérios antigos, por que Roma não se reinventou como um império não urbano? A burocracia criada no século IV, combinada com o exército, poderia certamente criar receita e garantir a paz. Em certo sentido, foi exatamente isso o que aconteceu do século VII em diante, nas terras bizantinas que restaram ao redor do Egeu. Constantinopla foi a única verdadeira cidade que sobrou; as demais foram abandonadas ou se tornaram diminutas cidades comerciais, e o império foi dividido em distritos chamados *themata*, nos quais um único funcionário exercia a autoridade, tanto civil quanto militar, levantando localmente os recursos necessários para as tropas que comandava.[27] Mas esse sistema foi obviamente criado no rastro do colapso. Usar a linguagem da transformação para descrever o que aconteceu ao Império Romano entre 300 e 700 d.C. é um subterfúgio. Medida em termos de território, população, influência e poder militar, a realidade do colapso está absolutamente fora de dúvida. Os antigos reconheciam isso, e nós também deveríamos fazê-lo.

Durante toda essa história sobre o império, tenho enfatizado momentos de sobrevivência. Episódios de expansão não são raros na história do mundo, nem períodos de hegemonia de curta duração. O clube exclusivo a que Roma se associou, no entanto, é o daquele pequeno número de entidades políticas que sobreviveram à própria expansão, tendo sido capaz de gerar novas institui-ções, ideologias e hábitos. Impérios bem-sucedidos são mantidos por relações de longo prazo com outras entidades sociais com as quais, em certo sentido, vivem em simbiose. O sucesso do Império Romano baseava-se em sinergias que ele havia engendrado entre imperialismo e aristocracia, imperialismo e es-cravidão, imperialismo e família, imperialismo e cidade, imperialismo e civili-zação. Essas relações não eram imutáveis: durante as simbioses, cada conjunto de parceiros modificava o outro. Contudo, tampouco eram muito instáveis. A lista de "crises superadas" pelos romanos poderia incluir o saque gaulês, o Conflito das Ordens, Aníbal e Canas, a Guerra Social, as guerras civis e uma sucessão de imperadores tirânicos até a anarquia do século III. Chamei aten-ção para um conjunto ligeiramente diferente de momentos-chave na evolução do império, mas em cada caso um novo conjunto de instituições emergiu. Do século III d.C. em diante, há sinais de que cada versão sucessiva do império foi, sob certos aspectos, menos bem-sucedida que a de seus predecessores. Du-rante o final da Antiguidade, as simbioses com a cidade clássica e as classes proprietárias ficaram mais fracas — o que só teve importância porque o que as substituiu não funcionou tão bem.

Os imperadores parecem ter percebido isso, já que o ritmo de inovação não diminuiu. Foram feitas tentativas de remodelar as aristocracias do impé-rio, tornando-as mais flexíveis e mais úteis. Novos títulos foram concebidos para antigos cortesãos, o Senado de Constantinopla foi tratado com respeito e grandes cerimônias foram orquestradas para atrair as massas. Foram disponibilizados cargos na burocracia imperial, que acabaram sendo vendidos para os que tinham meios de comprá-los. Uma vez no cargo, os burocratas tinham cobertura para cobrar subornos de valor muitas vezes superior a seus salários nominais. Justiniano tentou arregimentar os súditos em torno de uma fé cristã, e o fez com tanta severidade, que Constantino teve de unificar essa fé. Justiniano deu ênfase a um sistema legal exclusivo, em conjunto com valores morais e marciais tradicionais. Sua reconquista do Ocidente e as grandes campanhas de construção de igrejas obtiveram apoio. Mas uma ideologia que requeria um sucesso constante não ajudava quando os tempos ficavam difíceis. Fracassos militares e pagamentos aos bárbaros minaram a reputação de alguns imperadores. O cristianismo foi uma ideologia imperial menos eficiente do que tinham sido os cultos estatais tradicionais, em parte devido à tendência crônica ao cisma e à heresia, em parte porque conferia uma autoridade independente a líderes religiosos, como os bispos de Roma. Durante o século VI, era possível ser cristão sem ser um súdito do imperador e ser romano vivendo sob o jugo de um rei bárbaro. Justiniano não era recebido de braços abertos em todo o Ocidente e, mesmo no final do que, a julgar pela maioria dos padrões, foi um reinado incrivelmente bem-sucedido, continuava atormentado por divisões religiosas.

O império que emergiu no final do século VII era, sob certos aspectos, uma cidade-Estado extremamente bem-sucedida. Poderíamos compará-lo a Roma no início do século II a.C., às vésperas de sua expansão além da Itália, quando a dimensão de seu território era mais ou menos similar. Em termos geopolíticos, era menos defensável, com suas longas fronteiras balcânicas e sua exposição aos invasores árabes por terra e mar. Mas os monumentos eram mais impressionantes, e seus governantes tinham acumulado consideravelmente mais capital simbólico com seus nove séculos de império. A política interna continuava facciosa, tanto no palácio, entre eunucos rivais, quanto na cidade, entre facções do *circus*. Contudo, era estável no sentido de que suas instituições estavam agora concentradas antes na sobrevivência que na expansão. Ninguém tinha planejado uma contração, mas tampouco uma expansão.

Tanto a ascensão quanto o colapso do poder romano haviam sido gerados pela lógica interna das instituições do momento.

O mundo ao redor havia mudado, é claro. O cristianismo e o islã agora davam o tom, como nunca tinham feito os politeísmos de uma época anterior. Um indício claro de que os imperadores não deviam ser censurados pela contração e de que as instituições romanas não eram o problema central é que nenhum outro império foi criado na lacuna deixada por Roma. Durante o século II a.C., vários poderes regionais competiram pela hegemonia: Cartago e Roma no Ocidente, os selêucidas, ptolomeus e antigônidas no Oriente, e, além deles, os partas. O fracasso de um abria oportunidades para o outro. Quando o poder dos partas se retraiu, surgiram os sassânidas para substituí-los. Dinâmica similar pôde ser observada antes no Oriente Próximo e, mais tarde, na América Central pré-colombiana. Mas isso não aconteceu no início da Idade Média do Velho Mundo. Teodorico bancava o rei de Roma, mas não conseguia converter seu poder simbólico em um domínio significativo sobre outros reinos ocidentais. O império carolíngio foi uma entidade mais frágil e tênue que seu modelo romano. Assim também, de modo diferente, era o poder dos califas. É como se a era dos impérios tivesse terminado. A não ser que se possa comprovar a tese da ocorrência de um desastre ambiental geral e de longa duração, o fator mais provável para tornar o mundo menos receptivo a projetos imperiais deve ter sido a emergência das novas religiões universais da Antiguidade tardia.[28] O cristianismo e o islã não destruíram o Império Romano, mas o mundo que apresentaram era menos receptivo aos grandes impérios políticos da Antiguidade.

Leitura adicional

Cambridge Companion to the Age of Justinian, de Michael Maas (Cambridge, 2005), ultrapassa os limites do gênero apresentando um novo retrato da época. Fundamentais para o estudo do período são as várias obras de Procópio de Cesareia. *Procopius and the Sixth Century*, de Averil Cameron (Londres, 1985), é a melhor introdução. Alguns de seus textos mais importantes sobre os séculos VI e VII estão reunidos em *Continuity and Change in Sixth-Century Byzantium* (Londres, 1981) e *Changing Cultures in*

Early Byzantium (Aldershot, 1996). Para o Ocidente, *Europe after Rome*, de Julia Smith (Oxford, 2005), apresenta uma nova síntese lúcida e original.

A transformação do antigo sistema urbano tem sido foco de muitos trabalhos. Duas coleções muito úteis são *City in Late Antiquity*, de John Rich (Londres, 1992), e *Towns in Transition*, de Neil Christie e Simon Loseby (Aldershot, 1996). *Decline and Fall of the Ancient City*, de Wolf Liebeschuetz (Oxford, 2001), é a melhor síntese: vale a pena lê-la em conjunto com *Framing the Early Middle Ages*, de Chris Wickham (Oxford, 2005). Em relação à cidade de Roma, ver a coleção de William Harris, *The Transformations of* Urbs Roma *in Late Antiquity* (Portsmouth, RI, 1999), e *Early Medieval Rome and the Christian West* (Leiden, 2000), organizado por Julia Smith.

PASSADO E FUTURO ROMANOS

> Não perecerei de todo, pois uma grande parte de mim se esquivará da Morte. Crescerei, vaidoso com o louvor de gerações futuras, enquanto o sacerdote levar a virgem silenciosa até o alto do Capitólio.
>
> (Horácio, *Odes* 3.30.6-9)

As palavras são do poeta Horácio, escritas no reinado de Augusto. Quando as lemos, superamos suas mais veementes expectativas. Nenhum pontífice ou virgem vestal tem sua existência atestada após o final do século IV d.C. O Capitólio virou ruínas e foi reconstruído várias vezes desde que Horácio escreveu esse texto. E, no entanto, ainda lemos as *Odes* de Horácio. Assim como o restante da civilização romana, ele não pereceu de todo.

Meu capítulo final é sobre sobrevivência e sobre como sabemos tanta coisa acerca do Império Romano. Acaso e sorte desempenham um papel nessa história e, mais recentemente, a própria pesquisa, na qual a maior parte deste livro está baseada. Mas há também um propósito, e não apenas o de Horácio. Pois os romanos nos mandaram mensagens em garrafas, confiadas geração após geração à posteridade remota. Não podemos ficar com todo o crédito pela descoberta da Roma Antiga: os antigos romanos quiseram ser encontrados.

Acasos

Poucos impérios duraram tanto tempo quanto o de Roma ou provocaram tanto impacto nos que foram governados por eles. Desde o início deste livro, tenho lidado com metáforas, minhas e de outros. O Império Romano foi comparado a uma epidemia, uma máquina, um balão, um morcego-vampiro, uma grande e ressonante vibração, um *tsunami* e uma maré, um organismo conhecido apenas através de seu corpo fóssil e uma vida humana particular. Às vezes, a sociedade imperial pareceu ainda uma grande dança, que atraiu um número cada vez maior de dançarinos, sendo executada depois por um número de dançarinos cada vez menor, até a música tornar-se completamente diferente. Minha última metáfora é uma era glacial. As marés invadem as praias e depois recuam; despojos fascinantes trazidos pelo mar são deixados para trás, mas só uma grande tempestade faz a praia parecer realmente diferente. Se, no entanto, pensarmos no que o Império Romano fez com a tradição, identidade, cultura e religião, estilos de vida e crenças, encontraremos uma mudança muito mais fundamental. O império cresceu como uma calota de gelo, despachando geleiras em todas as direções. Quando recuaram, voltando-se antes para Bizâncio que para Roma, essas geleiras deixaram a marca de paisagens inteiramente novas e grandes acúmulos de pedregulhos, em torno dos quais os novos habitantes tiveram de se acomodar. Esses povos não eram mais aqueles que Roma tinha originalmente conquistado: alguns eram recém-chegados e quase todo o restante tinha esquecido como era antes do gelo.

Quando examinamos a arte monumental, as inscrições e os textos escritos, que são nossas principais fontes para a identidade assumida pelos súditos das províncias romanas, descobrimos que, na maioria das áreas do Antigo Império, toda a memória de tempos mais remotos se perdeu. Povos ocidentais, tanto os que os romanos tinham conquistado, como gauleses e espanhóis, quanto aqueles que tinham conquistado Roma, como vândalos e godos, não possuíam memória confiável do passado, antes de Roma. Desde cedo no império, muitos nas províncias ocidentais tinham passado a se ver como descendentes de refugiados troianos e heróis gregos.[1] Antigos nomes de lugares e deuses ancestrais haviam sido esquecidos, muitas de suas línguas tinha se perdido para sempre, e a única história que conheciam era a de Roma. Meio milênio mais tarde, Cassiodoro e outros ajudaram os recém-chegados bárbaros a criar novas genealogias, frequentemente dentro das mesmas premissas, ainda que agora, no início dessas genealogias, figuras bíblicas se acotovelassem com Bruto, o Troiano, e outras figuras lendárias.[2] E essa situação não foi exclusiva do Ocidente. Muitos povos que habitavam o vasto arco do Oriente Próximo romano também parecem quase não ter preservado memórias dos primeiros tempos.[3] Os judeus ainda tinham suas escrituras e a história contida nelas. Traços de tradições históricas babilônicas, fenícias e egípcias sobreviveram em obras escritas em grego no Período Helenístico e início do Período Romano. Assim como as tradições ocidentais, tinham sido remoldados para se ajustarem às normas gregas de memória e tradição.[4] Na maior parte, sua identidade também foi acomodada a uma longa sujeição aos impérios Macedônico e Romano. Só a tradição histórica grega, que os estudiosos romanos aceitaram durante muito tempo, persistiu. Contudo, mesmo entre os gregos, o império havia remodelado a identidade coletiva e as memórias que ela preservava.[5] Não havia tradição alternativa, subversiva ou de outro tipo, além daquela que, atarefados, os cristãos criavam. O resultado é que quase tudo que sobreviveu, mesmo que por acaso, preserva traços de uma consciência imperial.

Roma está mais bem documentada que a maioria dos outros impérios antigos com os quais a tenho comparado. A explicação inclui fatores ecológicos e econômicos, assim como históricos e culturais. Impérios dos trópicos, como o dos imperadores vijayanagaras da Índia medieval ou os reinos maias da península de Iucatã, foram rapidamente engolidos pela vegetação. Ao contrário, o centro nevrálgico mediterrâneo do Império Romano é — pelos menos em termos geofísicos — um ambiente relativamente estável, em que construções e túmulos de pedra podem durar séculos se não forem perturbados por humanos. Um abandono benigno derivou-se também da pobreza de muitas terras mediterrâneas nos séculos pós-Roma. Apesar da Itália da Renascença e dos primeiros tempos da Espanha moderna, Roma teve poucas rivais nos séculos

Figura 24. Anfiteatro em Arles.

subsequentes. O centro principal do poder econômico deslocou-se na Idade Média — no norte para as terras dos francos e a leste para Bagdá. As cidades da Espanha, da Itália, do sul da França e da Grécia preservam elementos de sua planta urbana romana, em parte porque poucas foram submetidas aos espetaculares projetos de reconstrução muito difundidos nas cidades europeias do norte no final da Idade Média e mais tarde.

Assim, as muralhas e os portões da cidade romana ficaram incrustados de casas, que os preservaram, às vezes ocultando-os por completo durante séculos. O anfiteatro romano de Arles ganhou torres e foi transformado em um castelo, a Porta Nigra de Trier tornou-se uma igreja, o grande palácio que Diocleciano construiu para si em Split virou um amontoado de casas e lojas. Às vezes, só a sombra de um monumento romano sobreviveu em um labirinto de ruas medievais. É possível passear pelo contorno do grande teatro de Pompeu no *centro storico* de Roma, embora nada da construção original sobreviva acima do solo; o anfiteatro de Lucca deixou um espaço oval na cidade que foi aberto na década de 1830 para criar uma *piazza*; os grandes fóruns e templos municipais de Sevilha e Lisboa foram substituídos primeiro por magníficas mesquitas e, depois da Reconquista, por catedrais barrocas. As coisas foram bem diferentes em Londres e Paris, onde grandes campanhas de construção ocultaram importantes cidades romanas. Somente em alguns locais, como Silchester, uma brecha na ocupação permitiu que um completo plano urbano se revelasse. Quanto às antigas cidades da África e da Síria, muitas sobreviveram em condições melhores, pois ficaram enterradas na areia. Para ser justo, grande parte das cidades das províncias periféricas nunca foi tão grandiosa quanto as das províncias centrais, sendo algumas construídas com madeira e ladrilhos em vez de com pedra. Mesmo assim, é verdade ainda hoje que os melhores locais para se ver monumentos romanos estão nos países mais pobres do sul da Europa, no norte da África e no Oriente Médio.

Algumas relíquias romanas foram envolvidas não por casas medievais ou por areias do deserto, mas pelos desígnios políticos de muitos supostos herdeiros de Roma. Descrevi no Capítulo 2 como sucessivos regimes fizeram uso de símbolos de poder romanos para desenvolver o próprio imaginário imperial. A história europeia foi caracterizada por sucessivos "renascimentos" em que grupos de intelectuais ou artistas reclamavam conscientemente um novo *status* para sua criatividade referindo-se ao passado romano. Os monges carolíngios, os tradutores do califado, os intelectuais clericais do século XII, os artistas do *Quattrocento* italiano, os primeiros humanistas, os pais do Iluminismo e muitos outros conseguiram desse modo recuperar vários textos, construções e artefatos romanos. As relíquias do império foram repassadas através da história como bastões em uma longa corrida de revezamento.

Finalmente, há os objetos que se mantiveram pelo simples fato de sua durabilidade. Os impérios antigos eram sobretudo grandes sistemas de acumulação. Pela força e pela ameaça em usá-la, extraíam materiais e energia de todos os seus domínios para serem consumidos e depositados em suas capitais. Roma reunia tesouros, mármores e animais raros vindos do mundo inteiro. Os metais preciosos há muito tinham desaparecido; os animais exóticos foram abatidos na arena, mas pedras resistentes subsistem: o brilhante mármore branco vinha do Proconeso, no noroeste da Turquia, e de Lúni, na Itália; a pedra amarelo-escura vinha das pedreiras da Chentou africana; o pórfiro e os excelentes granitos, dos desertos orientais do Egito, e abréscia esverdeada, do Egeu.[6] O Panteão e as Termas de Caracala são ainda hoje verdadeiramente extraordinários: na época da construção, antes de serem despojados de seus preciosos frontões, teriam envergonhado o Taj Mahal. A *História Natural*, de Plínio, o Velho, inclui longas descrições de esculturas e estatuária de bronze. Apesar da tentativa de ordená-las em uma história de arte sistemática, ele continuamente se desvia para identificar o templo, pórtico ou jardim de Roma em que uma obra-prima poderia ser vista. Conquista e compra tinham reunido os tesouros da Antiguidade — grega, egípcia e outras — na capital.[7] Muito se foi, é claro, e a maior parte das peças em bronze foi fundida muito antes do ressurgimento do interesse pela arte clássica na Renascença. A essência das coleções modernas sobreviveu graças ao empenho dos colecionadores da Renascença. Eles reuniram um grande número de mármores que — por diferentes trajetos — conseguiram chegar às coleções reais e, mais tarde, nacionais da Europa, onde foram suplementados por agressivas políticas de aquisição durante os séculos XVIII e XIX. A arqueologia só acrescentou algumas peças a esse conjunto de obras, mas algumas são muito preciosas. Nosso conhecimento de bronzes antigos depende substancialmente de achados submarinos, como os Bronzes de Riace, dois magníficos guerreiros criados na Grécia clássica, mas encontrados por um mergulhador junto à costa da Itália em 1972. Escavações atuais nas cidades de Afrodísias e Sagalassos, na Turquia, têm revelado exemplos esplêndidos de esculturas de mármore da época imperial.

Quanto a grandes prédios, só alguns tiveram durabilidade suficiente para sobreviver como mais do que traços na planta urbana de cidades italianas. Roma não obteve seu império, como algumas nações modernas, por meio de grandes vantagens tecnológicas sobre as oponentes. Ao criar, no entanto, um vasto espaço dentro do qual arquitetos e engenheiros podiam mover-se e trocar ideias, e concentrando de tal forma a riqueza, que tornava possível o financiamento de projetos grandiosos, Roma estimulou avanços significativos nas técnicas de construção. Isso fica evidente nos escritos técnicos, especialmente no livro de Vitrúvio, *Sobre a Arquitetura*, e também no estudo das ruínas que ainda se mantêm de pé.[8] Modelos estilísticos gregos continuaram sendo extraordinariamente importantes. Mas a invenção do concreto no final do último milênio antes de Cristo, bem como a otimização da utilização e da produção de tijolos e ladrilhos, aliadas a técnicas cada vez mais sofisticadas de agrimensura e projeto, possibilitaram a realização de construções em uma escala jamais vista. Abóbadas e cúpulas criaram enormes espaços fechados para basílicas, templos, termas imperiais e palácios. Mesmo hoje, o Panteão e a Basílica de Santa Sofia são de tirar o fôlego. Aquedutos também consumiam imensa energia para serem construídos, exigindo técnicas incríveis de engenharia. Alguns ainda funcionavam na Idade Média, e outros sobreviveram como pontes, ou apenas porque eram demasiado bem construídos para desmoronar, ou ainda porque era difícil ou inviável demoli-los.

Construções como o Coliseu e a Pont du Gard parecem, à primeira vista, destinadas a fascinar.[9] Contudo, nem todas as épocas ficaram tão extasiadas com a Antiguidade. O senso de que construções romanas devem ser preservadas sempre que possível é relativamente recente.[10] Muitas são agora conhecidas apenas através de esboços e descrições feitos por viajantes, arquitetos e Grand Tourists* mais antigos. Até o século XIX, quando ativistas como Prosper Mérimée, na França, começaram a reclamar a preservação de monumentos antigos como tesouros nacionais, não era raro serem demolidos arcos ou templos romanos para dar espaço a projetos de modernização. Durante o século XX, a luta passou a ser tentar garantir proteção legal a material arqueológico que não fosse visível à superfície. Essa batalha tem sido amplamente vitoriosa na Europa. Mas há escândalos ocasionais, e o custo para conservar locais como Herculano e Pompeia ainda causa grande preocupação.

Monumentos

Hoje usamos o termo "monumento" quase como sinônimo de "ruínas". A Royal Commissions for Historical Monuments tem responsabilidade, no Reino Unido, por qualquer sítio de atividade humana que tenha sobrevivido do passado. Mas o termo latino *monumentum* tinha um significado muito mais específico. Referia-se a algo deliberadamente criado para homenagear uma de-

---

* Referência ao turismo sofisticado da Grand Tourist, um operador britânico de roteiros turísticos. (N. do T.)

terminada pessoa ou acontecimento do passado, algo feito para projetar sua memória no futuro.

Quando cria monumentos, uma sociedade revela muito sobre sua atitude de coletividade em relação à época e à comunidade. Primeiro, corrobora a importância da história. Segundo, declara — mesmo que com certa apreensão — confiança na posteridade — confiança de que haverá uma audiência, um público futuro. Enfim, imagine uma comunidade estendida no tempo, aqueles para quem o acontecimento ou a pessoa homenageada tiveram importância e aqueles para quem ainda terão importância, estando ambos os grupos conectados ao evento original. A comunidade, segundo essa atitude, diz respeito à continuidade. Um monumento romano capta, em determinado momento, esse senso do povo romano, formado por companheiros de viagem em uma jornada comum de um passado mítico a um destino futuro. Em outras palavras, Horácio não falava diretamente conosco, já que não somos parte dessa comunidade. Mas podemos escutar as mensagens que os romanos mandavam para os imaginados descendentes.

Nem todas as sociedades parecem tão preocupadas com a posteridade. Um dos motivos pelos quais conhecemos tão bem Roma é que a monumentalidade acabou sendo, por algum tempo, quase uma obsessão cultural. Mas as coisas nem sempre foram assim. Antes de meados do século IV a.C., Roma era um grande poder na Itália. Muito pouco, no entanto, foi criado em termos de arquitetura monumental. Os templos são quase sempre monumentos, é claro, mas eram também casas para os deuses, e a construção deles parece ter sido parte de um diálogo no presente entre a divindade da cidade e seus membros humanos. A cidade de meados da república parecia desinteressante a muitos visitantes. A escrita também fora usada durante séculos para propósitos mundanos, mas dificilmente ganhou algum dia uma forma monumental, querem grandes inscrições públicas destinadas a subsistir, quer em obras literárias de qualquer espécie. A esse respeito, pelos padrões da Antiguidade, os romanos não tinham nada fora do comum. Mas a decisão de não construir grandes monumentos, gravar inscrições e escrever livros importantes era uma opção feita de modo consciente: os romanos estavam bem conscientes da arquitetura monumental das cidades gregas próximas e talvez também da literatura e da história gregas, podendo certamente ter se dado o luxo de imitar tanto uma quanto outra. Em vez disso, o butim era com mais frequência gasto em festejos rebuscados, que diziam respeito ao presente, e não ao futuro, e, embora deva ter havido muitas tradições com relação ao passado, não parece ter existido uma preocupação real em desenvolver uma história comum, coletiva, de Roma.[11]

Uma nova preocupação com a posteridade surgiu na virada do século IV para o século III a.C. Ápio Cláudio Cego, que era censor em 312 a.C., encomendou a construção de um aqueduto e de uma grande estrada ao sul, conhecidas, em sua homenagem, respectivamente, como Aqua Appia [Água Ápia] e Via Ápia. Os *elogia* dos Cipião, gravados em seu requintado complexo tumular construído no início do século III a.C., dirigem-se explicitamente a leitores futuros. Quem eram esses leitores imaginados? O contexto inicial sugere membros da família, mas, quando as inscrições falam de determinado Cipião ocupando um cargo "entre vocês", é difícil não evocar a imagem do Povo Romano. No início do século II a.C., um número cada vez maior de grandiosos projetos de construção começaram a incorporar os nomes dos que os haviam encomendado. Catão batizou de Basílica Pórcia a grande área coberta que construiu ao lado do fórum em seu período como censor. Era uma alusão à Stoa Real, doada a Atenas por Átalo, rei de Pérgamo, e ao gens Pórcia, o clã ao qual pertencia Catão. O primeiro aqueduto a se aproximar de Roma com uma série de grandes arcos foi chamado de Aqua Marcia [Água Márcia] em homenagem ao pretor urbano Quinto Márcio Rex, que o construiu em 144 a.C. Lúcio Múmio teve seu nome colocado em monumentos triunfais nas muitas comunidades que presenteou com uma parte do butim obtido com o saque de Corinto. Desse ponto em diante, a associação de construções públicas a indivíduos tornou-se absolutamente regular. Os grandes generais do final da república desenvolveram ainda mais o hábito. Desde meados do último século antes de Cristo, surgiu toda uma nova série de exemplares monumentais. Teatros, anfiteatros e circos são os mais conhecidos. Mais de mil foram construídos entre cerca de 50 a.C. e 250 d.C.[12] A eles podem ser adicionados o Saepta Julia [Septa Júlia], as *thermae* imperiais, os jardins públicos, bibliotecas, pórticos repletos de arte confiscada e assim por diante. Nem todos os senadores eram suficientemente afortunados para conquistar butins com os quais pudessem construir templos de vitória, e só alguns ocupavam cargos como o censorado, que lhes permitia construir com verbas públicas. Além disso, a concorrência tornou-se cada vez mais difícil no último século antes de Cristo, pelo menos no que dizia respeito a construções públicas, uma vez que Pompeu estabelecera novos padrões com seu enorme teatro. A construção de túmulos proporcionava um modo mais barato de monumentalidade. Os túmulos do final da república tornaram-se cada vez mais requintados e variados, incluindo grandes torres ao longo da Via Ápia e a pirâmide construída por Céstio, que hoje faz parte das Muralhas Aurelianas.

Os imperadores acabaram expulsando seus oponentes da capital. Mas o efeito foi apenas deslocar a construção monumental para as cidades da Itália e das províncias.[13] As origens desse movimento residem em um interesse crescente pela monumentalidade que coincide, pelo menos cronologicamente, com as origens da hegemonia romana, e que continuou aumentando até a crise do império. Mas, quando hoje visitamos ruínas romanas, estamos olhando principalmente para monumentos criados num longo segundo século. Cobrindo a maior parte do império, esse surto de construção ganhou velocidade durante o século I d.C., atingiu seu pico por volta do ano 200 e entrou em colapso na geração que se seguiu.

Tracemos esse padrão em um gráfico, e ele praticamente coincidirá com a curva criada pela ascensão e queda da epigrafia latina.[14]A maioria das inscrições eram lápides. Esse hábito de comemoração parece ter se difundido da aristocracia senatorial para outros setores da sociedade, especialmente entre aristocratas de menor importância e ex-escravos. As massas nascidas em liberdade foram em grande parte excluídas, ficando os camponeses do império mais ou menos invisíveis. Centenas de milhares dessas inscrições sobrevivem do Período Romano, embora é provável que tenhamos menos de 5 por cento das originalmente gravadas. A maior quantidade delas é encontrada na cidade de Roma e em áreas ao redor, mas o hábito espalhou-se pelas cidades da Itália e pelas províncias, sendo adotado inclusive por soldados na fronteira e comerciantes longe de casa. Elas também são monumentos, tentativas deliberadas de fazer registro de vidas humanas para a posteridade. E agora são também uma fonte preciosa de informações sobre a história romana, já que muitas registram as realizações e os postos ocupados pelo falecido, além das relações que ele ou ela mantiveram com pais e filhos, senhores e escravos, colegas soldados e amigos. Vêm nos falar de uma época em que a sociedade romana estava em seu máximo vigor, quando o nível de mobilidade social era maior e a rede urbana do império atingia o pico. Naturalmente, o que se comemora com maior frequência são as histórias de sucesso — escravos que ganharam a liberdade, soldados que conquistaram a cidadania depois de um longo serviço, membros de assembleias citadinas que ocupavam toda a gama de sacerdócios e cargos municipais. O orgulho e anseio individuais agitaram-se ante a confiança de que haveria futuros leitores; de que o mundo em que tinham se saído bem continuaria existindo aproximadamente da mesma forma que no presente.

Um último tipo de monumento pode ser colocado ao lado de túmulos e aquedutos, anfiteatros e lápides: são os textos literários. Não muito depois de aparecerem os primeiros túmulos monumentais, a mesma aristocracia romana que os construiu propôs-se a criar uma literatura em latim.[15] Como os sarcófagos dos Cipião, as primeiras obras criadas tinham nítidos modelos gregos. Como os sarcófagos, passavam de imediato a servir a novos propósitos na ordem social muito pouco grega de Roma. O poema de Horácio, com o qual iniciei este capítulo, começa pedindo emprestado ao poeta grego Píndaro a ideia de que um poema é um monumento mais eficiente que uma estátua física. Na prática, não precisamos separar com muita rigidez monumentos e textos, já que os monumentos romanos estavam desde o início cobertos de texto. Gravado no sarcófago mais antigo do túmulo dos Cipião havia uma nova forma poética desenvolvida a partir de modelos gregos.[16] Quando criou seus *monumenta* literários, Catão estava também fixando seu nome — em sentido bem literal — na imensa basílica que ficava ao lado do fórum. Fúlvio Nobilior patrocinou o poeta épico Ênio, além de construir um templo a Hércules das Musas. Essas associações só se intensificaram no início do império, ocasião em que alguns poetas e historiadores eram eles próprios senadores ou mesmo imperadores.

Um império em que a elite escreve poesia é algo muito inabitual. Todos os impérios antigos fizeram uso da escrita, mas em geral só para fins administrativos. Diversos impérios possuíam em seu interior grupos literários, monges e poetas da corte, sacerdotes e cientistas, mas poucas dessas pessoas estavam perto das alavancas de poder. Talvez só os burocratas intelectuais da China medieval se aproximassem dos senadores e equestres eruditos da Roma imperial, embora em Roma esse tipo de atividade cultural fosse uma opção, entre muitas outras, abertas à elite.[17] Às vezes escritores romanos apontam Atenas como a contraparte civilizada da Roma marcial. Contudo, os festivais atenienses no período romano estavam concentrados em comemorar as batalhas das guerras persas,[18] e o discurso de Aélio Aristides em honra de Atenas exaltava seu passado imperial. O Império Romano, por outro lado, criou condições em que a educação e todo tipo de cultura literária floresceram. Poetas e oradores eram festejados na corte, e os imperadores ofereciam cargos a professores de filosofia e retórica em muitas cidades das províncias. Grandes bibliotecas foram construídas por imperadores na capital e por senadores e membros das assembleias municipais em outras cidades. É provável que tenham sido criados mais textos literários no Antigo Império que em qualquer outro momento da Antiguidade clássica. A maioria estava em grego e abrangia uma enorme variedade de assuntos — de textos médicos e poemas sobre geometria a epigramas eróticos e histórias cívicas. Mais uma vez, só uma fração sobreviveu, mas também através desses monumentos podemos ouvir os romanos falando com seus futuros pares.

Futuros de Roma

O que os romanos queriam dizer à posteridade por meio de seus monumentos? Muitos tipos de mensagem podem ser postos em uma garrafa. A mais óbvia é o desejo do autor de preservar seu nome, de não perecer por completo. Os monumentos imperiais estavam associados aos nomes de dinastias, de imperadores específicos e seus parentes. Assim, os Pórticos de Otávia e Lívia, o Fórum de Trajano, as Termas de Caracala deixaram marcas permanentes na paisagem urbana da cidade de Roma. A grande planta em mármore da cidade criada no período severano está coberta de cima a baixo com o nome de gerações do poderoso romano*. Inscrições gregas e latinas nos muros de ginásios,

---

* Isto é, do imperador Severo. (N. do T.)

teatros, bibliotecas e outras construções cívicas celebravam seus fundadores. Mesmo os templos, onde o nome dos deuses tinha máximo destaque, traziam registros dos que haviam pago por sua construção e sucessivas restaurações. Os poetas começavam sua obra não raro com cartas dirigidas a seus patrocinadores. Lápides relacionavam postos alcançados, sacerdócios e magistraturas exercidos, profissão, tribo, idade do falecido e o nome daqueles que ele deixava e que tinham cuidado do sepultamento. Para nós, hoje, tudo isso é completamente compreensível.

Todos os monumentos encerram uma atitude ambígua com relação ao futuro. O ato de criar um monumento é um ato de fé de que haverá futuros leitores, mas na necessidade de que haja esses leitores está implícito o temor de que tudo seja esquecido. O temor parece razoável, até mesmo se pensarmos nos momentos em que o império estava mais seguro. E o que dizer do período que se seguiu? Ainda não existe acordo sobre as razões que justificaram o fim da construção de monumentos. Os poderosos perderam a fé no futuro ou apenas ficaram sem os fundos necessários para se comunicar com ele? Muitos certamente empobreceram quando a economia imperial se retraiu e quando o governo exerceu maior pressão sobre os que não eram bem relacionados. Talvez um eventual colapso da construção civil tenha provocado uma reação em cadeia capaz de afetar até mesmo a produção de monumentos modestos. Contudo, os ricos palacetes do século IV e o gasto crescente com igrejas sugerem que nenhuma explicação econômica simples servirá. As inscrições continuaram a ser produzidas, mesmo que em menor quantidade, e agora só para os ricos. Talvez devêssemos imaginar a perda de fé na existência de uma audiência futura, especificamente a audiência de concidadãos que, nas cidades do Antigo Império, tinham fornecido espectadores para "festivais" e visitantes para monumentos urbanos. Talvez os ricos tivessem passado a imaginar a posteridade não como a existência continuada de uma comunidade cívica, mas sim como a persistência de uma comunidade de leitores como eles próprios. Era para eles que Sidônio escrevia no século V em seu palacete em Auvergne?

Novos propósitos com relação à Antiguidade emergiram na literatura do século IV d.C., mas nenhum novo consenso, nem sobre a história nem sobre o futuro.[19] Historiadores classicizantes apresentavam-se como tradicionalistas, mas evidentemente não o eram. Zósimo entrega o jogo quando alude ao relato feito por Políbio sobre a ascensão de Roma e pergunta de imediato quem poderia imaginar que ela não se devia a um favorecimento divino. A resposta, claro, está em Políbio, que tinha apresentado uma explicação baseada em vantagens comparativas de instituições políticas e os propósitos que elas incutiam. Mas a discussão evidentemente acabara girando em torno de religião. Mesmo os cristãos, no entanto, não estavam de acordo acerca do passado. Mais de um século antes de Constantino, Melito, bispo de Sárdis, havia sugerido que o nascimento de Cristo na origem do Império Romano mostrava que o mundo romano era uma criação providencial. Cautelosamente, Orósio sugeriu algo similar. Mas isso nos parece um desvio da posição de seu mestre Agostinho, segundo o qual os colapsos da Cidade Terrestre tinham pouca relevância para os cidadãos da Cidade Celeste. Nem todos os futuros cristãos teriam Roma neles, assim como nem todos os cristãos do passado a tiveram. A obra em dez volumes de Gregório de Tours, *História dos Francos*, composta no final do século VI, começava com a criação do mundo e acabava contando a história dos governantes francos cristãos. O império do Ocidente caiu em algum ponto no meio do livro dois, mas não foi um acontecimento suficientemente importante para merecer menção na narrativa de Gregório. Para os cristãos, essa flexibilidade era uma vantagem. Nada poderia atingi-los, nem a queda do império ocidental, a sucessão de mil anos de Bizâncio ou os terríveis eventos das conquistas árabes.

E quanto à posteridade de Roma hoje? Olhando em retrospecto no telescópio, vemos que o pior já passou. A maior parte da literatura clássica até hoje escrita perdeu-se entre os séculos V e VIII d.C.,[20] quando as cidades encolheram, as bibliotecas — públicas e particulares — deixaram de ser conservadas e os livros foram queimados, apodreceram ou se esfarelaram. É bem provável que muitos livros, aliás, nunca tivessem existido em mais que um punhado de cópias, dado o custo de produzir múltiplas versões em uma era anterior à tecnologia de impressão. A passagem do rolo de papiro para um formato códex, essencialmente o do livro moderno, também atuou como um filtro. O que não foi transferido para o novo formato, perdeu-se. No Ocidente, durante cerca de duzentos anos, não foi feita praticamente nenhuma cópia de qualquer texto não cristão. Mas o que sobreviveu até a Renascença carolíngia teve boa chance de ser recolhido por humanistas e preservado até a invenção da imprensa. Quase todos os textos clássicos estão agora disponíveis eletronicamente, no original e em muitas traduções. Por ora, esses monumentos parecem estar em segurança.

Podemos ser igualmente otimistas acerca da herança arqueológica, pelo menos de seus componentes mais destacados. A conservação está solidamente definida em lei, e hoje é raro monumentos romanos serem ameaçados de demolição. O interesse popular pelo passado os salvou, transformando-os em um ativo que atrai turistas em países mais pobres, bem como em símbolo de orgulho nacional. Ativistas locais defendem por toda parte antiguidades romanas e outras. E não se trata aqui de uma herança morta. Tentei indicar neste livro as diversas áreas em que a pesquisa vem transformando nossa compreensão do Império Romano. Aos filólogos que estabeleceram a ciência da Antiguidade clássica no século XIX associaram-se agora arqueólogos, historiadores da arte e todo tipo de cientistas sociais. Novas respostas estão sendo oferecidas para velhas perguntas e novas perguntas estão sendo feitas e respondidas sobre todos os aspectos da Antiguidade romana. Nem o público em geral, nem escolar, nem universitário deixou de experimentar aquela sensação vibrante que cerca a reconstituição de um grande movimento através da história que deixou tantos vestígios no mundo que habitamos hoje. Não somos a posteridade que os romanos de qualquer época imaginaram — como poderíamos ser? —, mas, em nossas mãos, o futuro do Império Romano parece emocionante.

Leitura adicional

Nenhum livro específico trata de todas as questões reunidas neste capítulo, mas há vários textos inspiradores que mencionam um ou outro aspecto. A recuperação do passado, incluindo o da Antiguidade clássica, é o tema de *Discovery of the Past*, de Alain Schnapp (Nova York, 1997), e de *The Past is a Foreign Country*, de David Lowenthal (Cambridge, 1985). *Monumentality and the Roman Empire*, de Edward Thomas (Oxford, 2007), é um relato vigoroso e bem informado das mais tangíveis ruínas romanas. Como os romanos viam a arte antiga é o tema de *Roman Eyes*, de Jas Elsner (Princeton,

2007). Obras fundamentais sobre a percepção tardia de Roma estão relacionadas na "Leitura adicional" do Capítulo 2.

Um grupo de livros tem examinado a memória social: *Empire and Memory*, de Alain Gowing (Cambridge, 2005), *Archaeologies of the Greek Past*, de Susan Alcock (Cambridge, 2002), e *Art of Forgetting*, de Harriet Flower (Chapel Hill, NC, 1992), fornecem modelos contrastantes, mas todos interessantes. *Social Memory*, de James Fenton e Chris Wickham (Oxford, 1992), tem também muito a oferecer, mesmo que só de passagem diga respeito à Antiguidade. Mas o grande livro sobre a posteridade romana encontra-se mesmo no futuro...

Notas

CAPÍTULO I

1. Velleius Paterculus, *Roman History* 2.1.

CAPÍTULO II

1. Philip Hardie, *Virgil's Aeneid: Cosmos and Imperium* (Oxford: Clarendon Press, 1985).
2. Livy, *From the Foundation of the City* 4.20.
3. Denis Feeney, *Caesar's Calendar: Ancient Time and the Beginnings of History*, Sather Classical Lectures (Berkeley e Los Angeles: University of California Press, 2007).
4. Paul Zanker, *The Power of Images in the Age of Augustus*, Jerome Lectures (Ann Arbor: University of Michigan Press, 1988).
5. Livy, *From the Foundation of the City*, Preface.
6. Emma Dench, *Romulus' Asylum: Roman Identities from the Age of Alexander to the Age of Hadrian* (Oxford: Oxford University Press, 2005); T. Peter Wiseman, *Remus: A Roman Myth* (Cambridge: Cambridge University Press, 1995).
7. Andrew Erskine, *Troy Between Greece and Rome: Local Tradition and Imperial Power* (Oxford: Oxford University Press, 2001); Greg Woolf, *Tales of the Barbarians: Ethnography and Empire in the Roman West* (Malden, Mass.: Blackwell Publishers, 2011).
8. Carol Dougherty, *The Poetics of Colonization: From City to Text in Archaic Greece* (Nova York: Oxford University Press, 1993).
9. Erich Gruen, *Culture and National Identity in Republican Rome* (Londres: Duckworth, 1992); Thomas Habinek, *The World of Roman Song from Ritualised Speech to Social Order* (Baltimore: Johns Hopkins University Press, 2005).
10. William Vernon Harris, *War and Imperialism in Republican Rome, 327-70 bc* (Oxford: Clarendon Press, 1979).
11. P. A. Brunt, "Laus Imperii", em Peter Garnsey e C. R. Whittaker (orgs.), *Imperialism in the Ancient World* (Cambridge: Cambridge University Press, 1978); reproduzido em P. A. Brunt, *Roman Imperial Themes* (Oxford: Oxford University Press, 1990), pp. 288-323.
12. Mary Beard, *The Roman Triumph* (Cambridge, Mass.: Harvard University Press, 2007).
13. Jean-Louis Ferrary, *Philhellénisme et impérialisme: Aspects idéologiques de la conquête romaine du monde hellénistique, de la Seconde Guerre de Macédoine à la Guerre contre*

Mithridate, Bibliothèque des Écoles Françaises d'Athènes et de Rome (Rome: École Française de Rome, 1988); John S. Richardson, *The Language of Empire: Rome and the Idea of Empire from the Third Century* BC *to the Second Century* AD (Cambridge: Cambridge University Press, 2008).

14. Catharine Edwards (org.), *Roman Presences: Receptions of Rome in European Culture, 1789-1945* (Cambridge: Cambridge University Press, 1999).

15. Dimitri Gutas, *Greek Thought, Arab Culture: The Graeco-Arabic Translation Movement in Baghdad and Early Abbasid Society (2nd-4th/8th-10th Centuries)* (Nova York: Routledge, 1998).

16. Alexander Scobie, *Hitler's State Architecture: The Impact of Classical Antiquity*, Monographs on the Fine Arts (University Park, Pa.: Pennsylvania State University Press, 1990); Luisa Quartermaine, "'Slouching towards Rome': Mussolini's Imperial Vision", em Tim Cornell e Kathryn Lomas (orgs.), *Urban Society in Roman Italy* (Londres: University College London Press, 1995).

17. Matthew P. Canepa, *The Two Eyes of the Earth: Art and Ritual of Kingship Between Rome and Sasanian Iran*, org. Peter Brown, vol. xlv, The Transformation of the Classical Heritage (Berkeley e Los Angeles: University of California Press, 2009).

18. J. H. Kautsky, *The Politics of Aristocratic Empires* (Chapel Hill, NC: University of North Carolina Press, 1982); Shmuel Eisenstadt, *The Political Systems of Empires* (Londres: Free Press of Glencoe, 1963); Susan E. Alcock *et. al.* (orgs.), *Empires: Perspectives from Archaeology and History* (Nova York: Cambridge University Press, 2001); Ian Morris e Walter Scheidel (orgs.), *The Dynamics of Early Empires: State Power from Assyria to Byzantium* (Oxford: Oxford University Press, 2009); Phiroze Vasunia, "The Comparative Study of Empires", *Journal of Roman Studies*, 101 (2011); Peter Fibiger Bang e Christopher A. Bayly (orgs.), *Tributary Empires in Global History*, Cambridge Imperial and Post-Colonial Studies Series (Basingstoke: Palgrave Macmillan, 2011); C. A. Bayly e P. F. Bang (orgs.), *Tributary Empires in History: Comparative Perspectives from Antiquity to the Late Medieval*, número especial de *Medieval History Journal*, 6 (2003).

19. V. I. Lenin, *Imperialism, the Highest Stage of Capitalism: A Popular Outline* (Moscou: Co-operative Publishing Society of Foreign Workers in the USSR, 1934).

20. Nicole Brisch (org.), *Religion and Power: Divine Kingship in the Ancient World and beyond*, Oriental Institute Seminars (Chicago: Oriental Institute of the University of Chicago, 2008).

CAPÍTULO III

1. Amanda Claridge, *Rome: An Oxford Archaeological Guide*, 2. ed. (Oxford: Oxford University Press, 2010); Filippo Coarelli, *Rome and Environs: An Archaeological Guide* (Berkeley e Los Angeles: University of California Press, 2007); J. C. N. Coulston e Hazel Dodge (orgs.), *Ancient Rome: The Archaeology of the Eternal City*, Oxford University School of Archaelogy Monographs (Oxford: Oxford University School of Archaeology, 2000).

2. Pliny, *Natural History* 36.109.

3. Christopher Smith, "The Beginnings of Urbanization in Rome", em Robin Osborne e Barry Cunliffe (orgs.), *Mediterranean Urbanization 800-600* BC, *Proceedings of the British Academy* (Oxford: Oxford University Press, 2005).

4. Anna Maria Bietti Sestieri, *The Iron Age Community of Osteria dell'Osa: A Study of Socio-political Development in Central Tyrrenian Italy*, New Studies in Archaeology (Cambridge: Cambridge University Press, 1993).

5. Maria Eugenia Aubet, *The Phoenicians and the West: Politics, Colonies and Trade*, 2ª ed. (Cambridge: Cambridge University Press, 2001); Gocha R. Tsetskhladze, *Greek Colonisation: An Account of Greek Colonies and Other Settlements Overseas*, 2 vols., Mnemosyne supplements (Leiden: Brill, 2006); John Boardman, *Greeks Overseas: Their Early Colonies and Trade*, 4ª ed. (Londres: Thames and Hudson, 1999).

6. David Ridgway, *The First Western Greeks* (Cambridge: Cambridge University Press, 1992).

7. Corinna Riva, *The Urbanization of Etruria* (Cambridge: Cambridge University Press, 2010).

8. Filippo Coarelli e Helen Patterson (orgs.), *Mercator Placidissimus: The Tiber Valley in Antiquity: New Research in the Upper and Middle River Valley, Rome, 27-28 February 2004*, Quaderni di Eutopia (Roma: Quasar, 2008).

9. Colin Renfrew e John F. Cherry (orgs.), *Peer Polity Interaction and Socio-political Change*, New Directions in Archaeology (Cambridge: Cambridge University Press, 1986).

10. Mauro Cristofani (org.), *La grande Roma dei Tarquini: Roma, Palazzo delle esposizioni,12 giugno-30 settembre 1990: Catalogo della mostra* (Roma: L'Erma di Bretschneider, 1990).

11. Nicholas Purcell, "Becoming Historical: The Roman Case", em David Braund e Christopher Gill (orgs.), *Myth, History and Culture in Republican Rome: Studies in Honour of T. P. Wiseman* (Exeter: University of Exeter Press, 2003).

12. Jonathon H. C. Williams, *Beyond the Rubicon: Romans and Gauls in Northern Italy*, Oxford Classical Monographs (Oxford: Oxford University Press, 2001).

13. Emma Dench, *From Barbarians to New Men: Greek, Roman and Modern Perceptions of Peoples of the Central Apennines* (Oxford: Oxford University Press, 1995).

14. Ennius, *Annales* Fragmento 156.

15. Polybius, *Histories* 3.22-6.

16. Kurt Raaflaub, "Born to be Wolves? Origins of Roman Imperialism", em Robert W. Wallace e Edward M. Harris (orgs.), *Transitions to Empire: Essays in Greco-Roman History 360-146 BC in Honor of E. Badian* (Norman, Okla.: University of Oklahoma Press, 1996).

17. Emilio Gabba, *Republican Rome: The Army and the Allies* (Oxford: Blackwell Publishers, 1976).

18. G. E. M. de Sainte Croix, *The Class Struggle in the Ancient Greek World: From the Archaic Age to the Arab Conquests* (Londres: Duckworth, 1981).

CAPÍTULO IV

1. Harry Hine, "Seismology and Vulcanology in Antiquity?", em C. J. Tuplin e T. E. Rihll (orgs.), *Science and Mathematics in Ancient Greek Culture* (Oxford: Oxford University Press, 2002); Lukas Thommen, *Umweltgeschichte der Antike* (Munique: Verlag C. H. Beck, 2009).

2. Pliny, *Natural History* 36.125.

3. Robert Sallares, *The Ecology of the Ancient Greek World* (Londres: Duckworth, 1991), Capítulo I.

4. Peter Garnsey, *Famine and Food Supply in the Greco-Roman World: Responses to Risk and Crisis* (Cambridge: Cambridge University Press, 1988), pp. 8-16.

5. André Tchernia, *Le Vin d'Italie romaine: Essai d'histoire économique d'après les amphores*, Bibliothèque des Écoles Françaises d'Athènes et de Rome (Roma: École Française de Rome, 1986); José María Blázquez Martinez e José Remesal Rodriguez (orgs.), *Producción y commercio del aceite en la antigüedad: Congreso I* (Madri: Universidad Complutense, 1980); José María Blázquez Martinez e José Remesal Rodriguez (orgs.), *Producción y commercio del aceite em la antigüedad: Congreso II* (Madri: Universidad Complutense, 1982).

6. Paul Erdkamp, *The Grain Market in the Roman Empire: A Social, Political and Economic Study* (Cambridge: Cambridge University Press, 2005).

7. David Mattingly, "First Fruit? The Olive in the Roman World", em Graham Shipley e John Salmon (orgs.), *Human Landscapes in Classical Antiquity: Environment and Culture* (Londres: Routledge, 1996).

8. Anthony C. King, "Diet in the Roman World: A Regional Inter-site Comparison of the Mammal Bones", *Journal of Roman Archaeology*, 12/1 (1999).

9. Robert Sallares, "Ecology", em Walter Scheidel, Ian Morris e Richard P. Saller (orgs.), *The Cambridge Economic History of the Greco-Roman World* (Cambridge: Cambridge University Press, 2007).

10. Marshall Sahlins, *Stone Age Economics* (Londres: Routledge, 1974); William H. McNeill, *Plagues and Peoples* (Garden City, NY: Anchor Press/Doubleday, 1976); Paul A. Colinvaux, *Why Big Fierce Animals are Rare: An Ecologist's Perspective* (Princeton: Princeton University Press, 1978).

11. Barry Cunliffe, *Europe Between the Oceans: Themes and Variations, 9000 BC-AD 1000* (New Haven: Yale University Press, 2008).

12. Alfred W. Crosby, *Ecological Imperialism: The Biological Expansion of Europe, 900-1900*, Studies in Environment and History (Cambridge: Cambridge University Press, 1986).

13. Richard Reece, "Romanization: A Point of View", em Tom Blagg e Martin Millett (orgs.), *The Early Roman Empire in the West* (Oxford: Oxbow Books, 1990); Nico Roymans (org.), *From the Sword to the Plough: Three Studies in the Earliest Romanisation of Northern Gaul*, Amsterdam Archaeological Studies (Amsterdã: Amsterdam University Press, 1996).

14. Peter Garnsey, *Food and Society in Classical Antiquity*, Key Themes in Ancient History (Cambridge: Cambridge University Press, 1999); Nicholas Purcell, "The Way We Used to Eat: Diet, Community, and History at Rome", *American Journal of Philology*, 124/3 (2003).

15. Robert Thomas e Andrew Wilson, "Water Supply for Roman Farms in Latium and South Etruria", *Papers of the British School at Rome*, 62 (1994).

16. Andrew Wilson, "Machines, Power and the Ancient Economy", *Journal of Roman Studies*, 92 (2002).

17. David Mattingly e John Salmon (orgs.), *Economies beyond Agriculture in the Classical World*, Leicester-Nottingham Studies in Ancient Society (Londres: Routledge, 2001).

CAPÍTULO V

1. Arthur M. Eckstein, *Mediterranean Anarchy, Interstate War and the Rise of Rome*, Hellenistic Culture and Society (Berkeley e Los Angeles: University of California Press, 2006).

2. Claude Nicolet (org.), *Rome et la conquête du monde méditerranéen: 264-27 avant J.C.* (Paris: Presses Universitaires de France, 1977).

3. William Vernon Harris, "Roman Expansion in the West", em A. E. Astin *et. al.* (orgs.), *Cambridge Ancient History*, viii: *Rome and the Mediterranean to 133 BC* (Cambridge: Cambridge University Press, 1989); Stephen L. Dyson, *The Creation of the Roman Frontier* (Princeton: Princeton University Press, 1985).

4. Nicholas Purcell, "The Creation of Provincial Landscape: The Roman Impact on Cisalpine Gaul", em Tom Blagg e M. Millett (orgs.), *The Early Roman Empire in the West* (Oxford: Oxbow Books, 1990).

5. Saskia T. Roselaar, *Public Land in the Roman Republic: A Social and Economic History of Ager Publicus in Italy, 396-89 BC*, Oxford Studies in Roman Society and Law (Oxford: Oxford University Press, 2010).

6. John Rich, "Fear, Greed and Glory: The Causes of Roman War-Making in the Middle Republic", em John Rich e Graham Shipley (orgs.), *War and Society in the Roman World* (Londres: Routledge, 1993).

7. Livy, *From the Foundation of the City* 45.12.

8. Nicholas Purcell, "On the Sacking of Carthage and Corinth", em Doreen Innes, Harry Hine e Christopher Pelling (orgs.), *Ethics and Rhetoric: Classical Essays for Donald Russell on his Seventy-Fifth Birthday* (Oxford: Clarendon Press, 1995).

9. Beard, *The Roman Triumph.*

10. Geoffrey Conrad e Arthur A. Demarest, *Religion and Empire: The Dynamics of Aztec and Inca Expansionism*, New Directions in Archaeology (Cambridge: Cambridge University Press, 1984); Peter R. Bedford, "The Neo-Assyrian Empire", em Morris e Scheidel (orgs.), *The Dynamics of Ancient Empires.*

11. Harris, *War and Imperialism in Republican Rome, 327-70 BC*; Karl-Joachim Hölkeskamp, "Conquest, Competition and Consensus: Roman Expansion in Italy and the Rise of the 'Nobilitas'", *Historia: Zeitschrift für Alte Geschichte* , 42/1 (1993).

12. Derk Bodde, "The State and Empire of Ch'in", em Denis Twitchett e Michael Loewe (orgs.), *The Cambridge History of China*, i: *The Ch'in and Han Empires, 221 BC-AD. 220* (Cambridge: Cambridge University Press, 1986); R. D. S. Yates, "Cosmos, Central Authority and Communities in the Early Chinese Empire", em Alcock *et. al.* (orgs.), *Empires.*

13. Arthur M. Eckstein, *Senate and General: Individual Decision Making and Roman Foreign Relations, 264-194 BC.* (Berkeley e Los Angeles: University of California Press, 1987); John S. Richardson, *Hispaniae: Spain and the Development of Roman Imperialism* (Cambridge: Cambridge University Press, 1986).

14. Filippo Coarelli, "Public Building in Rome between the Second Punic War and Sulla", *Papers of the British School at Rome*, 45 (1977).

15. Polybius, *Histories* 6.17.

16. John S. Richardson, "The Spanish Mines and the Development of Provincial Taxation in the Second Century BC", *Journal of Roman Studies*, 66 (1976).

17. Livy, *From the Foundation of the City* 38.51.

18. Harriet I. Flower, *Ancestor Masks and Aristocratic Power in Roman Culture* (Oxford: Clarendon Press, 1996).

CAPÍTULO VI

1. David Cannadine, *Ornamentalism: How the British Saw their Empire* (Londres: Allen Lane, 2001).

2. Orlando Patterson, *Slavery and Social Death: A Comparative Study* (Cambridge, Mass.: Harvard University Press, 1982).

3. Richard P. Saller, *Personal Patronage under the Early Empire* (Cambridge: Cambridge University Press, 1982); Andrew Wallace-Hadrill (org.), *Patronage in Ancient Society* (Londres: Routledge, 1989).

4. Claude Eilers, *Roman Patrons of Greek Cities* (Oxford: Oxford University Press, 2002).

5. Ernst Badian, *Foreign Clientelae (264 -70 BC)* (Oxford: Clarendon Press, 1958).

6. David Braund, *Rome and the Friendly King: The Character of the Client Kingship* (Londres: Croom Helm, 1982).

7. Sallust, *Jugurtha* 8.

8. *The Achievements of the Deified Augustus* 26.4.

9. David Johnston, *Roman Law in Context*, org. Paul Cartledge e Peter Garnsey, Key Themes in Ancient History (Cambridge: Cambridge University Press, 1999).

10. Plutarch, *Life of Cato the Elder* 21.

11. Andrea Giardina e Aldo Schiavone (orgs.), *Società romana e produzione schiavistica* (Rome: Laterza, 1981).

12. Dominic Rathbone, "The Development of Agriculture in the Ager Cosanus during the Roman Republic: Problems of Evidence and Interpretation", *Journal of Roman Studies*, 71 (1981).

13. Nicholas Purcell, "The Roman Villa and the Landscape of Production", em Cornell e Lomas (orgs.), *Urban Society in Roman Italy*; Neville Morley, *Metropolis and Hinterland: The City of Rome and the Italian Economy 200 BC-AD 200* (Cambridge: Cambridge University Press, 1996).

14. Andrew Wallace-Hadrill, "Elites and Trade in the Roman Town", em John Rich e Andrew Wallace-Hadrill (orgs.), *City and Country in the Ancient World* (Londres: Routledge, 1991).

15. Susan M. Treggiari, *Roman Freedmen during the Late Republic* (Oxford: Clarendon Press, 1969).

16. Keith Bradley, *Slaves and Masters in the Roman Empire: A Study in Social Control* (Nova York: Oxford University Press, 1987).

17. Apuleius, *The Golden Ass* 9.12.

18. Nicholas Purcell, "Wine and Wealth in Ancient Italy", *Journal of Roman Studies*, 75 (1985); Tchernia, *Le Vin d'Italie romaine*; Jean-Paul Morel, "The Transformation of Italy 300-133 BC", em Astin *et. al.* (orgs.), *Cambridge Ancient History*, viii; Jesper Carlsen e Elio Lo Cascio (orgs.), *Agricoltura e scambi nell'Italia tardo-Repubblicana*, Pragmateiai (Bari: Edipuglia, 2009).

19. Strabo, *Geography* 14.5.4 e 10.5.2.

20. Philip de Souza, *Piracy in the Graeco-Roman World* (Cambridge: Cambridge University Press, 1999).

21. *IG* IX^2 .I.241.

22. William Vernon Harris, "Demography, Geography and the Sources of Roman Slaves", *Journal of Roman Studies*, 89 (1999).

23. P. A. Brunt, *Italian Manpower 225 BC-AD 14* (Oxford: Oxford University Press, 1971); Keith Hopkins, *Conquerors and Slaves: Sociological Studies in Roman History I* (Cambridge: Cambridge University Press, 1978); Nathan Stewart Rosenstein, *Rome at War: Farms, Families and Death in the Middle Republic* (Chapel Hill, NC: University of North Carolina Press, 2004); Keith Bradley, "Slavery in the Roman Republic", em Keith Bradley e Paul Cartledge (orgs.), *Cambridge World History of Slavery*, i: *The Ancient Mediterranean World* (Cambridge: Cambridge University Press, 2011).

CAPÍTULO VII

1. Erich Gruen, *The Hellenistic World and the Coming of Rome*, 2 vols. (Berkeley e Los Angeles: University of California Press, 1984).
2. Ferrary, *Philhellénisme et impérialisme*.
3. Elizabeth M. Brumfiel e John W. Fox (orgs.), *Factional Competition and Political Development in the New World*, New Directions in Archaeology (Cambridge: Cambridge University Press, 1994).
4. David Braund, "Royal Wills and Rome", *Papers of the British School at Rome*, 51 (1983).
5. Sallust, *Jugurtha* 35.
6. Mark Elvin, *The Pattern of the Chinese Past: A Social and Economic Explanation* (Stanford, Calif.: Stanford University Press, 1973).
7. Crosby, *Ecological Imperialism*.
8. Brent D Shaw, "'Eaters of flesh, drinkers of milk': The Ancient Mediterranean Ideology of the Pastoral Nomad", *Ancient Society*, 13 (1982); Christopher B. Krebs, "Borealism: Caesar, Seneca, Tacitus and the Roman Discourse about the Germanic North", em Erich Gruen (org.), *Cultural Identity in the Ancient Mediterranean*, Issues and Debates (Los Angeles: Getty Research Institute, 2011).
9. David Abulafia, "Mediterraneans", em William Vernon Harris (org.), *Rethinking the Mediterranean* (Oxford: Oxford University Press, 2005).
10. Cunliffe, *Europe Between the Oceans*.
11. Owen Lattimore, *Inner Asian Frontier of China* (Oxford: Oxford University Press, 1940).
12. John R. Collis, *The European Iron Age* (Londres: Batsford, 1984); Barry Cunliffe, *Greeks, Romans and Barbarians: Spheres of Interaction* (Londres: Batsford, 1988).
13. Andrew Lintott, "Imperial Expansion and Moral Decline in the Roman Republic", *Historia: Zeitschrift für Alte Geschichte*, 21 (1972); Barbara Levick, "Morals, Politics and the Fall of the Roman Republic", *Greece & Rome*, 29 (1982).
14. Mark Hassall, Michael H. Crawford e Joyce Reynolds, "Rome and the Eastern Provinces at the End of the Second Century BC", *Journal of Roman Studies*, 64 (1974).
15. Fergus Millar, "The Political Character of the Classical Roman Republic, 200-151 BC", *Journal of Roman Studies*, 74 (1984); Fergus Millar, 'Politics, Persuasion and the People before the Social War (150-90 BC)', *Journal of Roman Studies*, 76 (1986).
16. A. N. Sherwin-White, "The Lex Repetundarum and the Political Ideas of Gaius Gracchus", *Journal of Roman Studies*, 72 (1982); Andrew Erskine, *The Hellenistic Stoa: Political Thought and Action* (Londres: Duckworth, 1990).
17. P. A. Brunt, "Italian Aims at the Time of the Social War", *Journal of Roman Studies*, 55 (1965); Gabba, *Republican Rome, the Army and the Allies*; Henrik Mouritsen, *Italian Unifi-*

cation: A Study in Ancient and Modern Historiography, Bulletin of the Institute of Classical Studies Supplements (Londres: Institute of Classical Studies, 1998).

CAPÍTULO VIII

1. Aelius Aristides, *Roman Oration* 61.
2. Catharine Edwards, *The Politics of Immorality in Ancient Rome* (Cambridge: Cambridge University Press, 1993).
3. Sallust, *Jugurtha* 4.5.
4. Tacitus, *Agricola* I.
5. Donald Earl, *The Moral and Political Tradition in Rome*, Aspects of Greek and Roman Life (Londres: Thames and Hudson, 1967).
6. Elizabeth Rawson, "Religion and Politics in the Late Second Century BC at Rome", *Phoenix*, 28/2 (1974).
7. Livy, *From the Foundation of the City*, prefácio.
8. Andrew Wallace-Hadrill, "Family and Inheritance in the Augustan Marriage-Laws", *Proceedings of the Cambridge Philological Society*, 207 (1981); Karl Galinsky, *Augustan Culture* (Princeton: Princeton University Press, 1996).
9. Zanker, *The Power of Images in the Age of Augustus*.
10. Andrew Wallace-Hadrill, "The Golden Age and Sin in Augustan Ideology", *Past and Present*, 95 (1982).
11 . John North, "Roman Reactions to Empire", *Scripta Classica Israelica*, 12 (1993).
12 . Dionysius, *Roman Antiquities* 7.70-3.
13. John Scheid, *Quand croire c'est faire: Les rites sacrificiels des Romains* (Paris: Aubier, 2005); Clifford Ando, *The Matter of the Gods: Religion and the Roman Empire* (Berkeley e Los Angeles: University of California Press, 2008).
14 . John North, "Democratic Politics in Republican Rome", *Past and Present*, 126 (1990); Mary Beard e John North (orgs.), *Pagan Priests* (Londres: Duckworth, 1990).
15. Rebecca Preston, "Roman Questions, Greek Answers: Plutarch and the Construction of Identity", em Simon Goldhill (org.), *Being Greek under Rome: Cultural Identity, the Second Sophistic and the Development of Empire* (Cambridge: Cambridge University Press, 2001); Mary Beard, "A Complex of Times: No More Sheep on Romulus' Birthday", *Proceedings of the Cambridge Philological Society*, 33 (1987).
16. Apuleius, *Golden Ass* 11.5.
17. Mary Beard, "Cicero and Divination: The Formation of a Latin Discourse", *Journal of Roman Studies*, 76 (1986); David Sedley, *Lucretius and the Transformation of Greek Wisdom* (Cambridge: Cambridge University Press, 1998).
18. Clifford Ando, "Interpretatio romana", *Classical Philology*,100 (2005).
19. Paul Veyne, *Did the Greeks Believe in their Myths? An Essay in the Constitutive Imagination*, trad. Paula Wissing (Chicago: University of Chicago Press, 1988); Denis Feeney, *Literature and Religion at Rome: Culture, Contexts and Beliefs*, Latin Literature in Context (Cambridge: Cambridge University Press, 1998).
20. Glen Bowersock, "The Mechanics of Subversion in the Roman Provinces", em Adalberto Giovannini (org.), *Oppositions et résistances à l'empire d'Auguste à Trajan*, Entretiens sur l'Antiquité Classique (Genebra: Fondation Hardt, 1987).

21. James B. Rives, "The Decree of Decius and the Religion of Empire", *Journal of Roman Studies*, 89 (1999).

22. Conrad and Demarest, *Religion and Empire*; John Moreland, "The Carolingian Empire: Rome Reborn?", em Alcock *et.al.*(orgs.), *Empires*.

23. Jörg Rüpke, *Domi militiae: Die religiöse Konstruktion des Krieges im Rom* (Stuttgart: Steiner, 1990).

24. Beard, *The Roman Triumph*.

25. Eric Orlin, *Temples, Religion and Politics in the Roman Republic*, Mnemosyne Supplements (Leiden: Brill, 1996).

26. John Scheid, "Graeco ritu: A Typically Roman Way of Honouring the Gods", *Harvard Studies in Classical Philology*, 97, Greece in Rome: Influence, Integration, Resistance (1995).

27. Mary Beard, "The Roman and the Foreign: The Cult of the 'Great Mother' in Imperial Rome", em Nicholas Thomas e Caroline Humphrey (orgs.), *Shamanism, History and the State* (Ann Arbor: University of Michigan Press, 1994).

28. Mary Beard, John North e Simon Price, *Religions of Rome*, i: *A History* (Cambridge: Cambridge University Press, 1998), pp. 313-63; Clifford Ando, "A Religion for the Empire", em A. J. Boyle e W. J. Dominik (orgs.), *Flavian Rome: Culture, Image, Text* (Leiden: Brill, 2003); Alison Cooley, "Beyond Rome and Latium: Roman Religion in the Age of Augustus", em Celia Schultz e Paul B. Harvey (orgs.), *Religion in Republican Italy*, Yale Classical Studies (Cambridge: Cambridge University Press, 2006).

29. Richard Gordon, "Religion in the Roman Empire: The Civic Compromise and its Limits", in Beard e North (orgs.), *Pagan Priests*.

30. Greg Woolf, "Divinity and Power in Ancient Rome", in Brisch (org.), *Religion and Power*.

31. Simon Price, *Rituals and Power in Roman Asia Minor* (Cambridge: Cambridge University Press, 1984); Ittai Gradel, *Emperor Worship and Roman Religion*, Oxford Classical Monographs (Oxford: Oxford University Press, 2002).

32. Zanker, *The Power of Images in the Age of Augustus*.

CAPÍTULO IX

1. Arthur Keaveney, *Sulla: The Last Republican*, 2ª ed. (Londres: Routledge, 2005).

2. Flower, *Ancestor Masks and Aristocratic Power in Roman Culture*.

3. Brunt, "Laus Imperii"; Andrew Riggsby, *War in Words: Caesar in Gaul and Rome* (Austin, Tex.: University of Texas Press, 2006).

4. De Souza, *Piracy in the Graeco-Roman World*.

5. Erich Gruen, *The Last Generation of the Roman Republic* (Berkeley e Los Angeles: University of California Press, 1974); Liv Mariah Yarrow, *Historiography at the End of the Republic: Provincial Perspectives on Roman Rule* (Oxford: Oxford University Press, 2006).

6. Katherine Clarke, "Universal Perspectives in Historiography", em Christina Shuttleworth Kraus (org.), *The Limits of Historiography: Genre and Narrative in Ancient Historical Texts*, Mnemosyne Supplements (Leiden: Brill, 1999).

7. Hermann Strasburger, "Poseidonios on Problems of the Roman Empire", *Journal of Roman Studies*, 55/1-2 (1965); I. G. Kidd, "Posidonius as Philosopher-Historian", em Miriam Griffin e Jonathon Barnes (orgs.), *Philosophia togata*, i: *Essays on Philosophy and Roman Society* (Oxford: Oxford University Press, 1989).

8. Barbara Levick, "Popular in the Provinces? À Propos of Tacitus Annales 1.2.2", *Acta classica*, 37 (1994).

9. Tacitus, *Annales* 1.2.2.

10. Josef Wiesehöfer (org.), *Die Partherreich und seine Zeugnisse*, Historia Einzelschriften (Stuttgart: Franz Steiner Verlag, 1998).

CAPÍTULO X

1. Michael H. Crawford, "Rome and the Greek World: Economic Relationships", *Economic History Review*, 30/1 (1977).

2. John H. D'Arms, *The Romans on the Bay of Naples: A Social and Cultural History of the Villas and their Owners from 150 BC to AD 100* (Cambridge, Mass.: Harvard University Press, 1970); Andrew Wallace-Hadrill, *Houses and Society in Pompeii and Herculaneum* (Princeton: Princeton University Press, 1994); Eleanor Windsor Leach, *The Social Life of Painting in Ancient Rome and on the Bay of Naples* (Cambridge: Cambridge University Press, 2004).

3. Michael H. Crawford, "Greek Intellectuals and the Roman Aristocracy in the First Century BC", em Peter Garnsey e C. R. Whittaker (orgs.), *Imperialism in the Ancient World* (Cambridge: Cambridge University Press, 1978).

4. Elizabeth Rawson, *Cicero: A Portrait* (Londres: Allen Lane, 1975).

5. Keith Hopkins, *Death and Renewal: Sociological Studies in Roman History II* (Cambridge: Cambridge University Press, 1983).

6. M. Cébeillac-Gervason (org.), *Les Bourgeoisies municipales italiennes aux IIe et Ier siècles av. J-C* (Nápoles: Éditions du CNRS & Bibliothèque de l'Institut Français de Naples, 1981).

7. Catherine Steel, *Cicero, Rhetoric and Empire* (Oxford: Oxford University Press, 2001).

8. Cicero, *On Duties* 2.27.

9. Cicero, *To his Brother Quintus* 1.1.

10. Richardson, *The Language of Empire*.

11. D. S. Levene, "Sallust's Jugurtha: An 'Historical Fragment'", *Journal of Roman Studies*, 82 (1992).

12. Sallust, *Histories* 4.69.17.

13. Claude Nicolet, *Space, Geography and Politics in the Early Roman Empire*, trad. Hélène Leclerc, Jerome Lectures (Ann Arbor: University of Michigan Press, 1991).

14. Gruen, *Culture and National Identity in Republican Rome*; Thomas Habinek (org.), *The Politics of Latin Literature: Writing, Identity and Empire in Ancient Rome* (Cambridge: Cambridge University Press, 1998).

15. Elizabeth Rawson, *Intellectual Life in the Late Roman Republic* (Londres: Duckworth, 1985); Andrew Wallace-Hadrill, "Review Article: Greek Knowledge, Roman Power", *Classical Philology*, 83/3 (1988); Elaine Fantham, *Roman Literary Culture from Cicero to Apuleius*, Ancient Society and History (Baltimore: Johns Hopkins University Press, 1996).

16. Purcell, "Becoming Historical".

17. D'Arms, *The Romans on the Bay of Naples: A Social and Cultural History of the Villas and their Owners from 150 BC to AD 100*; M. Frederiksen, *Campania* (Londres: British School at Rome, 1984).

18. T. Keith Dix, "The Library of Lucullus", *Athenaeum*, 88/2 (2000).

19. Mantha Zarmakoupi (org.), *The Villa of the Papyri at Herculaneum: Archaeology, Reception and Digital Reconstruction* (Berlim: De Gruyter, 2010).
20. Marcello Gigante, *Philodemus in Italy: The Books from Herculaneum*, trad. Dirk Obbink, The Body, in Theory: Histories of Cultural Materialism (Ann Arbor: University of Michigan Press, 1995); David Sider, *The Library of the Villa dei Papiri at Herculaneum* (Los Angeles: Getty, 2005).
21. E. Bartman, "Sculptural Collecting and Display in the Private Realm", em E. Gazda (org.), *Roman Art in the Private Sphere: New Perspectives on the Architecture and Decor of the Domus, Villa and Insula* (Ann Arbor: University of Michigan Press, 1991).
22. Andrew Wallace-Hadrill, *Rome's Cultural Revolution* (Nova York: Cambridge University Press, 2008).
23. David Sedley, "Philosophical Allegiance in the Greco-Roman World", em Griffin e Barnes (orgs.), *Philosophia togata*, p. i.
24. Simon Swain, "Bilingualism in Cicero? The Evidence of Code-Switching", em J. N. Adams, Mark Janse e Simon Swain (orgs.), *Bilingualism in Ancient Society: Language Contact and the Written Text* (Oxford: Oxford University Press, 2002).
25. Ingo Gildenhard, *Paideia Romana: Cicero's Tusculan Disputations*, org. Tim Whitmarsh e James Warren, Proceedings of the Cambridge Philological Society Supplements (Cambridge: Cambridge Philological Society, 2007).
26. Cicero, *Tusculan Disputations* 1.1.

CAPÍTULO XI

1. Elizabeth Rawson, "Caesar's Heritage: Hellenistic Kings and their Roman Equals", *Journal of Roman Studies*, 65 (1975).
2. Suetonius, *Life of the Deified Augustus* 101.
3. Nicholas Purcell, "Livia and the Womanhood of Rome", *Proceedings of the Cambridge Philological Society*, 32 (1986).
4. Susan Wood, "Messalina, Wife of Claudius: Propaganda Successes and Failures of his Reign", *Journal of Roman Archaeology*, 5 (1992); Susan Wood, "Diva Drusilla Panthea and the Sisters of Caligula", *American Journal of Archaeology* , 99/3 (1995).
5. R. R. R. Smith, "The Imperial Reliefs from the Sebasteion at Aphrodisias", *Journal of Roman Studies*, 77 (1987).
6. Zvi Yavetz, *Plebs and Princeps* (Londres: Oxford University Press, 1969).
7. Richard J. A. Talbert, *The Senate of Imperial Rome* (Princeton: Princeton University Press, 1984).
8. Ségolène Demougin, Hubert Devijver e Marie-Thérèse Raepsaet-Charlier (orgs.), *L'Ordre équestre: Histoire d'une aristocratie (IIe siècle av. J.-C.-IIIe siècle ap.J.-C.)*, Collection de l'École Française de Rome (Roma: École Française deRome, 1999).
9. Averil Cameron, "The Construction of Court Ritual: The Byzantine Book of Ceremonies", em David Cannadine e Simon Price (orgs.), *Rituals of Royalty: Power and Ceremonial in Traditional Societies*, Past and Present Publications (Cambridge: Cambridge University Press, 1987).
10. Yates, "Cosmos, Central Authority and Communities in the Early Chinese Empire"; Michael J. Puett, *To Become a God: Cosmology, Sacrifice, and Self-Divinization in Early China*,

Harvard-Yenching Institute monograph series (Cambridge, Mass.: Harvard University Press, 2002).

11. Amélie Kuhrt, "Usurpation, Conquest and Ceremonial: From Babylon to Persia", em Cannadine e Price (orgs.), *Rituals of Royalty*; Maria Brosius, "New out of Old? Court and Court Ceremonies in Achaemenid Persia", Antony Spawforth (org.), *The Court and Court Society in Ancient Monarchies* (Cambridge: Cambridge University Press, 2007).

12. Heródoto, *Histories* 3.80-2, Cassius Dio, *Roman History* 52.2-40.

13. Lucrécio, *On the Nature of Things* 5.1105-60. Karl August Wittfogel, *Oriental Despotism: A Comparative Study of Total Power* (Nova York: Yale University Press, 1957).

14. John A. Hall, *Powers and Liberties: The Causes and Consequences of the Rise of the West* (Oxford: Blackwell Publishers, 1985); Patricia Crone, *Pre-industrial Societies*, New Perspectives on the Past (Oxford: Basil Blackwell, 1989).

15. Clifford Geertz, "Centers, Kings and Charisma: Reflections on the Symbolics of Power", em Joseph Ben-David e Terry Nichols Clarke (orgs.), *Culture and its Creators: Essays in Honor of Edward Shils* (Chicago: University of Chicago Press, 1977; reedição); *Local Knowledge: Further Essays in Interpretive Anthropology* (Nova York: Basic Books, 1983), pp. 121-46.

16. Jonathon Spence, *Emperor of China: Self Portrait of K'ang-hsi* (Londres: Cape, 1974).

17. Michel Austin, "Hellenistic Kings, War and the Economy", *Classical Quarterly*, 36/2 (1986).

18. Saller, *Personal Patronage under the Early Empire*; Claude Nicolet, "Augustus, Government and the Propertied Classes", em Fergus Millar e Erich Segal (orgs.), *Caesar Augustus: Seven Aspects* (Oxford: Oxford University Press, 1984).

19. Fergus Millar, *The Emperor in the Roman World* (Londres: Duckworth, 1977).

20. Norbert Elias, *The Court Society* (Oxford: Blackwell Publishers, 1983).

21. Keith Hopkins, "Divine Emperors, or the Symbolic Unity of the Roman Empire", em *Conquerors and Slaves: Sociological Studies in Roman History*, p. i (Cambridge: Cambridge University Press, 1978).

22. Price, *Rituals and Power in Roman Asia Minor*.

23. Brian Campbell, *The Emperor and the Roman Army 31 BC-AD 235* (Oxford: Clarendon Press, 1984).

24. Andrew Wallace-Hadrill, "The Imperial Court", em Alan Bowman, Edward Champlin e Andrew Lintott (orgs.), *Cambridge Ancient History*, x: *The Augustan Empire 43 BC.-AD. 69* (Cambridge: Cambridge University Press, 1996); Aloys Winterling, *Aula Caesaris: Studien zur Institutionalisierung des römischen Kaiserhofes in der Zeit von Augustus bis Commodus (31 v. Chr.-192 n. Chr.)* (Munique: R. Oldenburg, 1999); Jeremy Paterson, "Friends in High Places: The Creation of the Court of the Roman Emperor", em Spawforth (org.), *The Court and Court Society in Ancient Monarchies*.

25. Elias, *The Court Society*; Jeroen Duindam, *Myths of Power: Norbert Elias and the Early Modern European Court* (Amsterdã: Amsterdam University Press, 1994).

26. Paul Zanker, "Domitian's Palace on the Palatine and the Imperial Image", em Alan Bowman *et. al.* (orgs.), *Representations of Empire: Rome and the Mediterranean World*, Proceedings of the British Academy (Oxford: Oxford University Press, 2002).

27. Andrew Wallace-Hadrill, "Civilis princeps: Between Citizen and King", *Journal of Roman Studies*, 72 (1982); Wallace-Hadrill, "The Imperial Court".

28. Helmut Halfmann, *Itinera principum: Geschichte und Typologie der Kaiserreisen im Römischen Reich*, Heidelberger althistorische Beiträge und epigraphische Studien (Stuttgart: Franz Steiner Verlag, 1986).

29. Catharine Edwards e Greg Woolf (orgs.), *Rome the Cosmopolis* (Cambridge: Cambridge University Press, 2003).

CAPÍTULO XII

1. Keith Hopkins, "The Political Economy of the Roman Empire", em Ian Morris e Walter Scheidel (orgs.), *The Dynamics of Ancient Empires: State Power from Assyria to Byzantium*, Oxford Studies in Early Empires (Nova York: Oxford University Press, 2009).

2. Michael H. Crawford, *Coinage and Money under the Roman Republic: Italy and the Mediterranean Economy* (Londres: Methuen, 1985).

3. Peter Rhodes, "After the Three-Bar Sigma Controversy: The History of Athenian Imperialism Reassessed", *Classical Quarterly*, 58/2 (2008).

4. J. G. Manning, "Coinage as Code in Ptolemaic Egypt", em William Vernon Harris (org.), *The Monetary Systems of the Greeks and Romans* (Oxford: Oxford University Press, 2008).

5. Bang e Bayly, *Tributary Empires in History*.

6. Galinsky, *Augustan Culture*.

7. Peter Fibiger Bang, *The Roman Bazaar: A Comparative Study of Trade and Markets in a Tributary Empire*, Cambridge Classical Studies (Cambridge: Cambridge University Press, 2008).

8. P. A. Brunt, "The Revenues of Rome", *Journal of Roman Studies*, 71 (1981); P. A. Brunt, "Publicans in the Principate", em *Roman Imperial Themes* (Oxford: Clarendon Press, 1990); Michel Cottier *et. al.* (orgs.), *The Customs Law of Asia*, Oxford Studies in Ancient Documents (Oxford: Oxford University Press, 2008).

9. Capítulo IV acima.

10. Garnsey, *Famine and Food Supply in the Greco-Roman World*.

11. Peregrine Horden e Nicholas Purcell, *The Corrupting Sea: A Study of Mediterranean History* (Oxford: Blackwell Publishers, 2000); Nicholas Purcell, "The Boundless Sea of Unlikeness? On Defining the Mediterranean", *Mediterranean Historical Review*, 18/2 (2004).

12. Alan Bowman e Andrew Wilson (orgs.), *Quantifying the Roman Economy: Methods and Problems*, Oxford Studies on the Roman Economy (Oxford: Oxford University Press, 2009).

13. Anthony John Parker, *Ancient Shipwrecks of the Mediterranean and the Roman Provinces*, British Archaeological Reports International Series (Oxford: Tempus Reparatum, 1992); Andrew Wilson, "Approaches to Quantifying Roman Trade", em Bowman e Wilson (orgs.), *Quantifying the Roman Economy*.

14. Purcell, "Wine and Wealth in Ancient Italy"; Greg Woolf, "Imperialism, Empire and the Integration of the Roman Economy", *World Archaeology*, 23/3 (1992).

15. Wilson, "Machines, Power and the Ancient Economy"; François de Callataÿ, "The Graeco-Roman Economy in the Super Long Run: Lead, Copper, and Shipwrecks", *Journal of Roman Archaeology*, 18/1 (2005); Dennis P. Kehoe, "The Early Roman Empire: Production", em Scheidel, Morris e Saller (orgs.), *Cambridge Economic History of the Greco-Roman World*.

16. J. B. Ward-Perkins, "From Republic to Empire: Reflections on the Early Provincial Architecture of the Roman West", *Journal of Roman Studies*, 60 (1970).

17. Greg Woolf, *Becoming Roman: The Origins of Provincial Civilization in Gaul* (Cambridge: Cambridge University Press, 1998), pp. 169-205.

18. Susan E. Alcock, *Graecia capta: The Landscapes of Roman Greece* (Cambridge: Cambridge University Press, 1993).

19. Keith Hopkins, "Economic Growth and Towns in Classical Antiquity", em Philip Abrams e E. A. Wrigley (orgs.), *Towns in Societies: Essays in Economic History and Historical Sociology*, Past and Present Publications (Cambridge: Cambridge University Press, 1978); R. F. J. Jones, "A False Start? The Roman Urbanisation of Western Europe", *World Archaeology*, 19/1 (1987); Greg Woolf, "The Roman Urbanization of the East", em Susan E. Alcock (org.), *The Early Roman Empire in the East* (Oxford: Oxbow Books, 1997).

20. Keith Hopkins, "Rome, Taxes, Rents and Trade", *Kodai*, 6/7 (1995/6); R. P. Duncan-Jones, "Taxes, Trade and Money", em *Structure and Scale in the Roman Economy* (Cambridge: Cambridge University Press, 1990).

21. R. P. Duncan-Jones, "The Impact of the Antonine Plague", *Journal of Roman Archaeology*, 9 (1996).

22. Christer Bruun, "The Antonine Plague and the 'Third-Century Crisis'", em Olivier Hekster, Gerda de Kleijn e Daniëlle Slootjes (orgs.), *Crises and the Roman Empire*, Impact of Empire (Leiden: Brill, 2007).

23. Orlin, *Temples, Religion and Politics in the Roman Republic*.

24. Roselaar, *Public Land in the Roman Republic*.

25. Coarelli, "Public Building in Rome between the Second Punic War and Sulla".

26. Brunt, "Publicans in the Principate".

27. Cottier *et. al.*, *The Customs Law of Asia*.

28. Jérôme France, *Quadragesima Galliarum: L'organisation douanière des provinces alpestres, gauloises et germaniques de l'Empire romain, 1er siècle avant J.-C.-3er siècle après J.-C.*, Collections de l'École Française à Rome (Rome, 2001).

29. Richardson, "The Spanish Mines and the Development of Provincial Taxation in the Second Century BC".

30. Dominic Rathbone, "The Imperial Finances", em Bowman, Champlin e Lintott (orgs.), *Cambridge Ancient History*, p. x.

CAPÍTULO XIII

1. Tácito, *Germany* 37.

2. Rolf Michael Schneider, *Bunte Barbaren: Orientalenstatuen aus farbigem Marmor in der römischen Repräsentationskunst* (Worms: Wernersche Verlagsgesellschaft, 1986); R. R. R. Smith, "Simulacra gentium: The Ethne from the Sebasteion at Aphrodisias", *Journal of Roman Studies*, 78 (1988); M. Sapelli (org.), *Provinciae fi deles: Il fregio del templo di Adriano in Campo Marzio* (Milão: Electa, 1999).

3. Erich Gruen, "The Expansion of the Empire under Augustus", em Alan Bowman, Edward Champlin e Andrew Lintott (orgs.), *Cambridge Ancient History*, x: *The Augustan Empire 43 BC-AD 69* (Cambridge: Cambridge University Press, 1996).

4. Nicolet, *Space, Geography and Politics in the Early Roman Empire*.

5. Estrabão, *Geography* 4.5.32.
6. Apiano, *Preface.*
7. Garnsey e Saller, *The Roman Empire.*
8. A. N. Sherwin-White, *The Roman Citizenship*, 2ª ed. (Oxford: Clarendon Press, 1973); Peter Garnsey, "Roman Citizenship and Roman Law in Late Antiquity", em Simon Swain e Mark Edwards (orgs.), *Approaching Late Antiquity: The Transformation from Early to Late Empire* (Oxford: Oxford University Press, 2004).
9. Paul Veyne, *Le Pain et le cirque: Sociologie historique d'un pluralisme politique* (Paris: Seuil, 1976); Arjan Zuiderhoek, *The Politics of Munificence in the Roman Empire: Citizens, Elites and Benefactors in Asia Minor*, Greek Culture in the Roman World (Cambridge: Cambridge University Press, 2009).
10. Edward N. Luttwak, *The Grand Strategy of the Roman Empire: From the First Century AD to the Third* (Baltimore: Johns Hopkins University Press, 1976).
11. Fergus Millar, "Emperors, Frontiers and Foreign Relations, 31 BC to AD 378", *Britannia*, p. 13 (1982).
12. Tácito, *Annales* 4.4-5.
13. Alan Bowman, *Life and Letters on the Roman Frontier: Vindolanda and its People* (Londres: British Museum Press, 1994).
14. Benjamin Isaac, *The Limits of Empire: The Roman Army in the East* (Oxford: Clarendon Press, 1990).
15. Campbell, *The Emperor and the Roman Army 31 BC-AD 235.*
16. Egon Flaig, *Den Kaiser herausfordern: Die Usurpation im römischen Reich* (Frankfurtam-Main: Campus Verlag, 1992).
17. Brent D. Shaw, "Soldiers and Society: The Army in Numidia", *Opus*, 2 (1983).
18. Ramsay MacMullen, *Soldier and Civilian in the Later Roman Empire* (Cambridge, Mass.: Harvard University Press, 1963).
19. Lattimore, *Inner Asian Frontier of China.*
20. Jürgen Kunow, *Der römische Import in der Germania libera bis zu den Markomannenkrieg: Studien zu Bronze- und Glasgefässen*, Göttinger Schriften zur Vor- und Frühgeschichte (Neumunster: K. Wachholtz, 1983); L. Hedeager, "Empire, Frontier and the Barbarian Hinterland: Rome and Northern Europe from AD I-400", em Michael Rowlands, Møgens Trolle Larsen e Kristian Kristiansen (orgs.), *Centre and Periphery in the Ancient World* (Cambridge: Cambridge University Press, 1987); Michael G. Fulford, "Roman and Barbarian:The Economy of Roman Frontier Systems", em J. C. Barrett (org.), *Barbarians and Romans in North-West Europe from the Later Republic to Late Antiquity*, International Series (Oxford: British Archaeological Reports, 1989).
21. Michael Kulikowski, *Rome's Gothic Wars from the Third Century to Alaric*, Key Conflicts of Classical Antiquity (Nova York: Cambridge University Press, 2007); John Drinkwater, *The Alamanni and Rome 213-496 (Caracalla to Clovis)* (Oxford: Oxford University Press, 2007).
22. Kulikowski, *Rome's Gothic Wars from the Third Century to Alaric.*
23. Brian Campbell, "War and Diplomacy: Rome and Parthia 31 BC-AD 235", em John Rich e Graham Shipley (orgs.), *War and Society in the Roman World* (Londres: Routledge, 1993).

CAPÍTULO XIV

1. Miriam Griffin, "Claudius in Tacitus", *Classical Quarterly*, 40/2 (1990).
2. Sherwin-White, *The Roman Citizenship*.
3. Garnsey, "Roman Citizenship and Roman Law in Late Antiquity".
4. Fergus Millar, "Empire and City, Augustus to Julian: Obligations, Excuses and Statuses", *Journal of Roman Studies*, 73 (1983).
5. J. P. V. D. Balsdon, *Romans and Aliens* (Londres: Duckworth, 1979); Benjamin Isaac, *The Invention of Racism in Classical Antiquity* (Princeton: Princeton University Press, 2004).
6. Scheid, "Graeco ritu".
7. Julián Gonzáles, "Lex Irnitana: A New Copy of the Flavian Municipal Law", *Journal of Roman Studies*, 76 (1986).
8. Atos 21-2.
9. MacMullen, *Soldier and Civilian in the Later Roman Empire*; Adrian Goldsworthy e Ian Haynes (orgs.), *The Roman Army as a Community*, Journal of Roman Archaeology Supplements (Portsmouth, RI: Journal of Roman Archaeology, 1999).
10. Fikret K. Yegul, *Baths and Bathing in the Roman World* (Cambridge, Mass.: MIT Press, 1992).
11. I. Nielsen, *Thermae et Balnea: The Architecture and Cultural History of Roman Baths*, 2 vols. (Aarhus: Aarhus University Press, 1990).
12. Michael Wörrle, *Stadt und Fest in kaiserzeitlichen Kleinasien: Studien zu einer agonistischen Stiftung aus Oinoanda*, Vestigia (Munique: C. H. Beck, 1988); Onno van Nijf, "Local Heroes: Athletics, Festivals and Elite Self-Fashioning in the Roman East", em Goldhill (org.), *Being Greek under Rome*; Jason König, *Athletics and Literature in the Roman Empire*, ed. Susan E. Alcock, Jas Elsner e Simon Goldhill, Greek Culture in the Roman World (Cambridge: Cambridge University Press, 2005); Zahra Newby, *Greek Athletics in the Roman World: Victory and Virtue*, org. Simon Price, R. R. R. Smith e Oliver Taplin, Oxford Studies in Ancient Culture and Representation (Nova York: Oxford University Press, 2005).
13. William J. Slater (org.), *Dining in a Classical Context* (Ann Arbor: University of Michigan Press, 1991); Emily Gowers, *The Loaded Table: Representations of Food in Roman Literature* (Oxford: Clarendon Press, 1993); Oswyn Murray e Manuela Tecusan (orgs.), *In vino veritas* (Londres: British School at Rome, 1995); Garnsey, *Food and Society in Classical Antiquity*; Purcell, "The Way We Used to Eat"; Jason König, "Sympotic Dialogue in the First to Fifth Centuries CE", em Simon Goldhill (org.), *The End of Dialogue in Antiquity* (Cambridge: Cambridge University Press, 2008).
14. Simon Swain, *Hellenism and Empire: Language, Classicism and Power in the Greek World, AD 50-250* (Oxford: Clarendon Press, 1996); Tim Whitmarsh, *Greek Literature and the Roman Empire: The Politics of Imitations* (Oxford: Oxford, 2001); Susan E. Alcock, John F. Cherry e Jas Elsner (orgs.), *Pausanias: Travel and Memory in Roman Greece* (Nova York: Oxford University Press, 2001).
15. Greg Woolf, "Becoming Roman, Staying Greek: Culture, Identity and the Civilizing Process in the Roman East", *Proceedings of the Cambridge Philological Society*, 40 (1994); Stephen Hinds, *Allusion and Intertext: Dynamics of Appropriation in Roman Poetry*, Latin Literature in Context (Cambridge: Cambridge University Press, 1998); Wallace-Hadrill, *Rome's Cultural Revolution*.

16. John Percival, *The Roman Villa: An Historical Introduction* (Londres: Batsford, 1976); Roger Ling, *Roman Painting* (Cambridge: Cambridge University Press, 1991); Jas Elsner, *Imperial Rome and Christian Triumph: The Art of the Roman Empire, AD 100-450*, Oxford History of Art (Oxford: Oxford University Press, 1998); Katherine M. Dunbabin, *Mosaics of the Greek and Roman World* (Cambridge: Cambridge University Press, 1999); Leach, *The Social Life of Painting in Ancient Rome and on the Bay of Naples.*

17. David Mattingly (org.), *Dialogues in Roman Imperialism: Power, Discourse and Discrepant Experience in the Roman Empire*, Journal of Roman Archaeology Supplements (Portsmouth, RI: Journal of Roman Archaeology, 1997); Robert Witcher, "Globalisation and Roman Imperialism: Perspectives on Identities in Roman Italy", em Edward Herring e Kathryn Lomas (orgs.), *The Emergence of State Identities in Italy in the First Millennium* BC (Londres: Accordia Research Institute, 2000); Richard Hingley, *Globalizing Roman Culture: Unity, Diversity and Empire* (Londres: Routledge, 2005); Rebecca J. Sweetman, "Roman Knossos: The Nature of a Globalized City", *American Journal of Archaeology*, 111/1 (2007); R. Bruce Hitchner, "Globalization avant la lettre: Globalization and the History of the Roman Empire", *New Global Studies*, 2/2 (2008).

18. T. C. Champion, "Mass Migration in Later Prehistoric Europe", em Per Sörbom (org.), *Transport Technology and Social Change: Papers Delivered at Tekniska Museet Symposium No.2, Stockholm, 1979* (Estocolmo: Tekniska Museet, 1980); Nicholas Purcell, "Mobility and the Polis", em Oswyn Murray e Simon Price (orgs.), *The Greek City from Homer to Alexander* (Oxford: Oxford University Press, 1990).

19. John F. Matthews, "Hostages, Philosophers, Pilgrims, and the Diffusion of Ideas in the Late Roman Mediterranean and Near East", em F. M. Clover e R.S. Humphreys (orgs.), *Tradition and Innovation in Late Antiquity* (Madison: University of Wisconsin Press, 1989).

20. David Noy, *Foreigners at Rome: Citizens and Strangers* (Londres: Duckworth, 2000); Edwards e Woolf, *Rome the Cosmopolis*; L. Wierschowski, *Fremde in Gallien: 'Gallier' in der Fremde: Die epigraphisch bezeugte Mobilität in, von und nach Gallien vom 1. bis 3. Jh. n. Chr*, Texte-Übersetzungen-Kommentare 159, Historia Einzelschriften (Stuttgart: F. Steiner, 2001); Hella Eckart (org.), *Roman Diasporas: Archaeological Approaches to Mobility and Diversity in the Roman Empire*, Journal of Roman Archaeology Supplements (Portsmouth, RI: Journal of Roman Archaeology, 2010).

21. Millar, "Empire and City, Augustus to Julian"; William Broadhead, "Migration and Transformation in Northern Italy in the 3rd-1st Centuries BC", *Bulletin of the Institute of Classical Studies*, 44 (2000); Claudia Moatti (org.), *La Mobilité des personnes en Méditerranée de l'antiquité à l'époque moderne: Procédures de contrôle et documents d'identification*, Collection de l'École Française de Rome (Rome: École Française de Rome, 2004); Claudia Moatti e Wolfgang Kaiser (orgs.), *Gens de passage en Méditerranée de l'antiquité à l'époque moderne: Procédures de contrôle et d'identification*, Collection L'Atelier Méditerranéen (Paris: Maisonneuve & Larose, 2007).

22. Erich Gruen, *Diaspora: Jews among Greeks and Romans* (Cambridge, Mass.: Harvard University Press, 2002); Christopher P. Jones, "A Syrian at Lyon", *American Journal of Philology*, 99/3 (1978).

23. Ramsay MacMullen, *Paganism in the Roman Empire* (New Haven: Yale University Press, 1981).

24. Swain, *Hellenism and Empire*; Seth Schwartz, *Imperialism and Jewish Society 200 BCE to 640 CE*, org. R. Stephen Humphreys, William Chester Jordan e Peter Schäfer; Jews, Christians and Muslims from the Ancient to the Modern World (Princeton: Princeton University Press, 2001).

25. Elias Bickermann, "Origines Gentium", *Classical Philology*, 47 (1952); T. Peter Wiseman, "Domi nobiles and the Roman Cultural Élite", em Cébeillac-Gervason (org.), *Les Bourgeoisies municipales italiennes aux IIe et Ier siècles av. J.-C.*; Erskine, *Troy between Greece and Rome*; Alan Cameron, *Greek Mythography in the Roman World*, org. Donald J. Mastronarde, American Philological Association: American Classical Studies (Nova York: Oxford University Press, 2004); Simon Price, "Local Mythologies in the Greek East", em Christopher Howgego, Volker Heuchert e Andrew Burnett (orgs.), *Coinage and Identity in the Roman Provinces* (Oxford: Oxford University Press, 2005); Hans-Joachim Gehrke, "Heroen als Grenzgänger zwischen Griechen und Barbaren", em Erich Gruen (org.), *Cultural Borrowings and Ethnic Appropriations in Antiquity*, Oriens et Occidens: Studien zu antiken Kulturkontakten und ihren Nachleben (Stuttgart: Franz Steiner Verlag, 2005); Woolf, *Tales of the Barbarians*.

CAPÍTULO XV

1. Matthew B. Roller, *Constructing Autocracy: Aristocrats and Emperors in Julio-Claudian Rome* (Princeton: Princeton University Press, 2001).

2. Averil Cameron e Stuart G. Hall, *Eusebius' Life of Constantine: Introduction, Translation and Commentary* (Oxford: Clarendon Press, 1999); Anthony Bowen e Peter Garnsey, *Lactantius' Divine Institutes*, vol. xl, Translated Texts for Historians (Liverpool: Liverpool University Press, 2003); Roger Rees, *Diocletian and the Tetrarchy*, Debates and Documents in Ancient History (Edimburgo: Edinburgh University Press, 2004).

3. Canepa, *The Two Eyes of the Earth*, p. 45.

4. Christopher Kelly, *Attila the Hun: Barbarian Terror and the Fall of the Roman Empire* (Londres: The Bodley Head, 2008); Roger Batty, *Rome and the Nomads: The Pontic-Danubian Realm in Antiquity* (Oxford: Oxford University Press, 2007).

5. Roger Blockley, *The Fragmentary Classicising Historians of the Later Roman Empire: Eunapius, Olympiodorus, Priscus and Malchus*, 2 vols. (Liverpool: Francis Cairns, 1981-3).

6. Swain, *Hellenism and Empire*.

7. Ewan Bowie, "The Greeks and their Past in the Second Sophistic", *Past and Present*, 46 (1970); Philip A. Stadter, *Arrian of Nicomedia* (Chapel Hill, NC: University of North Carolina Press, 1980); Fergus Millar, *A Study of Cassius Dio* (Oxford: Clarendon Press, 1964); G. J. D. Aalders, "Cassius Dio and the Greek World", *Mnemosyne*, 39/3-4 (1986).

8. Graeme Clarke (org.), *Reading the Past in Late Antiquity* (Rushcutters Bay, NSW: Australian National University Press, 1990); Roger Rees (org.), *Romane memento: Vergil in the Fourth Century* (Londres: Duckworth, 2003); Gavin Kelly, *Ammianus Marcellinus: The Allusive Historian* (Cambridge: Cambridge University Press, 2008).

9. John F. Matthews, *Western Aristocracies and Imperial Court, AD 364-425* (Oxford: Clarendon Press, 1975).

10. Simon Corcoran, *Empire of the Tetrarchs: Imperial Pronouncements and Government, AD 284-324* (Oxford: Clarendon Press, 1996).

11. A. H. M. Jones, *The Later Roman Empire, 284-602*, 2 vols. (Oxford: Blackwell Publishers, 1964).

12. Christopher Kelly, *Ruling the Later Roman Empire* (Cambridge, Mass.: Belknap Press of Harvard University Press, 2004).

13. Ramsay MacMullen, *Corruption and the Decline of Rome* (New Haven: Yale University Press, 1988).

14. Garnsey e Humfress, *The Evolution of the Late Antique World*, pp. 9-51.

15. Sabine MacCormack, *Art and Ceremony in Late Antiquity*, Transformation of the Classical Heritage (Berkeley e Los Angeles: University of California Press, 1981).

16. Julian, *Caesars* 315A.

17. Wallace-Hadrill, "Civilis princeps".

18. Michael McCormick, *Eternal Victory: Triumphal Rulership in Late Antiquity, Byzantium and the Early Medieval West*, Past and Present Publications (Cambridge: Cambridge University Press, 1986).

19. W. Liebeschuetz, *The Decline and Fall of the Roman City* (Oxford: Oxford University Press, 2001).

20. Jill Harries e Ian Wood (orgs.), *The Theodosian Code: Studies in the Imperial Law of Late Antiquity* (Londres: Duckworth, 1993); John F. Matthews, *Laying down the Law: A Study of the Theodosian Code* (New Haven: Yale University Press, 2000).

21. Peter Heather, *Goths and Romans 332-489* (Oxford: Clarendon Press, 1991); Hugh Elton, *Warfare in Roman Europe, AD 350-425* (Oxford: Clarendon Press, 1996). Kulikowski, *Rome's Gothic Wars from the Third Century to Alaric*.

22. Drinkwater, *The Alamanni and Rome 213-496*.

23. Edith Mary Wightman, *Roman Trier and the Treveri* (Londres: Hart-Davis, 1970).

24. John Drinkwater e Hugh Elton (orgs.), *Fifth Century Gaul: A Crisis of Identity* (Cambridge: Cambridge University Press, 1992).

25. Raymond Van Dam, *Leadership and Community in Late Antique Gaul*, Transformation of the Classical Heritage (Berkeley e Los Angeles: University of California Press, 1985).

26. Jill Harries, *Sidonius Apollinaris and the Fall of Rome, AD 407-485* (Oxford: Clarendon Press, 1994).

27. Christian Courtois, *Les Vandales et l'Afrique* (Paris: Arts et Métiers Graphiques, 1955).

28. Julia M. H. Smith, *Europe after Rome: A New Cultural History, 500-1000* (Oxford: Oxford University Press, 2005).

29. Chris Wickham, "The Other Transition: From the Ancient World to Feudalism", *Past and Present*, 103 (1984).

30. Peter Heather, "Cassiodorus and the Rise of the Amals: Genealogy and the Goths under Hun Domination", *Journal of Roman Studies*, 79 (1989).

31. Peter H. Sawyer e Ian Wood (orgs.), *Early Medieval Kingship* (Leeds: The School of History, University of Leeds, 1977).

CAPÍTULO XVI

1. Steven Mithen and Pascal Boyer, "Anthropomorphism and the Evolution of Cognition", *Journal of the Royal Anthropological Institute*, 2/4 (1996); Stewart E. Guthrie, "Anthropo-

logical Theories of Religion", em Michael Martin (org.), *Cambridge Companion to Atheism* (Cambridge: Cambridge University Press, 2007).

2. Arthur Darby Nock, *Conversion: The Old and the New in Religion from Alexander the Great to Augustine of Hippo* (Oxford: Clarendon Press, 1933).

3. Wilfred Cantwell Smith, *The Meaning and End of Religion: A New Approach to the Religious Traditions of Mankind*, Mentor Books (Nova York: New American Library, 1964); Jonathon Z. Smith, *Drudgery Divine: On the Comparison of Early Christianities and the Religions of Late Antiquity* (Chicago: Chicago University Press, 1990); Talad Asad, *Genealogies of Religion: Discipline and Reasons of Power in Christianity and Islam* (Baltimore: Johns Hopkins University Press, 1993); Tomoko Masuzawa, *The Invention of World Religions: Or, How European Universalism was Preserved in the Language of Pluralism* (Chicago: Chicago University Press, 2005).

4. John North, "The Development of Religious Pluralism", em Judith Lieu, John North, e Tessa Rajak (orgs.), *The Jews among Pagans and Christians in the Roman Empire* (Londres: Routledge, 1992); John North, "Pagan Ritual and Monotheism", em Stephen Mitchell e Peter van Nuffelen (orgs.), *One God: Pagan Monotheism in the Roman Empire* (Cambridge: Cambridge University Press, 2010).

5. MacMullen, *Paganism in the Roman Empire*.

6. Walter Burkert, *Ancient Mystery Cults*, Carl Newell Jackson Lectures (Cambridge, Mass.: Harvard University Press, 1987).

7. Jas Elsner e Ian Rutherford (orgs.), *Pilgrimage in Graeco-Roman and Early Christian Antiquity: Seeing the Gods* (Oxford: Oxford University Press, 2005).

8. H. S. Versnel, *Inconsistencies in Greek and Roman Religion 1: Ter unus: Isis, Dionysos, Hermes; Three Studies in Henotheism*, Studies in Greek and Roman Religion (Leiden: Brill, 1990); John North, "Pagans, Polytheists and the Pendulum", em William Vernon Harris (org.), *The Spread of Christianity in the First Four Centuries: Essays in Explanation*, Columbia Studies in the Classical Tradition (Leiden: Brill, 2005).

9. Mitchell e van Nuffelen (orgs.), *One God*.

10. Lucas 9: 59-62.

11. Paulo, Carta aos Gálatas, 5:28.

12. Wayne A. Meeks, *The First Urban Christians: The Social World of the Apostle Paul* (New Haven: Yale University Press, 1983); Keith Hopkins, "Christian Number and its Implications", *Journal of Early Christian Studies*, 6/2 (1998); Judith Lieu, *Christian Identity in the Jewish and Graeco-Roman World* (Oxford: Oxford University Press, 2004).

13. Daniel Boyarin, *Border Lines: The Partition of Judaeo-Christianity*, Divinations: Rereading Late Antique Religion (Filadélfia: University of Pennsylvania Press, 2004).

14. Averil Cameron, "How to Read Heresiology", *Journal of Medieval and Early Modern Studies*, 33/3 (2003).

15. Rives, "The Decree of Decius and the Religion of Empire".

16. Olivier Hekster, *Commodus: An Emperor at the Crossroads*, Dutch Monographs on Ancient History and Archaeology (Amsterdã: J. C. Gieben, 2002).

17. John Curran, *Pagan City and Christian Capital: Rome in the Fourth Century*, Oxford Classical Monographs (Oxford: Clarendon Press, 2000).

18. T. D. Barnes, "Constantine and the Christians of Persia", *Journal of Roman Studies*, 75 (1985).

19. W. Liebeschuetz, *Antioch: City and Imperial Administration in the Later Roman Empire* (Oxford: Clarendon Press, 1972); Isabella Sandwell, *Religious Identity in Late Antiquity: Greeks, Jews, and Christians in Antioch* , Greek Culture in the Roman World (Cambridge: Cambridge University Press, 2007).

20. Michele Renee Salzman, *The Making of a Christian Aristocracy: Social and Religious Change in the Western Roman Empire* (Cambridge, Mass.: Harvard University Press, 2004); Alan Cameron, *The Last Pagans of Rome* (Nova York: Oxford University Press, 2011).

21. Glen Bowersock, *Hellenism in Late Antiquity*, Thomas Spenser Jerome Lectures (Cambridge: Cambridge University Press, 1990).

CAPÍTULO XVII

1. Joseph A. Tainter, *The Collapse of Complex Societies* (Cambridge: Cambridge University Press, 1988); Norman Yoffee e George L. Cowgill (orgs.), *The Collapse of Ancient States and Civilizations* (Tucson, Ariz.: University of Arizona Press, 1988); Mario Liverani, "The Fall of the Assyrian Empire: Ancient and Modern Interpretations", em Alcock *et. al.* (orgs.), *Empires*; Jared M. Diamond, *Collapse: How Societies Choose to Fail or Survive* (Londres: Allen Lane, 2005).

2. Glen Bowersock, "The Dissolution of the Roman Empire", em Yoffee e Cowgill (orgs.), *The Collapse of Ancient States and Civilizations*.

3. S. J. B. Barnish, "Transformation and Survival in the Western Senatorial Aristocracy, *c.* AD 400-700", *Papers of the British School at Rome*, 56 (1988); Chris Wickham, *Early Medieval Italy: Central Power and Local Society 400-1000* (Londres: Macmillan, 1981).

4. James J. O'Donnell, *Cassiodorus* (Berkeley e Los Angeles: University of California Press, 1979).

5. Walter Goffart, *Barbarians and Romans*, AD *418-584: The Techniques of Accommodation* (Princeton: Princeton University Press, 1980).

6. Averil Cameron, *Procopius and the Sixth Century* (Londres: Duckworth, 1985).

7. Michael Maas, *John Lydus and the Roman Past: Antiquarianism and Politics in the Age of Justinian* (Londres: Routledge, 1992).

8. John F. Haldon, *Byzantium in the Seventh Century: The Transformation of a Culture*, ed. rev. (Cambridge: Cambridge University Press, 1997).

9. Cameron, "The Construction of Court Ritual".

10. Judith Herrin, *The Formation of Christendom* (Oxford: Blackwell Publishers, 1987).

11. McNeill, *Plagues and Peoples*.

12. Roger Bagnall, *Egypt in Late Antiquity* (Princeton: Princeton University Press, 1993).

13. Tainter, *The Collapse of Complex Societies*.

14. Gilbert Dagron, *Emperor and Priest: The Imperial Office in Byzantium* (Cambridge: Cambridge University Press, 2003).

15. Edmund Thomas, *Monumentality and the Roman Empire: Architecture in the Antonine Age* (Nova York: Oxford University Press, 2007).

16. Veyne, *Le Pain et le cirque*; Vivian Nutton, "The Beneficial Ideology", em Garnsey e Whittaker (orgs.), *Imperialism in the Ancient World*; Zuiderhoek, *The Politics of Munificence in the Roman Empire*.

17. Bryan Ward-Perkins, *From Classical Antiquity to the Middle Ages: Urban Public Building in Northern and Central Italy AD 300-850*, Oxford Historical Monographs (Oxford: Oxford University Press, 1984).

18. John Rich (org.), *The City in Late Antiquity*, vol. iii, Leicester-Nottingham Studies in Ancient Society (Londres: Routledge, 1992); Liebeschuetz, *The Decline and Fall of the Roman City*; Kenneth G. Holum, "The Classical City in the Sixth Century: Survival and Transformation", em Michael Maas (org.), *The Cambridge Companion to the Age of Justinian* (Nova York: Cambridge University Press, 2005).

19. Clive Foss, *Ephesus after Antiquity: A Late Antique, Byzantine and Turkish City* (Cambridge: Cambridge University Press, 1979); S. T. Loseby, "Marseille: A Late Antique Success Story?", *Journal of Roman Studies*, 82 (1992); Neil Christie and S. T. Loseby (orgs.), *Towns in Transition: Urban Evolution in Late Antiquity and the Early Middle Ages* (Aldershot: Scolar, 1996).

20. Michael Kulikowski, *Late Roman Spain and its Cities* (Baltimore: Johns Hopkins University Press, 2004).

21. Claude Lepelley, *Les Cités de l'Afrique romaine au bas-empire*, 2 vols. (Paris: Études Augustiniennes, 1979-81).

22. Hugh Kennedy, "From Polis to Madina: Urban Change in Late Antique and Early Islamic Syria", *Past and Present*, 106/1 (1985).

23. Millar, "Empire and City, Augustus to Julian".

24. Mark Whittow, "Ruling the Late Roman and Early Byzantine City: A Continuous History", *Past and Present*, 129 (1990).

25. McNeill, *Plagues and Peoples*.

26. De Ste Croix, *The Class Struggle in the Ancient Greek World*.

27. Haldon, *Byzantium in the Seventh Century*.

28. Garth Fowden, *Empire to Commonwealth: Consequences of Monotheism in Late Antiquity* (Princeton: Princeton University Press, 1993).

CAPÍTULO XVIII

1. Greg Woolf, "The Uses of Forgetfulness in Roman Gaul", em Hans-Joachim Gehrke e Astrid Möller (orgs.), *Vergangenheit und Lebenswelt: Soziale Kommunikation, Traditionsbildung und historisches Bewußtsein*, ScriptOralia (Tübingen: Gunter Narr Verlag, 1996); Erskine, *Troy between Greece and Rome*; Woolf, *Tales of the Barbarians*.

2. Heather, "Cassiodorus and the Rise of the Amals"; Ian Wood, "Defining the Franks: Frankish Origins in Early Mediaeval Historiography", em Simon Forde, Lesley Johnson e Alan V. Murray (orgs.), *Concepts of National Identity in the Middle Ages* (Leeds: Leeds University Press, 1995); Andrew Gillett (org.), *On Barbarian Identity: Critical Approaches to Ethnicity in the Early Middle Ages*, Studies in the Early Middle Ages (Turnhout: Brepols, 2002).

3. Fergus Millar, *The Roman Near East, 31 BC-AD 337* (Cambridge, Mass.: Harvard University Press, 1993); Fergus Millar, "Ethnic Identity in the Roman Near East, 325-450: Language, Religion and Culture", em Graeme Clarke (org.), *Identities in the Eastern Mediterranean in Antiquity: Mediterranean Archaeology, Australian and New Zealand Journal for the Archaeology of the Mediterranean World: A Round up of Material and Problems. Not Really an Argumentative Piece* (1998); Stephen Mitchell e Geoffrey Greatrex (orgs.), *Ethnicity and Culture in Late Antiquity* (Londres: Duckworth and Classical Press of Wales, 2000).

4. Fergus Millar, "The Phoenician Cities: A Case Study in Hellenization", *Proceedings of the Cambridge Philological Society*, 29 (1983); Price, "Local Mythologies in the Greek East"; John Dillery, "Greek Historians of the Near East: Clio's 'Other' Sons", em John Marincola (org.), *A Companion to Greek and Roman Historiography* (Malden, Mass.: Blackwell Publishers, 2007).

5. Bowie, "The Greeks and their Past in the Second Sophistic"; Swain, *Hellenism and Empire*; Susan E. Alcock, *Archaeologies of the Greek Past: Landscape, Monuments and Memories* (Cambridge: Cambridge University Press, 2002); Simon Price, "Memory and Ancient Greece", em Anders Holm Rasmussen e Suzanne William Rasmussen (orgs.), *Religion and Society: Rituals, Resources and Identity in the Ancient Graeco-Roman World: The BOMOS Conferences 2002-5* (Roma: Edizioni Quasar, 2008); Christopher P. Jones, "Ancestry and Identity in the Roman Empire", em Whitmarsh (org.), *Local Knowledge and Microidentities in the Imperial Greek World*.

6. Hazel Dodge e Bryan Ward-Perkins (orgs.), *Marble in Antiquity: Collected Papers of J. B. Ward-Perkins* (Londres: British School at Rome, 1992).

7. Sorcha Carey, *Pliny's Catalogue of Culture: Art and Empire in the Natural History*, Oxford Studies in Ancient Culture and Representation (Oxford: Oxford University Press, 2003); Catharine Edwards, "Incorporating the Alien: The Art of Conquest", em Edwards e Woolf (orgs.), *Rome the Cosmopolis*.

8. Sarah Macready e F. H. Thompson (orgs.), *Roman Architecture in the Greek World*, Society of Antiquaries of London Occasional Papers (Londres: Society of Antiquaries, 1987); Thomas, *Monumentality and the Roman Empire*; Serafina Cuomo, *Technology and Culture in Greek and Roman Antiquity*, org. Paul Cartledge e Peter Garnsey, Key Themes in Ancient History (Cambridge: Cambridge University Press, 2007).

9. Keith Hopkins e Mary Beard, *The Colosseum*, org. Mary Beard, Wonders of the World (Londres: Profile Books, 2005); Elke Stein-Hölkeskamp e Karl-Joachim Hölkeskamp (orgs.), *Erinnerungsorte der Antike: Die römische Welt* (Munique: C. H. Beck Verlag, 2006).

10. Alain Schnapp, *The Discovery of the Past* (Nova York: Harry N. Abrams, 1997); Claudia Moatti, *In Search of Ancient Rome*, New Horizons (Londres: Thames and Hudson, 1993); David Karmon, *The Ruin of the Eternal City: Antiquity and Preservation in Renaissance Rome* (Nova York: Oxford University Press, 2011).

11. Wiseman, *Remus*; Purcell, "Becoming Historical".

12. Jean-Claude Golvin, *L'Amphithéâtre romain: Essai sur la théorisation de sa forme et de ses fonctions*, 2 vols., Publications du Centre Pierre Paris (UA 991) (Paris: De Boccard, 1988).

13. Werner Eck, "Senatorial Self-Representation: Developments in the Augustan Period", em Millar e Segal (orgs.), *Caesar Augustus*.

14. Ramsay MacMullen, "The Epigraphic Habit in the Roman Empire", *American Journal of Philology*, 103 (1982); Greg Woolf, "Monumental Writing and the Expansion of Roman Society", *Journal of Roman Studies*, 86 (1996).

15. Habinek, *The Politics of Latin Literature: Writing, Identity and Empire in Ancient Rome*.

16. J. van Sickle, "The Elogia of the Cornelii Scipiones and the Origins of Epigram at Rome", *American Journal of Philology*, 108 (1987).

17. Greg Woolf, "The City of Letters", em Catharine Edwards e Greg Woolf (orgs.), *Rome the Cosmopolis* (Cambridge: Cambridge University Press, 2003).

18. Antony Spawforth, "Symbol of Unity? The Persian-Wars Tradition in the Roman Empire", em Simon Hornblower (org.), *Greek Historiography* (Oxford: Clarendon Press, 1994); Newby, *Greek Athletics in the Roman World: Victory and Virtue*.
19. Robert A. Kaster, *Guardians of Language: The Grammarian and Society in Late Antiquity* (Berkeley e Los Angeles: University of California Press, 1988); Clarke, *Reading the Past in Late Antiquity*.
20. Leighton D. Reynolds e Nigel G. Wilson, *Scribes and Scholars: A Guide to the Transmission of Greek and Latin Literature*, 2ª ed., revista e ampliada (Oxford: Clarendon Press, 1974).

Bibliografia

Aalders, G. J. D. "Cassius Dio and the Greek World", *Mnemosyne*, 39/3-4 (1986), pp. 282-304.

Abulafia, David. "Mediterraneans", em *Rethinking the Mediterranean*, organizado por William Vernon Harris, pp. 64-93. Oxford: Oxford University Press, 2005.

Alcock, Susan E. *Graecia capta: The Landscapes of Roman Greece*. Cambridge: Cambridge University Press, 1993.

Alcock, Susan E. (org.).*The Early Roman Empire in the East*. Oxford: Oxbow Books, 1997.

Alcock, Susan E. *Archaeologies of the Greek Past: Landscape, Monuments and Memories*. Cambridge: Cambridge University Press, 2002.

Alcock, Susan E., John F. Cherry e Jas Elsner (orgs.). *Pausanias: Travel and Memory in Roman Greece*. Nova York: Oxford University Press, 2001.

Alcock, Susan E., T. D'Altroy, K. D. Morrison e C. M. Sinopoli (orgs.). *Empires: Perspectives from Archaeology and History*. Nova York: Cambridge University Press, 2001.

Ando, Clifford. *Imperial Ideology and Provincial Loyalty in the Roman Empire*. Berkeley e Los Angeles: University of California Press, 2000.

____."A Religion for the Empire", em *Flavian Rome: Culture, Image, Text*, organizado por A. J. Boyle e W. J. Dominik, 321-44. Leiden: Brill, 2003.

____."Interpretatio romana", *Classical Philology*, 100 (2005), pp. 41-51.

____. *The Matter of the Gods: Religion and the Roman Empire*. Berkeley e Los Angeles: University of California Press, 2008.

Asad, Talad. *Genealogies of Religion: Discipline and Reasons of Power in Christianity and Islam*. Baltimore: Johns Hopkins University Press, 1993.

Aubert, Jean-Jacques. *Business Managers in Ancient Rome: A Social and Economic Study of Institores, 200 BC-AD 250*, Columbia Studies in the Classical Tradition. Leiden: Brill, 1994.

Aubet, Maria Eugenia. *The Phoenicians and the West: Politics, Colonies and Trade*, 2ª ed. Cambridge: Cambridge University Press, 2001.

Austin, Michel. "Hellenistic Kings, War and the Economy", *Classical Quarterly*, 36/2 (1986), pp. 450-66.

Badian, Ernst. *Foreign Clientelae (264-70 BC)*. Oxford: Clarendon Press, 1958.

Bagnall, Roger. *Egypt in Late Antiquity*. Princeton: Princeton University Press, 1993.

Balsdon, J. P. V. D. *Romans and Aliens*. Londres: Duckworth, 1979.

Bang, Peter Fibiger.*The Roman Bazaar: A Comparative Study of Trade and Markets in a Tributary Empire*, Cambridge Classical Studies. Cambridge: Cambridge University Press, 2008.

Bang, Peter Fibiger e Christopher A. Bayly (orgs.). *Tributary Empires in Global History*, Cambridge Imperial and Post-Colonial Studies Series. Basingstoke: Palgrave Macmillan, 2011.

_____. *Tributary Empires in History: Comparative Perspectives from Antiquity to the Late Mediaeval*, The Mediaeval History Journal, 2003.

Barker, Graeme. *Prehistoric Farming in Europe*, New Directions in Archaeology. Cambridge: Cambridge University Press, 1985.

Barker, Graeme e Tom Rasmussen. *The Etruscans*. Organizado por James Campbell e Barry Cunliffe, 2ª ed., The Peoples of Europe. Malden, Mass.: Blackwell Publishing, 1998.

Barnes, T. D. *Constantine and Eusebius*. Cambridge, Mass.: Harvard University Press, 1981.

_____. *The New Empire of Diocletian and Constantine*. Cambridge, Mass.: Harvard University Press, 1982.

_____. "Constantine and the Christians of Persia", *Journal of Roman Studies*, 75 (1985), pp. 126-36.

Barnish, S. J. B. "Transformation and Survival in the Western Senatorial Aristocracy, *c.* AD 400-700", *Papers of the British School at Rome*, 56 (1988), pp. 120-55.

Bartman, E. "Sculptural Collecting and Display in the Private Realm", em *Roman Art in the Private Sphere: New Perspectives on the Architecture and Decor of the Domus, Villa and Insula*, organizado por E. Gazda, pp. 71-88. Ann Arbor: University of Michigan Press, 1991.

Batty, Roger. *Rome and the Nomads: The Pontic-Danubian Realm in Antiquity*. Oxford: Oxford University Press, 2007.

Beard, Mary. "Cicero and Divination: The Formation of a Latin Discourse", *Journal of Roman Studies*, 76 (1986), pp. 33-46.

_____. "A Complex of Times: No More Sheep on Romulus' Birthday", *Proceedings of the Cambridge Philological Society*, 33 (1987), pp. 1-15.

_____. "The Roman and the Foreign: The Cult of the 'Great Mother' in Imperial Rome", in *Shamanism, History and the State*, organizado por Nicholas Thomas e Caroline Humphrey, pp. 164-90. Ann Arbor: University of Michigan Press, 1994.

_____. *The Roman Triumph*. Cambridge, Mass.: Harvard University Press, 2007.

Beard, Mary e John North (orgs.). *Pagan Priests*. Londres: Duckworth, 1990.

Beard, Mary e John North e Simon Price. *Religions of Rome*, 2 vols. Cambridge: Cambridge University Press, 1998.

_____. *Religions of Rome*, i: *A History*. Cambridge: Cambridge University Press, 1998.

Beard, Mary e Michael H. Crawford. *Rome in the Late Republic: Problems and Interpretations*, 2. ed. Londres: Duckworth, 1999.

Bedford, Peter R. "The Neo-Assyrian Empire", em *The Dynamics of Ancient Empires: State Power from Assyria to Byzantium*, organizado por Ian Morris e Walter Scheidel, 30-65. Nova York: Oxford University Press, 2009.

Bickermann, Elias. "Origines gentium", *Classical Philology*, 47 (1952), pp. 65-81.

Bietti Sestieri, Anna Maria. *The Iron Age Community of Osteria dell'Osa: A Study of Socio-political Development in Central Tyrrenian Italy*, New Studies in Archaeology. Cambridge: Cambridge University Press, 1993.

Birley, Anthony R. *Hadrian: The Restless Emperor*. Londres: Routledge, 1997.

Blagg, Tom e Martin Millett (orgs.). *The Early Roman Empire in the West*. Oxford: Oxbow Books, 1990.

Blázquez Martinez, José María e José Remesal Rodriguez (orgs.). *Producción y commercio del aceite en la antigüedad; Congresso I*. Madri: Universidad Complutense, 1980.

Blázquez Martinez, José María (orgs.). *Producción y commercio del aceite en la antigüedad: Congresso II*. Madri: Universidad Complutense, 1982.

Blockley, Roger. *The Fragmentary Classicising Historians of the Later Roman Empire: Eunapius, Olympiodorus, Priscus and Malchus*, 2 vols. Liverpool: Francis Cairns, 1981-1983.

Boardman, John. *Greeks Overseas: Their Early Colonies and Trade.* 4ª ed. Londres: Thames and Hudson, 1999.

Bodde, Derk. "The State and Empire of Ch'in", em *The Cambridge History of China*, i: *The Ch'in and Han Empires, 221 BC-AD 220*, organizado por Denis Twitchett e Michael Loewe, pp. 21-102. Cambridge: Cambridge University Press, 1986.

Bowen, Anthony e Peter Garnsey. *Lactantius' Divine Institutes*, vol. xl, Translated Texts for Historians. Liverpool: Liverpool University Press, 2003.

Bowerstock, Glen. "The Mechanics of Subversion in the Roman Provinces", em *Oppositions et résistances à l'empire d'Auguste à Trajan*, organizado por Adalberto Giovannini, pp. 291-320. Genebra: Fondation Hardt, 1987.

_____. "The Dissolution of the Roman Empire", em *The Collapse of Ancient States and Civilizations*, organizado por Norman Yoffee e George L. Cowgill, pp. 165-75. Tucson, Ariz.: University of Arizona Press, 1988.

_____. *Hellenism in Late Antiquity*, Thomas Spenser Jerome Lectures. Cambridge: Cambridge University Press, 1990.

Bowerstock, Glen, Peter Brown e Oleg Grabar (orgs.). *Late Antiquity: A Guide to the Postclassical World*. Cambridge, Mass.: Belknap Press of Harvard University Press, 1999.

Bowie, Ewan. "The Greeks and their Past in the Second Sophistic", *Past and Present*, 46 (1970), pp. 3-48.

Bowman, Alan. *Life and Letters on the Roman Frontier: Vindolanda and its People*. Londres: British Museum Press, 1994.

Bowman, Alan e Andrew Wilson (orgs.). *Quantifying the Roman Economy: Methods and Problems*, Oxford Studies on the Roman Economy. Oxford: Oxford University Press, 2009.

Boyarin, Daniel. *Border Lines: The Partition of Judaeo-Christianity*. Organizado por Daniel Boyarin, Virginia Burrus, Charlotte Fonrobert e Robert Gregg, Divinations: Rereading Late Antique Religion. Filadélfia: University of Pennsylvania Press, 2004.

Bradley, Guy, Elena Isayev e Corinna Riva (orgs.). *Ancient Italy: Regions without Boundaries*. Exeter: University of Exeter Press, 2007.

Bradley, Keith. *Slaves and Masters in the Roman Empire: A Study in Social Control*. Nova York: Oxford University Press, 1987.

_____. *Slavery and Society at Rome*. Organizado por Paul Cartledge e Peter Garnsey, Key Themes in Ancient History. Cambridge: Cambridge University Press, 1994.

_____. "Slavery in the Roman Republic", em *Cambridge World History of Slavery*, p. i: *The Ancient Mediterranean World*, organizado por Keith Bradley e Paul Cartledge, pp. 241-64. Cambridge: Cambridge University Press, 2011.

Bradley, Keith e Paul Cartledge (orgs.). *Cambridge World History of Slavery*, p. i: *The Ancient Mediterranean World*. Cambridge: Cambridge University Press, 2011.

Braund, David. *Rome and the Friendly King: The Character of the Client Kingship*. Londres: Croom Helm, 1982.

_____. "Royal Wills and Rome", *Papers of the British School at Rome*, 51 (1983), pp. 16-57.

Brisch, Nicole (org.). *Religion and Power: Divine Kingship in the Ancient World and beyond*, Oriental Institute Seminars. Chicago: Oriental Institute of the University of Chicago, 2008.

Broadhead, William. "Migration and Transformation in Northern Italy in the 3rd-1st centuries BC", *Bulletin of the Institute of Classical Studies*, 44 (2000), pp. 145-66.

Brosius, Maria. "New out of Old? Court and Court Ceremonies in Achaemenid Persia", em *The Court and Court Society in Ancient Monarchies*, organizado por Antony Spawforth, pp. 17-57. Cambridge: Cambridge University Press, 2007.

Brown, Peter. *The World of Late Antiquity: From Marcus Aurelius to Muhammad*. Londres: Thames and Hudson, 1971.

_____. *The Body and Society: Men, Women, and Sexual Renunciation in Early Christianity*, Lectures on the History of Religions. Nova York: Columbia University Press, 1988.

_____. *Augustine of Hippo: A Biography*. Londres: Faber, 2000.

Brumfiel, Elizabeth M. e John W. Fox (orgs.). *Factional Competition and Political Development in the New World*, New Directions in Archaeology. Cambridge: Cambridge University Press, 1994.

Brunt, P. A. "Italian Aims at the Time of the Social War", *Journal of Roman Studies*, 55 (1965), pp. 90-109.

_____. *Italian Manpower 225 BC-AD 14*. Oxford: Oxford University Press, 1971.

_____. "Laus imperii", em *Imperialism in the Ancient World*, organizado por Peter Garnsey e C. R. Whittaker, pp. 159-91. Cambridge: Cambridge University Press, 1978. Reeditado em P.A. Brunt, *Roman Imperial Themes*. Oxford: Oxford University Press, 1990, pp. 288-323.

_____. "The Revenues of Rome", *Journal of Roman Studies*, 71 (1981), pp. 161-72.

_____. *The Fall of the Roman Republic, and Related Essays*. Oxford: Clarendon Press, 1988.

_____. "Publicans in the Principate", em *Roman Imperial Themes*, pp. 354-432. Oxford: Clarendon Press, 1990.

Bruun, Christer. "The Antonine Plague and the 'Third-Century Crisis'", em *Crises and the Roman Empire*, organizado por Olivier Hekster, Gerda de Kleijn e Daniëlle Slootjes, pp. 201-17. Leiden: Brill, 2007.

Burkert, Walter. *Ancient Mystery Cults*, Carl Newell Jackson Lectures. Cambridge, Mass.: Harvard University Press, 1987.

Cameron, Alan. *Greek Mythography in the Roman World*, organizado por Donald J. Mastronarde, American Philological Association: American Classical Studies. Nova York: Oxford University Press, 2004.

_____. *The Last Pagans of Rome*. Nova York: Oxford University Press, 2011.

Cameron, Averil (org.). *Changing Cultures in Early Byzantium*. Aldershot: Variorum Reprints, 1996.

_____. *Christianity and the Rhetoric of Empire: The Development of Christian Discourse*, Sather Classical Lectures. Berkeley e Los Angeles: University of California Press, 1991.

_____. "The Construction of Court Ritual: The Byzantine Book of Ceremonies", em *Rituals of Royalty: Power and Ceremonial in Traditional Societies*, organizado por David Cannadine e Simon Price, pp. 106-36. Cambridge: Cambridge University Press, 1987.

_____ (org.). *Continuity and Change in Sixth-Century Byzantium*. Londres: Variorum Reprints, 1981.

_____. *Procopius and the Sixth Century*. Londres: Duckworth, 1985.

_____. "How to Read Heresiology", *Journal of Medieval and Early Modern Studies*, 33/3 (2003), pp. 471-92.

Cameron, Averil e Stuart G. Hall. *Eusebius' Life of Constantine: Introduction, Translation and Commentary*. Oxford: Clarendon Press, 1999.

Campbell, Brian. *The Emperor and the Roman Army 31 BC-AD 235*. Oxford: Clarendon Press, 1984.

_____. "War and Diplomacy: Rome and Parthia 31 BC-AD 235", em *War and Society in the Roman World*, organizado por John Rich e Graham Shipley, pp. 213-40. Londres: Routledge, 1993.

Canepa, Matthew P. *The Two Eyes of the Earth: Art and Ritual of Kingship between Rome and Sasanian Iran*, organizado por Peter Brown, vol. xlv, The Transformation ofthe Classical Heritage. Berkeley e Los Angeles: University of California Press, 2009.

Cannadine, David. *Ornamentalism: How the British Saw their Empire*. Londres: Allen Lane, 2001.

Cannadine, David e Simon Price (orgs.). *Rituals of Royalty: Power and Ceremonial in Traditional Societies*. Cambridge: Cambridge University Press, 1987.

Carey, Sorcha. *Pliny's Catalogue of Culture: Art and Empire in the Natural History*, Oxford Studies in Ancient Culture and Representation. Oxford: Oxford University Press, 2003.

Carlsen, Jesper e Elio Lo Cascio (orgs.). *Agricoltura e scambi nell'Italia tardo-Repubblicana*, Pragmateiai. Bari: Edipuglia, 2009.

Cébeillac-Gervason, M. (org.). *Les Bourgeoisies municipales italiennes aux IIe et Ier siècles av. J-C.* Nápoles: Éditions du CNRS & Bibliothèque de l'Institut Français de Naples, 1981.

Champion, T. C. "Mass Migration in Later Prehistoric Europe", em *Transport Technology and Social Change: Papers Delivered at Tekniska Museet Symposium No. 2, Stockholm, 1979*, organizado por Sörbom, pp. 33-42. Estocolmo: Tekniska Museet, 1980.

Champion, Tim, Clive Gamble, Stephen Shennan e Alasdair Whittle. *Prehistoric Europe*. Londres: Academic Press, 1984.

Christie, Neil e S. T. Loseby (orgs.). *Towns in Transition: Urban Evolution in Late Antiquity and the Early Middle Ages*. Aldershot: Scolar, 1996.

Claridge, Amanda. *Rome: An Oxford Archaeological Guide*, 2ª ed. Oxford: Oxford University Press, 2010.

Clarke, Graeme (org.). *Reading the Past in Late Antiquity*. Rushcutters Bay, NSW: Australian National University Press, 1990.

Clarke, Katherine. "Universal Perspectives in Historiography", em *The Limits of Historiography: Genre and Narrative in Ancient Historical Texts*, organizado por Christina Shuttleworth Kraus, pp. 249-79. Leiden: Brill, 1999.

Coarelli, Filippo. "Public Building in Rome between the Second Punic War and Sulla", *Papers of the British School at Rome*, 45 (1977), pp. 1-23.

_____. *Rome and Environs: An Archaeological Guide*. Berkeley e Los Angeles: University of California Press, 2007.

Coarelli, Filippo e Helen Patterson (orgs.). *Mercator placidissimus: The Tiber Valley in Antiquity: New Research in the Upper and Middle River Valley, Rome, 27-28 February 2004*, Quaderni di Eutopia. Roma: Quasar, 2008.

Colinvaux, Paul A. *Why Big Fierce Animals Are Rare: An Ecologist's Perspective*. Princeton: Princeton University Press, 1978.

Collis, John R. *The European Iron Age*. Londres: Batsford, 1984.

Conrad, Geoffrey e Arthur A. Demarest. *Religion and Empire: The Dynamics of Aztec and Inca Expansionism*, New Directions in Archaeology. Cambridge: Cambridge University Press, 1984.

Cooley, Alison. "Beyond Rome and Latium: Roman Religion in the Age of Augustus", em *Religion in Republican Italy*, organizado por Celia Schultz e Paul B. Harvey, pp. 228-52. Cambridge: Cambridge University Press, 2006.

_____. *Res gestae divi Augusti: Text, Translation and Commentary*. Cambridge: Cambridge University Press, 2009.

Corcoran, Simon. *Empire of the Tetrarchs: Imperial Pronouncements and Government, AD 284-324* . Oxford: Clarendon Press, 1996.

Cornell, Tim. *The Beginnings of Rome: Italy and Rome from the Bronze Age to the Punic Wars (c.1000-264 BC)*, Routledge History of the Ancient World. Londres: Routledge, 1995.

Cottier, Michel, Michael H. Crawford, C. V. Crowther, Jean-Louis Ferrary, Barbara Levick e Michael Wörrle (orgs.). *The Customs Law of Asia*, organizado por Alan Bowman e Alison Cooley, Oxford Studies in Ancient Documents. Oxford: Oxford University Press, 2008.

Coulston, J. C. N. e Hazel Dodge (orgs.). *Ancient Rome: The Archaeology of the Eternal City*, Oxford University School of Archaeology Monographs. Oxford: Oxford University School of Archaeology, 2000.

Courtois, Christian. *Les Vandales et l'Afrique*. Paris: Arts et Métiers Graphiques, 1955.

Crawford, Michael H. "Rome and the Greek World: Economic Relationships", *Economic History Review*, 30/1 (1977), pp. 45-52.

____. "Greek Intellectuals and the Roman Aristocracy in the First Century BC", em *Imperialism in the Ancient World*, organizado por Peter Garnsey e C. R. Whittaker, 193-207. Cambridge: Cambridge University Press, 1978.

____. *Coinage and Money under the Roman Republic: Italy and the Mediterranean Economy*. Londres: Methuen, 1985.

____. *The Roman Republic*, 2ª ed. Londres: Fontana Press, 1992.

____ (org.). *Roman Statutes*, 2 vols., Bulletin of the Institute of Classical Studies Supplements. Londres: Institute of Classical Studies, 1996.

Cristofani, Mauro (org.). *La grande Roma dei Tarquini: Roma, Palazzo delle esposizioni, 12 giugno-30 settembre 1990: Catalogo della mostra*. Roma: 'L'Erma' di Bretschneider, 1990.

Crone, Patricia. *Pre-industrial Societies*, New Perspectives on the Past. Oxford: Basil Blackwell, 1989.

Crook, J. A. *Consilium principis: Imperial Councils and Counsellors from Augustus to Diocletian*. Cambridge: Cambridge University Press, 1955.

Crosby, Alfred W. *Ecological Imperialism: The Biological Expansion of Europe, 900-1900*, Studies in Environment and History. Cambridge: Cambridge University Press, 1986.

Cunliffe, Barry. *Greeks, Romans and Barbarians: Spheres of Interaction*. Londres: Batsford, 1988.

____. *Europe Between the Oceans: Themes and Variations, 9000 BC-AD 1000*. New Haven: Yale University Press, 2008.

Cuomo, Serafina. *Technology and Culture in Greek and Roman Antiquity*, organizado por Paul Cartledge e Peter Garnsey, Key Themes in Ancient History. Cambridge: Cambridge University Press, 2007.

Curran, John. *Pagan City and Christian Capital: Rome in the Fourth Century*, Oxford Classical Monographs. Oxford: Clarendon Press, 2000.

Dagron, Gilbert. *Emperor and Priest: The Imperial Office in Byzantium*. Cambridge: Cambridge University Press, 2003.

D'Arms, John H. *The Romans on the Bay of Naples: A Social and Cultural History of the Villas and their Owners from 150 BC to AD 100*. Cambridge, Mass.: Harvard University Press, 1970.

David, Jean-Michel. *The Roman Conquest of Italy*, organizado por Tim Cornell, The Ancient World. Oxford: Blackwell Publishers, 1996.

De Callataÿ, François. "The Graeco-Roman Economy in the Super Long Run: Lead, Copper and Shipwrecks", *Journal of Roman Archaeology*, 18/1 (2005), pp. 361-72.

De Ligt, Luuk e Simon Northwood (orgs.). *People, Land and Politics: Demographic Developments and the Transformation of Roman Italy 300 BC-AD 14*, Mnemosyne Supplements. Leiden: Brill, 2008.

Demougin, Ségolène, Hubert Devijver e Marie-Thérèse Raepsaet-Charlier (orgs.). *L'Ordre équestre: Histoire d'une aristocratie (IIe siècle av. J.-C.-IIIe siècle ap. J.-C.)*, Collection de l'École Française de Rome. Roma: École Française de Rome, 1999.

Dench, Emma. *From Barbarians to New Men: Greek, Roman and Modern Perceptions of Peoples of the Central Apennines*. Oxford: Oxford University Press, 1995.

____. *Romulus' Asylum: Roman Identities from the Age of Alexander to the Age of Hadrian*. Oxford: Oxford University Press, 2005.

Derks, Ton e N. Roymans (orgs.). *Ethnic Constructs in Antiquity: The Role of Power and Tradition*, Amsterdam Archaeological Studies. Amsterdã: Amsterdam University Press, 2009.

De Ste Croix, G. E. M. *The Class Struggle in the Ancient Greek World: From the Archaic Age to the Arab Conquests*. Londres: Duckworth, 1981.

De Souza, Philip. *Piracy in the Graeco-Roman World*. Cambridge: Cambridge University Press, 1999.

Diamond, Jared M. *Collapse: How Societies Choose to Fail or Survive*. Londres: Allen Lane, 2005.

Dillery, John. "Greek Historians of the Near East. Clio's 'Other' Sons", em *A Companion to Greek and Roman Historiography*, organizado por John Marincola, pp. 221-30. Malden, Mass.: Blackwell Publishers, 2007.

Dix, T. Keith. "The Library of Lucullus", *Athenaeum*, 88/2 (2000), pp. 441-64.

Dodge, Hazel e Bryan Ward-Perkins (orgs.). *Marble in Antiquity: Collected Papers of J. B. Ward-Perkins*. Londres: British School at Rome, 1992.

Dougherty, Carol. *The Poetics of Colonization: From City to Text in Archaic Greece*. Nova York: Oxford University Press, 1993.

Drinkwater, John. *The Alamanni and Rome 213-496 (Caracalla to Clovis)*. Oxford: Oxford University Press, 2007.

Drinkwater, John e Hugh Elton (orgs.). *Fifth Century Gaul: A Crisis of Identity*. Cambridge: Cambridge University Press, 1992.

Duindam, Jeroen. *Myths of Power: Norbert Elias and the Early Modern European Court*. Amsterdã: Amsterdam University Press, 1994.

Dunbabin, Katherine M. *Mosaics of the Greek and Roman World*. Cambridge: Cambridge University Press, 1999.

Duncan-Jones, R. P. "Taxes, Trade and Money", em *Structure and Scale in the Roman Economy*, pp. 30-47. Cambridge: Cambridge University Press, 1990.

_____. "The Impact of the Antonine Plague", *Journal of Roman Archaeology*, 9 (1996), pp. 108-36.

Dyson, Stephen L. *The Creation of the Roman Frontier*. Princeton: Princeton University Press, 1985.

Earl, Donald. *The Moral and Political Tradition in Rome*, Aspects of Greek and Roman Life. Londres: Thames and Hudson, 1967.

Eck, Werner. "Senatorial Self-Representation: Developments in the Augustan Period", em *Caesar Augustus: Seven Aspects*, organizado por Fergus Millar e Erich Segal, pp. 129-67. Oxford: Oxford University Press, 1984.

Eckart, Hella (org.). *Roman Diasporas: Archaeological Approaches to Mobility and Diversity in the Roman Empire*, Journal of Roman Archaeology Supplements. Portsmouth, RI: Journal of Roman Archaeology, 2010.

Eckstein, Arthur M. *Senate and General: Individual Decision Making and Roman Foreign Relations, 264-194 BC*. Berkeley e Los Angeles: University of California Press, 1987.

_____. *Mediterranean Anarchy, Interstate War and the Rise of Rome*, Hellenistic Culture and Society. Berkeley e Los Angeles: University of California Press, 2006.

Edwards, Catherine. *The Politics of Immorality in Ancient Rome*. Cambridge: Cambridge University Press, 1993.

_____ (org.). *Roman Presences: Receptions of Rome in European Culture, 1789-1945*. Cambridge: Cambridge University Press, 1999.

_____. "Incorporating the Alien: The Art of Conquest", em *Rome the Cosmopolis*, organizado por Catharine Edwards e Greg Woolf, 44-70. Cambridge: Cambridge University Press, 2003.

Edwards, Catherine e Greg Woolf (orgs.). *Rome the Cosmopolis*. Cambridge: Cambridge University Press, 2003.

Eilers, Claude. *Roman Patrons of Greek Cities*. Oxford: Oxford University Press, 2002.

Eisenstadt, Shmuel. *The Political Systems of Empires*. Londres: Free Press of Glencoe, 1963.

Elias, Norbert. *The Court Society*. Oxford: Blackwell Publishers, 1983.

Elsner, Jas. *Imperial Rome and Christian Triumph: The Art of the Roman Empire, AD 100-450*, Oxford History of Art. Oxford: Oxford University Press, 1998.

_____. *Roman Eyes: Visuality and Subjectivity in Art and Text*. Princeton: Princeton University Press, 2007.

Elsner, Jas e Ian Rutherford (orgs.). *Pilgrimage in Graeco-Roman and Early Christian Antiquity: Seeing the Gods*. Oxford: Oxford University Press, 2005.

Elton, Hugh. *Warfare in Roman Europe, AD 350-425*. Oxford: Clarendon Press, 1996.

Elvin, Mark. *The Pattern of the Chinese Past: A Social and Economic Explanation*. Stanford, Calif.: Stanford University Press, 1973.

Erdkamp, Paul. *The Grain Market in the Roman Empire: A Social, Political and Economic Study*. Cambridge: Cambridge University Press, 2005.

Erskine, Andrew. *The Hellenistic Stoa: Political Thought and Action*. Londres: Duckworth, 1990.

_____. *Troy between Greece and Rome: Local Tradition and Imperial Power*. Oxford: Oxford University Press, 2001.

Fantham, Elaine. *Roman Literary Culture from Cicero to Apuleius*, Ancient Society and History. Baltimore: Johns Hopkins University Press, 1996.

Feeney, Denis. *Caesar's Calendar: Ancient Time and the Beginnings of History*, Sather Classical Lectures. Berkeley e Los Angeles: University of California Press, 2007.

_____. *Literature and Religion at Rome: Culture, Contexts and Beliefs*, Latin Literature in Context. Cambridge: Cambridge University Press, 1998.

Fentress, James e Chris Wickham. *Social Memory*. Oxford: Blackwell Publishers, 1992.

Ferrary, Jean-Louis. *Philhellénisme et impérialisme: Aspects idéologiques de la conquête romaine du monde hellénistique, de la Seconde Guerre de Macédoine à la Guerre contre Mithridate*, Bibliothèque des Écoles Françaises d'Athènes et de Rome. Roma: École Française de Rome, 1988.

Flaig, Egon. *Den Kaiser herausfordern: Die Usurpation im römischen Reich*. Frankfurtam-Main: Campus Verlag, 1992.

Flower, Harriet. *Ancestor Masks and Aristocratic Power in Roman Culture*. Oxford: Clarendon Press, 1996.

_____. *The Art of Forgetting: Disgrace and Oblivion in Roman Political Culture*, organizado por Robin Osborne, Peter Rhodes e Richard J. A. Talbert, Studies in the History of Greece and Rome. Chapel Hill, NC: University of North Carolina Press, 2006.

Foss, Clive. *Ephesus after Antiquity: A Late Antique, Byzantine and Turkish City*. Cambridge: Cambridge University Press, 1979.

Fowden, Garth. *Empire to Commonwealth: Consequences of Monotheism in Late Antiquity*. Princeton: Princeton University Press, 1993.

France, Jérôme. *Quadragesima Galliarum: L'organisation douanière des provinces alpestres, gauloises et germaniques de l'Empire romain, 1er siècle avant J.-C.-3er siècle après J.-C.*, Collections de l'École Française à Rome. Roma: École Française de Rome, 2001.

Frederiksen, M. *Campania*. Londres: British School at Rome, 1984.

Fulford, Michael G. "Roman and Barbarian: The Economy of Roman Frontier Systems", em *Barbarians and Romans in North-West Europe from the Later Republic to Late Antiquity*, organizado por J. C. Barrett, pp. 81-95. Oxford: British Archaeological Reports, 1989.

Gabba, Emilio. *Republican Rome, the Army and the Allies*. Oxford: Blackwell Publishers, 1976.

Galinsky, Karl. *Augustan Culture*. Princeton: Princeton University Press, 1996.

_____ (org.). *Cambridge Companion to the Age of Augustus*. Nova York: Cambridge University Press, 2005.

Garnsey, Peter. *Famine and Food Supply in the Greco-Roman World: Responses to Risk and Crisis.* Cambridge: Cambridge University Press, 1988.

_____. *Food and Society in Classical Antiquity*, Key Themes in Ancient History. Cambridge: Cambridge University Press, 1999.

_____. "Roman Citizenship and Roman Law in Late Antiquity", em *Approaching Late Antiquity: The Transformation from Early to Late Empire*, organizado por Simon Swain e Mark Edwards, pp. 133-55. Oxford: Oxford University Press, 2004.

Garnsey, Peter e Richard P. Saller. *The Roman Empire: Economy, Society and Culture.* Londres: Duckworth, 1987.

Garnsey, Peter e Caroline Humfress. *The Evolution of the Late Antique World.* Cambridge: Orchard Academic, 2001.

Geertz, Clifford. "Centers, Kings and Charisma: Reflections on the Symbolics of Power", em *Culture and its Creators: Essays in Honor of Edward Shils*, organizado por Joseph Ben-David e Terry Nichols Clarke, pp. 150-71. Chicago: University of Chicago Press, 1977. Reedição, *Local Knowledge: Further Essays in Interpretive Anthropology.* Nova York: Basic Books, 1983, pp. 121-46.

Gehrke, Hans-Joachim. "Heroen als Grenzgänger zwischen Griechen und Barbaren", em *Cultural Borrowings and Ethnic Appropriations in Antiquity*, organizado por Erich Gruen, pp. 50-67. Stuttgart: Franz Steiner Verlag, 2005.

Giardina, Andrea e Aldo Schiavone (orgs.). *Società romana e produzione schiavistica.* Roma: Laterza, 1981.

Gigante, Marcello. *Philodemus in Italy: The Books from Herculaneum*, traduzido por Dirk Obbink, The Body, in Theory: Histories of Cultural Materialism. Ann Arbor: University of Michigan Press, 1995.

Gildenhard, Ingo. *Paideia Romana: Cicero's Tusculan Disputations*, organizado por Tim Whitmarsh e James Warren, Proceedings of the Cambridge Philological Society Supplements. Cambridge: Cambridge Philological Society, 2007.

Gillett, Andrew (org.). *On Barbarian Identity: Critical Approaches to Ethnicity in the Early Middle Ages*, Studies in the Early Middle Ages. Turnhout: Brepols, 2002.

Goffart, Walter. *Barbarians and Romans, AD 418-584: The Techniques of Accommodation.* Princeton: Princeton University Press, 1980.

Goldhill, Simon (org.). *Being Greek under Rome: Cultural Identity, the Second Sophistic and the Development of Empire.* Cambridge: Cambridge University Press, 2001.

Goldsworthy, Adrian. *The Roman Army at War, 100 BC-AD 200.* Oxford: Clarendon Press, 1996.

_____. *Caesar: The Life of a Colossus.* Londres: Weidenfeld and Nicolson, 2006.

Goldsworthy, Adrian e Ian Haynes (orgs.). *The Roman Army as a Community*, Journal of Roman Archaeology Supplements. Portsmouth, RI: Journal of Roman Archaeology, 1999.

Golvin, Jean-Claude. *L'Amphithéâtre romain: Essai sur la théorisation de sa forme et de ses fonctions*, 2 vols., Publications du Centre Pierre Paris (UA 991). Paris: De Boccard, 1988.

Gonzáles, Julián. "Lex Irnitana: A New Copy of the Flavian Municipal Law", *Journal of Roman Studies*, 76 (1986), pp. 147-243.

Gordon, Richard. "Religion in the Roman Empire: The Civic Compromise and its Limits", em *Pagan Priests*, organizado por Mary Beard e John North, pp. 233-55. Londres: Duckworth, 1990.

Gowers, Emily. *The Loaded Table: Representations of Food in Roman Literature.* Oxford: Clarendon Press, 1993.

Gowing, Alain M. *Empire and Memory: The Representation of the Roman Republic in Imperial Culture*, organizado por Denis Feeney e Stephen Hinds, Roman Literature and its Contexts. Cambridge: Cambridge University Press, 2005.

Gradel, Ittai. *Emperor Worship and Roman Religion*, Oxford Classical Monographs. Oxford: Oxford University Press, 2002.

Greene, Kevin. *The Archaeology of the Roman Economy*. Londres: Batsford, 1986.

Griffin, Miriam. "Claudius in Tacitus", *Classical Quarterly*, 40/2 (1990), pp. 482-501.

____ *Nero: The End of a Dynasty*, 2ª ed. Londres: Batsford, 1996.

Gruen, Erich (org.). *The Last Generation of the Roman Republic*. Berkeley e Los Angeles: University of California Press, 1974.

____. *The Hellenistic World and the Coming of Rome*, 2 vols. Berkeley e Los Angeles: University of California Press, 1984.

____. *Culture and National Identity in Republican Rome*. Londres: Duckworth, 1992.

____. "The Expansion of the Empire under Augustus", em *Cambridge Ancient History*, x: *The Augustan Empire 43 BC-AD 69*, organizado por Alan Bowman, Edward Champlin e Andrew Lintott, pp. 147-97. Cambridge: Cambridge University Press, 1996.

____. *Diaspora: Jews among Greeks and Romans*. Cambridge, Mass.: Harvard University Press, 2002.

____ (org.). *Cultural Identity in the Ancient Mediterranean*, Issues and Debates. Los Angeles: Getty Research Institute, 2011.

Gutas, Dimitri. *Greek Thought, Arab Culture: The Graeco-Arabic Translation Movement in Baghdad and Early Abbasid Society (2nd-4th/8th-10th Centuries)*. Nova York: Routledge, 1998.

Guthrie, Stewart E. "Anthropological Theories of Religion", em *Cambridge Companion to Atheism*, organizado por Michael Martin, pp. 283-99. Cambridge: Cambridge University Press, 2007.

Habinek, Thomas (org.). *The Politics of Latin Literature: Writing, Identity and Empire in Ancient Rome*. Cambridge: Cambridge University Press, 1998.

____. *The World of Roman Song from Ritualised Speech to Social Order*. Baltimore: Johns Hopkins University Press, 2005.

Haldon, John F. *Byzantium in the Seventh Century: The Transformation of a Culture*, ed. rev. Cambridge: Cambridge University Press, 1997.

Halfmann, Helmut. *Itinera principum: Geschichte und Typologie der Kaiserreisen im Römischen Reich*, Heidelberger althistorische Beiträge und epigraphische Studien. Stuttgart: Franz Steiner Verlag, 1986.

Hall, John A. *Powers and Liberties: The Causes and Consequences of the Rise of the West*. Oxford: Blackwell Publishers, 1985.

Halstead, Paul e John O'Shea (orgs.). *Bad Year Economics: Cultural Responses to Risk and Uncertainty*, New Directions in Archaeology. Cambridge: Cambridge University Press, 1989.

Hardie, Philip. *Virgil's Aeneid: Cosmos and Imperium*. Oxford: Clarendon Press, 1985.

Harries, Jill. *Sidonius Apollinaris and the Fall of Rome, AD 407-485*. Oxford: Clarendon Press, 1994.

Harries, Jille Ian Wood (orgs.). *The Theodosian Code: Studies in the Imperial Law of Late Antiquity*. Londres: Duckworth, 1993.

Harris, William Vernon. *War and Imperialism in Republican Rome, 327-70 BC*. Oxford: Clarendon Press, 1979.

____. 'Roman Expansion in the West', em *Cambridge Ancient History*, viii: *Rome and the Mediterranean to 133 BC*, organizado por A. E. Astin, F. Walbank, M. Frederiksen e R. M. Ogilvie, pp. 107-62. Cambridge: Cambridge University Press, 1989.

____. "Demography, Geography and the Sources of Roman Slaves", *Journal of Roman Studies*, 89 (1999), pp. 62-75.

____ (org.). *The Transformations of Urbs Roma in Late Antiquity*, Journal of Roman Archaeology Supplements. Portsmouth, RI: Journal of Roman Archaeology, 1999.

_____ (org.). *Rethinking the Mediterranean*. Oxford: Oxford University Press, 2005.

_____ (org.). *The Spread of Christianity in the First Four Centuries: Essays in Explanation*. Leiden: Brill, 2005.

_____. *The Roman Imperial Economy: Twelve Essays*. Oxford: Oxford University Press, 2011.

Hassall, Mark, Michael H. Crawford e Joyce Reynolds. "Rome and the Eastern Provinces at the End of the Second Century BC", *Journal of Roman Studies*, 64 (1974), pp. 195-220.

Heather, Peter. "Cassiodorus and the Rise of the Amals: Genealogy and the Goths under Hun Domination", *Journal of Roman Studies*, 79 (1989), pp. 103-28.

_____. *Goths and Romans 332-489*. Oxford: Clarendon Press, 1991.

Hedeager, L. "Empire, Frontier and the Barbarian Hinterland: Rome and Northern Europe from AD 1-400", em *Centre and Periphery in the Ancient World*, organizado por Michael Rowlands, Møgens Trolle Larsen e Kristian Kristiansen, pp. 125-40. Cambridge: Cambridge University Press, 1987.

Hekster, Olivier. *Commodus: An Emperor at the Crossroads*, Dutch Monographs on Ancient History and Archaeology. Amsterdã: J. C. Gieben, 2002.

_____. Gerda de Kleijn e Daniëlle Slootjes (orgs.). *Crises and the Roman Empire*, Impact of Empire. Leiden: Brill, 2007.

Herrin, Judith. *The Formation of Christendom*. Oxford: Blackwell Publishers, 1987.

Heurgon, Jacques. *The Rise of Rome to 264 BC*. Londres: Batsford, 1973.

Hinds, Stephen. *Allusion and Intertext: Dynamics of Appropriation in Roman Poetry*, Latin Literature in Context. Cambridge: Cambridge University Press, 1998.

Hine, Harry. "Seismology and Vulcanology in Antiquity?", em *Science and Mathematics in Ancient Greek Culture*, organizado por C. J. Tuplin e T. E. Rihll, pp. 56-75. Oxford: Oxford University Press, 2002.

Hingley, Richard (org.). *Images of Rome: Perceptions of Ancient Rome in Europe and the United States in the Modern Age*, organizado por J. H. Humphrey, Journal of Roman Archaeology Supplements. Portsmouth, RI: Journal of Roman Archaeology, 2001.

_____. *Globalizing Roman Culture: Unity, Diversity and Empire*. Londres: Routledge, 2005.

Hitchner, R. Bruce. "Globalization avant la lettre: Globalization and the History of the Roman Empire", *New Global Studies*, 2/2 (2008).

Hölkeskamp, Karl-Joachim. "Conquest, Competition and Consensus: Roman Expansion in Italy and the Rise of the 'Nobilitas'", *Historia: Zeitschrift für Alte Geschichte*, 42/1 (1993), pp. 12-39.

Holum, Kenneth G. "The Classical City in the Sixth Century: Survival and Transformation", em *The Cambridge Companion to the Age of Justinian*, organizado por Michael Maas, pp. 87-112. Nova York: Cambridge University Press, 2005.

Hopkins, Keith. *Conquerors and Slaves: Sociological Studies in Roman History I*. Cambridge: Cambridge University Press, 1978.

_____. "Divine Emperors, or the Symbolic Unity of the Roman Empire", em *Conquerors and Slaves: Sociological Studies in Roman History I*, pp. 197-242. Cambridge: Cambridge University Press, 1978.

_____. "Economic Growth and Towns in Classical Antiquity", em *Towns in Societies: Essays in Economic History and Historical Sociology*, organizado por Philip Abrams e E. A. Wrigley, pp. 35-77. Cambridge: Cambridge University Press, 1978.

_____. "Taxes and Trade in the Roman Empire, 200 BC-AD 200", *Journal of Roman Studies* , 70 (1980), pp. 101-25.

_____. *Death and Renewal: Sociological Studies in Roman History II*. Cambridge: Cambridge University Press, 1983.

_____. "Rome, Taxes, Rents and Trade", *Kodai* , 6-7 (1995-6), pp. 41-75.

____. "Christian Number and its Implications", *Journal of Early Christian Studies*, 6/2 (1998), pp. 185-226.

____. "The Political Economy of the Roman Empire", em *The Dynamics of Ancient Empires: State Power from Assyria to Byzantium*, organizado por Ian Morris e Walter Scheidel, pp. 178--204. Nova York: Oxford University Press, 2009.

Hopkins, Keith e Mary Beard. *The Colosseum*, organizado por Mary Beard, Wonders of the World. Londres: Profile Books, 2005.

Horden, Peregrine e Nicholas Purcell. *The Corrupting Sea: A Study of Mediterranean History*. Oxford: Blackwell Publishers, 2000.

Howgego, Christopher. *Ancient History from Coins*. Londres: Routledge, 1995.

Isaac, Benjamin. *The Limits of Empire: The Roman Army in the East*. Oxford: Clarendon Press, 1990.

____. *The Invention of Racism in Classical Antiquity*. Princeton: Princeton University Press, 2004.

Janes, Dominic. *God and Gold in Late Antiquity*. Cambridge: Cambridge University Press, 1998.

Johnston, David. *Roman Law in Context*, organizado por Paul Cartledge e Peter Garnsey, Key Themes in Ancient History. Cambridge: Cambridge University Press, 1999.

Jones, A. H. M. *The Later Roman Empire, 284-602*, 2 vols. Oxford: Blackwell Publishers, 1964.

Jones, Christopher P. "A Syrian at Lyon", *American Journal of Philology*, 99/3 (1978), pp. 336-53.

____. "Ancestry and Identity in the Roman Empire", em *Local Knowledge and Microidentities in the Imperial Greek World*, organizado por Tim Whitmarsh, pp. 111-24. Cambridge: Cambridge University Press, 2010.

Jones, R. F. J. "A False Start? The Roman Urbanisation of Western Europe", *World Archaeology*, 19/1 (1987), pp. 47-58.

Karmon, David. *The Ruin of the Eternal City: Antiquity and Preservation in Renaissance Rome*. Nova York: Oxford University Press, 2011.

Kaster, Robert A. *Guardians of Language: The Grammarian and Society in Late Antiquity*. Berkeley e Los Angeles: University of California Press, 1988.

Kautsky, J. H. *The Politics of Aristocratic Empires*. Chapel Hill, NC: University of North Carolina Press, 1982.

Keaveney, Arthur. *Sulla: The Last Republican*, 2ª ed. Londres: Routledge, 2005.

Kehoe, Dennis P. "The Early Roman Empire: Production", em *Cambridge Economic History of the Greco-Roman World*, organizado por Walter Scheidel, Ian Morris e Richard P. Saller, pp. 543-69. Cambridge: Cambridge University Press, 2007.

Kelly, Christopher. *Ruling the Later Roman Empire*. Cambridge, Mass.: Belknap Press of Harvard University Press, 2004.

____. *Attila the Hun: Barbarian Terror and the Fall of the Roman Empire*. Londres: The Bodley Head, 2008.

Kelly, Gavin. *Ammianus Marcellinus: The Allusive Historian*. Cambridge: Cambridge University Press, 2008.

Kennedy, Hugh. "From Polis to Madina: Urban Change in Late Antique and Early Islamic Syria", *Past and Present*, 106/1 (1985), pp. 3-27.

Kidd, I. G. "Posidonius as Philosopher-Historian", em *Philosophia togata I: Essays on Philosophy and Roman Society*, organizado by Miriam Griffin e Jonathon Barnes, 38-50. Oxford: Oxford University Press, 1989.

King, Anthony C. "Diet in the Roman World: A Regional Inter-Site Comparison of the Mammal Bones", *Journal of Roman Archaeology*, 12/1 (1999), pp. 168-202.

Kleiner, Diana E. E. e Susan B. Matheson (orgs.). *I Claudia: Women in Ancient Rome*. Austin, Tex.: University of Texas Press, 1996.

_____. *I Claudia II: Women in Roman Art and Society*. Austin, Tex.: University of Texas Press, 2000.

König, Jason. *Athletics and Literature in the Roman Empire*, organizado por Susan E. Alcock, Jas Elsner e Simon Goldhill, Greek Culture in the Roman World. Cambridge: Cambridge University Press, 2005.

_____. "Sympotic Dialogue in the First to Fifth Centuries CE", em *The End of Dialogue in Antiquity*, organizado por Simon Goldhill, pp. 85-113. Cambridge: Cambridge University Press, 2008.

Krebs, Christopher B. "Borealism: Caesar, Seneca, Tacitus and the Roman Discourse about the Germanic North", em *Cultural Identity in the Ancient Mediterranean*, organizado por Erich Gruen, pp. 202-21. Los Angeles: Getty Research Institute, 2011.

Kuhrt, Amélie. "Usurpation, Conquest and Ceremonial: From Babylon to Persia", em *Rituals of Royalty: Power and Ceremonial in Traditional Societies*, organizado por David Cannadine e Simon Price, pp. 20-55. Cambridge: Cambridge University Press, 1987.

Kulikowski, Michael. *Late Roman Spain and its Cities*. Baltimore: Johns Hopkins University Press, 2004.

Kulikowski, Michael. *Rome's Gothic Wars from the Third Century to Alaric*, Key Conflicts of Classical Antiquity. Nova York: Cambridge University Press, 2007.

Kunow, Jürgen. *Der römische Import in der Germania libera bis zu den Markomannenkrieg: Studien zu Bronze- und Glasgefässen*, Göttinger Schriften zur Vor- und Frühgeschichte. Neumunster: K. Wachholtz, 1983.

Lane Fox, Robin. *Pagans and Christians in the Mediterranean World from the Second Century* AD *to the Conversion of Constantine*. Harmondsworth: Viking, 1986.

Langlands, Rebecca. *Sexual Morality in Ancient Rome*. Cambridge: Cambridge University Press, 2006.

Lattimore, Owen. *Inner Asian Frontier of China*. Oxford: Oxford University Press, 1940.

Leach, Eleanor Windsor. *The Social Life of Painting in Ancient Rome and on the Bay of Naples*. Cambridge: Cambridge University Press, 2004.

Lenin, V. I. *Imperialism, the Highest Stage of Capitalism: A Popular Outline*. Moscou: Co-operative Publishing Society of Foreign Workers in the USSR, 1934.

Lepelley, Claude. *Les Cités de l'Afrique romaine au bas-empire*, 2 vols. Paris: Études Augustiniennes, 1979-1981.

Levene, D. S. "Sallust's Jugurtha: An'Historical Fragment'", *Journal of Roman Studies*, 82 (1992), pp. 53-70.

Levick, Barbara. *Tiberius the Politician*. Londres: Thames and Hudson, 1976.

_____. "Morals, Politics and the Fall of the Roman Republic", *Greece & Rome*, 29 (1982), pp. 53-62.

_____. "Popular in the Provinces? À Propos of Tacitus Annales 1.2.2", *Acta classica*, 37 (1994), pp. 49-65.

_____. *The Decline and Fall of the Roman City*. Oxford: Oxford University Press, 2001.

Liebeschuetz, W. *Antioch: City and Imperial Administration in the Later Roman Empire*. Oxford: Clarendon Press, 1972.

Lieu, Judith. *Christian Identity in the Jewish and Graeco-Roman World*. Oxford: Oxford University Press, 2004.

Ling, Roger. *Roman Painting*. Cambridge: Cambridge University Press, 1991.

Lintott, Andrew. "Imperial Expansion and Moral Decline in the Roman Republic", *Historia: Zeitschrift für Alte Geschichte*, 21 (1972), pp. 626-38.

_____. *Judicial Reform and Land Reform in the Roman Republic: A New Edition, with Translation and Commentary, of the Laws from Urbino*. Cambridge: Cambridge University Press, 1992.

Lintott, Andrew, J. A. Crook e Elizabeth Rawson (orgs.). *Cambridge Ancient History*, ix: *The Last Age of the Roman Republic 146-43 BC*, 2ª ed. Cambridge: Cambridge University Press, 1994.

Liverani, Mario. "The Fall of the Assyrian Empire: Ancient and Modern Interpretations", em *Empires: Perspectives from Archaeology and History*, organizado por Susan E. Alcock, T. D'Altroy, K. D. Morrison e C. M. Sinopoli, pp. 374-91. Nova York: Cambridge University Press, 2001.

Loseby, S. T. "Marseille: A Late Antique Success Story?", *Journal of Roman Studies*, 82 (1992), pp. 165-85.

Lowenthal, David. *The Past is a Foreign Country*. Cambridge: Cambridge University Press, 1985.

Luttwak, Edward N. *The Grand Strategy of the Roman Empire: From the First Century AD to the Third*. Baltimore: Johns Hopkins University Press, 1976.

Maas, Michael (org.). *The Cambridge Companion to the Age of Justinian*. Nova York: Cambridge University Press, 2005.

_____. *John Lydus and the Roman Past: Antiquarianism and Politics in the Age of Justinian*. Londres: Routledge, 1992.

MacCormack, Sabine. *Art and Ceremony in Late Antiquity*, Transformation of the Classical Heritage. Berkeley e Los Angeles: University of California Press, 1981.

McCormick, Michael. *Eternal Victory: Triumphal Rulership in Late Antiquity, Byzantium and the Early Medieval West*, Past and Present Publications. Cambridge: Cambridge University Press, 1986.

MacMullen, Ramsay. *Soldier and Civilian in the Later Roman Empire*. Cambridge, Mass.: Harvard University Press, 1963.

_____. *Paganism in the Roman Empire*. New Haven: Yale University Press, 1981.

_____. "The Epigraphic Habit in the Roman Empire", *American Journal of Philology*, 103 (1982), pp. 233-46.

_____. *Christianizing the Roman Empire (AD 100-400)*. New Haven: Yale University Press, 1984.

_____. *Corruption and the Decline of Rome*. New Haven: Yale University Press, 1988. McNeill, William H. *Plagues and Peoples*. Garden City, NY: Anchor Press/Doubleday, 1976.

Macready, Sarah e F. H. Thompson (orgs.). *Roman Architecture in the Greek World*, Society of Antiquaries of London Occasional Papers. Londres: Society of Antiquaries, 1987.

Malamud, Margaret. *Ancient Rome and Modern America*, Classical Receptions. Malden, Mass.: Wiley-Blackwell, 2009.

Manning, J. G. "Coinage as Code in Ptolemaic Egypt", em *The Monetary Systems of the Greeks and Romans*, organizado por William Vernon Harris, pp. 84-111. Oxford: Oxford University Press, 2008.

Masuzawa, Tomoko. *The Invention of World Religions: Or, How European Universalism was Preserved in the Language of Pluralism*. Chicago: Chicago University Press, 2005.

Matthews, John F. "Hostages, Philosophers, Pilgrims, and the Diffusion of Ideas in the Late Roman Mediterranean and Near East", em *Tradition and Innovation in Late Antiquity*, organizado por F. M. Clover e R. S. Humphreys, pp. 29-49. Madison: University of Wisconsin Press, 1989.

_____. *Laying down the Law: A Study of the Theodosian Code*. New Haven: Yale University Press, 2000.

Matthews, John F. *Western Aristocracies and Imperial Court, AD 364-425*. Oxford: Clarendon Press, 1975.

_____. *The Roman Empire of Ammianus*. Londres: Duckworth, 1989.

Mattingly, David (org.). "First Fruit? The Olive in the Roman World", em *Human Landscapes in Classical Antiquity: Environment and Culture*, organizado por Graham Shipley e John Salmon, pp. 213-53. Londres: Routledge, 1996.

_____. *Dialogues in Roman Imperialism: Power, Discourse and Discrepant Experience in the Roman Empire*, organizado por J. H. Humphrey, Journal of Roman Archaeology Supplements. Portsmouth, RI: Journal of Roman Archaeology, 1997.

_____. *An Imperial Possession: Britain in the Roman Empire 54 BC-AD 409*. Londres: Allen Lane, 2006.

_____. *Imperialism, Power and Identity: Experiencing the Roman Empire*, Miriam S. Balmuth Lectures in Ancient History and Archaeology. Princeton: Princeton University Press, 2011.

Mattingly, David e John Salmon (orgs.). *Economies beyond Agriculture in the Classical World*, Leicester-Nottingham Studies in Ancient Society. Londres: Routledge, 2001.

Meeks, Wayne A. *The First Urban Christians: The Social World of the Apostle Paul*. New Haven: Yale University Press, 1983.

Millar, Fergus. *A Study of Cassius Dio*. Oxford: Clarendon Press, 1964.

_____. *The Emperor in the Roman World*. Londres: Duckworth, 1977.

_____. "Emperors, Frontiers and Foreign Relations, 31 BC to AD 378", *Britannia*, 13 (1982), pp. 1-23.

_____. "Empire and City, Augustus to Julian: Obligations, Excuses and Statuses", *Journal of Roman Studies*, 73 (1983), pp. 76-96.

_____. "The Phoenician Cities: A Case Study in Hellenization", *Proceedings of the Cambridge Philological Society*, 29 (1983), pp. 54-71.

_____. "The Political Character of the Classical Roman Republic, 200-151 BC", *Journal of Roman Studies*, 74 (1984), pp. 1-19.

_____. "Politics, Persuasion and the People before the Social War (150-90 BC)", *Journal of Roman Studies*, 76 (1986), pp. 1-11.

_____. *The Roman Near East, 31 BC-AD 337*. Cambridge, Mass.: Harvard University Press, 1993.

_____. "Ethnic Identity in the Roman Near East, pp. 325-450: Language, Religion and Culture", em *Identities in the Eastern Mediterranean in Antiquity: Mediterranean Archaeology, Australian and New Zealand Journal for the Archaeology of the Mediterranean World*, organizado por Graeme Clarke (1998), pp. 159-76.

_____. *Rome, the Greek World and the East*, i: *The Roman Republic and the Augustan Revolution*. Chapel Hill, NC: University of North Carolina Press, 2002.

_____. *A Greek Roman Empire: Power and Belief under Theodosius II (408-450)*, Sather Classical Lectures. Berkeley e Los Angeles: University of California Press, 2006.

Millar, Fergus e Erich Segal (orgs.). *Caesar Augustus: Seven Aspects*. Oxford: Oxford University Press, 1984.

Millett, Martin. *The Romanization of Britain: An Archaeological Essay*. Cambridge: Cambridge University Press, 1990.

Mitchell, Stephen. *Anatolia: Land, Men and Gods in Asia Minor*, p. i: *The Celts and the Impact of Roman Rule*. Oxford: Oxford University Press, 1993.

Mitchell, Stephene Geoffrey Greatrex (orgs.). *Ethnicity and Culture in Late Antiquity*. Londres: Duckworth & Classical Press of Wales, 2000.

Mitchell, Stephen e Peter van Nuffelen (orgs.). *One God: Pagan Monotheism in the Roman Empire*. Cambridge: Cambridge University Press, 2010.

Mithen, Steven e Pascal Boyer. "Anthropomorphism and the Evolution of Cognition", *Journal of the Royal Anthropological Institute*, 2/4 (1996), pp. 717-21.

Moatti, Claudia. *In Search of Ancient Rome*, New Horizons. Londres: Thames and Hudson, 1993.

_____ (org.). *La Mobilité des personnes en Méditerranée de l'antiquité à l'époque moderne: Procédures de contrôle et documents d'identification*, Collection de l'École Française de Rome. Roma: École Française de Rome, 2004.

Moatti, Claudia e Wolfgang Kaiser (orgs.). *Gens de passage en Méditerranée de l'Antiquité à l'époque moderne: Procédures de contrôle et d'identification*, Collection L'Atelier méditerranéen. Paris: Maisonneuve & Larose, 2007.

Morel, Jean-Paul. "The Transformation of Italy 300-133 BC", em *Cambridge Ancient History*, viii: *Rome and the Mediterranean to 133 BC*, organizado por A. E. Astin, F. W. Walbank, M. W. Frederiksen e R. M. Ogilvie, pp. 477-516. Cambridge: Cambridge University Press, 1989.

Moreland, John. "The Carolingian Empire: Rome Reborn?", em *Empires: Perspectives from Archaeology and History*, organizado por Susan E. Alcock, T. D'Altroy, K. D. Morrison e C. M. Sinopoli, pp. 392-418. Nova York: Cambridge University Press, 2001.

Morley, Neville. *Metropolis and Hinterland: The City of Rome and the Italian Economy 200 BC-AD 200*. Cambridge: Cambridge University Press, 1996.

Morris, Ian e Walter Scheidel (orgs.). *The Dynamics of Early Empires: State Power from Assyria to Byzantium*. Oxford: Oxford University Press, 2009.

Morstein Kallet-Marx, Robert. *From Hegemony to Empire: The Development of the Roman Imperium in the East from 148 BC to 62 BC*, organizado por Anthony W. Bulloch, Erich Gruen, A. A. Long e Andrew Stewart, vol. xv, Hellenistic Culture and Society. Berkeley e Los Angeles: University of California Press, 1995.

Mouritsen, Henrik. *Italian Unification: A Study in Ancient and Modern Historiography*, Bulletin of the Institute of Classical Studies Supplements. Londres: Institute of Classical Studies, 1998.

Murray, Oswyn e Manuela Tecusan (orgs.). *In vino veritas*. Londres: British School at Rome, 1995.

Newby, Zahra. *Greek Athletics in the Roman World: Victory and Virtue*, organizado por Simon Price, R. R. R. Smith e Oliver Taplin, Oxford Studies in Ancient Culture and Representation. Nova York: Oxford University Press, 2005.

Nicolet, Claude (org.). *Rome et la conquête du monde méditerranéen: 264-27 avant J.C.* Paris: Presses Universitaires de France, 1977.

_____. "Augustus, Government and the Propertied Classes", em *Caesar Augustus: Seven Aspects*, organizado por Fergus Millar e Erich Segal, pp. 169-88. Oxford: Oxford University Press, 1984.

_____. *Space, Geography and Politics in the Early Roman Empire*, traduzido por Hélène Leclerc, Jerome Lectures. Ann Arbor: University of Michigan Press, 1991.

Nielsen, I. *Thermae et Balnea: The Architecture and Cultural History of Roman Baths*, 2 vols. Aarhus: Aarhus University Press, 1990.

Nock, Arthur Darby. *Conversion: The Old and the New in Religion from Alexander the Great to Augustine of Hippo*. Oxford: Clarendon Press, 1933.

North, John. "Democratic Politics in Republican Rome", *Past and Present*, 126 (1990), pp. 3-21.

_____. "The Development of Religious Pluralism", em *The Jews among Pagans and Christians in the Roman Empire*, organizado por Judith Lieu, John North e Tessa Rajak, pp. 174-93. Londres: Routledge, 1992.

_____. "Roman Reactions to Empire", *Scripta classica Israelica*, 12 (1993), pp. 127-38.

_____. "Pagans, Polytheists and the Pendulum", em *The Spread of Christianity in the First Four Centuries: Essays in Explanation*, organizado por William Vernon Harris, pp. 125-43. Leiden: Brill, 2005.

_____. "Pagan Ritual and Monotheism", em *One God: Pagan Monotheism in the Roman Empire*, organizado por Stephen Mitchell e Peter van Nuffelen, pp. 34-52. Cambridge: Cambridge University Press, 2010.

Noy, David. *Foreigners at Rome: Citizens and Strangers*. Londres: Duckworth, 2000.

Nutton, Vivian. "The Beneficial Ideology", em *Imperialism in the Ancient World*, organizado por Peter Garnsey e C. R. Whittaker, pp. 209-21. Cambridge: Cambridge University Press, 1978.

O'Donnell, James J. *Cassiodorus*. Berkeley e Los Angeles: University of California Press, 1979.

Orlin, Eric. *Temples, Religion and Politics in the Roman Republic*, Mnemosyne Supplements. Leiden: Brill, 1996.

Osborne, Robin e Barry Cunliffe (orgs.). *Mediterranean Urbanization 800-600 bc*, Proceedings of the British Academy. Oxford: Oxford University Press, 2005.

Parker, Anthony John.*Ancient Shipwrecks of the Mediterranean and the Roman Provinces*, British Archaeological Reports International Series. Oxford: Tempus Reparatum, 1992.

Paterson, Jeremy. "Friends in High Places: The Creation of the Court of the Roman Emperor", em *The Court and Court Society in Ancient Monarchies*, organizado por Antony Spawforth, pp. 121-56. Cambridge: Cambridge University Press, 2007.

Patterson, Orlando. *Slavery and Social Death: A Comparative Study*. Cambridge, Mass.: Harvard University Press, 1982.

Percival, John. *The Roman Villa: An Historical Introduction*. Londres: Batsford, 1976.

Potter, David. *The Roman Empire at Bay:* AD *180-395*. Londres: Routledge, 2004.

Potter, Tim. *Roman Italy*. Londres: British Museum Press, 1987.

Preston, Rebecca. "Roman Questions, Greek Answers: Plutarch and the Construction of Identity", em *Being Greek under Rome: Cultural Identity, the Second Sophistic and the Development of Empire*, organizado por Simon Goldhill, pp. 86-119. Cambridge: Cambridge University Press, 2001.

Price, Simon. *Rituals and Power in Roman Asia Minor*. Cambridge: Cambridge University Press, 1984.

_____. "Local Mythologies in the Greek East", em *Coinage and Identity in the Roman Provinces*, organizado por Christopher Howgego, Volker Heuchert e Andrew Burnett, pp. 115-24. Oxford: Oxford University Press, 2005.

_____. "Memory and Ancient Greece", em *Religion and Society: Rituals, Resources and Identity in the Ancient Graeco-Roman World: The BOMOS Conferences 2002-5*, organizado por Anders Holm Rasmussen e Suzanne William Rasmussen, pp. 167-78. Roma: Edizioni Quasar, 2008.

Price, Simon e Peter Thonemann. *The Birth of Classical Europe: A History from Troy to Augustine*, Penguin History of Europe. Londres: Allen Lane, 2010.

Puett, Michael J. *To Become a God: Cosmology, Sacrifice, and Self-Divinization in Early China*, Harvard-Yenching Institute monograph series. Cambridge, Mass.: Harvard University Press, 2002.

Purcell, Nicholas. "Livia and the Womanhood of Rome", *Proceedings of the Cambridge Philological Society*, 32 (1986), pp. 78-105.

_____. "Mobility and the Polis", em *The Greek City from Homer to Alexander*, organizado por Oswyn Murray e Simon Price, 29-58. Oxford: Oxford University Press, 1990.

_____. "The Creation of Provincial Landscape: The Roman Impact on Cisalpine Gaul", em *The Early Roman Empire in the West*, organizado por Tom Blagg e M. Millett, pp. 7-29. Oxford: Oxbow Books, 1990.

_____. "The Roman Villa and the Landscape of Production", em *Urban Society in Roman Italy*, organizado por Tim Cornell e Kathryn Lomas, pp. 151-79. Londres: University College London Press, 1995.

_____. "On the Sacking of Carthage and Corinth", em *Ethics and Rhetoric: Classical Essays for Donald Russell on his Seventy-Fifth Birthday*, organizado por Doreen Innes, Harry Hine e Christopher Pelling, pp. 133-48. Oxford: Clarendon Press, 1995.

_____. "Wine and Wealth in Ancient Italy", *Journal of Roman Studies*, 75 (1985), pp. 1-19.

_____. "Becoming Historical: The Roman Case", em *Myth, History and Culture in Republican Rome: Studies in Honour of T. P. Wiseman*, organizado por David Braund e Christopher Gill, pp. 12-40. Exeter: University of Exeter Press, 2003.

_____. "The Way We Used to Eat: Diet, Community, and History at Rome", *American Journal of Philology*, 124/3 (2003), pp. 329-58.

_____. "The Boundless Sea of Unlikeness? On Defining the Mediterranean", *Mediterranean Historical Review*, 18/2 (2004), pp. 9-29.

Quartermaine, Luisa. "'Slouching towards Rome': Mussolini's Imperial Vision", em *Urban Society in Roman Italy*, organizado por Tim Cornell e Kathryn Lomas, pp. 203-15. Londres: University College London Press, 1995.

Raaflaub, Kurt. "Born to be Wolves? Origins of Roman Imperialism", em *Transitions to Empire: Essays in Greco-Roman History 360-146 BC in Honor of E. Badian*, organizado por Robert W. Wallace e Edward M. Harris, pp. 273-314. Norman, Okla.: University of Oklahoma Press, 1996.

Raaflaub, Kurt e Mark Toher (orgs.). *Between Republic and Empire: Interpretations of Augustus and his Principate*. Berkeley e Los Angeles: University of California Press, 1990.

Rathbone, Dominic. "The Development of Agriculture in the Ager Cosanus during the Roman Republic: Problems of Evidence and Interpretation", *Journal of Roman Studies*, 71 (1981), pp. 10-23.

_____. "The Slave Mode of Production in Italy", *Journal of Roman Studies*, 73 (1983), pp. 160-68.

_____. "The Imperial Finances", em *Cambridge Ancient History*, p. x: *The Augustan Empire 43 BC-AD 69*, organizado por Alan Bowman, Edward Champlin e Andrew Lintott, pp. 309-23. Cambridge: Cambridge University Press, 1996.

Rawson, Beryl (org.). *The Family in Ancient Rome: New Perspectives*. Londres: Routledge, 1986.

Rawson, Beryl e P. R. C. Weaver (orgs.). *The Roman Family in Italy: Status, Sentiment and Space*. Oxford: Oxford University Press, 1997.

Rawson, Elizabeth. "Religion and Politics in the Late Second Century BC at Rome", *Phoenix*, 28/2 (1974), pp. 193-212.

_____. "Caesar's Heritage: Hellenistic Kings and their Roman Equals", *Journal of Roman Studies*, 65 (1975), pp. 148-59.

_____. *Cicero: A Portrait*. Londres: Allen Lane, 1975.

_____. *Intellectual Life in the Late Roman Republic*. Londres: Duckworth, 1985.

_____ (org.). *Roman Culture and Society: Collected Papers*. Oxford: Clarendon Press, 1991.

Reece, Richard. "Romanization, a Point of View", em *The Early Roman Empire in the West*, organizado por Tom Blagg e Martin Millett, pp. 30-4. Oxford: Oxbow Books, 1990.

Rees, Roger (org.). *Romane memento: Vergil in the Fourth Century*. Londres: Duckworth, 2003.

_____. *Diocletian and the Tetrarchy*, Debates and Documents in Ancient History. Edimburgo: Edinburgh University Press, 2004.

Renfrew, Colin e John F. Cherry (orgs.). *Peer Polity Interaction and Socio-political Change*, New Directions in Archaeology. Cambridge: Cambridge University Press, 1986.

Reynolds, Leighton D. e Nigel G. Wilson. *Scribes and Scholars: A Guide to the Transmission of Greek and Latin Literature*, 2ª ed., revista e ampliada. Oxford: Clarendon Press, 1974.

Rhodes, Peter. "After the Three-Bar Sigma Controversy: The History of Athenian Imperialism Reassessed", *Classical Quarterly*, 58/2 (2008), pp. 501-06.

Rich, John (org.). *The City in Late Antiquity*, vol. iii, Leicester-Nottingham Studies in Ancient Society. Londres: Routledge, 1992.

_____. "Fear, Greed and Glory: The Causes of Roman War-Making in the Middle Republic", em *War and Society in the Roman World*, organizado por John Rich e Graham Shipley, pp. 36-68. Londres: Routledge, 1993.

Rich, John e Graham Shipley (orgs.). *War and Society in the Roman World*, Nottingham-Leicester Studies in Ancient Society. Londres: Routledge, 1993.

Richardson, John S. "The Spanish Mines and the Development of Provincial Taxation in the Second Century BC", *Journal of Roman Studies*, 66 (1976), pp. 139-52.

_____. *Hispaniae: Spain and the Development of Roman Imperialism*. Cambridge: Cambridge University Press, 1986.

_____. *The Language of Empire: Rome and the Idea of Empire from the Third Century BC to the Second Century AD*. Cambridge: Cambridge University Press, 2008.

Ridgway, David. *The First Western Greeks*. Cambridge: Cambridge University Press, 1992.

Riggsby, Andrew. *War in Words: Caesar in Gaul and Rome*. Austin, Tex.: University of Texas Press, 2006.

Riva, Corinna. *The Urbanization of Etruria*. Cambridge: Cambridge University Press, 2010.

Rives, James B. "The Decree of Decius and the Religion of Empire", *Journal of Roman Studies*, 89 (1999), pp. 135-54.

_____. *Religion in the Roman Empire*. Malden, Mass.: Blackwell Publishers, 2007.

Roller, Matthew B. *Constructing Autocracy: Aristocrats and Emperors in Julio-Claudian Rome*. Princeton: Princeton University Press, 2001.

Roselaar, Saskia T. *Public Land in the Roman Republic: A Social and Economic History of Ager Publicus in Italy, 396-89 BC*, Oxford Studies in Roman Society and Law. Oxford: Oxford University Press, 2010.

Rosenstein, Nathan Stewart. *Rome at War: Farms, Families and Death in the Middle Republic*. Chapel Hill, NC: University of North Carolina Press, 2004.

Roth, Ulrike. *Thinking Tools: Agricultural Slavery between Evidence and Models*, organizado por Mike Edwards, Bulletin of the Institute of Classical Studies Supplements. Londres: Institute of Classical Studies, 2007.

Roymans, Nico. *Tribal Societies in Northern Gaul: An Anthropological Perspective*, Cingula. Amsterdã: Universiteit van Amsterdam, Albert Egges van Giffen Instituut voor Prae- en Protohistorie, 1990.

_____ (org.). *From the Sword to the Plough: Three Studies in the Earliest Romanisation of Northern Gaul*, Amsterdam Archaeological Studies. Amsterdã: Amsterdam University Press, 1996.

Rüpke, Jörg. *Domi militiae: Die religiöse Konstruktion des Krieges im Rom*. Stuttgart: Steiner, 1990.

_____. *Religion of the Romans*. Cambridge: Polity Press, 2007.

Sabin, Philip, Hans van Wees e Michael Whitby (orgs.). *The Cambridge History of Greek and Roman Warfare*. Cambridge: Cambridge University Press, 2007.

Sahlins, Marshall. *Stone Age Economics*. Londres: Routledge, 1974.

Sallares, Robert. *The Ecology of the Ancient Greek World*. Londres: Duckworth, 1991.

_____. "Ecology", em *The Cambridge Economic History of the Greco-Roman World*, organizado por Walter Scheidel, Ian Morris e Richard P. Saller, pp. 15-37. Cambridge: Cambridge University Press, 2007.

Saller, Richard P. *Personal Patronage under the Early Empire*. Cambridge: Cambridge University Press, 1982.

_____. *Patriarchy, Property and Death in the Roman Family*, Cambridge Studies in Population Economy and Society in Past Time. Cambridge: Cambridge University Press, 1994.

Salzman, Michele Renee. *The Making of a Christian Aristocracy: Social and Religious Change in the Western Roman Empire*. Cambridge, Mass.: Harvard University Press, 2004.

Sandwell, Isabella. *Religious Identity in Late Antiquity: Greeks, Jews, and Christians in Antioch*, Greek Culture in the Roman World. Cambridge: Cambridge University Press, 2007.

Sapelli, M. (org.). *Provinciae fideles: Il fregio del templo di Adriano in Campo Marzio*. Milão: Electa, 1999.

Sawyer, Peter H. e Ian Wood (orgs.). *Early Medieval Kingship*. Leeds: The School of History, University of Leeds, 1977.

Scheid, John. "Graeco ritu: A Typically Roman Way of Honouring the Gods", *Harvard Studies in Classical Philology*, 97, Greece in Rome: Influence, Integration, Resistance (1995), pp. 15-21.

_____. *Quand croire c'est faire: Les rites sacrificiels des Romains*. Paris: Aubier, 2005.

Scheidel, Walter (org.). *Rome and China: Comparative Perspectives on Ancient World Empires*, Oxford Studies in Early Empires. Oxford: Oxford University Press, 2009.

Scheidel, Walter e Sitta von Reden (orgs.). *The Ancient Economy*, Edinburgh Readings on the Ancient World. Edimburgo: Edinburgh University Press, 2002.

Schnapp, Alain. *The Discovery of the Past*. Nova York: Harry N. Abrams, 1997.

Schneider, Rolf Michael. *Bunte Barbaren: Orientalenstatuen aus farbigem Marmor in der römischen Repräsentationskunst*. Worms: Wernersche Verlagsgesellschaft, 1986.

Schwartz, Seth. *Imperialism and Jewish Society 200 BCE to 640 CE*, organizado por R. Stephen Humphreys, William Chester Jordan e Peter Schäfer. Jews, Christians and Muslims from the Ancient to the Modern World. Princeton: Princeton University Press, 2001.

Scobie, Alexander. *Hitler's State Architecture: The Impact of Classical Antiquity*, Monographs on the Fine Arts. University Park, Pa.: Pennsylvania State University Press, 1990.

Scullard, H. H. *From the Gracchi to Nero: A History of Rome from 133 BC to AD 68*, 5ª ed. Londres: Routledge, 1982.

Seager, Robin. *Pompey the Great: A Political Biography*, 2ª ed. Oxford: Blackwell Publishing, 2002.

Sedley, David. "Philosophical Allegiance in the Greco-Roman World", em *Philosophia togata I: Essays on Philosophy and Roman Society*, organizado por Miriam Griffin e Jonathon Barnes, pp. 97-119. Oxford: Oxford University Press, 1989.

_____. *Lucretius and the Transformation of Greek Wisdom*. Cambridge: Cambridge University Press, 1998.

Shaw, Brent D. "'Eaters of flesh, drinkers of milk': The Ancient Mediterranean Ideology of the Pastoral Nomad", *Ancient Society*, 13 (1982), pp. 5-31.

_____. "Soldiers and Society: The Army in Numidia", *Opus*, 2 (1983), pp. 133-39.

_____. *Environment and Society in Roman North Africa: Studies in History and Archaeology*, Variorum Reprints. Aldershot: Variorum, 1995.

Sherwin-White, A. N. *The Roman Citizenship*, 2ª ed. Oxford: Clarendon Press,1973.

_____. "The Lex Repetundarum and the Political Ideas of Gaius Gracchus", *Journal of Roman Studies*, 72 (1982), pp. 18-31.

Shipley, Graham. *The Greek World after Alexander, 323-30 BC*. Londres: Routledge, 2000.

Shipley, Graham e John Salmon (orgs.). *Human Landscapes in Classical Antiquity: Environment and Culture*, vol. vi, Leicester-Nottingham Studies in Ancient Society. Londres: Routledge, 1996.

Sider, David. *The Library of the Villa dei Papiri at Herculaneum*. Los Angeles: Getty, 2005.

Slater, William J. (org.). *Dining in a Classical Context*. Ann Arbor: University of Michigan Press, 1991.

Smith, Christopher. *Early Rome and Latium: Economy and Society c.1000-500 BC*, Oxford Classical Monographs. Oxford: Oxford University Press, 1996.

_____. "The Beginnings of Urbanization in Rome", em *Mediterranean Urbanization 800-600 BC*, organizado por Robin Osborne e Barry Cunliffe, pp. 91-111. Oxford: Oxford University Press, 2005.

Smith, Jonathon Z. *Drudgery Divine: On the Comparison of Early Christianities and the Religions of Late Antiquity*. Chicago: Chicago University Press, 1990.

Smith, Julia M. H. (org.). *Early Medieval Rome and the Christian West: Essays in Honour of Donald A. Bullough*, The Medieval Mediterranean. Leiden: Brill, 2000.

_____. *Europe after Rome: A New Cultural History, 500-1000*. Oxford: Oxford University Press, 2005.

Smith, R. R. R. "The Imperial Reliefs from the Sebasteion at Aphrodisias", *Journal of Roman Studies*, 77 (1987), pp. 88-138.

_____. "Simulacra gentium: The Ethne from the Sebasteion at Aphrodisias", *Journal of Roman Studies*, 78 (1988), pp. 50-77.

Smith, Wilfred Cantwell. *The Meaning and End of Religion: A New Approach to the Religious Traditions of Mankind*, Mentor Books. Nova York: New American Library, 1964.

Spawforth, Antony. "Symbol of Unity? The Persian-Wars Tradition in the Roman Empire", em *Greek Historiography*, organizado por Simon Hornblower, pp. 233-47. Oxford: Clarendon Press, 1994.

_____ (org.). *The Court and Court Society in Ancient Monarchies*. Nova York: Cambridge University Press, 2007.

Spence, Jonathon. *Emperor of China: Self Portrait of K'ang-hsi*. Londres: Cape, 1974.

Stadter, Philip A. *Arrian of Nicomedia*. Chapel Hill, NC: University of North Carolina Press, 1980.

Steel, Catherine. *Cicero, Rhetoric and Empire*. Oxford: Oxford University Press, 2001.

Stein-Hölkeskamp, Elke e Karl-Joachim Hölkeskamp (orgs.). *Erinnerungsorte der Antike: Die römische Welt*. Munique: C. H. Beck Verlag, 2006.

Strasburger, Hermann. "Poseidonios on Problems of the Roman Empire", *Journal of Roman Studies*, 55/1-2 (1965), pp. 40-53.

Swain, Simon. *Hellenism and Empire: Language, Classicism and Power in the Greek World*, AD 50-250. Oxford: Clarendon Press, Oxford University Press, 1996.

_____. "Bilingualism in Cicero? The Evidence of Code-Switching", em *Bilingualism in Ancient Society: Language Contact and the Written Text*, organizado por J. N. Adams, Mark Janse e Simon Swain, pp. 128-67. Oxford: Oxford University Press, 2002.

Swain, Simon e Mark Edwards (orgs.). *Approaching Late Antiquity: The Transformation from Early to Late Empire*. Oxford: Oxford University Press, 2004.

Sweetman, Rebecca J. "Roman Knossos: The Nature of a Globalized City", *American Journal of Archaeology*, 111/1 (2007), pp. 61-81.

Syme, Ronald. *The Roman Revolution*. Oxford: Oxford University Press, 1939.

Tainter, Joseph A. *The Collapse of Complex Societies*. Cambridge: Cambridge University Press, 1988.

Talbert, Richard J. A. *The Senate of Imperial Rome*. Princeton: Princeton University Press, 1984.

Tchernia, André. *Le Vin d'Italie romaine: Essai d'histoire économique d'après les amphores*, Bibliothèque des Écoles Françaises d'Athènes et de Rome. Roma: École Française de Rome, 1986.

Thomas, Edmund. *Monumentality and the Roman Empire: Architecture in the Antonine Age*. Nova York: Oxford University Press, 2007.

Thomas, Robert e Andrew Wilson. "Water Supply for Roman Farms in Latium and South Etruria", *Papers of the British School at Rome*, 62 (1994), pp. 139-96.

Thommen, Lukas. *Umweltsgeschichte der Antike*. Munique: Verlag C. H. Beck, 2009.

Torelli, Mario. *Studies in the Romanization of Italy*. Edmonton: University of Alberta Press, 1995.

Treggiari, Susan M. *Roman Freedmen during the Late Republic*. Oxford: Clarendon Press, 1969.

Tsetskhladze, Gocha R. *Greek Colonisation: An Account of Greek Colonies and Other Settlements Overseas*, 2 vols., Mnemosyne supplements. Leiden: Brill, 2006.

Van Dam, Raymond. *Leadership and Community in Late Antique Gaul*, Transformation of the Classical Heritage. Berkeley e Los Angeles: University of California Press, 1985.

Van Nijf, Onno. "Local Heroes: Athletics, Festivals and Elite Self-Fashioning in the Roman East", em *Being Greek under Rome: Cultural Identity, the Second Sophistic and the Development of Empire*, organizado por Simon Goldhill, pp. 309-34. Cambridge: Cambridge University Press, 2001.

Van Sickle, J. "The Elogia of the Cornelii Scipiones and the Origins of Epigram at Rome", *American Journal of Philology*, 108 (1987), pp. 41-55.

Vasunia, Phiroze. "The Comparative Study of Empires", *Journal of Roman Studies*, 101 (2011), pp. 222-37.

Versnel, H. S. *Inconsistencies in Greek and Roman Religion 1: Ter unus: Isis, Dionysos, Hermes; Three Studies in Henotheism*, Studies in Greek and Roman Religion. Leiden: Brill, 1990.

Veyne, Paul. *Le Pain et le cirque: Sociologie historique d'un pluralisme politique*. Paris: Seuil, 1976.

_____. *Did the Greeks Believe in their Myths? An Essay in the Constitutive Imagination*, traduzido por Paula Wissing. Chicago: University of Chicago Press, 1988.

Wallace-Hadrill, Andrew. "Family and Inheritance in the Augustan Marriage-Laws", *Proceedings of the Cambridge Philological Society*, 207 (1981), pp. 58-80.

_____. "Civilis princeps: Between Citizen and King", *Journal of Roman Studies*, 72 (1982), pp. 32-48.

_____. "The Golden Age and Sin in Augustan Ideology", *Past and Present*, 95 (1982), pp. 19-36.

_____. *Suetonius: The Scholar and his Caesars*, Classical Life and Letters. Londres: Duckworth, 1983.

_____. "Review Article: Greek Knowledge, Roman Power", *Classical Philology*, 83/3 (1988), pp. 224-33.

_____ (org.). *Patronage in Ancient Society*. Londres: Routledge, 1989.

_____. "Elites and Trade in the Roman Town", em *City and Country in the Ancient World*, organizado por John Rich e Andrew Wallace-Hadrill, pp. 241-72. Londres: Routledge, 1991.

_____. *Houses and Society in Pompeii and Herculaneum*. Princeton: Princeton University Press, 1994.

_____. "The Imperial Court", em *Cambridge Ancient History*, x: *The Augustan Empire 43* BC-AD 69, organizado por Alan Bowman, Edward Champlin e Andrew Lintott, pp. 283-308. Cambridge: Cambridge University Press, 1996.

_____. *Rome's Cultural Revolution*. Nova York: Cambridge University Press, 2008.

Ward-Perkins, Bryan. *From Classical Antiquity to the Middle Ages: Urban Public Building in Northern and Central Italy AD 300-850*, Oxford Historical Monographs. Oxford: Oxford University Press, 1984.

Ward-Perkins, J. B. "From Republic to Empire: Reflections on the Early Provincial Architecture of the Roman West", *Journal of Roman Studies*, 60 (1970), pp. 1-19.

Weaver, P. R. C. *Familia Caesaris: A Social Study of the Emperor's Freedmen and Slaves*. Cambridge: Cambridge University Press, 1972.

Whitmarsh, Tim. *Greek Literature and the Roman Empire: The Politics of Imitations*. Oxford: Oxford University Press, 2001.

_____ (org.). *Local Knowledge and Microidentities in the Imperial Greek World*, Greek Culture in the Roman World. Cambridge: Cambridge University Press, 2010.

Whittaker, C. R. *Frontiers of the Roman Empire: A Social and Economic Study*, Ancient Society and History. Baltimore: Johns Hopkins University Press, 1994.

Whittow, Mark. "Ruling the Late Roman and Early Byzantine City: A Continuous History", *Past and Present* , 129 (1990), pp. 3-29.

Wickham, Chris. *Early Medieval Italy: Central Power and Local Society 400-1000* Londres: Macmillan, 1981.

_____. "The Other Transition: From the Ancient World to Feudalism", *Past and Present*, 103 (1984), pp. 3-36.

_____. *Framing the Early Middle Ages: Europe and the Mediterranean, 400-800*. Oxford: Oxford University Press, 2005.

_____. *The Inheritance of Rome: A History of Europe from 400 to 1000*, Penguin History of Europe. Londres: Allen Lane, 2009.

Wierschowski, L. *Fremde in Gallien-'Gallier' in der Fremde: Die epigraphisch bezeugte Mobilität in, von und nach Gallien vom 1. bis 3. Jh. n. Chr. (Texte-Übersetzungen-Kommentare)*, vol. 159, Historia Einzelschriften. Stuttgart: F. Steiner, 2001.

Wiesehöfer, Josef (org.). *Die Partherreich und seine Zeugnisse*, Historia Einzelschriften. Stuttgart: Franz Steiner Verlag, 1998.

Wightman, Edith Mary. *Roman Trier and the Treveri*. Londres: Hart-Davis, 1970.

Williams, Jonathon H. C. *Beyond the Rubicon: Romans and Gauls in Northern Italy*, Oxford Classical Monographs. Oxford: Oxford University Press, 2001.

Wilson, Andrew. "Machines, Power and the Ancient Economy", *Journal of Roman Studies*, 92 (2002), pp. 1-32.

_____. "Approaches to Quantifying Roman Trade", em *Quantifying the Roman Economy: Methods and Problems*, organizado por Alan Bowman e Andrew Wilson, pp. 213-49. Oxford: Oxford University Press, 2009.

Winterling, Aloys. *Aula Caesaris: Studien zur Institutionalisierung des römischen Kaiserhofes in der Zeit von Augustus bis Commodus (31 v. Chr.-192 n. Chr.)*. Munique: R. Oldenburg, 1999.

Wiseman, T. Peter. "Domi nobiles and the Roman Cultural Élite", em *Les Bourgeoisies municipales italiennes aux IIe et Ier siècles av. J.-C.*, organizado por M. Cébeillac-Gervason, pp. 299-307. Nápoles: Éditions du CNRS & Bibliothèque de l'Institut Français deNaples, 1981.

_____. *Remus: A Roman Myth*. Cambridge: Cambridge University Press, 1995.

_____. *The Myths of Rome*. Exeter: University of Exeter Press, 2004.

Witcher, Robert. "Globalisation and Roman Imperialism: Perspectives on Identities in Roman Italy", em *The Emergence of State Identities in Italy in the First Millennium BC*, organizado por Edward Herring e Kathryn Lomas, pp. 213-25. Londres: Accordia Research Institute, 2000.

Wittfogel, Karl August. *Oriental Despotism: A Comparative Study of Total Power*. Nova York: Yale University Press, 1957.

Wood, Ian. "Defining the Franks: Frankish Origins in Early Mediaeval Historiography", em *Concepts of National Identity in the Middle Ages*, organizado por Simon Forde, Lesley Johnson e Alan V. Murray, pp. 47-57. Leeds: Leeds University Press, 1995.

Wood, Susan. "Messalina, Wife of Claudius: Propaganda Successes and Failures of his Reign", *Journal of Roman Archaeology*, 5 (1992), pp. 219-34.

_____. "Diva Drusilla Panthea and the Sisters of Caligula", *American Journal of Archaeology*, 99/3 (1995), pp. 457-82.

Woolf, Greg. "Imperialism, Empire and the Integration of the Roman Economy", *World Archaeology* , 23/3 (1992), pp. 283-93.

_____. "Becoming Roman, Staying Greek: Culture, Identity and the Civilizing Process in the Roman East", *Proceedings of the Cambridge Philological Society*, 40 (1994), pp. 116-43.

_____. "Monumental Writing and the Expansion of Roman Society", *Journal of Roman Studies*, 86 (1996), pp. 22-39.

_____. "The Uses of Forgetfulness in Roman Gaul", em *Vergangenheit und Lebenswelt: Soziale Kommunikation, Traditionsbildung und historisches Bewußtsein*, organizado por Hans-Joachim Gehrke e Astrid Möller, pp. 361-81. Tübingen: Gunter Narr Verlag, 1996.

_____. "The Roman Urbanization of the East", em *The Early Roman Empire in the East*, organizado por Susan E. Alcock, pp. 1-14. Oxford: Oxbow Books, 1997.

_____. "The City of Letters", em *Rome the Cosmopolis*, organizado por Catharine Edwards e Greg Woolf, pp. 203-21. Cambridge: Cambridge University Press, 2003.

_____. *Becoming Roman: The Origins of Provincial Civilization in Gaul*. Cambridge: Cambridge University Press, 1998.

_____. "Divinity and Power in Ancient Rome", em *Religion and Power: Divine Kingship in the Ancient World and beyond*, organizado por Nicole Brisch, pp. 235-55. Chicago: Oriental Institute of the University of Chicago, 2008.

_____. *Tales of the Barbarians: Ethnography and Empire in the Roman West*. Malden, Mass.: Blackwell Publishers, 2011.

Wörrle, Michael. *Stadt und Fest in kaiserzeitlichen Kleinasien: Studien zu einer agonistischen Stiftung aus Oinoanda*, Vestigia. Munique: C. H. Beck, 1988.

Yarrow, Liv Mariah. *Historiography at the End of the Republic: Provincial Perspectives on Roman Rule*. Oxford: Oxford University Press, 2006.

Yates, R. D. S. 'Cosmos, Central Authority and Communities in the Early Chinese Empire', em *Empires: Perspectives from Archaeology and History*, organizado por Susan E. Alcock, T. D'Altroy, K. D. Morrison e C. M. Sinopoli, pp. 351-68. Nova York: Cambridge University Press, 2001.

Yavetz, Zvi. *Plebs and Princeps*. Londres: Oxford University Press, 1969.

Yegul, Fikret K. *Baths and Bathing in the Roman World*. Cambridge, Mass.: MIT Press, 1992.

Yoffee, Norman e George L. Cowgill (orgs.). *The Collapse of Ancient States and Civilizations*. Tucson, Ariz.: University of Arizona Press, 1988.

Zanker, Paul. "Domitian's Palace on the Palatine and the Imperial Image", em *Representations of Empire: Rome and the Mediterranean World*, organizado por Alan Bowman, Hannah Cotton, Martin Goodman e Simon Price, pp. 105-30. Oxford: Oxford University Press, 2002.

_____. *The Power of Images in the Age of Augustus*, Jerome Lectures. Ann Arbor: University of Michigan Press, 1988.

Zarmakoupi, Mantha (org.). *The Villa of the Papyri at Herculaneum: Archaeology, Reception and Digital Reconstruction*. Berlim: De Gruyter, 2010.

Zuiderhoek, Arjan. *The Politics of Munificence in the Roman Empire: Citizens, Elites and Benefactors in Asia Minor*, Greek Culture in the Roman World. Cambridge: Cambridge University Press, 2009.

Glossário de
termos técnicos

O melhor lugar para encontrar informação completa sobre as instituições romanas é o *Oxford Classical Dictionary* (4ª ed., 2012). Este glossário destina-se a ajudar na explicação de termos usados no texto.

adventos Entrada cerimonial de um imperador em uma cidade. O imperador era saudado por multidões e discursos, podendo distribuir presentes para o povo. O tema é comum nas moedas imperiais romanas, e a cerimônia tornou-se particularmente importante no Império Tardio.

ager publicus Terra possuída pelo Estado, em geral adquirida por conquista e repassada a cidadãos sob a forma de arrendamento (*vectigalia*).

censor Durante o período republicano, a cada cinco anos era eleita, entre os senadores mais antigos, uma dupla de censores para um período de dezoito meses. Suas obrigações incluíam examinar o efetivo do Senado e as ordens equestres, enquadrando todos os cidadãos na ordem política correta e emitindo contratos de obras públicas. Passaram também a exercer autoridade moral. Sob o principado, alguns imperadores assumiram na prática muitas das funções dos censores, reservando para si o poder destes ou ocupando eles próprios o cargo de censor.

censo Originalmente, contagem dos cidadãos realizada todo ano pelos censores, que também enquadravam cada cidadão em uma ordem com base no montante de propriedade que ele possuísse. Mais tarde, o termo passou a ser usado para avaliações periódicas da capacidade fiscal das províncias.

centuriões Principais oficiais das legiões cuja competência era vital, já que os comandantes aristocráticos eram com frequência relativamente inexperientes. A maioria dos centuriões comandavam unidades de oitenta a cem homens e, durante a república, eram escolhidos entre os militares mais experientes. Sob o principado, desenvolveu-se uma elaborada hierarquia de postos e soldos, sendo os centuriões mais antigos não raro selecionados para agir como administradores de vários tipos.

cônsul Desde o início da república, dois cônsules eram eleitos a cada ano e, em conjunto, agiam como os principais magistrados do Estado romano. Seus deveres incluíam convocar o Senado, presidir aos rituais mais importantes, comandar exércitos e realizar eleições.

curiales Membros de assembleias das cidades das províncias no Império Romano. O termo grego equivalente era *bouleutai*. Na verdade, esses grupos eram equivalentes locais da ordem senatorial em Roma e, como membros dessa ordem, eram recrutados entre as classes proprietárias.

ditador Em tempos de emergência militar, era eleito, no lugar dos cônsules, um ditador único, mas apenas para um período limitado. O termo foi mais tarde apropriado, primeiro por Sila e depois por Júlio César, para fornecer a denominação tradicional ao controle do Estado exercido por eles.

equestres Os cidadãos mais ricos da república eram inscritos na ordem equestre, na qual os senadores eram eleitos. Os equestres são também às vezes chamados de cavaleiros e, ocasionalmente, o termo equestre é usado para designar qualquer cidadão que tivesse a qualificação requerida de proprietário, tivesse sido ou não formalmente inscrito como *equites equo publico*. Augusto criou uma nova ordem senatorial acima da ordem equestre, para a qual a qualificação requerida de proprietário era mais exigente, e deu a ambas as ordens papéis específicos no governo do império e no cerimonial da cidade.

fasces Assistentes dos cônsules e ditadores conduziam diante deles um machado atado a um feixe de varas como símbolo de poder.

hoplita Termo grego para o soldado de infantaria vigorosamente armado que lutava corpo a corpo em uma formação cerrada denominada *falange*.

imperium O termo originalmente significava o exercício de uma autoridade, tanto a autoridade para fazer alguma coisa quanto a dada a um general. Possuir um *imperium* conferia toda uma gama de poderes e obrigações religiosos e políticos, sendo o *imperium* formalmente assumido no início de uma campanha e devolvido no final desta. O termo estendeu-se para indicar a autoridade do povo romano e, no final da república, passou a ser usado para denominar o território sujeito aos comandos dos romanos, acepção da qual se deriva o sentido atual de império territorial.

legado Um legado indicava um romano a quem fora atribuída determinada tarefa pelo Estado. Alguns legados eram na verdade embaixadores enviados para conduzir negociações, outros (*legati legionis*) eram comandantes designados para legiões e, desde o último século antes de Cristo, havia também legados designados para governar partes de províncias muito grandes, como as que eram concedidas ao imperador.

legião De meados da república ao final do império, o exército romano estava baseado em unidades de cerca de 5 mil soldados de infantaria vigorosamente armados, cada uma das quais chamada de legião. Em geral, essas unidades tinham o apoio da infantaria ligeira, de tropas de artilharia, da cavalaria, de engenheiros e outras forças auxiliares.

magister officiorum Funcionário qualificado na burocracia do Império Tardio e no reino ostrogodo da Itália.

magistrado Funcionário do Estado romano eleito por toda a comunidade. Os magistrados mais importantes eram (em ordem decrescente) os censores, cônsules, pretores e edis. Um ditador ou um interrex (pessoa nomeada unicamente para promover eleições) eram magistrados, mas os tribunos (eleitos somente pelos plebeus), não.

patrícios Este círculo exclusivo de famílias dentro da ordem equestre afirmava descender da aristocracia do Período Régio. Durante a república, foram perdendo gradualmente o controle de um monopólio de magistraturas, mas, mesmo sob o principado, alguns cargos sacerdotais eram reservados aos patrícios. Vez por outra, os imperadores criavam novos patrícios, como honraria e para fornecer gente suficiente aos vários sacerdócios patrícios.

plebeus Todos os membros do Estado romano que não eram patrícios. A tradição registrou uma série de conflitos entre patrícios e plebeus no início da república (conhecidos coletivamente como a Luta das Ordens), por meio dos quais as prerrogativas dos patrícios foram reduzidas e os direitos dos plebeus, reconhecidos — por exemplo, na instituição do tribunato ou na convenção de que os votos dos plebeus (*plebiscita*) deviam ser acatados por todo o Estado.

pontifex maximus Mais antigo sacerdote do colégio de pontífices e detentor do sacerdócio de maior prestígio em Roma. Além de estar à frente dos pontífices, também supervisionava uma série de outros sacerdotes, entre eles, as sacerdotisas de Vesta.

populares Durante o último século da república, uma série de políticos senatoriais, dos quais os mais famosos foram os irmãos Graco e Júlio César, baseou seu programa político na luta pelos interesses do povo romano. Distribuições de terra, projetos de colonização e cereal subsidiado ou gratuito foram traços característicos de suas atividades, mas na prática eles acabaram participando de todos os debates políticos, com frequência usando assembleias populares para sobrepujar os adversários (que adotaram o nome de *optimates*). Esse conflito contribuiu para a guerra civil do final da república.

prefeito pretoriano Os principais guarda-costas dos imperadores eram as coortes pretorianas, e seus comandantes eram prefeitos equestres. Já desde o reinado de Tibério, passaram a controlar não apenas a segurança da cidade (e no entorno do imperador, quando ele estava fora), mas também a atuar como os principais assessores equestres do imperador e efetivamente como vizires ou principais ministros da corte imperial. Desde o início do século IV d.C., o império estava dividido em prefeituras pretorianas dentro das quais cada prefeito chefiava a burocracia imperial.

pretor Magistrado do Estado romano. Após a criação do consulado, os pretores eram os magistrados de posição menos elevada e tinham uma série de responsabilidades judiciais, administrativas e militares. O número de pretores e a diversidade de suas funções aumentaram quando a cidade e o império se expandiram.

princeps Literalmente, o primeiro (mais antigo) senador; o título foi adotado por Augusto e seus sucessores como alternativa mais neutra para *rex* (rei), *dictator* ou cônsul perpétuo.

promagistrado Originalmente, os exércitos romanos eram comandados por cônsules e pretores, mas, depois que a expansão imperial tornou isso impraticável, o Senado começou a pedir que ex-magistrados assumissem os comandos. Na república tardia, as magistraturas parecem com frequência ter sido encaradas como uma etapa preliminar e necessária para conquistar um comando importante, e os cônsules sorteavam os comandos preparados para ex-magistrados. Sob o principado, os governadores mais importantes (por exemplo, da África, Ásia e Aqueia) eram procônsules, e os postos menos importantes iam para propretores, reservando os imperadores para si uma vasta província, que governavam através de legados (*legati Augusti pro praetore*).

província Originalmente, a tarefa atribuída, juntamente com *imperium*, a um magistrado ou promagistrado (por exemplo, a guerra com Antíoco, o comando da Sicília); o termo acabou adquirindo o sentido de unidade territorial dentro do império, daí o termo moderno "província".

publicano Cidadão romano que tinha assinado um contrato com o Estado para a realização de uma tarefa, por exemplo, abastecer um exército, construir ou reparar um templo, basílica ou estrada, ou coletar impostos. Os publicanos mais notórios eram os que arrendavam a cobrança de impostos, cuja brutalidade e cobiça no final da república tornaram-se proverbiais.

Senado Assembleia do Estado romano, composta principalmente de ex-magistrados, mas completada a cada cinco anos por censores escolhidos dentre os que tinham a qualificação apropriada no censo.

spolia opima Honraria excepcional concedida a generais que tinham matado generais adversários em combates individuais. Augusto afirmava que, para se qualificarem, eles tinham de lutar contando apenas consigo mesmos.

tetrarquia Em consequência da crise militar do século III d.C., o império foi, durante algum tempo, governado por colégios de imperadores, originalmente compreendendo uma dupla de imperadores mais velhos (denominados *augusti*) e uma dupla de imperadores mais novos (*caesares*), que eram também herdeiros designados dos primeiros. O termo "tetrarquia" refere-se tanto a essa instituição de vida breve quanto ao período em si, enquanto "tetrarca" refere-se a um membro do colégio. Tanto o governo conjunto quanto a distinção entre *augusti* e *caesares* tinham precedentes, mas antes de Diocleciano o poder era sempre compartilhado por parentes, e não por aliados políticos. Esse foi novamente o caso no final do século IV d.C.

tribuno do povo (*tribunus plebis*) Cargo ocupado por eleição anual, criado durante a república para proteger os direitos dos plebeus contra os patrícios. Os membros do tribuno eram invioláveis e tinham o direito de convocar assembleias e vetar a legislação e atos dos magistrados, se achassem que iam contra os interesses dos plebeus. Durante o último século da república, o posto foi usado primeiro pelos Graco e outros políticos populares como meio de aprovar leis das quais o Senado pudesse discordar, e, mais tarde, por generais, para ter um veto a fim de proteger seus interesses. Os imperadores apropriaram-se da inviolabilidade dos tribunos, que passou a ser um de seus poderes, e datavam os anos de seu reinado pelo número de cessões anuais de poder tribunício que tivessem recebido.

triunfo Este ritual, que incluía um grande cortejo rumo à cidade, podia ser concedido a um general que tivesse conquistado uma vitória importante. O cortejo era com frequência acompanhado por jogos, banquetes e feriados prolongados. Durante o principado, só os imperadores e seus parentes celebravam triunfos.

Agradecimentos fotográficos

© The Art Archive/Alamy: **23**; © Erin Babnik/Alamy: **9**; © charistooneimages/Alamy: **19**; © Peter Horree/Alamy:7; © Independent Picture Service/Alamy:**16**; © Mastercraft/Alamy: **13**; © Alex Segre/Alamy: **22**; © Skyscan Photolibrary/Alamy: **17**; visualização computadorizada criada por Martin Blazeby, King's College London: **11**; The Bodleian Library, University of Oxford (MS Canon Misc. 378 f.164v): **20**; © Alinari/Bridgeman Art Library: **18**; © The Trustees of the British Museum. All rights reserved: **14**; © Sandro Vannini/Corbis: **10**; © Charles Crowther and Centre for the Study of Ancient Documents, Oxford: 15; © DEA/A. Dagli Orti/Getty Images: 3; © Sebastià Giralt: **6**; © Bildarchiv Foto Marburg: **4**; © 2011 Scala, Florença: **5**; © 2011 The Metropolitan Museum of Art/Art Resource/Scala, Florença: **8, 12**; © age fotostock/SuperStock: **1, 21, 24**.

Desculpamo-nos por eventuais erros ou omissões na lista anterior. Se formos alertados, teremos prazer em retificá-los na primeira oportunidade.

Índice

Adriano 28, 225, 238, 263, 269, 292, 310, 335
Agostinho 167, 325-26, 330
agricultura, *ver* economia; taxação
alamanos 276-78, 315, 347
Alexandre, o Grande
    como conquistador modelo 106, 188
    trajetória 43, 52, 64, 98, 171
Aliados
    relações romanas com os 69-70
    ver também Guerra Social
Amiano Marcelino 309
análise histórico-comparativa 51-3
Aníbal 41, 77, 99
Antiquarianismo 167-68
    ver também Varro
Atenas 61, 98, 154, 176, 340
Augusto (Caio Júlio César Otaviano)
Ausônio 309, 321
autoridade religiosa 168-71
    homenagens após Áccio 122, 159
    imperialismo 218-20, 261-66
    reorganização do exército 132, 218-21
    reorganização do sistema fiscal 255-57
    vida e carreira 37-9, 217-22
autocracia, *ver* imperadores

banhos 287-90
burocracia 33, 243-45, 254, 309-11, 316-20, 347, 356-58

Caio Semprônio Graco (tribuno de 123) 149, 159, 183-84
Califado abássida 45, 145
Cartago 37, 41, 68-9, 98-9, 106, 252
Cassiodoro 345, 348-50, 354, 365

Catão, o Velho 41, 105, 107, 125, 126-27, 139
Cerimonial 43-5, 52, 161-62, 170, 218-21, 235-36, 303, 312-15, 350, 359-60
    ver também triunfo
Cícero (Marco Túlio Cícero)
    escritos filosóficos 164-65, 208-10
    trajetória política 39, 124, 179-81, 185, 188-89, 197-202
    cidadania 121, 157, 283-87
    ver também Guerra Social
Cipião Africano (Públio Cornélio Cipião Africano) 25, 99-102, 116-17, 225-26
Cipião Emiliano (Públio Cornélio Cipião Emiliano Africano) 25, 66, 105, 117-18, 124, 137, 225
cismas 302-03, 331-34, 337, 340-41, 359-61
civilização, ideias romanas de 88, 120, 195, 210, 284-85, 290-92, 320-23
clientelismo
    artístico 121-22, 203-08, 216
    político 122-24, 159-60, 183, 231-33
Código de Teodósio 319-21
coletores de impostos 113, 150, 184-85, 201, 244
colonização grega 60, 63
colonização romana 70, 99-100, 176, 189-90, 202
conquistas árabes 45, 243
conspiração de Catilina 124, 180, 198
Constantino 53, 268, 275, 300-05, 311-14, 321, 335-41
Constantinopla 44-5, 228, 239, 303, 340, 348-49, 358
Corinto 61-2, 105-07, 114, 132, 371
Cornélio Cipião 114-118
    ver também Cipião Emiliano; Cipião Africano

corte 235-39

    ver também cerimonial; imperadores; monarquia

cosmopolitismo 293

Crasso (Marco Licínio Crasso) 179-83

crescimento urbano 59-62, 93-4, 126-27, 248-49

crise do século III 274-80

cristãos

    aumento inicial em números 329-32

    comunidades de 275, 326

    na historiografia 300-01, 325-26, 350-51, 375

    perseguições de 166, 168, 300-01, 314-15, 331, 333-35,338, 349

    perseguições por 32, 301, 338-41

    ver também heresia; cismas

    cultura do Lácio 59-63

    cultura grega em Roma e na Itália 196-97, 203-08, 291-92, 308-09

Décio 166, 350

declínio urbano 248-51, 274, 317, 345, 353-57

desenvolvimento político no mundo mediterrâneo 63-5, 98

deuses fenícios 68, 163

Diocleciano 33, 251, 279, 300-06, 308-15

Doença

    Endêmica 83-4, 88, 90, 350-51

    epidêmica/praga 250, 333-34, 350-52

ecologia 78-94

economia

    economia política 251-57

    intensificação 89-94, 245-46, 248

    papel dos escravos 124-34

    sistemas agrícolas83-8, 121, 126-31

    tendências 245-50

    ver também taxação

Édito de Caracala (Constitutio Antoniniana) 29, 165-66, 283, 314-15

educação 37, 202, 290, 317, 323

Egito

    reino ptolomaico do 98, 100, 103, 244-45, 254-55

    sob domínio romano 170-71, 244-45

Emílio Paulo 103, 104, 203, 225

Eneias 37, 39, 40

Eneida de Virgílio 36-40, 161

Ênio (Quinto Ênio) 42, 67, 164, 373-74

Escravidão 120-34, 252, 255, 269, 283

    escravos imperiais 220-21, 231-32, 235-37, 270

    ver também economia, papel dos escravos

Espanha, conquista da 98-101, 145

Estado de conquista 51-2, 138, 243, 256, 263, 316, 353

etruscos 60-8

Eusébio de Cesareia 300-04, 314-15, 331-33, 338, 340-41

Exército

    equipamento, organização e táticas 69-70, 111-12, 268-73

    papel político 178-80, 182

    veteranos 160, 177, 189-90, 255, 286

expansão fenícia 59

Fábio Píctor 41, 65, 73, 161, 164, 203

família 116, 121-22, 225-26

fascismo 48-9

filosofia 151, 163-65, 203, 204-09, 304-06, 327, 340, 374

    ver também Cícero, escritos filosóficos

Flamínio (Tito Quíntio Flamínio) 101

Floro 261

francos 33, 44-5, 276-78, 303, 321, 323, 350, 366, 376

Fúlvio Nobilior (Marco Fúlvio Nobilior) 42, 102, 373

Gália, conquista da 146-47, 182

geologia 79-81

Germânia, conquista da 219, 262-66

ginásio 289-90

globalização 293-95, 327-29

godos 276-78, 306-07, 321-22, 348-49, 354-57, 364

governo provincial 184-87, 190-92, 199-202, 310-11

    *ver também*má administração

Grã-Bretanha, conquista da 120, 162

Guerra Social 150-54

Guerras Civis

    Antônio e Otaviano versus Bruto e Cássio 189

Antônio *versus* Otaviano 189-90
do século III 278-79
do século IV 304-05, 316
em seguida à morte de Domiciano 225
em seguida à morte de Nero 222-23
experiência na província das 191-92
Pompeu *versus* César 189-91
severanas 225-26
guerras contra os címbrios 146-47, 182
Guerras Púnicas, *ver* Cartago; Aníbal
Guerras Samnitas 66-7

heresia 301, 304, 323, 331-32, 337-41, 359-60
história ambiental 79-83
   ver também mudança climática
holoceno 83-5, 87
Homero 37, 41
Horácio 209, 218,363, 373
hunos 307

Ibn Khaldun 146
identidade 282-95, 317
imperadores 215-40
imperialismo romano
   economia do 111-14, 241-45
   explicações do 68-72, 106-11
   institucionalização do império 263-64
   periodização 192-93
   ver também imperialismo; império, ideologias romanas do
   ver também império tributário
imperialismo
   britânico 46-8, 120-22
   ecológico 88-94, 145-46
   imperialismos modernos 45-7, 292-93
   teorias modernas do 49-53
   ver também Augusto, imperialismo; império; poder hegemônico; imperialismo
   romano
Império(s)
   Asteca 49, 109, 166, 243
   chineses 51-2, 64, 109, 145, 229, 238-39,
   242-44, 263, 272-75, 346-47, 374
   definições modernas de 43-53
   ideologias romanas de 36-43, 106-08,
   199-202
   persas 31, 51-2, 63-4, 145, 171, 242-43,
   278, 306, 333, 346, 350-51
   razões do colapso 345-47
   Tardio 31-5, 308-20

tributários 51-2, 89-90, 111-13, 241-57,
316
ver também virtude
Inca 49-50, 109, 229, 242, 243, 346
interação de sociedades pares 63
Itália, conquista da 64-74, 99

judeus 164-66, 223, 274-75, 286, 294-95, 305,
326-31, 337-40, 365
Jugurta, rei da Numídia 124, 142-43, 146
Juliano 304-06, 314, 338
Júlio César (Caio Júlio César) 38, 43, 169, 176,
180-83, 204
Justiniano 44-5, 158, 338, 349-55, 360

Lenin 51, 53
Liga aqueia 101-03, 105, 140
Lívio (Tito Lívio) 39, 159
lombardos 347-50

má administração (de governadores provinciais) 114, 123-24, 148-49, 150, 184-86,
199-201
Macedônia, reino antigônida da 73, 98, 100-
05, 252
Magna Grécia (cidades gregas do sul da Itália)
59-61, 72-4
maniqueus 275, 326-38
Mânlio Vulso 102, 140, 147
Marco Aurélio 30, 226, 267, 277, 310
Mário (Caio Mário) 143, 147-54, 175-76
Marselha 59, 68, 98, 141, 146, 208, 355
Mitrídates V do Ponto 143
Mitrídates VI do Ponto 143, 154, 176, 179,
183, 186-87, 202, 207, 245
Mobilidade 293-94
   social 316-18, 373
monarquia 227-34
   central 230-33, 346
   itinerante 28, 238-39, 242, 267-68, 302-
   03
   ver também imperadores; monarquia
   itinerante; Período Régio
mudança climática 80-3, 250, 352

Napoleão 46-7
notitia dignitatum 318

operações militares 261-80
   ver também exército

Osteria dell'Osa 59
Óstia 63

patrimonialismo, *ver* família; clientelismo
Paulo de Tarso 286
percepções do imperialismo romano 43-8
Período Régio 21-2, 64-6
Pietrabbondante 67
pirataria 132, 148, 186-87
Pirro, rei de Épiro 71-4
Plínio, o Jovem 42, 289-91, 332
Plínio, o Velho 58, 78, 127, 285, 368
poder hegemônico 68-74, 106-11, 138-39, 144-48
Políbio de Megalópole 65, 68, 73, 97, 103, 105, 107, 112, 137, 156-57, 203-04, 299
politeísmo 162-66
Pompeu (Caio Pompeio) 178, 179-83, 186-87
    Teatro de Pompeu 195-96
Populares 149-52, 176
    ver também Tibério Simprônio Graco
pós-colonialismo 293
primeiros tempos de Roma
    arqueologia dos 58-64
    instituições 69-70
    tradição histórica 64-8
principado 26-30, 216
Procópio 158, 349, 350, 354

rebelião escrava de Espártaco 132, 179
reino atálida de Pérgamo 101, 103, 105, 112-13, 114, 141-43, 147, 252-54
reino selêucida da Síria 98, 102-03, 105, 139, 141-43, 229, 237-38, 252, 346
República Romana 22-6
respostas religiosas ao império 108-09, 156-71
revoltas provinciais 241, 244-45, 271-72, 274
revolução neolítica 83-4
Rodes
    como um centro intelectual 204, 207-08
    como um poder naval 98, 101, 103, 105, 132, 140, 186-87
Roma, cidade de
    crescimento demográfico 58-63, 126-27, 152-53, 247-49
    monumentos 37-8, 41, 111-12, 167, 195-96, 218-19, 252, 288-89, 369-75
Rômulo 40-1

sacerdócios 116, 118, 150, 161-62
salas de jantar 290-91
Salústio (Caio Salústio) 142, 148,158, 190, 202
saque gaulês de Roma 66, 147
Saturnino (Lúcio Apuleio Saturnino) 150-51
Senado(s) 23, 112-13, 148-51, 161, 176, 178, 184, 218-19, 227-28, 267-68, 312-13
Sidônio Apolinário 322, 358, 375
Sila (Lúcio Cornélio Sila) 26, 154, 175-78
    legado 178-80
Siracusa 68, 72, 98-100, 113, 208, 252
sistema religioso (romano tradicional) 156, 161-62, 167-68
    ver também politeísmo; sacerdócios
sucessão dinástica 222-27

Tácito (Público Cornélio Tácito) 120, 241, 282
taxação 49-53, 241-45, 256, 273, 346
tecnologia
    de construção 92-3
    de transporte 242
    metalúrgica 51, 86
    militar 110-11, 274-77
    transferências de 29, 84, 86-7, 90-2, 145, 273-75, 287-88, 316-17, 367-69
tendências religiosas 163-65, 294-95, 326-29
tetrarquia 302-03, 310-14, 321, 333
Tibério Simprônio Graco (tribuno de 133) 114, 141, 149, 252
Timeu de Tauromenium 66, 73-4
Trajano 28-9, 225, 239, 257, 261-64, 267, 289, 332, 374
triunfo (rituais de) 43, 108-09, 122, 161, 167, 218, 314, 371
Troia 37, 39, 40-1, 57, 202, 295, 365
turcos, como sucessores de Roma 45

vândalos 321-22,325, 326, 348-49
Varro (Marco Terêncio Varro) 39, 127, 167
Veios 60-2, 63, 64, 66, 67
vigor híbrido 63-4
virtude 157-60, 300-01

zoroastrismo 31
Zósimo 299, 308, 309